蒋介石的秘书
陈布雷

CHIANG KAI SHEK'S SECRETARY
CHEN BULEI

陈冠任 著

中国青年出版社

（京）新登字 083 号

图书在版编目（CIP）数据

蒋介石的秘书陈布雷/陈冠任著. —北京:中国青年出版社,2010.10
ISBN 978-7-5006-9582-0

Ⅰ. ①蒋… Ⅱ. ①陈… Ⅲ. ①陈布雷（1890～1948）—传记
Ⅳ.①K827＝6

中国版本图书馆 CIP 数据核字（2010）第 192256 号

责任编辑：常　婷

＊

中国青年出版社 出版 发行
社址:北京东四 12 条 21 号　邮政编码:100708
网址:www.cyp.com.cn
编辑部电话:(010)57350405　门市部电话:(010)57350370
三河市君旺印装厂印刷　新华书店经销
＊
700×1000　1/16　20.75 印张　2 插页　320 千字
2010 年 12 月北京第 1 版　2011 年 6 月河北第 2 次印刷
印数：6001—9000 册　定价：29.00 元
本图书如有印装质量问题,请凭购书发票与质检部联系调换
联系电话：(010)57350337

目录

蒋介石的秘书　陈布雷

jiangjieshidemishuchenbulei

第一章

迷津唤不醒，就做布雷鸣

一、激进与反叛，要做"布雷鸣"

陈布雷，名训恩，字彦及，1890年出生于浙江省慈溪县一个茶商之家。

慈溪县位于东海之滨，属于宁波府，因后汉儒生董黯"母慈子孝"的事迹成为一个有名的地方。慈溪县本叫句章。县城南边有一条小溪流，叫大隐溪。儒生董黯有个显赫的祖上——东汉大儒董仲舒，董黯就是这个大名鼎鼎的董大儒的六世孙。这董黯读书半辈子，学问与祖上相比差十万八千里，久久不能成名，也没人知他。这时他老母亲的脖子病痛久治不愈，于是董黯由儒生变孝子，放弃学业，躲在这溪边服侍老母，常在溪中汲水给老母用。老母心疼弱不禁风的儿子手无束鸡之力，临溪搭起茅屋而居，于是"母慈子孝"的事迹传闻乡里。可是，这样一件稀松平常的事情到了一班儒家文人的嘴里，就被吹上了天，董黯被捧为事母至孝的大孝子，传入朝廷，汉和帝为此下诏旌彰。这董黯既已出名，依然朝夕侍母尽孝，大孝子声名远播，连他汲水奉母的小溪也一下子声名大噪，乡里人将大隐溪改为"慈溪"，意为"子孝母慈"的溪水。一曲慈溪水，千秋孝子名。几百年后，到了唐代开元二十六年，为纪念董黯弘扬孝道，句章县令便改句章为慈溪，从此，句章县便成慈溪县了。

岁月流逝，这慈溪县除了董大孝子外就再也没出过什么名人了，但小小慈溪却是江浙重地，到了清代又开始出名了。首先是鸦片战争中，朱贵将军父子率几百清兵与英军激战，在此地光荣牺牲。太平天国时，英国洋枪队头子华尔率常胜军从上海乘铁甲轮沿着慈溪城南的姚江而上，进攻慈溪县城，结果被太平军枪击重伤后身亡。小小慈溪让连大清皇帝都害怕的洋人

震惊了。慈溪就是这样一个充满孝道又洋溢血性的地方。

1890年12月26日，陈布雷就出生在慈溪县的西乡官桥。

这年3月，权欲熏心的慈禧太后被迫归政，大清王朝历史上倒数第二位皇帝光绪亲政，垂死的清王朝回光返照。西乡官桥陈家在乱世中步入兴旺之时。

官桥离慈溪县城二十几里，水陆便利，有支河入姚江，舟船可以直达慈溪城。慈溪城又濒临杭州湾，有水道直达宁波，距杭州也不远，隔海还与大上海相望，是浙东沿海贸易和海外贸易的重要港口。由于受风气影响，这里家家户户行贩坐贾，形成实力雄厚的浙东商帮。受这种强劲的经商之风影响，西乡的陈姓人家大都弃农经商，不少人发了财。但陈布雷的祖宗却是标准的耕读之家传人，对经商无动于衷，直到他的祖父陈克介时，才开始打破传统，投身商海。结果，他一读书人行商就比其他没文化的农民强得多。他往来于浙赣间贩卖茶叶，生意越做越好，赚钱后，又在慈溪城经营钱庄和典当，钱越赚越多。陈克介老了时，回想祖宗"亦耕亦读"的家训，一天翻然醒悟，重新回到了西乡官桥，买田置产，督耕兴学，把一半家业在江西办义庄、义学，救济、扶助族中孤贫人家，陈家子弟也全被他组织起来读书，以求仕途。

陈克介有三个儿子，陈布雷的父亲陈依仁为老三，他读书后科举不成，像父亲一样经营茶业。陈布雷是他的长子。陈布雷出生时，因为二伯父早死，膝下无子，他出继二伯父为后，但二婶子没隔几个月也病逝了，于是，陈布雷又回了亲生父母家。由于祖父营商成功，陈家在官桥渐成望族。陈布雷5岁，他的父亲就对其进行启蒙教育，授识方块字，到年底，他每日能认识30字。第二年，陈依仁的大哥之子陈训正在陈家老屋西边的仓屋读书，陈布雷便跟着堂哥读书。陈训正，字屺怀，长布雷18岁，陈布雷称他为大哥。他每天早晨挟着书包入学，到午后四五点钟才放学。

陈布雷8岁那年，因为陈训正常常外出，陈依仁于是请了自己的同学——慈溪南乡官路沿的徐二沆先生坐馆课读。陈家子孙读书甚多，中举出秀才的却没有。

1901年10月，陈依仁叫陈布雷应童子试。

陈布雷心中不愿，说："父亲，朝廷不是已下诏废科举了吗？"

"朝廷已诏复科举,你可准备一下,跟我到县城应试。"

陈布雷跟着父亲到了慈城试场应试,因为心中不愿应试,草草答完试卷。发榜时,为第151名。陈依仁知道后大怒,骂道:"应试的一百五十一人,你竟然背榜。让你读书,你竟然居全县童子之末,辱我门楣呀!"

"我愿意再试第二场。"陈布雷也有点气恼。

"算了,回家吧!"陈依仁不许。到了家里,母亲也不高兴。陈布雷这时有点着急了,心想:"不雪此耻,何以对父母?"过了一段时间,府试时间到了,陈布雷要求到宁波应府试。陈依仁说:"再去再背个末榜来,更加出丑。"

陈布雷再也说不出话了。这时候他二姐问道:"你这次应试有把握吗?"

"把握不敢说,但一定不会背末榜!"

二姐找母亲讲情,母亲再向父亲说,陈依仁勉强答应:"让他试一试吧!"

11月,陈布雷跟着父亲乘船赴宁波。府试一共考了五场,第一场试《四书》义,陈布雷考了第十一名;第二场为史论,这是陈布雷的拿手好戏,考了第一名;第三场为史论、策问各一篇,考了第四名;第四场为策问时务,考了第二名。第五场试《五经》义,考完第二日发榜,陈布雷名列第一。这时陈依仁喜笑颜开。

在此期间,堂哥陈训正也参加了科举。几个月后,1902年(清光绪二十八年八月),陈家终于爆出大新闻:陈屺怀中了大清举人。

堂兄中举之后,陈布雷读书更加努力了,这时的他除一笔好毛笔字外,文章也颇为出众,大有乃兄的才华。陈依仁也大有为陈家再培养一个举人的打算,可是眼见大清王朝摇摇欲坠,废除科举的呼声越来越高,陈依仁立即把陈布雷与三子从官桥送到慈溪县中学习新学。

可是四月初六日,家里的老用人急急来到学校叫陈布雷兄弟俩,说:"老夫人病得很重,快快回家。"陈布雷和三弟走路回家,过了皇桥时,天色昏暗,下起了瓢泼大雨,把兄弟俩淋得落汤鸡似的。陈布雷心知不祥,冒雨急走,到了官桥村庄,碰到族人问道:"母亲的病情如何?"

族人回答说:"已经去世了。"

陈布雷兄弟俩当即大哭起来。到家时,母亲已移灵在堂前。他的母亲生了五男六女,因为气血太亏,生下六儿训愿不到两小时就死了,年仅39岁。

陈布雷伏地大哭，想到三天前辞别母亲去县城时，她还叮嘱他说："好好读书，冷热当心。"哪料到这竟是慈母的最后一次叮嘱啊！

母亲的早逝，给少年陈布雷的心灵留下了极大的创伤。

1906年，陈布雷17岁了，经堂兄陈屺怀介绍，转入了宁波府中学堂学习。

因为陈布雷的文章写得相当不错，宁波府中教史地的凌公锐先生很喜欢他，勉励陈布雷说："你要专习史地，有这样的基础，再有好的文笔，就有深造的希望。"凌公锐是新学的倡导者，又长于口辩，因为对陈布雷寄予厚望，不仅要求他学好史地，而且还要求他练口才，说："当今欧美国家，搞的都是议院辩论，口才第一，所以你也一定要练习好演说，以后才有真正的前途。"

从小县城来到繁华的宁波府，陈布雷已是大开眼界，旧学转新学，更是青蛙跳出井底，视野大扩。在刻苦学习之余，他不忘凌先生的教诲，每逢开会，就登台练习演说。开始时，他说话口无章法，结结巴巴，常常惹得台下哄堂大笑，但他并不沮丧，照样上台，过了段时间，终于习惯了，不久，就成为了宁波府中一名善辩学生。

谁知这善辩的本事竟然给他惹出了一场大祸。

这一年宁波府中录取新生三十多人，与原在校学生人数相等。学校为了管理便利，安排旧生住西楼，新生住东楼。旧生多是20岁以上的"老学生"，新生则是十六七岁的"小青年"。"小青年"多是新学出身，"老学生"虽然学的是旧学，但英文成绩优于"小青年"。为此，那些旧生常常蔑视新生，口口声声"这些小孩"，不仅在言辞上看不起新生，而且还仗着年龄大欺负新生，由此小小的一个宁波府中竟形成新旧两派学生对立之势。

"老学生"多为旧学之人，染有不少恶习，常常故作风月戏谑之谈，假装风雅之士，半夜三更结伙跳墙出门，或去赌博，或去嫖娼，或去抽大烟。学监发现后，对他们婉言相劝，反而多次受他们的反唇相讥和侮辱。这些恶习自然更引起"小青年"们的反感。一次，"小青年"发起图书展览会，邀集西楼的"老学生"来参观。这群"老学生"一来，满眼全是不屑一顾的神色，一些"小青年"不服，赌气地气他们说："我们东楼的书架上，有世界史、世界地理、代数、几何、动物、植物、矿物、理化、社会学、图画、音乐诸科书籍，你们西楼

蒋介石的秘书 陈布雷
jiangjieshidemishuchenbulei

有吗？"

西楼的"老学生"们只有一大摞的四书五经，无可辩驳，气呼呼地走人了。

紧接着不久，学校开大会，"小青年"们相约以新道德为题发表演讲，陈布雷登台演讲。

此时的陈布雷风华正茂，书生意气风发，他一上台就指点江山，说着说着，就不由得联系到了宁波府中的现实，说："青年求学，尤须注重道德，反对腐化……"

陈布雷的演说隐隐触及了"老学生"们的生活恶习，"老学生"们见陈布雷干涉自己的私生活，对他恨之入骨，视他为眼中钉，决定进行报复。

几天后，陈布雷在上海复旦公学的同学来信询问宁波府中教育改革的状况，陈布雷伏案回信，说了不少府中"老学生"的腐化状况。信写成后，他有事外出，信摆在桌上没收起。谁知他一走，一个"老学生"来到他的寝室，见着桌上的信，便偷偷看了起来，一看陈布雷说的全是西楼的丑事，立即回去将陈布雷信的内容告诉了西楼同学。

下午，"老学生"们私开信箱，取出陈布雷给复旦同学的信，然后集体去报告学校监督，要求将陈训恩斥退，否则旧生全体退学。矛盾终于引发了。"小青年"们也不相让，为陈布雷抱不平，20人联名上书学监说："如斥退陈训恩，则我等亦全体退学。"

这个学监是个和事佬，召集全体学生，宣布："陈训恩轻动笔墨，破坏同学名誉，记大过两次。"

可是，陈布雷的姐夫、青年教师冯君木却不同意，愤愤不平地说："今日世界可以破坏书信秘密自由，还要处罚说实话的人，处罚过重，是我们宁波教育的耻辱。"但"老学生"仍不肯罢休，声势汹汹，扬言不斥退陈训恩，就要给他颜色看。校方担心事情闹大，不敢说话了。这时，陈布雷的表兄叶德之也在府中教书，见势不妙，把表弟叫来自己房间，劝他说：

"我看你还是暂时回避为好，你到育德学校住一段时间吧。"

陈布雷不肯退让，相持数日。结果，这事一直闹到了宁波市教育会。会长名叫张让三，接到告状后，又亲自把陈布雷召去，劝他说道："这件事，旧生确实无理，但双方相持，总不是办法。你是否自动告退，以保全学校？"

但他的话立即遭到教育会评议员赵林士反对,说:"你如此处理,太偏颇了。"

这其实是新旧势力之争,教育会喻庶三先生认为不断然处置,纠缠下去就会无休无止。于是,他突然来到府中,召集"老学生",宣布说:"陈生对不起同学,已经处理他了;但你们旧生也太无礼,应各记大过两次。如有不服的,可以退学。"

这时陈布雷只好跑了出来,说:"因为我一个人,使全校解体,我不干。"随即,他自动请求退学。结果,陈布雷因为演讲惹祸,遇上了人生路上第一个大打击,并为此吃了个大苦头。

陈布雷退学后,在表兄叶德之的安排下住进了育德小学内。三个月后,他改入师范学校简易科,作选读生,偶尔也为育德小学代代课。

正在这时,堂兄陈屺怀一个朋友的弟弟名叫范秉琳,在杭州浙江高等学堂预科上学,回了宁波,见到了陈布雷,陈布雷对他说:"简易师范程度太低,读着没什么意思。"

范秉琳说:"浙高预科与你的程度相合,你去浙高与我同读吧。但浙高不收插班生,非经特许不可。你可以请令兄想想办法,或许就进去啦!"

陈布雷当即随范秉琳前往杭州,找到大哥陈屺怀,告知宁波府中之事,并请堂兄帮忙。

这时陈屺怀眼见清王朝腐败透顶,加入了孙中山的同盟会。他请朋友托慈溪籍的同盟会员赵林士等人帮忙实现堂弟去浙高读书的愿望。这事被一位叫张葆灵的人知道了,他与陈屺怀同是同盟会员,一听是陈屺怀堂弟的事,马上自愿做

戴季陶与陈布雷在上海合影

介绍人，找到陈岂怀说："令弟入浙高这事，我可以写信给浙高教务长王伟人先生，请他帮忙，要浙高破例，特许插班。"

张葆灵当场写了推荐信，交给陈岂怀。

陈布雷拿了张葆灵的介绍信，回了慈溪老家，征求父亲的意见。陈依仁欣然同意儿子去杭州。

陈布雷 14 岁从官桥到慈溪县中求学，后到宁波府中，离乡不过 20 至 50 里路程。这次他要出远门，陈依仁把儿子送到了大门外。村中父老问："你送训恩出门到哪里去呀？"

陈依仁笑道："他呀，就像游僧托钵、贫人求佣，到哪里去，哪说得定。"

因为到了杭州还要考试，是否能进浙高还不得而知，陈布雷触动愁绪别情，也忍不住掉下了眼泪。

到了杭州后，陈布雷暂时住在族人执业的张同泰药铺里。他无心游览西湖，马上由范秉琳陪同去见浙高教务长王伟人。

王伟人看了张葆灵的推荐信，却摇头说："这张葆灵是何许人？我不认识。"

原来这张葆灵认识王伟人，王伟人却不认识他。王伟人回复陈布雷说："本校插班向来不破例。"谁知这话却激起了陈布雷的好强心，更坚定了要到浙高读书的决心，他认真地说："我愿接受极严格的考试，如果分数不及格，不强求！我远道来到杭州，求学不成，想先生主持省校，总不忍心使无助求学青年流浪失学吧！"

这王伟人虽不知张葆灵，但他毕竟给自己写了推荐信，于是担心他有什么背景，怕得罪哪家豪门权贵，改口答复说："我与学监商量商量，你明日再来吧！"

第二天，陈布雷又去浙高，这一次是学监吴雷川亲自接见他。这吴学监倒不看什么后门关系，而是详细地问陈布雷所学的科目及宁波府中退学原因，陈布雷则直言直说，没有隐瞒在宁波府中的事情。吴雷川颇为感动，说："那么先试国文、英文，看你的程度如何。"

结果，陈布雷花两个小时考完了国文、英文。

午餐之后，吴雷川又传出话来："明日再来试算学、理科及史地。"

陈布雷知道有一线希望了，心里有些高兴。

第二天他又去考试。午后,浙高挂出公告牌,准许陈训恩插入预科二年级乙组。

1908 年,19 岁的陈布雷在浙高预科毕业,转入正科。浙江高等学堂前身是求是书院,成立于 1897 年,为中国人自己创办最早的高等学府之一,现在是杭州一所新兴大学,正科分科制,第一类为文哲法政,第二类为理工,第三类为医科及博物。何燏时、陈独秀、张任天、蒋尊簋、蒋方震、黄郛、陈仪、邵元冲、蒋梦麟都是从这里出去的学生。陈布雷进入这所学堂后,本来想习农,以后到日本入札幌学校深造,但父亲不许他出国,于是选择了第一类文哲法政科。

杭州地近上海,风气开通。浙高师资一流,学生水平也高。文哲法政科第一学年的课程注重外文及历史地理,任课教师都是江浙名师,而一个年级也仅十五六人。陈布雷的外文成绩进步很快,第二年,他就能读英文原版文学名著了。

在浙高,陈布雷除了范秉琳同学外,与金华的邵飘萍、绍兴的邵翼如等人最要好,学校任学生自由选课,对自己不感兴趣的学科可以放弃。陈布雷与邵飘萍等人每日几乎都要离开不感兴趣的课堂,在寝室中或操场空地上自己读书,他们读的书以文学、史地方面的为多,涉猎相当广泛。有时,他们还跑到国文教师沈士远先生处借禁书看。陈布雷是学校的活跃分子,在班上还担任了班级书记。

这班级书记并不是什么好差事。在浙高,史地、博物等科目,有的外籍教师授课,不用课本,而是由学生自编讲义。陈布雷担任的书记就是做这编讲义的,主要负责生理学讲义。这讲义如何编呢?一个学生如何能编出老师的讲义?浙高的做法是:教师上课讲,学生听课记笔记,然后由班级书记对笔记进行整理,再编辑、缮印、装订出来,供大家复习考试用。这样将听、记、写、编四者合一,其实为新闻记者所必备。教师讲,学生记,写出来,编成书,再刻钢板,印成讲义,这个过程无异于报纸的采编、发排与付印。无形之中,陈布雷学到了一个新闻记者所需要的本领。

1909 年春 4 月,杭州各公私立学校在高桥运动场举行联合运动会。这是杭州各校的大盛会,到会的三千余人。陈布雷在会场担任运动会的新闻编辑,他一手采访、编写、印发,图画教师包蝶仙为他配图。陈布雷采写的运

动会新闻被印成小纸在运动场上各校中散发。这是他第一次"做记者"。

这时他的堂兄陈屺怀也转入了新闻界。由于内忧外患，各地反清思想风起云涌，江浙名人汤寿潜在杭州创办《天铎报》。这汤寿潜是山阴县人，进士出身，与蔡元培、张元济等人是同科。面对朝政腐败，外患频仍，他忧国忧民，倡导救国图强，30 岁时写成《危言》，指陈时弊，与郑观应的《盛世危言》、邵作舟的《邵氏危言》并称"三《危言》"。此时他创办了《天铎报》，并慕名请陈屺怀做《天铎报》社长。陈屺怀乱世中举，折腾了好几年，也无大作为，后追随孙中山，参加革命党，写文章鼓吹革命。进入《天铎报》后，他终究是举人出身，一肚子锦绣文章，即使是鼓吹革命也是激荡人心，催人奋进，于是在杭州一带名气大震。

腐败的清政府屈于外国压力，借英款建筑沪杭甬铁路。消息传出，群情激昂。浙江铁路公司总理汤寿潜为首发动全省人民反对，他以"力保主权"为号召，杭州士绅、学界、商界纷纷行动组成浙路拒款会，掀起群众性的拒洋款、集民股、保路权的爱国运动。省城各学校也派代表参加，陈布雷被浙高推派为学生代表之一，参加开会和集体请愿。陈布雷并且亲自致书大清国宪政编查馆提调杨度，要求"铁道国有"，同时，他把这封书信寄了一封给上海《天铎报》的编辑洪佛矢。

洪佛矢与布雷是同乡，他把陈布雷的来信在《天铎报》刊了出来。陈布雷因大哥的关系，有时从家乡到杭州读书途经上海，常借住在《天铎报》社，认识了报社的编辑戴季陶、洪佛矢、胡飘瓦等人。这次洪佛矢不仅将他的来信刊出，而且写了一封回信赞许他，勉励陈布雷经常写些稿子投去。这对陈布雷鼓励很大。这是陈布雷在学生时代第一次在报纸上发表文章，也使他向新闻事业迈出了一大步。以后，他在读书之余经常给《天铎报》投稿。

1911 年初春，陈布雷去杭州入学时路过上海，暂时住在《天铎报》报社里。升任总编辑的戴季陶因为与钮有恒结婚请假，竟然叫陈布雷代他当主编编起了报纸。

这戴季陶，又名传贤，祖籍浙江吴兴，而他本人则是在四川广汉县出生的，比陈布雷小一岁。1909 年，他在日本大学法科毕业后，先在江苏地方自治研究所任教习，受人排挤后，弃职来到上海。恰逢《天铎报》向全国招聘编

辑,他前去应聘。他以过人的学识和精湛的文采,立即博得了社长陈屺怀的赏识而被录用。以后,他以"天仇"为笔名,暗示与清王朝有不共戴天之仇,写出一篇篇评论。这些文章词锋极犀利,言论极激越,煽动力很强,一时名满海内。两个月后,他就被陈屺怀破格提拔为《天铎报》总编辑。22岁的他成为上海新闻界的风云人物。可是,《天铎报》的激烈反清言论招来了清政府的嫉恨。上海道台指名要抓他。这戴季陶也不是好抓的,借口结婚,其实去避难,又顾全了自己的面子。他人走,可报纸不能停,在离开报社前,他竟然找到陈布雷,请他代编报纸。

这编报纸,陈布雷哪里干过? 心里跃跃欲试,但又有些不敢。戴季陶见状,说:"这编报纸也没啥的。当初《天铎报》招编辑,月薪30元,我去应征。屺怀先生出题面试,限一小时交卷,结果,就把我选进报社。我不足一个月就一跃而为总编辑。屺怀先生识人得人,我才才得其所。这也说明编报纸没什么难。训恩兄文笔犀利,又中英文俱佳,可以代主笔的!"

俗话说初生牛犊不怕虎,戴季陶一鼓励,陈布雷竟然也接下了他撂下的担子。

结果,在戴季陶乐滋滋地享受美人之时,陈布雷则每日撰写短论两则,有时还代撰社论。他看旧小说多,所写的短评喜欢用《水浒传》中的一些典故语句,单刀直入,颇能吸引读者。虽然他这次代笔时间不长,随即就去杭读书,但他不仅写了不少好文章,而且与报社诸人也相处得十分和谐,给众人留下了深刻的印象。

谁知这《天铎报》的董事长汤寿潜热衷政治,忙于反清,对报社的事基本上不过问,这样致使报社派别林立,人事相当复杂,结果,在拉锯中,报社财源枯竭,亏损负债很多,陈屺怀于是让位给陈芷兰当社长。陈芷兰原是汉冶萍公司驻上海经理,后台是大官僚盛宣怀家族,他聘用广东人李怀霜为总编辑。

陈屺怀走后,陈布雷在浙高毕业了,胡飘瓦等建议陈布雷进报社做编辑,陈布雷高兴地接受了这一邀请,回家和父亲商量,陈依仁应允,于是在1911年秋陈布雷进入了《天铎报》,开始了他事业的第一站。

这时正是辛亥革命前夕,陈布雷虽然年方22岁,每月工资却有大洋40元。报馆办公的地方太小,不能居住,他赁居在南京路一家旅社里。旅社老

板对他很优待,把前楼临街的一间租给陈布雷,每月仅收取 12 元,还供应膳食,有时他还请陈布雷到账房和他们一起吃饭。

陈布雷在《天铎报》每天撰写短评两则,每十天撰写社论三篇,上午休息,午后到报馆收集材料,夜 9 时又到报馆撰文,到半夜 12 时稿子拼版开印后才回到住所。任务虽重,但是他过得很愉快。

《天铎报》虽为同盟会喉舌,但内部派系很多,陈布雷性情和蔼,与人无争,与人相处甚安,也自得其乐,日子过得很惬意。

有一次,他撰写了一篇社论,而社论都要署名,胡飘瓦说:"训恩兄你自己起一个笔名吧!"

陈布雷思索再三,说:"你看用'布雷'笔名可不可以?"

"'布雷'?似乎太浅显,不高雅呀!"

"这'布雷'两字是我在杭州浙高时同学的戏称。"

"哦,此话怎讲?"

"那个时候,同学汪德光说我面颊圆满,邵飘萍就带头喊我'面包孩儿',面包英文为 bread,译音为'布雷',我又喜好写点文字投稿,常常以布鼓自勉。"

胡飘瓦仔细端详陈布雷一番,笑着说:"署名布雷,也有趣味。"

其实,他哪知这番解释并不是陈布雷取此笔名的真意,它更深刻的含义为:"迷津唤不醒,请作布雷鸣。"表面上的"面包孩儿"其实包含"雷霆万钧"之意。以后,陈布雷出了名,他的原名陈训恩倒被人遗忘了。因为"布雷"之名很好地诠释了陈布雷本人的志向,他要做革命的千钧雷霆,向一切旧的势力发出闪电般的轰击。结果,《天铎报》的主笔先是"天仇",再是"布雷",俩人的文笔使得该报生色,两个笔名也承前启后,给人颇多的遐想。

这时,于右任在上海创办了《民立报》。它与《天铎报》同为同盟会喉舌,交往频繁,陈布雷与《民立报》很多人熟悉,这使他开始置身于革命的风暴中心。不久,孙中山的手下大将宋教仁从日本东京回国策划起义,于右任请他担任《民立报》主笔做掩护。宋教仁在革命党中是仅次于孙中山、黄兴的人物。一次,陈布雷特地到《民立报》社去拜访宋教仁。

宋教仁年长陈布雷 8 岁。见面之后,他问起陈布雷的经历,知道他刚刚毕业才到《天铎报》,于是问道:"你为什么来报界做事?"

陈布雷答:"为求学问、长见识而来。"

宋教仁一听,露出很奇怪的样子,回头对隔座同事说:"你们听到了吗?这位青年朋友要以报馆为学校,岂不是海上奇闻?"

"我自信报馆工作比在大学读书更有益。"陈布雷坚持地说道。

宋教仁被他真诚的样子感动,说:"报纸是启迪民智、宣传革命的工具,办报是为了向社会传播见闻,刊播新知识,反映舆论。报馆是社会的学校,记者以学问服务于报社,但不能把报馆当学校。"

陈布雷说:"蒙先生教诲,得益非浅。但我以为教学相长,在报社做记者,与学习相长,学习与工作相得益彰,报馆与学校并无不同之处。假如记者来到报社,不努力吸取新知识,自己落伍,报纸也不会进步。所以,我还是认为在报馆比上大学有益。"

宋教仁听了,呵呵大笑:"好小子,说得有理!"

从此,宋教仁对陈布雷另眼相看,过从甚密。宋教仁留日时对国际时事很有研究,并且有很多著作,《民立报》是上海各报中唯一刊登国际时事评论与专文的日报,文章多出自他的手笔。陈布雷遇到国际政治局势变动时,也争先在《天铎报》为文论之,与《民立报》的文章互相印证,相互推波助澜,借以抨击时弊,开化民众。就这样,陈布雷由一个激进学生,在《天铎报》这个舞台,投身到了与时局息息相关的政治漩涡之中。

但是,这时的政治,对于陈布雷来说,只是一种年轻时的激进与反叛,并且是一种最底层的参与,他或可以名震于一时,或可以湮没于政治洪流之中。然而,这些似乎并不重要,他仍愉快地以办报写文章为乐事,以抨击政治为惬事,以笔为枪,反叛现实,表现出一种书生的才华。

二、因为才高过主编,被炒了鱿鱼

清王朝的腐败至于极点,终于引发了一场焚烧自己的烈火。

1911 年 10 月 10 日,湖北武汉地区一部分新军,在同盟会的影响下,在湖北革命团体文学社、共进会的直接领导下,于武昌发动了起义,宣布推翻清王朝,史称"辛亥革命"。

这次起义很仓促。本来,革命党定在中秋节起义,后因故延期。10 月 9

日，革命党人赶制炸弹，不慎爆炸，起义泄密，指挥机关被破坏，形势十分危急。第二日晚，部分新军自发举事，起义就这样提前爆发。在群龙无首的情况下，队官吴兆麟被推为总指挥。革命党虽然是一群乌合之众，由于清政府腐败透顶，军队不堪一击，武昌起义一举成功。

武昌起义的消息传到上海，各报纷纷发表新闻，但众口一词，都称武昌起义是"造反"、"叛乱"，起义军是"逆军"。陈布雷听到武昌起义，心中为之欢呼，专门写了一篇文章，随即交给总编辑李怀霜。李怀霜一看，说："不要称武昌起义者为'义军'，其他报都称'逆军'呢。"

陈布雷说："《天铎报》不可去附和各报。"

但是，李怀霜还是力主慎重，不同意称为"义军"，陈布雷只好改称"革军"。随后，他连日写评论，以《谈鄂》专题，按日连载，一共写了10篇。这10篇与众不同的专题论文，旗帜鲜明地表示出《天铎报》对武昌起义的支持态度，一时之间，"布雷"之名响彻京沪杭一带。

武昌起义后，各地响应的反清起义连连爆发，各省纷纷宣布独立，浙江杭州也酝酿着改朝换代。清廷立即派兵反扑，局势危急，同盟会中部总会议定"上海先动，苏杭应之"。

这时一位后来对陈布雷影响至深的人物在杭州出现了。他就是蒋介石。

蒋介石是浙江奉化溪口人。祖父蒋玉表盐贩子出身，倒买倒卖，生意愈做愈大，在镇上开设玉泰盐铺，售卖油盐等各样杂货，其子蒋明火（即蒋介石生父）将盐铺业务推至顶峰，在当地算是小有脸面的人物。蒋明火原配徐氏，生下儿子蒋介卿不久便得病去世，蒋明火又娶帮手王贤东的堂妹王采玉为填房。1887年，蒋介石由王氏所生，但是不久蒋明火去世，蒋家就此败落。蒋介石在寡母的培养下早年就学保定军官学校。1907年留学日本，由湖州老乡陈其美介绍参加同盟会，参加反清活动。武昌起义爆发后，陈其美为了实现"上海先动，苏杭应之"的战略，立即通知蒋介石从日本回国。10月30日，蒋介石从日本回到上海后，立即去见陈其美。沪杭两地的同盟会和光复会已确定在两地同时起义的行动计划。陈其美命蒋介石立即去杭州举行暴动。

11月1日，蒋介石赶到杭州，他了解到新军第81标（相当于团）和82标倾向革命，可作为起义军的主力，立即和杭州的革命党草拟了起义计划，

翌日返回上海向陈其美复命。陈其美交给他3600元大洋，为起义军费，并在上海革命党中招募了100名"先锋敢死队"，吩咐他率领去杭州举行暴动。

11月3日，蒋介石又返回杭州，将100名先锋敢死队员埋伏在城外奉化试馆和仁和火腿店内。当日深夜，陈其美在上海发动武装起义的消息传来，杭州革命党人决定立即起义，蒋介石把先锋敢死队员分为五个队，每队15人，枪支不够，每队只能分得10支手枪，其余5名队员携带自制土炸弹上阵。

第二日深夜，起义军司令部发出暴动命令，蒋介石率领先锋敢死队由望江门进城，开始攻打浙江巡抚衙门，队员个个奋勇争先，女队员尹锐志、尹维俊两姊妹手持土炸弹，率先冲进巡抚大堂，清兵几乎未加抵抗就投降，浙江巡抚曾韫被活捉。战斗到5日晚，全城为起义军占领，杭州光复了，汤寿潜被举为浙江都督。

这时，上海也光复了，并宣布独立。6日，沪军都督府成立，上海绅商及会党的代表拥戴陈其美为沪军都督。杭州光复后，蒋介石马上就回了上海，陈其美让他协助自己整编革命军，维持上海治安。陈其美叫上海商团捐助4万元，组建了沪军第5团，任命蒋介石为团长，隶属黄郛为师长的第2师。

上海光复后，陈布雷接到在家乡的大哥陈屺怀一封信，说：上海、杭州相继独立后，宁波军政府亦已成立，民军统领之一卢志学率联合兵团进驻道署，布告安民，但乡间仍不安定。然后嘱他返乡，把全家移至鄞县宁波城内，免得遭受清朝余党的迫害。

原来，在杭州光复时，陈屺怀、赵林士等人在宁波发动起义，并且取得成功，陈屺怀担任了军政府财政部长。

陈布雷匆匆从上海返回慈溪，把家搬到鄞县城内，然后去见大哥陈屺怀。陈屺怀想留他做宁波军政府文书，陈布雷说："大哥，我志在做记者，还是让我回上海搞新闻吧！"

大哥没有强留他。

陈布雷又赶回上海。从宁波到上海，都是乘轮船，常常是晚上上船，凌晨到沪。陈布雷赶到《天铎报》社，三五个排字工人很高兴地说："陈先生为何迟迟才来呀？我们连眼也望穿了。你的这10篇专论一出，现今我们的报

纸发行已达 4000 份了！再努把力，一定超过《神州日报》、《民立报》,《时报》和《新闻报》就更不足道啦！"

陈布雷一听,心中兴奋极了,连声说:"好！好！"立即又投入了紧张的编排工作,又写又排,紧张地忙碌起来了。

革命形势飞速发展,1912 年元旦,17 个省已经宣布独立，在南京成立临时政府,选举孙中山为临时大总统,定国号为"中华民国",改用民国纪年。孙中山先生就职临时大总统时,发表了《告友邦人士书》,初稿是用英文写的,由外交总长王宠惠自南京带到上海来发表。但是,这篇英文却没人能翻译。《天铎报》总经理陈芷兰知道了,对王宠惠说:

"我们报馆有一位陈君,能够翻译。"

王宠惠开始不相信:"你们《天铎报》有这样的人才？"但因为找不到人翻译,他只好和陈芷兰一同来到报社,叫陈布雷试译一段。谁知陈布雷一看,一挥而就:

> ……吾中华民国全体,用敢以推倒满清专制政府,建设共和民国,布告于我诸友邦。易君主政体以共和,此非吾人徒逞一朝之愤也。天赋自由,萦想已凤,祈悠久之幸福,扫前途之障蔽,怀此微忱,久而莫达。今日之事,盖自然发生之结果,亦即吾民国公意所由正式发表者也。

王宠惠看了连连说:"不失原意,可以将全文译出。"

"那在《天铎报》上首先发表。"陈芷兰要求道。

王宠惠中英文俱佳,是孙中山赏识的要人,他眼见年方 22 岁的陈布雷洋洋洒洒,磅礴大气,马上细问陈布雷的出身及经历,听到他并未出洋留学,却有如此优良之中英文水平,连连称赞,也同意了陈总经理的要求。

结果,孙中山这篇《告友邦人士书》成为《天铎报》第二天的独家新闻。《民立报》本在名声上胜过《天铎报》,这次却落后于同行,于右任也是连声惋惜,说:"此文为《天铎报》抢先发表,可惜可惜！唉,谁叫我们没有陈布雷这样的人才呢?！"

在辛亥革命之后,《天铎报》可谓是出尽了风头,首功自然应归于才华横溢的年轻小伙儿陈布雷,但总编李怀霜心里却很不高兴。一天,他突然把

陈布雷叫到办公室,说:"报社经济十分困难,你的月薪只能发30元,其余10元,只能给股票。"

陈布雷说:"我来报社,报酬比别人薄,干的事多,没有关系,我不是为钱。"

"那你是为什么?"李怀霜板着脸,阴沉沉地问。

"只是兴趣罢了。"

李总编"巧挤"陈布雷失败。

过了几天,李怀霜又派人示意说:"陈先生,论说一栏总编辑已以×××为主撰,今后你只要写些短评就可以了。"

这时,陈布雷才知李怀霜是非赶走自己不可了,也不与他争论,当即收拾行装准备返回老家。当初戴季陶借结婚逃避清政府的追捕,一逃就跑到了日本。在躲风期间,他参加了同盟会。辛亥革命后,他又回到了上海,另创办了《民权报》。他听说李怀霜心怀嫉妒赶走陈布雷,马上派人请陈布雷来《民权报》。这时上海的其他报纸,如叶楚伧创办的《太平洋报》,邵元冲、宁调元等创办的《民国新闻》听说陈布雷被排挤,也纷纷请他来"帮忙"。大名鼎鼎的《申报》也派人请陈布雷入馆任撰译。但是,陈布雷一一婉言谢绝,说:"民国刚刚成立,报纸宜多鼓吹建设,不可像革命时期那样总是喊些革命论调,炫众而导乱。"只答应为《申报》做个义务翻译。

戴季陶没有请到陈布雷,并不罢休,亲自赶来力邀陈布雷加盟,陈布雷回答他说:"老家那些长辈,都说上海滩是十里洋场,不宜年轻人独居,都劝我不要再留上海了。"

戴季陶见陈布雷去意已决,知道勉强也没意思,于是问道:"那你准备去做什么?"

"宁波一批教育界和地方士绅发起创办了一所私立中学,有意聘我去任课。"

就这样,在戴季陶的叹息声中,陈布雷离开了工作了五个月的《天铎报》,告别上海,返回了宁波。

三、回乡八年，经历曲折人生

陈布雷从风云激荡的上海滩回到风平浪静的宁波后，在效实中学教书。

这是由陈屺怀和赵林士等人共同创办的私立中学。

这时宁波府的小学毕业生日益增多，而宁波府中学堂，由于管理不善，一派混乱；城内其他私立中学都是洋教会办的，全是讲礼拜耶稣之类。陈屺怀和赵林士于是决定共办一所私立中学。此时北京大学已陷于停顿，宁波籍的教授陈季屏、何旋卿及叶叔眉、何吟苜等人在宁波闲居无事，发起了一个效实学会，借育德小学上课，学校初具规模，陈屺怀和赵林士和他们商量改为效实中学，以陈季屏为校长，招收学生三个班，于1912年农历正月二十日正式开学。陈布雷担任英文科及外国史教学，每周授课18小时，年薪400元。

教书与做记者写文章别是另一番味道，但是，陈布雷也兴趣很大，因为课程内容他熟悉，不需要多备课，每天上完课，他就读书自修，阅读英、法文书报，为上海《申报》译寄一些稿件，每三天译稿一篇，《申报》则以五六种外国报刊寄赠给他，作为报酬。

3月，陈屺怀和赵林士等人组织的同盟会宁波支部成立，陈布雷加入了同盟会宁波支部，成为了同盟会会员。在支部成立这一天，两个会员自恃是法政学校毕业，在选举前高谈阔论，这个说：

"选举要完全民主，自选自决。"

那个说："选举可选可不选，干脆不要领导人。"

陈布雷听到这些荒唐的话，立即起身与他们辩论，说："学法政的人志趣卑下，好尚空谈，不务实事。法政学校不关门，民国定无好日子过。"

结果，三人激辩起来，吵了很久谁也没停嘴，主席张申之急忙调解，但怎么阻止也阻止不住，陈布雷舌战俩人，全无愠色，最后说得俩人口舌无言，众人瞠目结舌。

事后，赵林士谈起此事，说："训恩君口才不错，可是年少气盛，太过倔强，容易招人非议。"

冯君木是陈布雷的姐夫，又做过他的老师，与陈屺怀、洪佛矢有宁波慈

蒋介石的秘书 陈布雷

jiangjieshidemishuchenbulei

溪三才子之称。他听到这事后,把陈布雷叫到了家里。冯君木问他:

"依你身体、精神,与范壶公相比,怎么样?"

范壶公即范贤方,是宁波法政界领袖,口才好出了名。陈布雷自然知道他,回答说:"范公一餐能吃一只大蹄髈,几斤绍酒。"

"你能吗?"

陈布雷摇摇头:"不能。"

这时冯君木严肃地说道:"你想学范公,步范公后尘,搞政治活动,以你的身体,一定吃不消,不过几年就会劳累过度,夭折年寿。还是往做学问发展,跳出政治圈子吧!"

最后,冯君木谆谆教导他说:"少年时炫露才华,只会现出他的浅薄啊。"

陈布雷想这话倒也不错,以后竭力约束自己,再也不当着很多人面轻易发言了。

这次陈布雷加入同盟会,他是不自觉地向政治迈进了一大步。可是,冯君木这一番教诲却对他产生了更大的作用。姐夫这番教育自然是文人们的中庸之术,但对陈布雷从政思想却是致命一击,从此他对政治兴趣渐渐淡漠,更加潜心搞学问了。

这一年夏,因为北京大学招生,效实中学毕业生提早毕业,补习功课,准备北上应考。陈布雷在家里为效实中学甲班学生六七人补课。结果,汪焕章、陈孟扶等都考取大学。一时之间,宁波各界都称赞效实中学质量不错,陈布雷也颇为得意。

第二年,陈布雷继续在效实中学教书,他舅舅在宁波师范学校教国文,初春就生了病,陈布雷又为舅舅代起了课。没过多久,宁波府中和师范合并改为省立第四中学,校长聘请陈布雷每周四节兼任四中的法制、经济课。回想17岁时,他在府中风潮中自动退学,八年后却又被邀请回母校教书,陈布雷不胜感慨,但他还是接受了邀请。

可是,进入四中后,陈布雷就发现这里的教师个个资历都比自己强得多,不是留洋归来,也是名牌大学的教授,而他不过只是个浙高文法科正科毕业生,根底太浅,如果长期在此任教,学无一长,终非长久之计,于是他打算投考北京大学哲学系。当他与大哥陈屺怀商量时,大哥很支持他,但回家

一说,老父亲陈依仁却不同意,说:"我已年老多病,你是长子,不能远离了家。你一走,全家没人主持。"

此时,陈布雷手下还有六个弟弟,大弟训懋,二弟训慈,三弟训恕,四弟训念,五弟训惠,六弟训愿。大的大,小的小,最小的才四五岁。慈溪之水虽然长逝几百年,但当年董黯孝慈之风在这里仍然浓厚,父母在不远游,陈布雷遵命没去报考北大,依旧在宁波教书,时常回家,顾及父母、幼弟及妻子。

这年旧历除夕,陈依仁召集陈布雷兄弟姐妹说:"算命先生说40岁时,你娘要走;我48岁不吉利,过了这一关就可活到60多岁。你娘去世时39岁,他的话真灵。所以我常常担心一旦弃你们而去,你们怎么办呀!现在已经是除夕,应该没什么担心了。"

陈布雷等听了也很高兴,庆幸父亲熬过难关了。

然而,没想到就是过了这个年,才半年时间,1914年6月5日起,陈依仁有些寒热,开始没太在意,也没请医生诊治,一直到初十以后,才请县城的医生来看,诊断为伤寒。六天后病情加重,19日夜晚,陈依仁呼吸短促,气促痰塞,陈布雷伏在床前,陈依仁握着他的手,瞪着眼睛看着他,两只眼眶中盈满泪水,陈布雷不禁哭出声来。父亲握着他的手,使劲地扳着他的拇指和食指。陈布雷不解他的意思,大声问道:"父亲,是不是家事及宗族之事?我一定放下其他事努力承当。"

陈依仁微微点头,随后就去世了,仅有49岁。

父亲死后,陈布雷弟妹众多,又都年幼,大家庭的担子全落在陈布雷夫妇肩上,25岁的陈布雷辞去了效实和四中的教职,回到慈溪官桥,管理家务,侍奉后母,对于笔墨文字,只好暂时摒绝,一心持家。两年后,陈布雷又到了效实中学兼课,但仍以家居生活为主,并打点茶叶生意。这时他已是两个孩子的父亲了,既做人父,又做人兄,还做人夫。自1912年离开报社后,他在宁波和官桥乡下一晃就过去了五六年,少年陈布雷变成了为养家糊口而奔波的"老大人"了。

然而,天不假人,1919年,妻子杨品仙因生产感染患上了产褥热,年纪轻轻的她又撒手撇下丈夫和三个孩子,奔赴了黄泉之路。

陈布雷对杨品仙感情深厚,一天,他抱着出生的小女孩竟然一度精神失常,将哇哇啼哭的小陈琏塞进了痰盂。当惊闻到哭声的家人们赶来相救

时，陈布雷却疯狂地将女儿扔往窗外，幸亏窗户外的篾棚托住了这个大难不死的女婴。

清醒后，陈布雷得知自己的所作所为，十分内疚不安，从此备加疼爱女儿，并当即为她取了乳名叫"怜儿"，大名为陈琏，意为可怜兮兮的人。

因为妻子去世，陈布雷三个孩子无人照顾，于是，与友人共同发起成立了"儿童公育社"，收幼儿十四五人，实际上是一个幼儿园，内设识字、运动、读书等科目，每一孩子全年收费 60 元，负责膳宿。陈布雷把三个孩子寄养在这里，自己再应聘到宁波效实中学教书。不久，他又重新拿起笔杆子来，兼任《四明日报》的撰述。每天上午教书，下午到报社写短评，天天不断。

1920 年 6 月，由于同乡马蕃五的介绍，上海商务印书馆聘请陈布雷去上海编译《韦氏大字典》。不久，他辞去中学教职，把三个孩子委托给妹妹，孤身一人又前去了久别的上海。

四、经过一番周折，又回到醉心的新闻报界

陈布雷又回到了上海，住在宝山路顺泰里，每天到商务印书馆工作七小时。

商务印书馆的待遇是论资格、分等级的。陈布雷没有大学文凭，待遇不高，每月只有 50 元大洋。为此，他又在通商银行兼文书主任，月薪 70 元。不久，他就辞去商务印书馆的工作，投入新创办的《商报》，又回到了醉心的新闻报界。

1919 年五四运动后，各地民风大开，青年知识分子关心国事，求知若渴，各种思潮涌起，各种报纸杂志也纷纷出炉。1920 年冬，有个叫汤节之的广东商人想创办一家《商报》，但资金不足。陈屺怀得知后，找到在上海证券交易所做生意的赵林士等人，一起资助，于 1921 年元旦创立《商报》。当年陈氏兄弟是《天铎报》的主将，陈布雷的文名，上海人都知道，因此，陈屺怀任总稽核，陈布雷任编辑主任，主要是负责撰写评论，每周撰写评论五篇，星期日撰短评一则。他文笔犀利，议论透辟，人们争相传诵，报坛称为"突起之异军"。

在这期间，陈布雷还在中易信托公司兼任了筹备处文书主任。这家中

易信托公司名为公司，实际上就是搞证券买卖。陈布雷也想在买卖证券上赚点钱，省吃俭用，买了几百股股票。可是，他不是个经商的材料，公司不到一年就破产了，他买的200多股股票成了一堆废纸，其他公司股票也一文不值，结果，一算总账，他反倒欠了人家8000多元大洋的巨债。他没办法，只好卖了老家的40亩田产，得2600元大洋；又向几个朋友借债5000元，分十年还清，这才把这"股票债"还清，气得他连连叹息："唉！对弟妹无法交代！败家子呀！"

忧中有喜的是，眼看陈布雷拖家带口的，却是孤身一人，一朋友为他介绍镇海大楔镇王家的小姐王允默。两家都同意这桩婚事。1921年11月，陈布雷在宁波与王允默结婚，婚后移居上海。

1923年，陈布雷开始用"畏垒"笔名在《商报》上发表评论。这时中国仍然一派混乱。袁世凯篡夺辛亥革命果实后，宣布做皇帝，结果被各地声讨之声活活气死，以后，中国就陷于四分五裂之中，各路军阀四处混战，你方唱罢我登场。江浙战争爆发后，孙传芳的"叫花子军"窜入上海，《商报》一贯反孙，与他大唱反调。不久北京又传出曹锟贿选新闻。在第一次直奉战争中，奉系军阀张作霖战败，退回到关外，曹锟控制了整个北方政局，势力也迅速膨胀。曹锟深为自得，权力欲望也达到了顶点，准备要当总统。为此，他指挥亲信们使出浑身解数，对原总统黎元洪先拉后打，对政客们封官许愿，对国会议员们则公开收买，选举时每个出席议员投一票得一张5000大洋的支票。由于肯花大钱，曹锟在国会选举中终于如愿以偿，坐上了大总统的宝座。可是，贿选丑事泄露出来后，全国舆论大哗，称接受贿赂的议员为"猪仔议员"、曹锟为"贿选总统"。《商报》也高举反对贿选旗帜，在第一版全版用大号铅字排印，下印曹锟照片，称之为"捐班总统"。

随后，第二次直奉战争爆发，直系第三军总司令冯玉祥从热河前线回师北京，控制全城，曹锟被软禁，成了阶下囚。《商报》由于反对曹锟，发行量更是扶摇直上，最多时达到一万几千份，在上海各报中颇有声望。结果，引起上海滩同行的嫉妒。

某家报纸在《商报》出版后，派人全部收购，然后沉之于黄浦江中。汤节之得知后，特地定制了几千块《商报》搪瓷招牌，竖在各个香烟摊上，每一香烟摊送上若干份商报，由它随意销售赚钱，《商报》名声大噪，销路越广。

曹锟被囚后，冯玉祥电请在广州进行护国运动的孙中山北上商量国是，孙中山抱病北上，但于1925年3月12日在北京病逝。《商报》发表社论进行哀悼。谁知同一日，《时事新报》的评论却说："中山先生之精神，早与陈炯明决裂时死去，今不过形骸逝去而已。"陈布雷看了后大为不满，马上写了一篇评论进行驳斥，标题就为《精神的死与形骸的死》，第二天登了出来。结果，《时事新报》挨批，无辞以对，只好忍气吞声了。

这时虽然北方仍是一派混乱，但南方已是一片火热，时代的洪流滚滚向前，陈布雷等人也与时俱进，在政治上，《商报》与广东的国民党遥相呼应，所发出的声音如出一辙，深受社会的重视。

五、蒋介石送了他一张照片

可是，富商汤节之因为经营投机证券交易破产，只好把《商报》让渡给通商银行总经理傅筱庵支持的李征五。后来，李征五也支持不下去，又由镇海人方椒伯任经理，仍以傅筱庵为靠山。傅筱庵与军阀孙传芳关系密切，而陈布雷骂过孙的，因此，他对傅筱庵也是很反感。

1926年春，浙江绍兴人邵力子从广州来到了上海。他曾和于右任等一起创办《神州日报》、《民立报》，1916年1月在上海创办了《民国日报》。他是国民党一届中央候补执行委员，又是国民党上海执行部工农部秘书，领导长江一带各省党务。1925年夏，因参加领导五卅运动，被上海护军使下令通缉，离开上海去广州，在蒋介石为校长的黄埔军校担任秘书长、政治部主任。他这次来上海，就是为南方的国民革命军北伐做准备的。在宴请上海报界时，他说明北伐形势后，拿出一个大信封递给陈布雷说：

"蒋总司令对你极为慕重。"

蒋总司令就是当年组织杭州暴动的蒋介石，孙中山去世后，他成为国民党的新秀，执掌国民党军政大权，成为一方首领。陈布雷打开信封一看，原来是蒋的一张戎装照片，并有亲笔签名："赠陈布雷先生，弟蒋中正"。

因为与孙传芳水火不容，陈布雷对南方是心向而往之。

很快，国共两党联手发动了北伐，北伐军所向披靡，攻克了被孙传芳、吴佩孚控制的武汉。这时，陈布雷正好因病请假，《商报》则以大号字标题，

详细报道了北伐军攻克武汉的情况,这引起了某些董事的惊恐,说:"本报何能开罪吴佩孚?"傅筱庵得知此事后,派人到《商报》审查。

陈布雷抱病站了出来,说:"一切由我负责,如要另外派人接替,等我病好后再来面商吧!"其实,偌大的《商报》吃的就是陈布雷的饭,董事会一听这话,生怕金盆被砸,再也不敢干涉了。

但是,这时的《商报》因为与时代背道而驰,已是黄昏夕阳了。陈布雷经过这次波折,更是对它没什么留恋了。

这年年底,陈布雷接到南昌等地友人来信,约他以记者身份前去视察,并且对方还特别转述了蒋介石"很盼望与君相见"之意。陈布雷也想摆脱《商报》支持国民革命与傅筱庵支持孙传芳的矛盾,决定西行一游。他约了好友潘公展同去。

临行前两日,他找到了傅筱庵,告假说:"傅先生,家父生前在江西修水设有公和典铺,我想往那边处理些事务。"

傅筱庵也是个聪明人,笑笑说:"训恩兄,你也不必隐讳。你此行目的,我能不知道?今日一别,请赠我几句话吧。"

陈布雷坦言说:"傅先生,局势变化剧烈,希望先生谨守商业本位,不要慕虚荣权势,也不要和军阀官僚混在一起。对大局的观察,最好以虞洽卿先生的意见为准,这样定可免了灾难。"

傅筱庵点点头。但是,他内心却很反感。他与虞洽卿虽是镇海同乡、商界同仁,但意见相左,两人为争夺上海总商会会长打得不可开交,并且虞洽卿反孙传芳,支持蒋介石,与他大相径庭。傅筱庵没有接受陈布雷的意见,后来北伐军进入上海时,他因为支持孙传芳受到蒋介石的缉捕,一度逃到日本去避难。这是后话。陈布雷的眼光可见一斑。

告别傅筱庵后,陈布雷与潘公展等人溯江而上,向南昌而去了。

第二章
跟在老蒋的麾下效力

一、蒋介石问:"这书生不愿当官?"

1927 年 2 月 1 日,恰好是阴历大年除夕,陈布雷与潘公展联袂到达了江西南昌。

这时南昌已成为北伐军总司令部的驻地,蒋介石正在酝酿与武汉国民政府分裂,准备自立门户,夺取国民革命的胜利果实。为此,他迫切希望有大笔杆子在身边,出出主意,动动笔头,写出的文章又有文采,为他撑门面。这并不是他身边没其他文人可以选择,人才多的是,但要找一位才思敏捷、文笔犀利,而且毫无野心、品行端正的人却不易。身边无良将,他是思贤若渴。

陈屺怀与宋教仁、陈其美、张静江、于右任等同盟会元老关系密切,并在辛亥革命前就认识蒋介石,他们不仅是同乡,而且同是浙江光复起义的当事人。当蒋介石在杭州暴动时,他在宁波起事配合。当蒋介石苦苦找大笔杆子时,陈屺怀给他介绍了自己的堂弟陈布雷。蒋介石的结拜兄弟戴季陶与陈布雷一起办过报纸,张静江等人也和他有过接触,众人对陈布雷的才能与为人比较了解。因此,陈屺怀一推荐,众人都说:"布雷,只有他才是最好的人选。"结果,蒋介石就委托邵力子替他给陈布雷送照片了。以后,张静江、于右任等人写信邀请陈布雷来南昌。

陈布雷与潘公展到达南昌时,可谓是一路风尘。但是,他对这个地方是带有敬意的。

江西是他祖上贩运茶叶的发迹地之一。但南昌,他久仰而从没来过。1919 年 3 月,他视察祖上在江西办的茶铺曾到过修水,回程到达九江时,他

原来想游游南昌,但一同去的族中老人却想家思归,所以没能成行。这次到达南昌,一上岸,陈布雷就看见满街都是横额标语,写着"蒋总司令劳苦功高"、"蒋总司令万岁"等等,可是左找右找,就是不见有他熟悉的好友张静江一个字。这时张静江不仅是国民党中央政治会议主席,而且还是国民政府主席,按说职位要比蒋介石高,但蒋介石的风头却远远高于他。陈布雷想:大概蒋总司令确实劳苦功高,军事高于政治吧!可是,他还是决定先去张静江那里。

张静江,原名张人杰,浙江吴兴南浔镇人。张家是南浔四大巨富之一,前清时以丝盐起家,后来在上海设公司盐、丝绸和银行一起抓,结果生意做到法国巴黎、美国纽约去了。张静江幼年在家里攻读诗书,但一无成就。20岁左右,由父做主与苏州姚姓联姻,岳父是苏州道员,嫌他没有功名,示意张家捐官。张父遂以 10 万两银为他捐了个 "钦加二品衔,候补浙江实业道"。这张静江还是个跛足,传说是一次火灾中,为保全张家门市房,他亲率救火队上屋救火,不慎跌下伤足致残。以后虽然还能行走,但由于生活放浪,治疗不慎,伤及坐骨神经,遂成瘫痪,只能坐在轿子上出行。1902 年 5 月,杭州人孙宝琦任出使法国大臣,他也以一等参赞名义,充当他的随员出国去游山玩水。在赴欧的轮船中碰见了孙中山先生,孙中山见他年轻,官职不高,于是说服他脱离清廷参加革命,除了告诉他自己的真名实姓外,还告诉他自己推翻清廷的主张。张静江腿瘸人却不傻,眼见慈禧太后专权、清王朝腐败,认为孙中山的革命很可能成功,不仅表示愿意参加革命组织,还以三万两白银相助孙中山。后来孙中山干脆委托他担任革命党的财政部长,掌握同盟会基金。袁世凯死后,孙中山回粤,张回到上海,用国民党基金和虞洽卿等开办上海证券物品交易所,陈果夫、蒋介石、戴季陶都在里面做经纪人。陈布雷因为在《商报》,也与张静江有了接触。蒋介石与张、戴是拜把兄弟,粤系将领许崇智是老大,张静江是老二,蒋介石是老三,戴季陶是老四。后来,张静江推荐蒋介石在孙中山大元帅府当上校参谋,蒋介石争任黄埔军校校长时,张静江又在孙中山面前"做工作"。1925 年春,孙中山在北京病逝后不久,蒋介石在南方掌握了实权,将张静江、陈果夫、戴季陶等召去。张静江自恃"党国元老",蒋介石掌握实权,也正想要一块挡箭牌,于是张静江当上了国民党中央政治会议主席,北伐开始时又代理了国民党中央主

席,随后,他坐在藤椅上,由四个人抬着跟着蒋介石北上,一直跑到了南昌。

陈布雷和潘公展见到张静江时,他躺在藤椅上,盖着一条毛毯。陈布雷和潘公展向他问候,说:"北伐军进展神速,底定长江中下游,张主席劳苦功高。"

张静江挥了一挥手说:"劳苦功高的是草头蒋,不是我跷脚张。嘿,现在军权高于一切,我不过是傀儡而已。"

陈布雷一怔,便问:"张主席,蒋总司令说要见我,我……"

"老三到牯岭去了,明日当归。"张静江倚老卖老,说,"布雷呀,你要好好给老三当当参谋喽!老三这个人呀,当年在上海向我领津贴和活动费时,我就知道的,他呀确实需要有一个秀才掺和帮忙。"

第二天,正是大年初一,陈布雷和潘公展去北伐军总司令部见蒋介石。

见到了大名鼎鼎的蒋介石,陈布雷尊敬地说:"蒋总司令领导北伐,劳苦功高。前蒙赠送照片,真是三生有幸,深为惶恐。"

蒋介石虽然大陈布雷三岁,对他却也很尊敬,回答说:"以后你不必称我为总司令,随便些好啦。总司令是军职,你不是军人嘛。"

陈布雷说:"请蒋先生讲讲当前的局势和现阶段革命的方略吧。"

这下蒋介石更是高兴了,看了他们一眼,就讲起来了:"武汉、南昌已定,现在就要克复上海,这样长江中下游可告平定,然后挥师北伐,直捣天津……"他滔滔不绝,讲了一通形势,完全是做大报告的架势。谁知突然有客来访,"报告"被打断了。陈布雷和潘公展也就识相地告辞了。

过了两天,蒋介石又约陈布雷谈话。这一次,蒋介石没了上次的客套,说几句就直奔主题,说:"希望两位加入国民党,我们共同为事业奋斗。"

陈布雷心想他倒是个爽快人,但回答他说:"我领了蒋先生盛情。但我对国民党的主义和政策,还有一些不明了的地方,愿听指教。"

随后,他就提出了一些问题。蒋介石一一解答。陈布雷边听边记,最后蒋介石说:

"怎么样,可以入党了吧?"

"还是容我考虑一下。"陈布雷说。

蒋介石笑了笑,说:"其实,你们在精神上早就是本党同志了,入党与否,本来也没什么关系,但加入以后,个人的力量才更好去发挥呀!"

陈布雷因为大哥是同盟会员,国民党又是孙中山先生创建的,和潘公展都表示同意入党。过了两天,俩人由蒋介石与国民党组织部长陈果夫介绍加入国民党。陈果夫是陈其美的亲侄子,和陈布雷也算是半个老乡。宣誓后,蒋介石对陈果夫说:"陈、潘两同志隶属组织部的直属区分部。"

这样,他们就加入了国民党。潘公展住了十多天后就回了上海,陈布雷因为蒋介石挽留未走,住进了蒋介石总司令部的西花厅,以便与蒋介石朝夕相处,参赞军务。陈布雷的前室是蒋介石的总参议张群住,对门是他的浙高学友黄郛住。住下后,每隔几天,蒋介石就召陈布雷去谈次话。一次,蒋介石在房间内踱来踱去,十分烦躁。张静江躺在藤椅上说:

"老三,你有什么心事?"

"想发表篇文章。"

"什么文章?"

"告黄埔同学书。"蒋介石来回走着,说:"北伐进展迅速,我黄埔学生战功卓著,但是学生中派系分歧,潜伏不少的隐患,这篇文告要动之以情,一定要写得精彩,能打动人!"

"叫布雷试一试吧!"张静江建议道。

"好,好。"

蒋介石正有意试一试陈布雷的才能到底如何,立即派人把他叫来,说:"布雷先生,你就照我讲的意思写份告黄埔同学书,这篇文章要得很急。"

蒋介石把意思一说,陈布雷就在他的办公室内研墨铺纸,挥笔写起来了。陈布雷一边写,蒋介石一边看,看得他连声称赞:"好!好!"

陈布雷一挥而就,蒋介石早已经把文章看完了,喊着副官说:"立刻去排印。"

这下他知道陈布雷的真才了。他对陈布雷说:"布雷先生,你愿否在总部工作?"

陈布雷说:"蒋先生,我还是想回上海去。"

"回去做什么?这年头没什么好赚钱的呀!"

对于蒋介石的暗示,陈布雷还是不为所动,说:"我去做记者,办报纸。"

"唉!"蒋介石叹息了一声,没有再说什么,心里却好生奇怪:"这个书生不愿当官?"但他见陈布雷去意已决,也只好任他而去了。

陈布雷跟随蒋介石22年,实际上是两个阶段。1927年到1934年是第一阶段,这个阶段因为陈布雷不愿当官,所以并不都在蒋的身边。蒋介石一有重要事情,才把陈布雷叫来,所以当时有人一看到陈布雷动身到南京去,就说:"政局将有变动,一定又有重要文章要发表了。"第二阶段是1934年到1948年,这一段时期,蒋介石建立了侍从室,陈布雷当上了侍从室二处主任,一直在蒋介石身边。陈布雷给蒋介石在政治上、文字上出谋、执笔,一直到死去。

二、没想到一上任,就随蒋介石下了野

陈布雷离开南昌,去汉口玩了趟。回到上海时,上海已为北伐军克复,孙传芳逃走了,傅筱庵也逃走了。《时事新报》与《商报》得知陈布雷回沪,都来请他当主笔。但陈布雷不愿回《商报》,《时事新报》又派系相当复杂,便都辞谢了。结果,《商报》因为陈布雷等人离去,地位一落千丈,这年12月就停刊夭折了。

3月底,由于武汉方面决定由汪精卫出任国民政府主席,代主席张静江改任浙江省主席,他邀请陈布雷到浙江省政府去担任秘书长,陈布雷去了,住在西湖贝庄。

但是,4月却是风云惊骇的一个月。自4月1日开始,蒋介石在上海连续召集留沪的国民党中央执委和监委委员暨驻沪军政负责人开会,商讨"清共"计划。4月2日,吴稚晖、张静江等八人在上海召开了中央监察委员会会议,区区八人竟然召开所谓中央监察委员会会议。但是他们也不含糊,会开得像模像样,吴稚晖提出"举发中国共产党谋叛呈文",诬称共产党已决定了"铲除国民党之步骤",要求将这一"十万急迫"的问题交中央执行委员会,由"非共产党委员及未附逆委员临时讨论",进行"非常之处置"。也是这天,留守广州的国民革命军总参谋长兼第四军军长、桂系首领李济深和广西省省长黄绍竑接到蒋介石急电后联袂到达上海,与蒋介石等人一起坐到了反共的板凳上。几拨人的做法坚定了蒋介石的清党信心,他立即组织召开秘密会议,筹划"制裁"共产党。这次出席会议的,除了吴稚晖、蔡元培、李石曾、钮永建、宋子文、邓泽如、古应芬、张静江、李宗仁、黄绍竑、李济深、

蒋介石等主张清党的中央执、监委员外,连著名的"左派"汪精卫也赶来了。但他在会上"始终袒共",一再申述孙中山三大政策不可变,结果,引起大会发生激烈辩论。辩论到最高潮时,七老八十的党国元老吴稚晖竟然十分激动地扑通一声向汪精卫下跪,求他改变态度,并留在上海"剿共"。吴氏这一跪,汪氏吓得跳着逃避,结果退到了楼梯上,口中连连说:"稚老,您是老前辈,这样我受不了,我受不了。"

全场人都为之啼笑皆非。但随后在反共势力的压力下,汪精卫在清党这个原则问题上出现动摇与妥协。4月3日,秘密会议作出了四项决定:一、4月15日召集国民党四中全会,解决"党事纠纷"问题。由汪精卫通知中共总书记陈独秀,在开会之前,各地共产党员暂停一切活动,听候开会解决;二、武汉国民党中央和国民政府所发命令一概无效;三、由各军队、党部、民众团体、机关的最高长官和主要负责人对"在内阴谋捣乱者"予以制裁;四、凡工会纠察队等武装团体,应归总司令部指挥,否则,就是反对政府的阴谋团体,不准存在。这四项决定,实际上是蒋介石发动反革命政变的前奏。这一天,蒋介石还发出通电拥护汪精卫。

谁知他的通电一出,那边汪精卫与陈独秀也发表《联合宣言》,宣称"我们的团结,此时更非常必要","中国国民党多数同志,凡是了解中国共产党的革命理论及其对于中国国民党真实态度的人,都不会怀疑孙总理的联共政策"。汪精卫的态度与两天前秘密开会时来了个一百八十度的大转弯,吴稚晖又激动地找到汪精卫,问:"这是怎么一回事? 中国从此即由两党共同统治了吗?"

汪精卫也不答理他们,悄然登上轮船,前往武汉去了。这下蒋介石也按捺不住了,气愤地说:"我早就料到留他不住,他留不住!"

汪精卫之所以不配合蒋介石,一是因为他与蒋介石是老对手,孙中山去世后,两个人都以中山传人自居,争夺领导权,俩人斗法,他却吃亏最多。一年前他在广州曾一手总揽党政军大权,结果被蒋介石赶往国外,好不容易现在才"打"回来。现在蒋介石出于夺权需要才万般拉拢他,他已是一朝遭蛇咬、十年怕井绳了;而且他现在是武汉国民政府的领袖,有苏联的支持和共产党的合作,还有相当数量的革命武装,他依靠武汉的力量可以与蒋介石争雄天下。因此,他不仅不配合蒋介石,反而三十六计走为上,回了

武汉。

4月10日，汪精卫到达武汉，武汉各界像欢迎凯旋的将军，热烈而又十分隆重，在众人的拥戴下，他对新闻记者发表谈话，声称要与共产党为中国革命而共生死存亡，并高喊："革命的向左来，不革命的滚开去！"这一下把人们忽悠得更是跟着高喊口号，武汉的革命热情掀起高潮。

但汪精卫一走，蒋介石马上加紧了活动，当天就捏造出一个"江苏十六县公民代表会"，通电全国，要求在南京建都，说这是民意。第二日，他又命令桂系将领白崇禧派兵查封在上海的国民革命军总司令部政治部，说该政治部有共产党人煽动"反蒋，反何（应钦）"。随后，他成立了"上海临时政治委员会"，篡夺由市民选举成立的"上海市民政府"的政权。4月9日，发布了上海市戒严令，任命白崇禧为戒严司令。上海叛变的准备完成了，于是他亲率"可靠的"第一军第一、二两师兵力赶往南京，将南京附近的所有铁路切断，使去长江以北作战的第二、六两军不能回师南京，城内林伯渠率领的第六军三个卫戍南京的团陷于孤立，然后蒋介石以两个师的兵力，解除了林三个团的武装，林伯渠侥幸脱险。随后南京城里的"孙文主义学会"分子立即全都站了出来，配合蒋军又是包围国民党江苏省党部，又是围攻总工会，全城搜捕共产党员。

4月11日，蒋介石在南京密令："已克复的各省，一致实行清党。"

第二日凌晨1时，在上海的全副武装的青红帮流氓、特务，每人拿着青红帮头子杜月笙发的10元大洋做工资，身着蓝色短裤，臂缠"工"字符号，冒充工人，从法租界乘多辆汽车分散四出，先后在闸北、南市、沪西、吴淞、虹口等区袭击工人纠察队。工人纠察队仓促抵抗，他们立即开战，事先埋伏在工人纠察队周围的蒋军借口"工人内讧"，呐喊着冲出，收缴"双方"的枪械，上海2700名武装工人纠察队被解除了武装，并且牺牲120人，受伤180人。当天上午，由流氓、党棍组成的"上海工界联合会"改名为"上海工会组织统一委员会"，配合蒋军拘捕共产党员和工人领袖。这就是蒋介石一手策划、发动的"四一二"反革命政变。

4月15日，广州也发生反革命大屠杀。随后，南京、无锡、宁波、杭州、福州、厦门和汕头等地纷纷"响应"，无数共产党员和革命人民牺牲在蒋介石的屠刀、铁棍和长枪之下。

蒋介石发动的反革命政变,激起了革命群众的无比愤怒,武汉政府和共产党对大屠杀表示强烈的反对和声讨。4月17日,武汉国民党中央和国民政府发表声明,拥护孙中山的三大政策,继续国民革命,发布《免蒋介石本兼各职令》,委任冯玉祥接替蒋的总司令职务,唐生智为副总司令。但是否决了东征蒋介石的意见,决定先进行第二次北伐,打败奉系张作霖,同冯玉祥会师,然后再回过头来打蒋介石。由于放弃了讨伐蒋介石,使得立足未稳的蒋介石随即站稳了脚跟。同一日,蒋介石在南京成立新的国民党中央,胡汉民出任主席,第二日成立了新的国民政府,胡汉民为主席。这样,蒋介石就拼凑起了南京政府。

然后,蒋极力网罗帮凶,壮大声势。远在杭州的陈布雷也没被他忽略,被邀到南京中央党部去担任书记长。陈布雷虽对公务事不感兴趣,但5月下旬还是辞去了浙省府秘书长之职,前往南京。

南昌分别后才几个月,蒋介石与陈布雷又见了面。

陈布雷说:"总司令这一路,由南昌、九江直下安庆,3月24日克复南京,4月抵定长江中下游,与前番你所论形势完全一致呀!"

蒋介石却答非所问,说:"3月26日,我去过上海,是到宋子文部长住宅去的。"

陈布雷一怔:他与我提他去上海干吗?怎么不说形势了?原来蒋介石这时正在追求宋子文的妹妹宋美龄,说的就是他去上海约会宋小姐的事,而又不对陈布雷直说,因此弄得陈布雷一头雾水。这时,他又说:

"来去匆匆,3月27日,南京各界在秀山公园广场庆祝北伐胜利,我还去讲了话。"

什么上海、南京的?在陈布雷不明所以的时候,蒋介石又回到了与陈布雷谈的话题,叹了口气,说:"布雷先生,现在局面反而比誓师北伐时难啦!虽然清了党,但共党的隐患还在,党内派系分歧,冯玉祥在开封以调解宁汉纠纷为名,叫汪精卫、谭延闿、孙科、唐生智开过会议。他又与我、何应钦、李宗仁、白崇禧开了徐州会议。双方决定合作,反苏、反共。但是局面还是乱糟糟的,统一不起来。"

这时,陈布雷对这些还不甚了解,蒋介石再谈,陈布雷也说不出什么名堂,但既来之则安之,他陪着,任他说,"聊"到吃饭才告辞。但是这次他没有

上次对蒋总司令那么感觉好。

就这样,陈布雷走马上任书记长了。

这时全中国有三个国家政府:奉系军阀张作霖的北京政府,蒋记国民党南京政府,汪记国民党武汉政府,都自称为合法政府,各自为政,称霸一方。国民党中央也有两个,一个是以蒋介石为首的南京中央,一个是以汪精卫为首的武汉中央,互相争雄。陈布雷一上任,他竟然不知道自己究竟是不是个"赝品书记长"。

幸好,武汉的政府和党中央没工夫分清楚这个真假,因为它已经撇开对手,正在大力北伐张作霖的北京政府呢!蒋介石见武汉威胁已除,为了扩充势力,争夺地盘,也宣布北伐。于是,一个武汉政府,一个南京政府,齐头并进开始对张作霖的北京政府进行新的大肆讨伐。

这张作霖怎么抵挡得住?武汉北伐军占领郑州时,南京北伐军也攻占了江淮重镇徐州。但是狡猾的蒋介石并没有放弃与汪精卫的争雄,暗中留了一手,在轰轰烈烈的北伐呼喊声中,他派兵悄悄把武汉包围起来了!武汉政府北伐被迫停止。为了集中力量搞垮武汉政府,蒋介石也马上停止向北进军。汪精卫见势不妙,开始急剧地向右转,7月15日,宣布同共产党决裂,对共产党人和工农群众开始血腥的屠杀。

共产党立即进行反抗,8月1日发动南昌起义,把汪精卫的手下朱培德打得措手不及。第二日,汪精卫得知南昌起义的消息,气急败坏。冯玉祥见宁汉双方有了"和解"的基础,立即给蒋介石和汪精卫打电报,建议召开国民党二届四中全会,解决争端,结束党争。失败了的汪精卫只好接受冯玉祥的调解,与蒋介石进行妥协,谁知这时得胜的蒋介石身边又一颗定时炸弹炸开了,局势又发生了新的逆变。

原来,以李宗仁、黄绍竑、白崇禧为首的桂系帮助蒋介石发动了"四一二"政变,建立了南京反动政权后,并不甘心对蒋称臣。桂系在平定广西和北伐诸役中屡建战功而自傲,不大听命于蒋介石。蒋桂矛盾已非一日。为了达到独裁专制目的,1927年春,蒋介石曾施计诱捕桂系第六军军长程潜,程侥幸发觉逃往武汉,但蒋并不罢休,设下圈套把程潜的第六军强行缴械改编。"四一二"政变后,他又密令何应钦剿灭桂系,但何应钦因为无成功的把握,又与白崇禧私人关系不错,不想无故翻脸,没有执行命令。为此,蒋介石

对何产生怀疑,俩人的关系也日趋恶化。李宗仁、白崇禧知道蒋介石的阴谋之后,加紧联合各方反蒋势力,准备把蒋赶下台。李宗仁借西讨武汉之名,将第七军部署在南京以西,又联络浙江周凤岐的 26 军将部队开到南京周围,对南京形成包围。蒋介石将主力正在包围汪精卫的武汉,结果,造成徐州失守。蒋介石指责何应钦指挥无能,亲自到前线指挥,结果,败得更惨。8月 8 日,蒋介石慌忙逃回南京。这时,北方军阀张宗昌和孙传芳的大军已经直逼长江。徐州前线总指挥、第十军军长王天培从前线到南京向蒋报告战况,请示机宜,蒋介石不经审判、不宣布罪名,就把这个王天培给处决了。徐州战败,完全出自蒋介石的估计错误,他透过于人的做法,引起各部将领的极大恐慌。王天培是黔军将领、何应钦的同乡,何兔死狐悲。李宗仁、白崇禧也受到极大震动,都担心做王天培第二。于是何应钦与李、白串通一气,寻机对蒋发难。蒋介石从徐州败退回南京后,一面致电冯玉祥表示赞成宁汉合作,一面又要白崇禧布置军队与武汉作战。但桂系已控制了南京四周,李宗仁、白崇禧决定向蒋介石摊牌。

作为中央党部书记长,陈布雷主要是参加中央党部会议,但是这般吵吵闹闹,哪里是会议?会场上,新政府的各种派系人事纠纷,全在这里精彩上演,表演者的姿态是五花八门,政客的绝伦讥讽、武夫的拍桌打椅,平时温文尔雅的人变得像咆哮的狮子……各色人等嬉笑怒骂,让陈布雷常常双目瞪得老大,脑子涨得箩大,心中却是一片糊涂。他哪里见过这样的场面?为此,开一场会,他就头痛几天。这使得陈布雷真是又伤心又苦恼。

但是,让他更头疼的事情还在后头呢。

8 月初,蒋介石又召开了一次中央党部会议。李宗仁、白崇禧、何应钦已经联合起来要对他下手了。

在会议上,蒋介石首先检讨徐州战役失利,又把主要责任推诿给王天培,说他不听指挥,贻误战机,致遭失败,言下不胜悻悻。可他一发言完,孙中山的儿子孙科先开炮说:

"蒋先生是不是出国休息一下?"

陈布雷一惊:这不是要蒋介石下台吗?!他怔怔地还没醒悟过来,又听见桂系有"小诸葛"之称的白崇禧马上接口说:"总司令太辛苦了,是应当休息休息。"

接着,李宗仁、古应芬、邹鲁等人都纷纷附议说:"同意。"蒋介石死盯着掌握兵权的何应钦,而他则默然不语。这时,蒋介石的铁杆兄弟张静江一马当先说:"北伐尚未完成,正在准备继续进行,需要团结一致,蒋介石不能离开北伐军总司令的职位。"

陈布雷听到这儿,心里宽了许多,他虽然跟随蒋介石才三个月,但心还是站在主子蒋介石一边的。

随后,吴稚晖、李石曾等人也表示不同意。但举行表决时,主张蒋介石"出国休息"的还是占了多数。蒋介石下野成为定局,他本人脸色铁青,陈布雷的心又疾跳起来。

会后,陈布雷替蒋介石捉刀开始写辞职宣言。陈布雷洋洋洒洒叙述了主子的反共经过,列上了他宁汉合作、并力北伐、彻底清共的"三点愿望",并且表示蒋介石愿意仍以国民党员资格,努力党务,愿意引退让贤,以促成团结,云云。辞职宣言写成后,准备于《上海时报》发表。宣言发表前,蒋介石在房里踱来踱去,陈布雷低声说:"蒋先生如果下野,我也想辞职回乡。"

"布雷先生,"蒋介石很动感情地说,"你对党国确实忠心耿耿。"

说到这里,他吩咐警卫团长王世和说:"你打电话请敬之(何应钦)来。"一边又自言自语,"我要问问敬之,为何沉默不发一言,他究竟持何态度?"

何应钦不一会儿就赶到了。蒋介石问道:"敬之,你对白健生(白崇禧)的提议以为如何?"

何说:"既然党中央决定,多数同意中央这个决定,我也只能同意他们的建议,总司令还是出国一阵子吧。"

言毕,他就告辞而去。

何应钦是蒋介石一手提拔起来的,蒋介石深为失望,盛怒之下,命王世和叫警卫师长姚琮来见,王世和应声而去,他又对陈布雷说:"布雷先生,你和我一起走吧!看他们这班人怎样搞?共党在南昌暴动,南下潮汕,孙传芳、张作霖在北方,虎视眈眈,看他们怎么办?"

姚琮来到,蒋介石叫姚琮集合全师,跟他回浙江。姚说:"总司令,我的师已经分散,集合不起来。"

蒋介石怒不可遏,大骂道:"你,混蛋!滚蛋!"骂走了姚琮,又对王世和说:"你赶快集合全团跟我走!"

王世和外出集合队伍,但其中一个营不肯走。

仅仅一天时间,不仅是蒋介石,就是陈布雷都深深地体会到了世态炎凉的滋味。

8月13日下午2时,蒋介石在南京上了火车,陈布雷紧随在他身后。车站上冷冷落落,既没有送行的人,也没有话别的场面,同昔日热烈欢迎的情景相比,凄凉得可怕。

火车也不是专车,而是挂在2点30分开的京沪特别快车上,时间一到,也没什么特别通知,汽笛拉了声长鸣,火车就呼哧呼哧地开动了。在车厢里,蒋介石就像霜打的菜瓜,萎缩着不说话,众人都不说话,气氛沮丧得可怕。

"唉!世态炎凉,人情冷暖,实在太使人心寒。"陈布雷坐在车中,默默地望着渐渐远去的紫金山。这是他第一次体会到政治的残酷,也看到了趋炎附势之徒的嘴脸。

火车到达真如车站,已是晚上7点多了。上海警备司令杨虎、警察厅长吴忠信,还有黄金荣、杜月笙、虞洽卿、王晓籁等人,已在车站恭候。火车一停,他们马上上车与蒋相见。陈布雷对这些人也是熟悉的。约过了半小时,火车就改挂车头直开杭州,约11点,到了杭州车站。

前来迎接的有浙江省府主席张静江、省军事厅长兼省防军司令蒋伯诚、保安处长竺鸣涛,他们陪蒋到了湖滨澄庐,陈布雷也被邀同住。

14日,蒋介石发表了由陈布雷捉刀的《辞职宣言》,正式宣布下野了。

三、游山玩水,拒绝跟蒋介石出国

来到杭州后,第二天蒋介石一起床,一改昨日沮丧的情绪,说:"难得有空,布雷先生,你也与我一起游西湖吧!"

这时,蒋介石的同父异母的长兄蒋介卿来了。这位长兄性情暴躁,粗俗无比。当初父亲一去世,他就闹着和带着孤儿的蒋介石后母王氏分了家,因为蒋介石的地位攀升,他也由一乡间小农民飞升为浙江省海关监督,在杭州敛财。这次他也来陪同老弟游西湖,结果,一行人到处乱跑,岳坟、玉泉、灵隐、天竺都去。这些地方,陈布雷在浙高读书时都去过,但这次与蒋介石

一起游玩,又是别一番滋味。从三潭印月到达蒋庄时,陈布雷介绍说:

"这原是廉南湖、吴芝瑛夫妇的别墅,别名小万柳堂,后来转卖给南京人蒋氏,故号称蒋庄。"

这蒋介卿一听,信口说道:"到了自己的别墅啦!"

这话音一落,惹得众人大笑,蒋介石见老哥出丑,忙说:"坐下吃茶,坐下吃茶。"

陈布雷不知蒋介卿的底细,只是感到蒋介石这个大哥太粗俗,也不好说什么。

中午,众人在"楼外楼"吃饭,才40岁的蒋介石就牙齿不好,只吃软一点的东西,于是点了个西湖醋鱼,他吃了不少。

这一天,蒋介石看起来颇为悠闲,陈布雷心中也有如释重负之感。游罢西湖,蒋介石回到溪口老家"疗伤"去了,而陈布雷则从慈溪下车到官桥老家小住。

陈布雷在家乡才住几天,忽然听到余姚那边有人来说:王世和带了两营侍卫队从杭州步行到达百官后,在百官乘上火车到宁波来"保卫蒋总司令",谁知车过余姚,两个连突然跳下了车,冲到余姚城内,把银行劫掠一空,然后,拖枪拉上四明山当"山大王"去了。

"唉!蒋先生回趟家,又祸害乡亲一场!"陈布雷喟然长叹。

南京政府诸大员你争我夺,搞得陈布雷心烦意乱,回到老家几天了都没调整过来。妻子王允默听说附近的阳觉殿刚修过,风景秀丽,于是俩人去游阳觉寺。这一天,他们游玩得很开心,回到官桥家里时天已经暗了,蒋介石的侍从长张群派人来找陈布雷,在家等一整天了。他见着陈布雷,就问:"布雷先生能否跟蒋先生同行赴日本?"

"去日本?"陈布雷诧异地反问。

"是的。"

来人于是介绍近来时局的变化。

原来,蒋介石回到奉化老家后,住在雪窦寺里,但他的魔力一刻也没离开中国的政治舞台。14日,他刚刚到达溪口,就致电南京政府,称南京为革命根据地,嘱咐李宗仁、何应钦要负责维护好,俨然以主人的身份训示仆人为他看好家护好院。蒋介石虽孑然下野,实力却没任何损伤,他身在溪口乡

间,却同样指挥着他的人马四处活动,在政治、军事、财政上支配着时局。张静江、吴稚晖、李石曾等一帮"长衫佬",虽然声称与蒋介石"同进退,共沉浮",却在南京为蒋介石复职左右周旋。蒋系的喽啰们群起鼓噪,到处为蒋喊冤。陈果夫则率领一帮"小兄弟"专门为蒋介石充当坐探与打手。宋子文与黄郛为蒋介石跑前跑后,同各列强拉关系,并在国内各派系之间窜来跳去。因此,蒋介石的下野不但不是国民党党争的结束,而是更激烈争夺的开始。

以李宗仁、白崇禧为首的桂系,本想把蒋介石逼下台后,自己独揽大权。殊不知蒋介石一下台,他们立即就掌控不了局面,南京政府的班底仍是蒋介石的人马,陈果夫控制着中央党部。白崇禧将蒋介石的拜把兄弟黄郛的上海市长撤掉,换上自己的参谋长张定璠,支持蒋介石的上海买办就不买账,他们控制着南京政府的经济命脉,结果,白崇禧掌握着"大权",却向他们要不出军饷,买办身后都有洋人大主子为后盾,桂系又不敢来硬的。这时虞洽卿又操纵上海各商业团体搞起了联名请愿民选市长,要轰走张定璠。北方军阀张作霖趁机发起反攻,进攻冯玉祥和山西的阎锡山。孙传芳搜罗残部,向南京反扑,8月17日已占领浦口,向南京隔江炮击。而蒋介石的嫡系部队仍然效忠于他,何应钦收拾行装准备率领第一军逃跑,被李宗仁发现拦着,说:"首都存亡所系,你不能一走了事!"才强把何应钦的部队留下。

蒋介石在溪口遥控政局,局势日趋动乱。桂系不但没握到大权,连大局也掌控不了。精明的党国要员发现只有蒋介石才能"救"政府,上上下下又响起一片请蒋复职的呼声。原为众怒所指的蒋介石,摇身一变反而身价百倍,成为了各派争夺的香饽饽。

为了摆脱困境,稳定局势,桂系李宗仁亲自到庐山与武汉政府的汪精卫、唐生智、谭延闿、孙科等谈判,做出让步,请武汉方面到南京"共同秉政"。8月25日,武汉政府宣布迁都南京,宁汉正式合流。第二日,孙传芳的军队渡江成功,在龙潭一带集中时,被李宗仁的第七军、何应钦的第一军和白崇禧的第13军包围,激战三日,全歼了孙传芳6万兵马。

龙潭大捷使得南京转危为安。北方的威胁缓和了,宁汉的矛盾又尖锐起来。

汪精卫一向以国民党和国民政府正统自居,到南京后总想用手腕"统

一"国民党各派势力,建立起中央领导机构,吞并南京政府。桂系为了防止他这一招,提出召开国民党三届四中全会,但必须邀请宁方的元老胡汉民、吴稚晖等人参加。9月8日,汪精卫亲自到上海去邀请。胡汉民、吴稚晖等以反共"先进"居功,竟然拒绝"接见"他。

接着,半路上又杀出来一个"反共先进之先进"的西山会议派来。

蒋介石占领上海时,为了防止张继、邹鲁等西山会议派与他争夺国民党中央权力,下令查封了西山会议派在上海成立的中央。蒋介石下野后,西山会议派不但在上海重新成立了一个国民党中央,并十分活跃。过去,蒋介石,尤其是汪精卫,指责西山会议派的主要罪名就是反对孙总理联俄、联共、扶助农工的三大政策。现在大家都反共了,并以反共为荣。而西山会议派反共不仅在蒋、汪之先,而且还在胡汉民、吴稚晖等反共"先进"前,他们理所当然地要求在国民党中央必须重新占有重要席位。而汪精卫为了对抗胡汉民等人和桂系,对西山会议派(即沪方)大加吹捧,企图让西山会议派的元老们替自己说话,并且提出蒋介石复职。此时,桂系也开始拉西山会议派。西山会议派还是站到了桂系的宁方一边,联合起来反对汉方,并且提出:一、宁、沪反对以二届四中全会的名义召开中央执、监委全体会议,因为这样做就等于承认了汉方党部是国民党的正统。二、宁、沪提出与共产党关系密切的人不能进入中央党部。他们特别提出徐谦、陈公博、顾孟余等人不能进入中央党部。三、汪精卫应当引咎辞职。四、孙科提议成立一个国民党中央特别委员会,为中央临时机构,行使中央职权。

汪精卫为了摆脱孤立地位,抢先表示赞成孙科的提议,各方代表也附议赞成。经过讨价还价的争吵,产生了32人的特委会委员名单,汪精卫、胡汉民、张继、邹鲁等。宁、汉、沪三方面主要人物都包括在内了,还有在野的蒋介石。于是,三方决定成立国民党特别委员会。

谁知成立中央特别委员会,是桂系与西山会议派以及已秘密转向宁方的汉方大佬谭延闿、孙科、程潜等人事先策划的一个圈套,用的是偷梁换柱术,将特委会替代临时中央,汪记中央的"正统"就马上被打破了,因为32个特委委员中,汪派占少数,大权已转移到桂系和西山派手里。汪精卫自感形势不妙,于9月13日通电下野。9月16日,特委会在南京正式成立,汪精卫及汪派要员都拒绝参加,并与唐生智商量正式成立了武汉政治分会,管

辖两湖与江西三省。南京特委会以统一为名,令武汉取消政治分会。汪、唐置之不理。唐生智还派军"东进",结果与李宗仁的第七军在芜湖发生前哨战。宁汉不但没有合流,关系变得更为紧张了。

看来只有蒋介石出面,才能掌控大局了。可是住在溪口雪窦寺的蒋介石,对于汪精卫做出的请他复职的表态和特委会发来的吁请赴南京就职的电报,一概不予理会,悠然于山水之间,乐得坐观局外。9月下旬,眼见各派还在斯杀争吵不休,决定趁机去日本一游,以寻求日本的支持,再以外援夺取国内政权。为此,他邀请陈布雷也"去日本玩玩"。

书生意气的陈布雷听了这番时局变化,白天游山的雅兴顿时一扫而光,哪里还想去日本玩玩?他立即回答来人说:"请回复岳军先生,我不懂日语,恐怕不能对蒋先生此行有什么帮助,就不去了。"

就这样,他拒绝了日本之行。

10月,陈布雷又到了上海,任《时事新报》特约撰述。

四、"布雷"和"畏垒"消失,与主子同声一气

11月10日,蒋介石从日本返回上海,满载而归。

宋美龄,是上海富豪宋嘉树的小女。宋嘉树有三个儿子和三个女儿,都是在美国读书长大的。长子宋子文毕业于美国哈佛大学经济系,1927年就出任国民政府财政部长,是金融界的名流。大女儿宋霭龄嫁给山西省太谷县富商孔祥熙。二女儿宋庆龄是孙中山先生的夫人。1922年12月初,蒋介石在上海参加一项由宋子文主持的社区基督教晚会,第一次见到年轻漂亮、气度非凡的宋美龄,立刻为之倾倒,决心不惜一切代价,要娶宋美龄为妻。但是,他几次提亲,都被拒绝。但蒋介石痴心未改。1927年,蒋介石已是统帅着千军万马、号令天下的北伐军总司令了,在宋美龄心中的地位发生了急剧的变化。3月26日,蒋介石征尘未洗,即至上海西摩路的宋宅登门拜访,重申求婚之意。对此,宋家反应不一,宋氏家族多数人反对,态度最激烈的是母亲倪氏和姐姐宋庆龄、哥哥宋子文,但大姐宋霭龄力排众议,坚决主张接受这门婚事。"四一二"事变后,南京国民政府成立,国民党中央批准蒋介石休假十天,在宋霭龄的精心安排下,蒋介石邀宋美龄同游镇江焦山。

这时宋子文的态度也发生改变。他本是武汉国民政府的财政部长,3月为筹款和谋求江浙财阀的财力支持返回上海,刚下飞机即被蒋软禁,随后他得知自己在南方政府银行的所有财产也被老蒋没收。在走投无路时,宋霭龄出面劝说,宋子文无奈,转而向蒋介石"输诚",并同意小妹美龄的婚事。

蒋介石与宋美龄这次焦山之游,一晃就是整整十天,比任何一夜情还浪漫,两人感情急剧深化,关系得以正式确立。两人分手之际,订了个君子协定:各自清理历史陈账,以自由之身再论婚嫁。具体而言,宋美龄需割舍昔日情人刘纪文,蒋介石则必须与以往的妻妾毛福梅、姚冶诚、陈洁如彻底脱离关系。8月,蒋介石下野后隐居溪口,除了遥控南京时局外,就是一门心思在发妻毛氏那里软硬兼施,拿到毛氏签字的离婚协议书后,9月返回上海,先后打发走侧室姚冶诚和情人陈洁如。一切完成后,蒋宋联姻的主要筹划者宋霭龄于9月16日在上海西摩路宋宅召开记者招待会,把蒋介石和宋美龄的婚事"泄露"给新闻界,公开宣布:"蒋总司令即将与我的三妹结婚。"海内外各大新闻媒介争相报道了这一喜讯。美国《纽约时报》还以醒目标题刊出《蒋介石与孙夫人的妹妹结婚》,并配发了新人在宋宅花园合影的照片。

俩人的婚事木已成舟,但宋家的关键人物一直未曾应允这桩婚事,那就是宋母倪氏。为了避免蒋介石的纠缠不休,她已远走日本"养病"。蒋介石丝毫不懈,决定亲往日本再度向宋母求婚。在日本的宋母倪氏知道他们已经商定婚事,无话可说,只要求蒋介石信仰基督教,蒋介石一答应就大功告成了。

蒋介石此行另一目的就是争取日本政府支持,以助他重新上台。蒋介石原来就是日本军校的肄业生,这回学生回母校求援,自然得奉上大礼,答应"事成之后重谢"——卖出国权,这样日本也答应了在财力上进行"投资",助他上台。

蒋介石携带美女和洋钞票回国后,鉴于国民党内部各派系仍然纷争未已,拒绝了各派请他出山复职的要求,决意静观其变,先与宋美龄完婚。12月1日,在上海举行了轰动中外的结婚典礼。

当天,蒋介石在《申报》上登了一条《离婚启事》:"毛氏发妻,早经仳离,

姚陈二氏,本无契约。"也是在这同一天的报纸上,又发表了一篇以"我们的今日"为题的"结婚感言"。

陈布雷在报纸上看到了蒋介石的结婚喜讯,也看到了他的离婚启事,多数人觉得他在同天辞旧迎新一起办,有点可笑,但陈布雷却并不这样认为,在他眼中,像蒋介石这样的伟人,这种生活琐事是免不了的,做个陈世美也没什么稀奇的。

这蒋介石做起陈世美来还非常浪漫,第一天与新娘宋美龄在上海拉都路 311 号新居度过,第二天,前去杭州莫干山度蜜月,但第三天不得不从杭州返回了上海,在新居召开国民党二届四中全会预备会。桂系的南京政府、汪精卫的广州政府和西山会议派三个方面中的中央执、监委员三十多人参加了会议,商讨分权事宜。新居随即变味了,前后十天房中吵闹叫骂声从未休止过。但是,蒋介石在这次预备会上利用各派矛盾,进退自如,为自己复职扫除了一切障碍。会议通过了蒋介石复职的决议。并决定,1928 年 1 月 1 日至 15 日在南京召开二届四中全会,公推蒋介石负责筹备。

1928 年 2 月 2 日到 7 日,国民党二届四中全会在南京正式开会。蒋介石一手操纵会议。会议通过了大笔杆子戴季陶起草的四中全会宣言,宣言中攻击共产主义运动是"民族独立运动之大敌"。蒋介石被推举为军事委员会主席、国民革命军总司令。2 月 23 日,国民党中央常务委员会推蒋介石为组织部长。3 月 7 日又选他为中央政治会议主席。结果,蒋介石以退为进,一次下野竟然取得了国民党内部争夺党权斗争的大胜利,并且统一了国民党,把党政军大权又一次集中在自己的手里。

蒋介石上台后,当务之急就是巩固住他的最高统治地位,于是又准备继续北伐北方军阀。但是他上台后并没有忘记当初与他共进退的陈布雷,马上派人把他约到了南京。

陈布雷回到南京,住进了铁汤池的蒋公馆,过了十来天,搬到了总部西花厅,蒋介石特地向他介绍说:"这是昔日曾文正公所居的地方。"

曾文正就是镇压太平天国运动的曾国藩,是蒋介石最为推崇的人物。陈布雷一听肃然起敬,因为曾国藩也是他崇拜的偶像。就在他激动地环顾偶像住过的房子时,蒋介石又说话了:

"布雷先生，你安排个什么职务呢？"

没待陈布雷回答，他又说道："你就当个总部秘书长吧，让陈立夫协助你。"

原来蒋介石早就盘算好了。

陈立夫是陈其美的侄儿，是陈果夫的兄弟。北伐开始后，他就担任蒋介石国民革命军总司令部秘书处秘书兼机要科长。他对工作十分认真，凡是蒋介石签发的文件如布告、委任状、训令、指令、代电等，总是逐字逐句地从头到尾阅读一遍，然后交监印员盖上大印。他对下属科员要求严格、管束严厉，每到一地，就要召集部下训话，要求手下精心保管好印章、文件等物品。陈立夫的工作态度和作风，令蒋介石刮目相看。不久，就让他代替前任秘书长邵力子主管整个秘书处，整日不离蒋的左右。蒋介石走后，陈布雷一琢磨就觉得大事不好，自己夺了陈立夫的位置。

这时恰好陈立夫来到西花厅，把自己来协助的意思告诉他，陈布雷立即婉言辞谢这一任职。

陈立夫返回去回报蒋介石："陈布雷一介书生，事情繁忙，怕不能胜任，就不要勉强他担任这种要职吧！"

陈布雷(左三)与陈果夫(右四)等人在上海创办《新生命月刊》时合影

蒋介石听后没有做声，索性自己去问陈布雷："那你想担任什么职务，你自己选择吧！"

"我最初是想以新闻为终身职业，如果不行，那就做先生的私人秘书吧。位不必高，禄不必厚，只求对蒋先生能有点儿帮助就行。秘书长重职，胜任不了。"

蒋介石笑笑说："怎么可以叫你屈做我的私人秘书呢？"想了一想，说："你是否愿意任《中央日报》主笔？"

"蒋先生，《中央日报》已有彭学沛主持编辑，听说做得很好，我怎么可以去取代他呢？我还是回上海，《时事新报》曾约过我。"

"嗯，布雷先生，这样也好。你有什么困难，以后尽管来找我。"蒋介石恋恋不舍地说。

陈布雷在南京住了几天后，回到了上海，在《时事新报》任总主笔，主持社论。他又兼办戊辰通讯社，安插《商报》旧人，还与戴季陶、邵力子、周佛海、陈果夫等创办了《新生命月刊》。

陈布雷在《时事新报》主持笔政，已没《商报》时那么敏锐了，力求平实。昔日的"布雷"、"畏垒"不见了，因为他怕"刺"到了蒋介石的"大政"。

这时蒋介石正式开始了北伐北方军阀，三个集团军同时发起攻击，蒋介石亲率第一集团军与张宗昌的鲁军作战。战局一开，蒋军几乎不战而进军到郯城。4月22日，蒋、冯两军在泰安会师，济南守军大乱，大肆抢劫后弃城溃逃。5月1日夜，蒋介石率总司令部到达济南城。

这时日本田中内阁为了阻止国民党北进已经出兵山东，斋藤旅团660人作为先遣队到达济南，占领西城门外的商埠区。5月2日，日军福田彦助中将率3000人开进济南，在正金银行楼上设立了司令部。蒋介石对日军武装挑衅不做任何防范，只叫他带来的外交部长黄郛去和日军谈判。日军为了麻痹蒋介石，派特务分子佐佐木去见他，蒋介石向佐佐木保证国民党与日军和平相处，只请日军拆除阻碍交通的工事。佐佐木"欣然"应诺。日军果然拆除了障碍物，撤去了哨兵。就在蒋介石对日军的友好拍手叫好时，5月3日，日军突然对他的两个营发起攻击。此时营长去师部开会，无人指挥，第二营全部被歼灭，另一个营损失惨重。随后，蒋军奋起反击，压倒了日军的气焰。敌军师团长福田立即派佐佐木去见蒋介石，逼迫蒋下令停火，威胁

说：如不停火，中日将全面开战。蒋介石立即派出 10 个参谋组成的传令班，打着白旗，到各部队传令停止还击，同时派黄郛到日军司令部交涉。

黄郛到了正金银行，福田只派参谋长黑田与黄郛相晤，以示对国民党军的轻蔑。黑田向黄郛提出，蒋军仍有在抵抗的部队，必须立即停火，并一律退出日军警戒区。蒋介石立即照办，严令手下不许还击。结果，商埠区的蒋军全部被缴械。黄郛的办公处被日军占领，他本人和卫士被缴械后，徒手退出，逃到蒋介石的总部"办公"。日军趁蒋军打不还手，马上开始对中国军民实施大屠杀，制造了骇人听闻的"五三惨案"。

日寇在蒋介石的眼皮底下肆意捕杀他的官员，攻击他的士兵，侮辱他的人，他一概能忍受，对于日军屠杀民众，更是不闻不问。蒋介石只是不断地派"日本通"去与日军"谈判"。南京的国民党中央也作出多项决议，命令全国民众"坚忍慎重"，保持对日本国民的"亲善态度"。并强调说明，重要问题不在"外扰——日本出兵山东"而是"内患——共产党乘机捣乱"，对日寇的野蛮屠杀要做到"能忍人所不能忍"的程度。

但是，很多人没有被蒋介石和他的政府的谰言迷惑，上海各报纷纷以"五三惨案"、"勿忘国耻"的大字标题详细报道了日军在济南大屠杀的经过，呼吁全国人民奋起反抗。于是各地群情激奋，各界群众举行游行示威，抵制日货。

济南惨案发生后，陈布雷撰写了《暴日膺惩》一文，揭露日本军阀阻挠国民革命军北伐，陈师鲁境，辱我官吏，残我民众。但是，他又迎合蒋介石小不忍则乱大谋的说法，大喊："北洋军阀未除，国内尚未统一，何能对外开战？"然后，论锋一转，高喊"统一第一"的口号，督促国民革命军一意北伐，要求"国民忍辱负重，彻底图强"。民众让鬼子像猪狗一样宰杀，这样的"强"如何去"图"？辛亥革命时的"布雷"和"畏垒"已经消失，他已成为蒋介石的代言人了。

就在陈布雷高喊"彻底图强"的声音中，5 月 5 日晚，日军飞机轰炸济南，蒋介石这位"能忍"的统帅，吓得连外衣都没来得及穿，仓皇逃出济南城，蒋军紧随着他从济南撤退到徐州、兖州、泰安。

5 月 8 日，日军炮轰济南城。两天后，南京政府的党政联席会议在兖州举行，蒋介石、谭延闿、吴稚晖、李烈钧等国民党要员参加会议，众人都要求

继续对日妥协,满足日军的全部要求,并吁请国联和西欧各国主持"公道",出面调停。不过,蒋介石再也不敢留在前线"指挥"了,托辞因"病"把指挥权交给冯玉祥,自己返回徐州去了。

5月11日,日军耀武扬威地开进济南城,入城后,又是到处抓人、杀人,济南再次遭到浩劫。国民党军则在冯玉祥率领下绕道北进,把济南城和胶济铁路全让给了日军。

这时,面对日寇的暴行,再也见不到昔日风健的陈布雷的呼喊文字了,他与主子同声一气,做起了哑巴。

五、为蒋介石创造"孙中山正统"鼓与吹

陈布雷面对济南惨案装聋作哑,做"隐士",蒋介石却很快把他"拉"了出来。

6月26日,蒋介石叫上陈布雷,带着吴稚晖、邵力子、陈立夫、周佛海等一大堆人从南京乘军舰逆流而上,前去北平。

蒋去北平做什么呢?

原来在济南惨案后,全国瞩目的中心又移到了北平。

首先,5月下旬,在南北内战中,占据北京的张作霖的奉军到处失利,保定失守后,在外国列强的逼迫下,张作霖不得不准备率领奉军退回东北。6月2日,他发表《出关通电》,第二日午夜就偷偷地爬上了专车出关。谁知天还没亮,专车行至皇姑屯附近时,"轰"的一声巨响,张大帅被日本人事先埋下的地雷炸死,专列成了他的灵柩。他的儿子张学良得知父亲的噩耗,秘不发丧,急忙率领奉军退出北京。于是,蒋介石任命"山西王"阎锡山为京津卫戍司令,随即,白崇禧陪同阎锡山联袂入京。6月15日,南京政府发表对内对外宣言,宣布全国统一完成,开始进入训政时期。

谁知北京换旗之后,阎锡山、冯玉祥等人又生鬼了。他们鼓动自己操纵的北方派文人拼命发表文章,大喊"要求国民政府迁都北京"。理由是南京为六朝金粉之地,又邻近上海,腐败萎靡之气太重,是亡国之都;而北京是元、明、清三朝首都,凡在此建都的朝代都兴旺发达,因此国民政府应该迁都北京。阎、冯等要求迁都北京,并不是为了国家的兴旺发达,而是北京在

他们的势力范围之内,便于他们插足控制中央政府,孤立蒋介石。而南京政府的后台是江浙买办势力与美英等国,与上海一水相连的南京是蒋介石的命根子,他当然要死抱着石头城不放了。江南蒋系御用文人不得不应战,大谈南京是民国缔造者孙中山先生生前指定的首都,总理的遗训不能违背,因此首都所在地不能改变。南北政客和御用文人引经据典,大打口水仗时,蒋介石生怕夜长梦多,来个釜底抽薪,马上宣布把北京改称北平,又搬出总理遗训压服北方派。北方派眼见北京连名字都改了,要扳正过去哪里还有可能?气一泄,一夜之间迁都的声音全没了。随后,蒋介石以中央政治会议的名义,决定在北平举行四个集团军总司令祭奠孙中山灵柩的盛典。

蒋介石把孙中山的联俄联共扶助农工的三民主义都抛弃了,为什么还要举行盛典,祭奠孙中山灵柩呢?他的目的就是向各个派别显示自己是孙中山的正统传人,是国民党的唯一领袖,在南京立都完全是遵照总理的做法。因此他带上陈布雷等一行亲信启程去北平了。众人一路上好不威风,平时一天的路程,花了整整两天时间,28日才到达武昌,然后请李宗仁同赴北平祭灵。

蒋介石在南京出发之前就把陈布雷请来,带着"文胆"一起北上,他意欲何为呢?他要陈布雷这位大笔杆子为他"写文章"。孙中山先生的灵柩还

陈布雷、邵力子等北上时合影

寄放在北平香山碧云寺内，各方要人都要祭告孙总理，而蒋介石就是主祭。主祭不可能站在那里不说话，肯定要念篇主祭文，而他自己只会玩弄计谋，写文章可以说是张飞做针线活，哪里玩得了？因此，当然要陈布雷这样的高手来捉刀。

离开武汉后，蒋介石就与陈布雷同乘一列专车北上，他们朝夕相处，蒋介石讲述自己的主要思想，并一再叮嘱说："一定要写得有声有色，有情有文，一定要使人动心。当然，还要把中正这几年的苦心表达出来。"

陈布雷对这个任务倒是乐于完成的。因为孙中山是他敬仰的人，他虽然没有直接聆听过他的教诲，但他从堂兄陈屺怀、赵林士、戴季陶、张静江等人口中得知不少孙中山先生的事情，也敬仰他的伟大人格。至于蒋介石要讲出自己的苦心，他也是乐意代言的。中国文人不怕官，不爱财，就重受人赏识，陈布雷也是这样，因此乐于为主子效力。

一路上，蒋介石一行人吃喝玩乐，高谈阔论，神采飞扬，陈布雷显得沉默寡言。

原来他已经开始构思了。

但是，写作是一项极其艰苦的工作。陈布雷更知道，蒋介石掌握大权后，除高喊革命口号外，还大搞神化孙中山的活动，自命为孙中山先生的忠实信徒，标榜自己是孙的真传弟子，借以抬高自己，维护自己的地位。为了达到目的，他利用孙中山先生的崇高威望，掀起了神化孙中山的浪潮，把他抬到上帝的高度，把他的言论当做圣经去叨念，并且大造舆论，称孙中山生前就选定他为接班人。1928年秋，他曾指使陈布雷等人把孙中山生前写给他的亲笔信选了十几封，用最好的宣纸精印成一尺长、六寸宽的册子，然后分送给军政要员，并且向赠送对象说明："孙中山先生的信件可以充分说明，中山先生早已把国民党领袖的继承人授意于蒋介石了。而对汪精卫、胡汉民两人却不信任，认为他们意志薄弱，不能担当革命重责，曾多次加以批评。"蒋介石名为树孙中山，实为树他自己。他的这一套手法，自然没逃过陈布雷的眼睛。加上他明里暗里的讲述和强调，陈布雷感到压力大了，既要道出老蒋的"意思"，又要不露痕迹，可想而知，写作的难度有多大。几经琢磨，陈布雷在郑州忙了好几个通宵，结果就只写了个文章的开头：

蒋介石的秘书 陈布雷
jiangjieshidemishuchenbulei

维中华民国十七年七月六日,国民革命军既奠北平,弟子蒋中正,谨诣香山碧云寺,致祭我总理孙先生之灵曰:溯自我总理之溘逝,于今已三年矣。中正昔侍总理,亲承提命之殷,寄以非常之任……方总理哀耗抵粤之时,正中正铲除陈逆(陈炯明)驻军兴宁之日……中正服务在军,病不能亲药饵,殁不及视殡殓……三年之间,本党基础濒于危亡者,先后五次;革命势力几于覆没者,凡十五次……

蒋介石忙里偷闲,也看到了开头的这段话,连连称赞说:"不错,不错,如读《陈情表》,令人悲痛。"

这时陈布雷又提出了这几天思考的一些问题后,说道:"蒋先生,就是有一点很难写。孙总理提倡联俄、联共、扶助农工三大政策,现在我们清共,这,这与孙先生的意愿有悖……"

"不要怕啊。中共背弃服从三民主义之誓言,压迫我党,恣意捣乱,所以我们才有清共之举嘛。"蒋介石说,"这是第一点要告先总理在天之灵的,以下你就自己写吧!"

陈布雷早已不是当年的"布雷"、"畏垒"了,已完全成了蒋介石的御用文人,他说什么就写什么,"大原则"解决了,也不多想,于是诺诺说:"好,好!"

"但是有一点要特别强调,这就是要裁兵,国家养不起这么多兵,现在军事时期过去了,要大大裁兵,削弱诸侯!"蒋介石把早几天谈的"意思"中的重点又嘱咐了一遍。

陈布雷应声后,还是几天动不了笔。因为这终究要讲不少的假话,而且全靠他去编造,因此在火车上他虽然沉默寡言,但是文思怎么也来不了,一心想着怎么去编撰假话。而他却又偏偏不是个善于说假话的人,结果绞尽脑汁,还是提不了笔。

7月3日,蒋介石带着一行人到达了北平。陈布雷住下来后,才又握笔苦思。经过几天的冥思苦想,他终于把这"牙膏"开始往外挤了:

我总理昔日为集中革命势力而容共,为联合平等待我之民族而联俄,乃自总理逝世,中国共产党竟背弃服从三民主义之前言,压迫本

党,恣行捣乱,破坏革命,加害民生。我同志为保持国民革命之目的,于是有去年四月清共之举……凡兹政策之变更,皆经同志反复考虑,认为无背于总理之遗教……

写到这里,陈布雷又觉得说服力不强,因为除了听到湖南"痞子运动"过火外,他还真的没听到过什么共产党的其他捣乱之举。他搁笔托腮,沉思了许久,搜肠刮肚还是举不出一个事例,但继续写那些空话套话似乎也不太妥当,突然灵感来了:没事实就搞假设,这可是谁也说不准的事,这样写谁敢说自己说错了?于是奋笔疾书:"然使总理迄今健在,共党当不致逞如是之狡谋,人民庶可免蹂躏之浩劫。是则我总理之中道殂谢,奚止国民革命之不幸。今总理既不可复生,而全国同胞困穷凋敝之余,又何堪再受无谓之牺牲?"最后一点说的是现实,因为这时老百姓没吃没穿,已经到了饥寒交迫的地步。这虽是不争的事实,但他巧妙的是,把这归罪于孙中山死得太早,共党"狡谋"的结果。这下他的灵感被完全激发了,继续挥笔写道:"……此中正所兢兢自勉,以勉同志,敢为我总理告者一也……"本来蒋介石对民生并没多大的兴趣,但他那样的假设和狡辩,最后这一笔又巧妙地画龙点睛,把"龙睛""点"在蒋介石身上了,这就把蒋介石突出来了。

这样的妙笔当世又有谁能做到?难怪蒋介石这么看重陈布雷呢!在身边文星如繁星时,蒋介石每有重要文章,还要费劲费时地请陈布雷来捉刀,就是因为陈布雷有着一般人所没有的本事!只有陈布雷的"真才实学"和硬本事,才能把蒋介石的目的和"意思"不露痕迹、巧妙地、"合情合理"地表达出来,即使有人想反驳,在文字和文理上也无从下手。这就是陈布雷的高超之处。

为了达到蒋介石的目的,这篇祭文虽然才2500余字,算不上什么大作,但它确实让陈布雷绞尽了脑汁。因为他还"要把中正这几年的苦心表达出来",胡编狂编还要有真情实感,这确实把刚刚进入政坛的陈布雷折腾得要命。好在陈布雷确实是文章高手,只要思维触及一点,他就可以肆意夸大地发挥,并且变成文字,再进行润色,因此说的不是"苦心",经过技术处理,也成为"苦心"了。

蒋介石到达北平后,闲逛了几天北平城,就带着宋美龄住进了香山碧

云寺含青舍,做出孝子守灵之态。有趣的是,蒋介石这次要祭灵,国民党各派各系谁也不敢怠慢,因为当朝诸人个个都自称是孙中山的忠实信徒。因此,蒋介石一做起"孝子",各集团军总司令、总指挥,都纷纷在百忙之中奔赴北平,就连最近与蒋介石最"打左"的冯玉祥也赶来参加祭灵大典。但是,陈布雷一直闭门写作,仿佛与尘世一切喧嚣隔绝,直到祭灵大典前一日,他才把这区区2500字的文章完稿。

7月6日,国民政府在碧云寺正式举行各集团军总司令、各路总指挥祭灵大典。整个碧云寺布置得庄严肃穆。蒋介石为主祭,冯玉祥、阎锡山、李宗仁为襄祭。

上午8时20分,当司仪宣布祭告典礼开始,全体肃立,"向总理三鞠躬"时,蒋介石忽然抚棺大哭,李宗仁、戴季陶也跟着大哭,吴稚晖则尖声号啕,其他人也频频揩泪。陈布雷对孙中山只有敬仰,连面都没见过,谈不上什么私人感情,要说真哭出来除非是装,但在这帮人渲染的弥天悲伤气氛中,竟然也不由自主地眼泪簌簌往下掉,不得不跟着拭泪。奏完哀乐,主祭蒋介石献花圈,行三鞠躬礼,下面就该读陈布雷为他起草的祭文了。谁知他只做点"献花圈、行鞠躬礼"这样简单的体力活,念祭文这累活,竟然请第三集团军总指挥商震"代表"去读了。这让陈布雷惊讶不已:主祭文哪有主祭让人"代读"的呢!

这商震打仗一般,念祭文就像陈布雷会写文章一样,几乎是天生的材料,嗓门高,而且还很洪亮,震动四方。祭文称:"国民革命军既奠北平,弟子蒋中正谨诣香山碧云寺,致祭我总理孙先生之灵曰:溯自我总理之溘逝,于今已三年余矣。中正昔侍总理,亲承提命之殷,寄以非常之任,教诲拳拳,所以期望于中正者,原在造成革命之武力,铲除革命之障碍,以早脱人民于水火。"

此话一出,在陈布雷的笔下,这位不敢与日军交锋的第一集团军司令蒋介石,立即现出"北伐胜利"、"统一大业告成"的统帅神色,完全一副凌驾于众集团军司令之上的架势。但众人并不理会他的神情,听话听音,他们都从祭文中所说的"总理亲承提命之殷,寄以非常之任"等语,听出了蒋介石要告诉大家的真意:我蒋某是受命于先总理,当然的继承人,你们是不能相比的。这正是蒋介石借助祭灵大典所要表达的意思,他就是要以死人压活

人，要削夺其他军阀的兵权，君临各军阀之上；而陈布雷的妙文恰好把此意通过商震这声嘶力竭的一念，完整无误地传达出来了。众人渐渐止住了抽泣，面面相觑。

当商震念到告总理第六点时，泣声全没有了，全场肃然。祭文说：

> 本党为解放民众而革命，破坏期间，民众已饱受不可免之牺牲。军事既终，若干军队问题，无适当之解决，不独国家财政不胜巨额军费之负担，人民膏血不能再应无量之供求，而以二百万少壮同胞之劳力，悉令弃置于不生产之军队生活，尤为社会经济之损失。我总理昔当军阀未除，尚以实行裁兵，望国内军阀之觉悟，所定化兵为工之政策，博大仁慈，昭垂天下。今北伐完成……确定兵额，分别裁留……此实千载一时之良机也……此中正所兢兢自勉，誓以全力督促武装同志，务底不成……

这就是陈布雷贯彻蒋介石"要大大裁兵，削弱诸侯"意思所写出的。冯玉祥一听，脸色立刻沉下来了，阎锡山也现出不满之色。陈布雷有些担心了，悄悄瞥了蒋介石一眼，却见他不仅不怕他们，而且刚刚哭罢的泪脸上还微微淌着笑意，于是他也镇静下来了。

读罢祭文，开棺盖，瞻仰中山先生遗容。蒋介石又顿时扶棺痛哭。冯玉祥上前劝道："莫哭莫哭，哭也没用了。"谁知他哭得更厉害了。这时陈布雷不意听见后边有人骂道："这才显出他是嫡系呢，我们都不是嫡系。叫他哭吧，我们走了。"

这话却让耳尖的蒋介石听见了，立刻止涕，盖棺散会。

蒋介石精心设计的这场祭灵哭棺，就是为了把自己抬到孙中山唯一继承人的最高位置上，以慑服众人。陈布雷巧妙地把他的意思贯彻在祭文之中，真可谓是篇佳文，在现场也达到了蒋介石所需要的效果。但各路新老军阀个个身经百战，比共产党还"狡谋"，岂是陈布雷区区一篇文章所能吓唬住的？老谋深算的蒋介石显然是打错了主意，军阀们虽然在中山灵柩前都毕恭毕敬，但相互争权夺利却不让分毫，祭灵的香火还没熄灭，口水战接着

上演了。

7月8日，蒋介石在北平行营召开善后裁兵会议。会议上，蒋介石的理由冠冕堂皇："完成革命最要紧的问题厥惟裁兵，用于筑路、治水、开垦及采矿等方面。裁兵之前先成立编遣委员会。"随即，他搬出了早就准备好的一套裁兵计划和裁留标准。谁知他话还没说完，就被冯玉祥发言打断，冯玉祥说：

"总司令提出裁兵，无可非议，但是裁遣对象，首先应该是总司令收编的吴佩孚、孙传芳、张宗昌的那20万军阀部队，不应先裁北伐有功的部队。况且奉系还占据着东北三省，革命军队应待东北问题解决后，再裁遣也不迟。"

阎锡山也慢条斯理地接腔说："焕章（冯玉祥的字）说得对，东北三省尚未解决，裁兵应从长计议。"

他冷语一停，李宗仁又不动声色、不慌不忙地说："裁兵裨利于民，势在必行，但焕章兄所言也很有道理呀！"

蒋介石眼见三个老对头跟自己斗法，正要发作时，冯玉祥却说起笑话来了："喔，总司令老弟，你的兵天天大鱼大肉大米饭吃着，身体有多棒，裁弱留强，当然得留你的兵了。希望也给我们留几个窝窝头、一两块老腌咸菜啃吧，不然，就要把我们饿坏了。"

蒋介石没办法，只好也用手指着冯，面向阎、李等人，哈哈大笑说："焕章大哥真会说笑话。"

蒋介石被这一奚落，回住所后，气呼呼地对陈布雷说："冯玉祥这个老兵油子，哼，他反对裁兵，他要保持他西北军的实力。布雷先生，诸侯、藩镇历来是祸患呀！"

蒋介石本来想通过裁兵把冯玉祥的西北军和阎锡山的部队裁掉，斩了他们的大尾巴，这个计划偏偏难以实行，心中十分恼火。陈布雷很同情主子，赶紧劝慰。陈布雷也认为国家要统一，一定要削弱地方势力，而全国四分五裂，地方割据太严重了，各路军阀油子桌面上握手，脚底下使绊子，勾心斗角，明争暗斗，又让陈布雷对政治感到厌烦和害怕。

但是，天下大势"合久必分，分久必合"，年底东北的张学良宣布易帜，归顺南京政府，陈布雷"分久必合"的愿望竟然一下子就奇迹般地实现了。

原来,6月初张作霖被日本人炸死后,年仅27岁的张学良秘不发丧,使日方一时摸不清真情。张学良先稳定奉系领导集团,在掌握了东北局势后,才于6月19日宣布张作霖伤重身亡的消息,并同时宣布自任奉天督办。日本企图利用这次事件武装占领东北的阴谋归于失败。第二日,新疆总督杨增新宣布易帜,归属了南京政府。至此,全国领土只有东北三省不在青天白日旗帜之下了。这促使蒋介石加紧策动张学良及早归顺南京,他派代表与张学良联系,并达成默契,一旦东北易帜,即在沈阳设政治分会,以张学良为分会主席,全权统治东北三省。

蒋介石的活动,使日本担心张学良会倒向南京,8月8日,田中内阁派前驻华公使林权助代表日本政府向张学良赠送一等旭日大勋章,随后又公开进行军事威胁,致使张学良不得不一再延期换旗。这时美国也担心日本策划东北独立的阴谋得逞,有损于它的在华利益。于是,美国驻华公使马克谟以赴朝鲜为名,前往沈阳与张学良会面,力劝他及早换旗。美国的态度对张学良产生重大影响。不甘心做日本人奴仆的张学良密电南京,说明换旗

1929年7月陈布雷、周佛海随蒋介石赴北平视察北方党务时合影

必行。10月8日，国民党中央常务委员会决议任命张学良为16名国民政府委员之一。美英法等国抓住日本出兵山东问题不放，一再向日本施加压力。日本在野派利用田中对华政策所引起的国内不满，加强了反对田中内阁的活动。1928年底，田中内阁内外交困。张学良看准了时机，于12月29日毅然通电全国，称："已于即日起，宣布遵守三民主义，服从国民政府，改旗易帜。"

南京政府立即发表通电，正式任命张学良为东北边防司令长官，张学良便正式率领全体奉军归属国民党军。至此，国民党政权获得了形式上的统一。

作为一位知识分子，陈布雷是爱国的，看到国家的统一，他也感到由衷的高兴，同时对主子又多了几分敬畏。

六、升了官，又借机神化蒋介石

蒋介石"统一"了中国，立即谋划召开国民党第三次代表大会。可是，刚刚"空前统一与团结"的国民政府就显出了很不团结、不统一的气氛。裁兵的编遣会议不但未达预期效果，反而激化了各派系的矛盾，使得国民党内部呈现出四分五裂的状态。以汪精卫、陈公博为首领的"改组派"，拥戴汪精卫为领袖，鼓吹再次改组国民党；国民党老右派集团——西山派也反对蒋介石的独裁；桂系更是在暗中进行武力倒蒋行动。各派都要争得国民党的领导席位。

在这样复杂的情形下，蒋介石仍然霸王硬拉弓，准备通过召开全国代表大会的形式，达到个人独揽党权的目的。为此，他必须要操纵国民党第三次代表大会，才能达到目的。要操纵一个代表大会何其难，当年曹锟用每人5000大洋"买"总统还都没成功，这蒋介石控制得了一个全国大会？这却难不倒他，他眉头一皱，召开了个国民党中央常务会，通过一个决议：出席三大的代表不用选举办法产生，一律采取由中央直接圈定与指派的方式。而这个工作，就是由蒋介石的亲信陈果夫控制的中央组织部来做，他们当然圈定与指派的全是"自己人"，然后由"自己人"进行"选举"，蒋介石就可以达到目的了。

蒋介石的这一伎俩马上就被识破,并且立即引起国民党其他派系的强烈抗议。1929 年 3 月 14 日,南京市召开了讨论出席三全大会代表问题的会议,声势很浩大。在改组派的策动下,会议通过了一项《反对非法的第三次全国代表大会案》。混在会场里的蒋派分子见势不妙,立即大打出手,随后蒋介石派来的打手队也冲进会场,抛砖飞石,抢夺文件,大搞打砸抢,把孙中山的遗像都打落在地,多人受伤。这就是轰动一时的"三一四"事件。

这一打砸事件表明,由于国民党内部矛盾激化,没有召开全国代表大会的基础。桂系干脆不与蒋介石闹了,准备以枪炮说话,正酝酿大战。李宗仁躲在上海,蒋介石派人去上海诱劝李宗仁去南京,李不肯上当,暗中潜回广西。白崇禧从北平电告南京,请求辞职。汪派中央委员公开反对召开由蒋介石一手包办的大会。

2 月 22 日,桂系的武汉政治分会发出决议,撤免鲁涤平的湖南省政府主席兼 18 师师长;同时派叶琪的第九师、夏威的第七军向长沙进兵。鲁涤平措手不及,慌忙乘外轮逃往南京。桂军控制了湖南,至此占据了两湖,接通了广西,势成能攻能守、可进可退。这就是所谓的"湘案"。

湘案发生在国民党三全大会前夕,蒋介石的军事部署还没就绪,另外又不知冯玉祥、阎锡山的态度,因此为了维持和平局面,把大会开成,不想立即动武。他与亲信精心策划了一个消灭桂系的计划。他利用唐生智与桂系的矛盾,起用唐生智,驱逐白崇禧。白崇禧带到河北的李品仙、廖磊两部原是唐生智的主力军;白崇禧既想长驻河北,又想向西北发展,这引起部下的不满。唐的部下都想早日回到湖南家乡,又都觉得当桂系的军官不光彩。蒋介石抓住这个矛盾,广泛传播唐生智将要复职的消息。唐生智在上海也活跃起来,派人向蒋介石表示拥护中央。蒋介石不但答应唐可重新指挥部队,还赏以巨款,并促其立即北上平津,收回旧部。于是蒋桂之战已箭在弦上,白崇禧计划率部南下浦口,配合李宗仁部攻蒋。谁知部队却已经不听他的指挥了,还到处张贴"打倒桂系!""打倒白崇禧!""欢迎唐总司令东山再起!"等标语。白崇禧在军中不能立足,化装后由塘沽搭日轮逃走。

蒋介石扶唐倒白计划完全实现了,这就等于砍去了桂系的一只手臂。

虽然出现严重的不正常情况,蒋介石还是要坚持召开三大。于右任躲在上海,谢绝了蒋介石派去的邵力子之请,不到南京开会。冯玉祥不仅不到

蒋介石的秘书 陈布雷

jiangjieshidemishuchenbulei

南京开会,反而于3月12日发表通电,辞去军政部长职务。国民党正面临一场更大的分裂。各实力派的军心不稳,桂系与蒋系已在调兵遣将,摆好了阵势,战事一触即发。蒋介石要充分地利用这短暂的形式上的统一时期,赶紧将最高的党权抓到手,以便用中央的名义去镇压反对派。

3月15日,国民党三全大会匆匆开幕了。主席团九人,即:蒋介石、胡汉民、谭延闿、孙科、朱永骅、古应芬,陈果夫、陈耀垣,于右任(实际未到会)。主席团组成说明,蒋、胡包办了大会。

在国民党开第三次全国代表大会时,陈布雷作为上海市党部代表也参加了大会。在会议的纷纭争吵中,他闹中取静,搞了个提案:"凡入党不满三年者概不得当选为中央委员。"

为什么他竟然提出这样一个与大会无关紧要的提案呢?原来他是想以此来限制一些争权者,杜绝大会上你争我夺的激烈竞争局面。

可是,主席团却没有理会他的这个提案,没有在大会上提出,因此也就成了废案。最后选举揭晓时,由于蒋介石的安排,陈布雷竟然被选为了中央候补监察委员。而他本人党龄就偏偏没有三年,这等于是陈布雷自己打了自己一个大嘴巴。

树怕剥皮,人怕打脸,何况陈布雷是个最要脸面的知识分子,并且这次还是自己打自己的脸儿呢!他连忙上书给胡汉民、蒋介石力辞中央候补监察委员,说:"自己入党未满三年,实在不够资格。"

在蒋介石等人的眼中,就是党章也是摆设,要起作用也只是在关键时刻用来制裁异己分子的,对"自己人"根本不用的,何况陈布雷的阻碍仅仅是一个根本没讨论的提案呢!蒋介石找到陈布雷说:"唉!布雷先生,党中向例,被选者不得请辞。"

"蒋先生,那么我的提案,主席团为何不提出来?"陈布雷书生气大发。

"恐怕引起争议啰,所以才没提出嘛。"蒋介石笑笑。

"唉,蒋先生,我深忧党中以后将因竞争个人地位而多生事端啊。"

"布雷先生不为己谋的精神实在令人钦佩,但是必要时还是要竞要争呀!"蒋介石还是笑着,接着转移了话题,说:"入夏,我希望你再跟我赴北平视察党务,我要与阎锡山、张学良共商军政要计。"

一听有新任务,陈布雷马上跳出了自己刚才的推辞,急忙问道:"是否

有什么文字要我代撰？"

"没有什么重大文件，只是想请你拟一个对新闻界谈话，还有欢迎美国记者团的新闻稿。上次去北平，你为我写的《祭告总理文》，文情并茂，特别是后面一段话：'今当建国伊始，而总理已长辞人世，不复能躬亲指导。千钧之责任，寄于后死之同志，唯有戮力同心，勉为绍继。以总理之精神，团结本党之精神；以总理之思想，统一全国之思想。革命之基本既立，人民之解放可期。中正自许身党国，久已矢之死靡他之决心。初不意百战余生，尚能留此微躯……'写得好呀！一般人哪里写得出这样的好句子啊！"

陈布雷见蒋介石竟然背诵了一段自己的文章，更是激动得面红耳赤，嘴巴动了许久，就是没说出一句话来。这时候蒋介石说："布雷先生，我很想请你到中央来工作呀。"

"我不想去！"陈布雷突然嚷道。

蒋介石一怔："为什么？"

"我为先生服务，不图什么名利。"

国民党的三全大会，中山先生的革命三大政策已荡然无存，大会却于3月21日通过一项所谓《奖慰蒋中正同志案》，全是宣扬蒋介石的"功绩"，大搞个人崇拜。在国民党三全大会之前，国民党的公开文件中，从未称蒋介石是全党领袖，这是第一次把蒋介石树为全党的最高领袖。这次大会标志着中国国民党已经成为蒋介石的工具。

会后，陈布雷又为蒋介石捉刀，写了篇《第三次代表大会感想》文章。他完全成为蒋介石的"笔影子"了。

但是，他没有料想到的是，蒋介石的这一"全党的最高领袖"也并不是好当的。他急于召开国民党的三全大会，好似点燃了一只大火药桶，国民党新军阀的混战立即爆发了。

3月20日唐生智在塘沽登岸，受到旧部的欢迎。3月21日宣布讨伐白崇禧，蒋介石立即任命唐生智为第五路军总指挥。唐生智在北平顺承王府设立总指挥部。这一天早晨，蒋介石突然下令将与桂系关系密切的李济深逮捕，关押在汤山俱乐部。3月28日，国民党三大闭幕的当天，蒋介石又派兵去抄了李济深在南京的住宅。全国编遣会议后，蒋介石到处阅兵、演习，向地方实力派示威，李济深曾为此电责蒋介石。蒋介石为此对李怀恨在心。

随后,蒋介石亲任总司令,到九江指挥作战,讨伐桂系。

这时,桂系三大主帅中李宗仁回了广西,白崇禧正在逃往广西途中,黄绍竑坐镇广西,致使武汉军中无主帅。武汉前线总指挥的大权由第一师师长李明瑞和杨腾辉掌握。而李明瑞和杨腾辉已被蒋介石买通。4月5日,蒋介石到达武汉,宣布:"兵不血刃而定武汉。"

因为李明瑞带部队脱离了战斗,桂军几乎不战自退了。

蒋介石打败了桂系,遂又决定6月1日为孙中山灵柩安葬日。

孙中山在北京逝世时,正是北洋军阀统治时期,国民党还没有取得全国政权。由于当时的条件所限,遗体一直暂置在香山碧云寺的金刚宝塔中,没有安葬。国民党建立全国统治后,举行安葬是合乎情理的。蒋介石为了增加个人政治资本,主持南京政府在南京紫金山建造中山陵。由于工程浩大,历时几年,1928年底陵墓才修建好。原定孙中山遗体安葬日为1929年1月1日,但由于蒋介石硬要拼凑召开国民党三全大会而误期,又改定3月12日孙中山逝世四周年时举行,可是蒋桂战火又起,一再延误。现在桂系打败了,蒋介石于是来做这一拖再拖的事情了。

5月10日,由南京开出迎梓专列,21日到达北平。北平的移灵仪式共搞了四天,不仅出动了陆军、骑兵、空军,而且几乎倾北平全城之众参加祭灵、送灵仪式。

陈布雷跟着蒋介石到了北平,住了半月,遍游名胜。因为这次任务不重,他感到比较轻松。

25日午夜,灵柩在三十多万人的护送下,从香山抬往前门车站,步行近十五个小时。两次鸣礼炮101响。到5月26日下午3时15分才将灵柩运上专列。4时35分,专列在全市工厂的汽笛声及礼炮声中徐徐开动;从北平到南京,沿途各站,都要举行盛大的接送仪式。车到安徽蚌埠,蒋介石夫妇乘专车到此恭迎。然后,蒋介石的专车为先导,开往浦口。28日上午10时,灵车抵浦口。国民党中央出动陆海空三军,南京政府的大小官员及市民倾城而出,在奉安总干事孔祥熙的指挥下,将灵柩移过长江,送至中央党部大厅。然后,又是三天公祭,蒋介石亲自守灵。

6月1日是安葬之日,奉安大典从午夜2时即开始。先在中央党部举行起棺仪式,然后,灵柩经过中央大道,沿途搭有二十余座牌楼,以松柏树枝、

青白布铺地。全市万人空巷参加葬礼,送往中山陵。上午 10 时 15 分,由蒋介石主祭,举行安葬典礼。报纸、电台天天报道奉安盛况,大量发行各种纪念书刊。

在这一系列的宣传中,蒋介石自然是主角,因为他的本意也只是借树孙中山而树他本人的正统和孙中山传人的"威望"。陈布雷只是随众参加各种活动,见识了这一盛大的场面,没有其他什么收获。但是,他已是中央候补监察委员了,又有高薪,就不用像以前那样为生计担心了,因此就是荒废点时光,也没什么顾虑了,偶尔为蒋介石起草点新闻稿、与美记者团谈话稿子也都是些官样文章,不费什么脑筋,信手拈来,他也乐得跟在人群中见识见识这显示"国泰民安"和树蒋中正正统的盛大典礼,跟着大捧蒋介石的场。

第三章
当官全由蒋氏做主

一、去做官，其实就是为主子做说客

在孙中山安葬日之后的短短几个月，陈布雷替蒋介石代撰的文章大增，诸如蒋介石的《革命与不革命》、《今日党中几个重要问题》、《青年地位及前途》以及其他谈话稿等，都是由他起草的。陈布雷主编的《时事新报》上经常出现"本党"、"反政府分子"等字样，那些署名"蒋介石"与《时事新报》"社论"的文章，均是出自同一人之手，那就是陈布雷。

自古以来，当枪手代为捉刀的，都是要价颇高的。蒋介石身为党国领袖，既不缺钱，也不缺官帽子，自然也少不了陈布雷的好处。一天，他对陈布雷说："张静江先生向中央提请以你为浙江省政府委员兼教育厅长，你意下如何？"

陈布雷感到很突然，说："蒋先生，我搞教育不行，只想在新闻界混混。我自信过去还有点小成绩，如果继续努力，可以为本党培养点宣传力量，一定远远超过从政的效果。"

"那我再向中政会提一提，看怎么样。"

随后，蒋介石向中政会提出了陈布雷的辞呈，但陈布雷几次在国民党高层出现，并且又与身居高位的张静江、戴季陶等人都是好友，所谓一人得道，鸡犬升天，提携一下陈布雷简直不费吹灰之力，于是个个不同意。陈布雷当枪手，并不是为了钱或者官帽子，见推辞无效，只好回到上海，准备"赖"着不去。

这时，蒋介石却顾不上劝说陈布雷去做官了。

原来，他倒桂得手之后，极力拉拢阎锡山，加紧攻击冯玉祥。冯玉祥本

想利用蒋桂之战抢先占领武汉，但被蒋介石觉察，早有了防备。冯玉祥的打算落空，还增加了蒋介石对自己的怨恨，使蒋冯之间的矛盾无法调和。蒋介石占领武汉之后，立即调集主力，准备进兵河南、山东，对冯系作战。为了铲除冯系，蒋介石使出了全身的解数。首先，他大肆收买冯的部将，先把冯的老部下、最忠实的将领韩复榘收买，接着又派人送给冯玉祥的手下石友三几十万军饷；随后又用同样办法，收买刘镇华、马鸿逵等部将。其次，广泛散布谣言，制造舆论，说冯玉祥勾结苏联，要南攻蒋介石，西打阎锡山，挑拨冯阎关系，使阎锡山半信半疑。再次，要诱骗冯玉祥入京，使西北军群龙无首，接连电请冯玉祥入京供职。冯玉祥明确表示他不去南京，怕"为李济深第二"，并且在华阴召开军事会议，决定武装反蒋，自任"护党救国军西北路总司令"，要求各部收缩兵力，缩短战线。冯军从山东、河南一律撤至潼关集结，迎击蒋军。

5 月 8 日，国民中央政治会议推蒋介石为主席。23 日，国民党中央常委会作出决议，革除冯玉祥的一切职务，永远开除党籍，下令查办。冯玉祥面对蒋介石的强大压力，不敢贸然迎战，突然宣布："自 5 月 27 日起，所有各处电文，一概谢绝。从此入山读书，遂我初衷。"冯玉祥以"上山读书"的下野形式来使蒋介石失去进攻西北军的借口，以保存实力，再设法拉阎反蒋。冯玉祥这一招果然收到一些效果，蒋介石的武力进攻暂时停止了。

在蒋冯冲突中，阎锡山既媚蒋压冯，又拉冯抗蒋。媚蒋压冯，是想借蒋之力把西北军挤出豫、陕，他好称王北中国；拉冯抗蒋，是为了在蒋介石面前抬高身价，阻止蒋介石进攻晋系。蒋介石为了各个击破，紧紧拉住阎锡山先把冯玉祥赶下台，再来收拾晋系。6 月 7 日，蒋介石致电阎锡山，委任阎为北路军总司令，并要求他进攻西北军，逼冯玉祥出国。阎锡山表示不主张内战，提倡和平解决，并扬言要与冯玉祥一起下野出洋。随后，他派人到天津订购船票，到日本安排住处，摆出一副决心引退的样子。阎冯手拉手要起身出洋，这下可急坏了蒋介石。果真冯阎并肩出洋，无疑会使西北军与晋军联合起来，蒋介石的各个击破的目的就难以实现了。于是蒋介石又委任阎锡山为西北宣慰使，全权处理西北善后事宜。阎锡山对委任不置可否，以更强硬的态度向蒋提出，一定要与冯玉祥同时出洋，如果中央不批准，则辞去国府委员的职务。蒋介石急忙致电挽留，并决定自己屈尊赴北平与阎锡山晤

谈。这无形中使阎锡山的身价倍增。

正在上海的陈布雷闻知这些变故，很为蒋介石焦急，整天唉声叹气，闷闷不乐。

就在他为蒋介石担心焦急之时，这一天，浙江省主席张静江的汽车突然开到了陈布雷家门口，嘎的一声停下来，四个人把残疾的张静江抬了出来，连人带椅子扛着就直往陈布雷客厅而去。陈布雷闻声而出，见瘸脚的张静江亲自登门有些惊慌，又不知他有何等重要的大事儿。双方才坐定，张静江就说：

"布雷，你愿不愿跟我到浙江省去当教育厅长？"

"人杰先生，不是我不去，实在是我不懂教育，不愿从政。"

"好，以后再说。"

张静江又被人抬走了。

但过了一天，他又来了，仍然是四个人抬着进来的。张静江说："我以瘫疾之身两次相访，难道你还不愿意屈就吗？"

原来这张静江就是仗着自己腿瘸，以此要挟陈布雷出山，就任教育厅长。这下陈布雷感到十分对不住这位"党国元老"了。张静江说道："蒋梦麟先生调任教育部长，浙江大学的教育行政事务归还省府，我与吴稚晖、蔡元培诸先生商量，只有你去主持省教育厅最合适。布雷呀，你性情温和，又得人望，浙省府正要一味甘草，来调和党政间的关系，为了桑梓也好，为了家乡也罢，你也不可推辞啊！"

陈布雷还是不做声。他继续说道："布雷，令兄主持杭州市，我也征询过他的意见。"

陈布雷没有办法了，只好向《时事新报》辞职，8月中旬到杭州就职。

这时陈屺怀已是杭州市长，也是省府委员。陈布雷就任教育厅长，慈溪官桥陈家在浙江省府委员中就占了两席。陈布雷知道这次做官，全是好友们的关照提携，决心不辜负众望，用人唯才，打破学派，不讲关系，把浙省教育搞好。上任之后，他没有搞一朝天子一朝臣的做法。浙江教育界原以北大派占多数，陈一来，人们以为这回浙高势力将取代北大。事实却出乎人们意料，他在教育厅只用了四个浙高同学，仅仅担任科员。对于省立各学校的负责人，全部照旧。

这时张静江在杭州举办了一个西湖博览会，正步入高潮。

张静江举办博览会，名义上是提倡国货，事实上还有一个隐衷，就是他这个富家公子在浙江挥霍浪费，使省财政陷于十分困难的境地，他想利用博览会来赚一笔钱，除了塞点自己的腰包外，还为扭转浙江省财政逆势做点"贡献"。另外，还想收买人心，粉饰太平。博览会设在西湖，名称也冠以西湖，就是想借重西湖的盛名来招徕游客。

这天陈布雷去看望大哥陈屺怀，谈起了西湖博览会。陈屺怀摇摇头说："张人杰好大喜功，独断专行，办了不少蠢事。"

陈布雷忙问："怎么啦？"

陈屺怀说："博览会要有一首会歌，他请中央大学文学系吴梅教授执笔。会歌采用《风入松》词调，全文仅76字，张人杰亲批条子，送润笔一千大洋，每一个字十元三角大洋。你说，这是何等荒唐的事！"

陈布雷是报馆编辑出身，当然知道时下稿酬菲薄的情况，也不禁目瞪口呆。

"杭州市流传一句笑话：'杭州怪事多，跷脚打擂台。'"陈屺怀又说。

"跷脚打擂台？"

"张人杰一定要搞什么国术比赛，就是打擂台，还发行一种国术比赛有奖参观券，发了20万张。南北著名拳师孙禄堂、杨澄甫都来打擂台。张人杰这个跷脚对这热心得不得了。省府例会，很多人有意见，说他独断专行。"

陈布雷这时才感到杭州事情也不好办，直后悔不该来当这鸟什子教育厅长。

谁知这次西湖博览会搞得声势很大。开幕时，南京政府的财政部长、蒋介石的连襟孔祥熙和大姨子宋霭龄都来凑热闹，不仅出席，还用金剪刀剪了彩。陈布雷上任没几天，就连蒋介石也要来杭州参观这个盛大的博览会了。

蒋介石忙得连劝慰陈布雷当官的时间都没有，这下怎么有时间来杭州观看这小小的博览会呢？原来他征讨各路军阀已大获成功。桂系首领李宗仁、白崇禧、黄绍竑已逃居香港，两广皈依中央；冯、阎争相求媚于蒋，西北军分化。在东北的张学良也听从他的指挥，蒋说反苏反共，他就挑起中东路事件。可谓万事如意。

　　形势逆转是经过了蒋介石的一番暗劲的。为了尽全力改变阎锡山脚踏蒋冯两只船的态度，6 月 25 日，他专程赶到北平，派吴稚晖、赵戴文、孔祥熙三人带着他的亲笔信到太原见阎锡山，请阎赴北平商讨处理西北善后事宜。阎锡山一面电请中央撤销对冯玉祥的处分，一面随同吴稚晖等人来到北平。经过极密的商谈，蒋委任阎为全国陆海空军副总司令，阎在军队的地位一下子提高到了蒋介石一人之下、万人之上，因此答应蒋尽快解决西北军，共同对付冯玉祥。阎锡山手握冯这张王牌与蒋介石讨价还价的目的达到了，7 月 2 日，他突然"得病"住进了医院，闭门谢客；接着，又退了去日本的船票；从此，对冯玉祥的态度也发生了一百八十度大转弯，以冯住晋祠不便为名，将他诱骗到建安村软禁起来。

　　阎锡山背信弃义，立即受到其他派系的谴责，党国元老李书城也搬进建安村，与冯玉祥同住，以示对阎锡山的抗议。冯玉祥被阎锡山出卖，噬脐莫及，却又不甘心坐以待毙，他虽然知道蒋阎有了新交易，也不露声色，在软禁之中，设法授意留陕主持西北军的宋哲元绕开阎锡山直接与南京政府接通关系，向蒋介石靠拢。冯玉祥被扣建安村，西北军军饷无法解决，穷困万状，亟待接济。他们得到指令后，立即派参谋长陈琢如到南京求见蒋介石，表示西北军接受中央指挥，要求接济军饷。蒋介石认为西北军向他屈服了，瓦解冯系已不需借阎锡山之力了。狡猾的蒋介石不知中了冯玉祥韬晦之计，于是派于右任、贺耀祖到西安宣慰、点编冯玉祥的部队，安抚冯的部将，供应军饷，并且下令把已免职的冯的亲信鹿钟麟、薛笃弼、熊斌、唐悦良等人请回南京，亲自召见、宴请，先后"特任命"鹿钟麟为军政部长，李鸣钟为全国编遣委员会遣置部主任。从此，蒋介石与西北军的关系由对抗转为密切。

　　正是在这种大好形势下，蒋介石兴致勃勃地来到了杭州。张静江、陈布雷当然奉陪。

　　8 月的杭州，天气十分炎热，但是西湖博览会人山人海，商人出身的张静江眼看又要大捞一把，兴致十分高，陪着蒋介石等人笑语欢声，他指着矗立在西湖中的铁塔说：

　　"那里便是革命纪念馆，白堤尽头，平湖秋月的对面，我们还造了一条轻便铁道，从革命纪念馆起到西泠桥止，游人可乘坐小火车。"

张静江、陈布雷等摄于浙江

革命出身的蒋介石却对这革命馆不感兴趣,望了望远处的人群,问道:"博览会上展出的是些什么东西呀?"

"展览品除了国内省内外的产品,我们还派人到南洋各地征集了不少的产品,南洋厂家送展品的,有陈嘉庚公司、永安堂、平民树胶厂、和丰公司,规模大得很呐,老三。"

张静江叫蒋介石为老三,只有陈布雷在场的时候才这样。因为他知道陈布雷嘴巴很紧,绝不会议论是非。但是他对张静江这一"随和"的称呼还是感到一些惊讶。随后,他们到了林社、放鹤亭及徐公祠。这里是博物馆,全是向全国征集来的珍禽、异兽、鳞介、昆虫及矿物、植物、水产等,其中动物有活的,也有死的,说是标本。杭州既没动物园,也没植物园,这些装满野兽和花草的博物馆,倒确实颇受人欢迎。陈布雷因为是教育厅长,因此对教育馆颇感兴趣,在博物馆被那些异味熏得难受时,直喊:"去教育馆看看,去教育馆看看。"

其他人说去教育馆看看,可能是为在蒋介石面前显示自己对教育的关心和爱护,而陈布雷倒不是为了显示,而是出于真诚的关心。蒋介石似乎对

这些博物和艺术品也没多大兴趣，陈布雷一喊，也说："就去布雷先生说的教育馆吧。"

一行人姗姗而来，陈布雷老远就看见入口处刘大白所撰的一副对联，大声诵了起来：

> 定建设的规模，要仗先知，做建设的工作，要仗后知，以先知觉到后知，便非发展大中小学不可；
>
> 办教育的经费，没有来路，受教育的人才，没有出路，从来路到出路，都得振兴农工商业才行。

他反复念叨了好几遍。谁知蒋介石却说："这副对联，特别是下联，写得不好，什么没有来路、出路的。很不好，嗯！"

陈布雷点点头。因为举办博览会时他还没上任，这责任当然是张静江负的。可张静江别说是办教育馆，他办整个博览会就是为了捞这"经费"，刘大白深谙其意，所以画龙还点了睛。此刻张静江听了老蒋的话，却毫不在乎。

因为这副对联，蒋介石在教育馆走马观花就出来了。随后的卫生馆、工业馆，他们也没细看，个个似乎兴趣不大。到了葛荫山庄，这里的丝绸馆倒吸引了蒋介石的注意，因为他听孔祥熙、宋霭龄、宋美龄等都说起过这丝绸馆。一进去，丝绸馆陈列的各种绫、罗、绸、缎、丝等五光十色，真是人间少有，在几个角落还表演丝绸的缫、织、染等过程。蒋介石看得啧啧啧地不停嘴，陈布雷忙着给蒋介石做介绍，又是讲丝绸史，还谈起了丝绸的品种和分类，蒋介石也是听得津津有味。

张静江躺在藤椅上被人抬着，因为对刚才老三"来路出路"的说法不满意，有些气恼，心想老三这党国领袖，就相当过去的皇帝，对关系国计民生的卫生馆、工业馆没兴趣，却对丝绸馆这么喜欢，真是女人气！怕是个老婆迷了。对于张静江的想法，陈布雷自然不知道，也没有同感。在蒋介石面前，他就自觉或者不自觉地"失去"了自己和思想，对什么"先知""后知"、"来路""出路"，他全无自己的想法。这种"迷失"是历代御用文人的品质，陈布雷也没能摆脱它。

因为看了丝绸馆,蒋介石对西湖博览会还是比较满意的,但对张静江飞扬跋扈倚老卖老的样子却很反感。临走时,他对陈布雷说了一句:

"张静江先生老朽无能,而且专横跋扈,如果他身健力壮,恐怕就是浙省一患。"

陈布雷听到这话,心中打了一个寒噤。他虽然不认为张静江会是浙省一患,但又觉得他对蒋介石有时确实也有点太不近人情,对蒋太不尊敬了。因此,他对蒋介石的生气也颇能理解。

西湖博览会轰轰烈烈,到 10 月 10 日才闭幕。本来,省政府以为这次满可以捞个大满贯,大赚一笔,谁知由于张静江暗中耍手脚,最后一算账,还总计亏损在 40 万元以上,这是谁也始料不及的。后来,财政局长请示张静江如何办,张说:"本来应该赚点,这次招待费太多了,亏了就亏了吧,有什么办法呢?难道孔财长来了,我老三来了,你就让他们吃白菜?"

"这没法向市民交代呀!"财政局长为难地说。

"这有何难?就说因为后来参观的人逐渐减少了,才没办法亏了嘛!"

博览会开时轰轰烈烈,一散会家家意见来了,因为还发现很多陈列品不翼而飞,查也查不出了。最后只剩下一些鸟、兽、鱼、虫标本,没有人要,扔在会场。陈布雷得知后,想用这些剩余物品,成立一个"西湖博物馆",把原来临时性的陈列改为永久性的陈列,地点就利用文澜阁原址。他把此事交给教育厅第三科负责。1929 年底,竟然真的组建了一个西湖博物馆,不过内容却变了,不是什么博物馆,而是历史文化和自然科学博物馆。它就是浙江博物馆的前身。

与此同时,陈布雷在平海街省教育会原址建造了一排平房,作为教育厅的住房,他的厅长室也在其中。尽管如此,这陈布雷当厅长还是比较节俭的。省府各厅、处长都有专车,而他偏偏不要,外出都是坐人力包车。谁知他一次中午回家,在经过断桥东堍三岔路口时,从白堤驶来一辆小汽车,交警立即上来命令陈布雷乘坐的人力车停下,等候汽车驶过再走。可是小汽车过后,远处又来一辆大汽车,警察又拦住人力车不放。这下惹得陈布雷非常生气,大声训斥交通警:

"我是教育厅长,公务在身,你为何放行游湖小汽车而拦阻我厅长的人力车?"

事后,他逢人便讲:"杭州警察欺人太甚!"不久,他也用教育厅经费购置了一辆新汽车,与各厅、处长一样汽车出入,再也不受交警的气了。

1930年4月1日,第一次全国运动会在杭州举行。这时全国仍是兵荒马乱,多数人在水灾、旱灾之后讨米逃荒,饿死在路上。在这样的国情下,开运动会,号召全民来搞体育运动,以此来"增强全民体质",无疑是天大的笑话。但是,运动会一上报,蒋介石欣然担任主席,说:"浙江是我的老家,这个主席不当,怎么也说不过去。何况这是增强全民体质的大事呢!"

于是,为了这区区的运动会,蒋介石竟然像以往出征一样请出了自己的大笔杆子陈布雷,叫他写一个大会宣言。这时陈布雷身体羸弱,正在生病。完成这个任务,他倒不觉得吃力。因为终究这不需要像征讨檄文那样竭尽诽谤、攻击之能事,最多来点造假、吹牛而已。因此,他当晚就挥笔写起来。一开头,陈布雷写道:

> 有健全之体魄,始有健全之精神;有健全之国民,始有健全之民族;亦唯有健全之民族,而后能创造健全之文化。亘古尽今,横绝大宙,未有国民疲弱萎靡,而其文化能发扬昌大,其国族能独立自强者也。革命将成,建国方始。中央深为国民体育之不振,实为文化衰落之总因,亦为召侮致乱之媒介;将欲丕变风气,树立新基,是以决议举行全国运动大会。卜时4月,相地杭州,经营筹备,逾地半载。国中提倡体育之士,闻风骤舞,相与观成。全国各省市,咸简英特,踊跃来会。北自冀辽,南暨岭表,远迄海外华夏之裔,相将与会者,二千余人。以时则春阳煦丽之交,庶物萌动之候;以地则勾践于焉生聚,武肃保兹自强。蹈厉奋发,千载一时。盖自武德衰歇以来,凭全国为较赛,恢恢于此其第一次矣。念昔雅典各邦,厥有阿义庇亚(即奥林匹克)之会。我族盛时,亦有搜苗弥狩之制……

写到这里,陈布雷眼前出现当年自己在浙高时在杭州各校联合运动会中编印油印小报的情景,当时地点在梅东高桥,这次全运会也在这里举行,彼时彼景,此时此情,面目全非……而他更是备受鼓舞,于是文思更是泉涌,有不少地方又是用骈文,又是用对仗,谈古论今,中外体育史也全囊括

其中,尽管内容上没脱离蒋文的空话大话,但从文采上来看却是没有浮词泛语,这样的大作,陈布雷一破常例,一个晚上就挥笔而就了。

半夜时分,他撂下手中的毛笔,展纸浏览,对这篇宣言感到很得意。这篇宣言后来被好友戴季陶誉为"发皇蹈厉之文"。运动会开幕前蒋介石看到这篇宣言,不禁击节赞叹:"布雷先生,你写得真好,真好,嗯!"

当然,这篇文章也有致命的"硬伤",就是没有脱离蒋文一贯的空话大话。这时候广大劳动者深受压迫,衣不蔽体,食不果腹,如何谈得上锻炼身体? 在开幕式上,当蒋介石手捧宣言,高声朗读,在读到最末"务使户户家家,咸以体育为常课,锻炼坚实之体质,养成强健之精神。疾危不侵,乃为自正自由;强梁无畏,乃为真正平等。强父必无弱男,优生所以淑种……"时,坐在陈布雷身边的张静江却忍不住说了句:"'务使户户家家,咸以体育为常课'? 户户家家饿着肚子,谁还去搞什么跑步跳远,鬼才去呢! 这老三真是糊涂了。"

陈布雷听着,脸微微一红,心想:可不是! 自己怎么没想到这儿呢!

运动会后,蒋介石见着陈布雷,问道:"张人杰最近怎么样? 去年搞博览会,大蚀其本;还要发行公路公债,以及什么建设特捐、水利费、土地测绘费,苛捐杂税,害人不浅呐!"

"听说建设特捐一项最重,按田赋正税每元还附加一元四角,附税超过了正税。还有教育经费、军事特捐,也在田赋附加,农民负担太重了。"陈布雷说。

"张人杰还贻误军机。"

蒋介石这一说,使陈布雷大吃一惊。蒋介石接下去说道:

"为了配合剿匪军事计划,我要浙省首先修建浙赣边境及浙东、浙南山区公路。而张人杰呢,就是想着赚钱,先搞萧绍公路,还把萧绍公路权卖给商人。商人是做生意的,他们能修好路? 真是岂有此理!"

提起这事,蒋介石更是来火了,越说越激昂,拍着桌子说:"就是那个博览会也是搞得一塌糊涂,听说博览会办事人员,上自厅处长,下至科长、科员、办事员,调用期间都支双薪,还有大做生意的。"

这些陈布雷早就听说了,这有什么奇怪的呢? 现在哪个部门不是这样啊? 但他惊讶蒋介石的态度,感到张静江可能要被换掉了。他默默无语,因

为他对这个党国瘸脚元老一向是尊敬的,只不过对他的大少爷作风和专横态度有些看法。蒋介石认为陈布雷忠实可靠,不会多说话,更不会搬弄是非,也不拉扯关系,所以有些话也敢于摊牌,继续说:

"张人杰攻击戴院长(季陶),攻击果夫,认为他们搞三民主义理论、搞党务是多余的事,简直是笑话。他说只要走英、美、日国家老路,发展资本,则党国统治就可以巩固,真是混账话!"

蒋介石声音越来越大:"特别是去年冬天,他竟然下令把胡健中逮捕起来。胡健中是什么人?浙省党部执委,杭州《民国日报》社长,无非在报上对他的行为说了几句话嘛!张人杰居然不报请中央核准,擅自捕人,所以中央下令叫他立即释放,还给党纪处分。"

听着老蒋训责张静江,陈布雷不想当官的心又起了,乘机讷讷地说:"蒋先生,我想离开浙江。"

"怎么现在就要卸任?"蒋介石说,"阎锡山和冯玉祥联合抗命,中原不安定,我准备督师中原,你跟我去。不过事先你到张人杰那里,劝他辞去浙省政务,专任建设委员。"

蒋介石不是在冯阎之间用铁弹银弹把他们分化了吗?阎锡山和冯玉祥怎么又"联合抗命"呢?原来蒋介石把他们分化后,立即召开全国第二次编遣会议,会议开了六天,保留嫡系部队,压缩地方派,这下又把各地方实力派吓坏了,已投靠老蒋的张发奎、石友三、唐生智等如坐针毡,被逼得不得不另寻出路。阎锡山眼看自身难保,立即假意辞去山西省主席之职,结果才过三天蒋介石就准他免去本兼各职。阎锡山一见大事不好,亲往建安村,当面向冯玉祥赔礼道歉,提出联合反蒋,冯玉祥欣然表示:愿捐弃前嫌,合作反蒋。1929 年 10 月 10 日,宋哲元等 27 名西北军将领联合发出拥戴冯阎、讨伐蒋介石的通电,兵分三路,浩浩荡荡向河南进军。桂系和不愿被编遣的张发奎也发出通电反蒋。1930 年 4 月 1 日,阎锡山在太原宣誓就任总司令,国民党各派混战又开始了。

蒋介石早就有应变准备。4 月 5 日,南京政府下令通缉阎锡山。5 月 1 日,蒋介石向全军下达讨伐令。5 月 8 日,蒋介石坐镇徐州指挥。5 月 11 日,河南、山东即展开了大战。战争初期,双方打得难解难分,处于胶着状态,虽互有胜负,但蒋军稍显被动。西北军的骑兵灵活机动,经常袭击蒋军的后

方。有一次郑大章指挥的骑兵夜袭朱集车站附近的归德飞机场,击毁蒋军飞机十几架。此时蒋介石只带 200 人的卫队住在车站列车里,列车没接火车头,蒋介石想跑不能,吓慌了手脚。因郑大章的骑兵队急于转移,没发现他的行踪,才得以幸免。

这时桂系和张发奎攻下长沙后又攻克岳阳,蒋介石武汉吃紧。可惜冯玉祥将西北军过早东移,贻误了战机。蒋介石派陈济棠粤军从南面切断桂、张军的后路,并调军舰参加作战,桂系和张发奎军只好掉头撤退,在南撤途中又遭蒋军三路夹击,损失惨重,几乎失了老本,桂、张撤回广西后,从此一蹶不振。蒋介石取得对桂、张的胜利后,集中兵力与西北军和晋系作战。

在蒋介石忙于中原混战时,陈布雷却对他交给自己的任务犯难,左思右想,他决定去找叶琢堂。叶琢堂是上海交易所时张静江的同事,与蒋介石也是老相识。他与叶琢堂一起去见张静江。见面后,陈布雷刚婉转把主子的意思说出口,张静江就勃然大怒,说:"布雷,你不要说了。戴季陶也转告过老三的意思,叫我辞职。我偏不辞职,叫他免我的职就是了!"

这张静江虽然是个瘸子,官瘾倒还不小,几年前由代理中政会主席、国民政府代主席一下子降为浙江省主席,他就窝了一肚子气,这次又要降职,因此当蒋介石派老四戴季陶来劝他,也是才开口就被他骂了回去。而陈布雷和张静江私交不错,也不是非要他下台不可,于是劝他道:

"人杰先生,蒋先生叫我到中原前线去,他正在河南督师,与冯阎大战,你是不是和我一起去见蒋先生,解释一下误会?"

张静江要官当,没办法,只得同意了陈布雷的意见,和他一起北上。

这时蒋介石正在郑州。在激战中,他已看出了阎冯之间的矛盾,冯军奋力苦战,阎锡山却总想保全实力,双方配合不足,拆台有余。仗一打响,阎锡山就断绝了冯军的接济,使贫困的西北军吃穿无着,弹械奇缺,吃尽了苦头,冯玉祥气得发火不已。针对这种情况,蒋介石决定对晋军采取打垮、对西北军采取拖垮的方针,于是将军队集中到津浦线打阎锡山,8 月 1 日发起全线总攻,几天时间就将晋军逼退到泰安。阎锡山尝到了蒋介石的苦头,这才想起给西北军去送给养,请冯玉祥在陇海奋力配合作战,以解他在津浦线的挨打局面。阎锡山临时抱佛脚,为时已晚。晋军的战斗力向来很弱,山西盛产鸦片,官兵几乎都是大烟鬼。时逢大雨连绵,晋军的大烟枪点不着

火,吸不上鸦片,将士精神不振。但蒋介石从德国买来的大炮却在雨中能点火,不停地轰鸣。晋军招架不了,节节败退。8月15日蒋军占领了济南。21日,蒋介石坐飞机到达济南,命大军渡过黄河追击晋军。被蒋介石拖在陇海线上的西北军,一向待遇低、生活苦,冯玉祥又以封建家长的方式治军,官兵们整天为军阀争战,死的死,伤的伤,早已不耐其苦。蒋介石看到西北军的这一致命弱点,采用"银弹"加"肉弹"的攻势,命令陇海线六个守备区都在前沿办起阵地俱乐部,把火车车厢或者汽车布置成流动酒店,备有中西大餐、烟具、赌具,还雇来上海的舞女、妓女充当招待。凡是西北军官兵前来,均请入内,任其受用,分文不取。玩乐之间,特务从中拉拢,临别时还根据官阶的高低、对蒋军作用的大小,赠送数额不等的现金以及烟酒等物品。蒋介石这一手对久受封建家长制压迫又饱尝艰难生活之苦的西北军官兵很管用,对蒋军的这种"高待遇"羡慕不已。8月底,蒋介石发动了总攻。冯玉祥指挥西北军奋力冲杀。但遭到蒋介石"银肉两弹"打击后,西北军已今非昔比,斗志锐减,开始向陕西退却。正在这时候,张静江由陈布雷陪着,风尘仆仆地到达了蒋介石的郑州行辕。

但是,他们来见蒋介石还得由侍卫传达,结果,侍卫回话说:"总司令只叫布雷先生一人进去,张人杰先生暂在客室等候。"

张静江本来就是个瘸子,如此千里迢迢赶来又受到冷遇,更是气得发抖。陈布雷去了好久才出来,然后对他说:"经向蒋公陈说,总算答应出来见面,你耐心等一会儿。蒋先生军务实在繁忙。"

又过了一会儿,蒋介石全身戎装出来见面。张静江已是火冒三丈了,怒气冲冲地说:"好,你现在架子这样大了,我去见总理也没等过这么长久!"

蒋介石也勃然大怒:"我看你在浙江要独立了,等我把阎冯打下以后,再来打你,你等着吧!"说完就转身进去,把张静江晾在了一边。

张静江这次自取其辱,陈布雷见状,十分尴尬。结果,张静江一次千里之行,不仅没有得到蒋介石的安抚反而受了大耻辱,回杭州后,知道这主席之职终是保不住了,只好叫秘书长拟了一电稿辞职。

陈布雷没随张静江回杭州,遵从蒋介石的命令留在郑州。随后,蒋介石对阎冯大战取得决定性胜利。9月18日,张学良决定东北军主力入关,帮助蒋介石进攻反蒋联军,"倒戈将军"石友三首先投奔了张学良,晋军将领也

暗中背着阎锡山自找门路,纷纷与蒋、张接上了关系。西北军在蒋介石派出的说客策反下,众将领也都相继倒戈,很快,各杂牌军大都换上了蒋军的旗号。10月16日,阎锡山、冯玉祥、汪精卫、邹鲁、谢持、陈公博等在太原开会,商讨如何收场。他们希望东北军能提出一个和平解决的方案。阎锡山还企图保住山西地盘。但得胜者蒋介石不给阎锡山、冯玉祥等留有回旋的余地。阎锡山、冯玉祥没有办法,通电停战,并联袂下野。陈布雷受命代拟了《告中央同志书》,宣布中原大战结束。

随后,陈布雷随蒋介石返回南京,接着又随蒋介石往奉化溪口休息了一个星期,才返回杭州,陈布雷也回到了自己的"本职岗位"。

这时,张静江的辞职已经被蒋介石照准,张难先继任浙省主席。张难先一上任,就改组浙江省政府,各厅人事全换马,在厅长中,只有陈布雷一人留任。陈布雷不是张难先的亲信,而偏偏他一人能留任,全是主子蒋介石的大面子。

陈布雷留任后,还同从前一样,奔走于南京、上海之间,不常在杭州。对此,教育厅秘书林黎叔说他"在省府委员的职责上可算勇于负责,而对教育厅的本职,则未免过于消极"。这一评价,陈布雷也没法否认,因为这是事实,在一年有余的厅长任期内,他除创立民众教育实验学校、选派7名留美官费生外,政绩平平,办的实事不多。而对于蒋介石来说,他并不是要在家乡选一位有所作为的好厅长,也不是要一位能干多少实事的部下,他只要一位对自己忠心耿耿的笔杆子就可以了。而陈布雷对厅长之位也没什么大抱负,他只要能为主子效忠,能随叫随到,到时能拿出主子满意的文章,也就行了。至于"十年树木、百年树人"的浙省教育,他们才都懒得去管呢。

二、升官,也是帮主子的忙

1930年11月12日,国民党三届四中全会开幕。开了六天会,吵了六天架。这次主要是蒋介石要当总统,要求召开国民会议进行总统选举,但改组派首领胡汉民却坚决反对选举总统,说时机不成熟。蒋介石难拗过他,只好先退让一步,避开总统选举问题,大讲要制定宪法,为以后选举做准备,胡汉民只好表示同意召开国民会议。会议推选国府主席蒋介石又兼任了行政

院长。

　　蒋介石和胡汉民较量了第一个回合，谁知他们更大的矛盾、争斗还在后面。28日，教育部长蒋梦麟、次长刘大白辞职。

　　蒋梦麟、刘大白为什么辞职？

　　原来，党国元老李石曾和蔡元培有矛盾，他把教育部长蒋梦麟看做是蔡元培提携的人，即蔡元培的亲信。不久前，教育部对李石曾的几位亲信大学校长多次要裁抑，于是李元老大为不满，竭力主张去掉蒋梦麟。另一位党国元老吴稚晖同李石曾、蔡元培关系都不错，眼见他们一个要去蒋梦麟，一个要保蒋梦麟，闹得不可开交，机灵地提出一个折中方案，提议以天文学家高鲁为教育部长。可是改组派首领胡汉民又反对，说："高鲁何许人也，他可以负起教育行政之责？这岂不羞煞天下读书人！"

　　高鲁也是早期同盟会员，并且正在法国任公使，为什么胡汉民说这样的话儿呢？原来高在与法国外交中没什么起色，却天天搞什么"钻研"，结果，发明了个什么天璇式中文打字机，还获巴拿马国际博览会奖章。这样"不务正业"的人自然是被"正派人士"不屑一顾的，关键是，胡汉民当初被蒋介石逼出国时，这位高大使曾经对他大不敬。

　　眼看教育部长之争闹得沸沸扬扬，蒋介石不得已，只好以行政院长名义自兼教育部长。但一国教育不像其他部门可以一带而过，全国这么多的大学几十万学生呢，他这身兼心不兼岂不坏了千秋大事？蒋介石自知责任重大，于是又提名要陈布雷来当次长。

　　蒋介石身兼的各类职务已经是数不清楚了，他自兼教育部长实际上就是挂空名，要陈布雷来，就是要他主持教育部的日常工作。其实，陈布雷当一个省教育厅长还不合格，又怎么能管好全国的教育大事呢？蒋介石哪里会管这些？他的农民出身的老哥还当上了省海关监督，何况陈布雷终究还是个知识分子呢？就是陈布雷把教育搞砸了，对于他本人来说，又有什么关系呢？但是，陈布雷不愿意当官是出了名的。行政院秘书长通知陈布雷来南京时，并没有告诉他什么事，陈布雷还以为又要写什么文章了，高高兴兴地拎上几件换洗的衣服，带上自己钟爱的文房四宝就出发了。

　　陈布雷到了南京，蒋介石还在庐山牯岭呢。陈布雷只好先去见好友戴季陶。戴季陶靠着与蒋介石盟兄弟的关系，已担任国民党中央宣传部长多

年，是九常委之一，并且还兼任国民政府考试院院长。他见着陈布雷，一阵寒暄之后，就告诉他说："国府已内定你为教育部常务次长了。"

"啊！"陈布雷吃了一惊，他万万没想到自己在教育厅长位置上碌碌无为竟然又升官了！

戴季陶见他惊讶不已，说："这个位置好几个人争，蒋先生还是把它给了你。"

这次不知怎的，陈布雷竟然没有推辞。此刻他的思想是什么呢？他回答戴季陶说："教育行政，我哪里熟悉啊！教育部和全国大学中，李石曾和蔡元培两大势力时相龃龉，很复杂，很烦琐呀！我真不知自己如何才能不辜负先生的期望啊！"

"你有办法，你有办法！"戴季陶哈哈笑着说。

因为陈布雷没推辞，就说明他对这个职务有兴趣。而对于戴季陶来说，和蒋介石也是一样的心情，只要是"自己人"填上教育部长这个空当，"自己人"控制了教育部，这就行了！

第三天，蒋介石自牯岭来电，吩咐陈布雷跟陈立夫、吴稚晖一起到庐山去一谈。

这次他们是乘飞机去的，这是陈布雷平生第一次乘飞机。

到了牯岭，蒋介石开门见山地说："布雷先生，你要早日到教育部接事，这是帮我的忙。"

陈布雷点点头，但脸上还是不很高兴的样子："这我不熟悉的呀！就怕难以胜任，并且派系之争，也不是我所能解决的啊。"

蒋介石看了陈布雷一眼，笑笑说："凡事你可以请教吴稚老、李石曾、蔡

1930年12月，陈布雷回杭州结束厅务，与该厅职员分别时合影

元培这些老先生嘛,但你要做到一条:不要被他们的派别之见迷惑。总之,既不可违背李蔡诸公之意,也不可一味顺从他们的意见。以大公至诚之心,斩绝一切葛藤,去整顿风气。至于政府及前教育部推行的整顿大学教育与整肃学风的政策,你要排除万难去贯彻,不要因为人事关系迁就他们。"

蒋介石所教陈布雷的,不是什么教育思想或者理念,而是为官的官场之道。陈布雷听了蒋介石一席话后,心中有底了。

随即,陈布雷下山,在回南京前先回杭州,把厅长职务交给张道藩。12月10日,他到南京的教育部正式接任,开始了教育部常务次长的生涯,为蒋介石这位大部长顶差跑腿。

三、辞官,还是为主子着想

1931年6月,国民党中央召开全会,国民党高层两位出了名的"最没官瘾"、"最不愿意做官"的人,分别出任了国民党中央宣传部首长,其中,刘芦隐任中宣部部长,陈布雷为副部长。口口声声"不愿意做官"的陈布雷身兼两职了。

在中央宣传部,这刘芦隐就如他的名字一样,长期"隐"在广州,实际上,中宣部就由陈布雷主持。

但是,没过三个月,陈布雷就遇到了宣传口径上的难题。

原来蒋介石虽然在国内几经搏杀树立了自己至高无上的地位,但是,洋人却就是不怕这位土皇帝,尤其是邻国日本,更是不把当年做过自己学生的蒋介石放在眼中。自从入春以来,日军在东北先后制造了万宝山事件、中村事件,挑起事端,然后向东北大量增兵,并且还公开在沈阳街头搞军事演习。眼看虎视眈眈的日军发动侵略战争的种种迹象已十分明显,蒋介石在东北的代理人少帅张学良被弄急了,急忙派人到南京向蒋介石请示办法。

谁知蒋介石并没把这放在心上。他正为巩固自己在国内的地位,集中力量消灭国内的异己——毛泽东领导的红军和广东地方派呢!但是,他又怕年轻气盛的张学良与日本发生冲突,坏了自己在国内固权的大计,8月16日,他密电张学良,称:"无论日本军队此后在东北如何挑衅,我方应予不

抵抗，力避冲突。吾兄万勿逞一时之愤，置国家民族于不顾。"他这个"国家民族"就是他自己这个小"家"和蒋姓这一大"族"。因为外争国权，就会影响他在国内消灭异己，威胁他在中国无敌的地位，至于丢点地，东北百姓受点苦，又关他什么痛痒呢？蒋介石这种思想，加上日本吞并中国的野心，随后在东北导致严重恶果。

9月初，东北军第七旅旅长王以哲到北平面见张学良请求救东北的方略，张学良把老蒋来电之意告诉王，并嘱咐他转告部属，一定照办。6日，张学良遵蒋介石之命，打电报给东北边防公署参谋长、代行边防司令官荣臻，重申"不抵抗"的方针。9月12日，南京政府又指示张学良，要满足日方一切要求，尽快处理完中村事件，防止日方以此为借口起事。张学良立即急事急办，将依照国际法处死日本军事间谍的东北军将领关玉衡关押，以求妥协。但是，日军已是蓄意要制造起事的口实，于是立即又搞起了新的阴谋。

9月18日晚上，日本满铁守备队于晚10时炸断柳条沟一段铁路，诬称东北军所为，突然袭击沈阳北大营，并且沿途用机枪大炮乱扫乱轰，杀得东北军民四处逃窜。12时，日军开始进攻沈阳城。东北军将领王以哲、荣臻等遵照张学良传达的蒋介石的密令，严令当地守军不许抵抗，结果，酿成奇耻大辱的"九一八"事变。

"九一八"事变消息传出，全国愤怒。陈布雷听到消息，也气愤得不得了，他恨日本人的横蛮，也怪张学良不抵抗，痛恨所有致使中国蒙受奇耻大辱的人。但酿成这个国耻的内幕，他却并不知道。当夜，他迟迟睡不着觉，临窗朗诵起了岳飞的《满江红》，大声喊着：

怒发冲冠，凭阑处，潇潇雨歇。抬望眼，仰天长啸，壮怀激烈。三十功名尘与土，八千里路云和月。莫等闲，白了少年头，空悲切。靖康耻，犹未雪；臣子恨，何时灭！驾长车，踏破贺兰山缺，壮志饥餐胡虏肉，笑谈渴饮匈奴血。待从头收拾旧山河，朝天阙。

当喊到"笑谈渴饮匈奴血。待从头收拾旧山河"时，陈布雷的眼睛里几乎都是血色。他有着中国知识分子传统的爱国情结，面对国土沦丧是气愤的。但是，决定陈布雷思想的他的主子蒋介石又是个什么态度呢？

　　"九一八"事变发生当天，蒋介石正在江西"围剿"红军，接到报告后，他又发了个急电给张学良，命令他不抵抗。沈阳急电到了北平，张学良急忙召集在北平的东北军将领会议。张学良迷信蒋介石，结果虽表示赞成抗日，但又说要依靠全国，东北不能单独行动，仍指示东北军不予抵抗，一切等速报南京请示办法。沈阳事变电告南京，留守石头城的党国要员们因老蒋到江西"剿共"去了，什么也决定不了，除了发急电请老蒋急回宁外，就剩下慌作一团了。日军见蒋介石和张学良没抵抗，一鼓作气攻占北大营，开进了沈阳城。消息传到北平，张学良又召开紧急会议。但作出的紧急决定仍是电令东北当局维持秩序，军民先退出相当地点，等候中央解决。这时日军在沈阳恣意奸淫烧杀后，开始把侵略战火波及全东北，随即占领沈阳、海城、大石桥、开原、昌图、四平、公主岭、长春、凤凰城及营口、抚顺等要地，东北三省的银行均被洗劫，张学良的私邸也被日军捣毁，至于无辜平民遭到杀抢洗劫，更是不可言状了。这时蒋介石还滞留在江西"剿共"，全国已是像炸锅了似的一派沸腾。陈布雷作为主持中宣部的副部长再也按捺不住了，跑到庐山去当面向蒋介石请示宣传方针。

　　一见到蒋介石，陈布雷说："蒋先生，日军借口中村事件突攻北大营，张学良在北平下令不抵抗，沈阳沦陷，该如何宣传？"

　　蒋介石看着他像往常一样笑笑，说："看你慌的，先歇口气嘛。"

　　"东北变起非常，全国民意激昂，社会群情惶惑无主呀！"陈布雷还是着急地说。

　　"你不要慌张，我自有办法嘛。"

　　听到这话，陈布雷紧皱的眉头立即舒展开来了，语气也变得缓和多了："蒋先生，您有什么办法？"

　　蒋介石似乎胸有成竹，高声地说："布雷先生，我准备按照《国际盟约》及《非战公约》与《九国公约》，把日本起诉到国际法庭去。我们要求国联派中立委员会监视日本撤兵。当然，同时我也要严令东北军节节抵抗。"

　　"这国联会为我们主持公道吗？"陈布雷有些怀疑地问道。

　　"你看，你这就不懂了吧，不靠国联，我们靠谁？难道靠日本人吗？"

　　蒋介石就用这么个"简单的道理"把陈布雷说服了。虽然他心里对国联的能力尚存疑问，但是他相信蒋介石一定会有办法解决这个问题的，因此，

"九一八"以来心中一直压抑着的情绪才渐渐有了松弛,紧皱的眉头也舒展开来。

"布雷先生,你写个《告全国同胞书》。"

陈布雷以为蒋介石立即有什么救国大策出台,急忙问道:"什么主旨?"

"提出三点:'确实团结、坚定沉着、加倍刻苦'。"

"……"

陈布雷正在细心体会,蒋介石接着又说,"布雷先生,你还要起草一份通电,请粤方共赴国难。"

蒋介石所指粤方,陈布雷明白就是指胡汉民、汪精卫、孙科等人,他们正在与蒋介石闹矛盾,所以要请他们"共赴国难"。至于《告全国同胞书》的"确实团结、坚定沉着、加倍刻苦"三点,他却一时还体会不到什么意思,不好再问,只好回去再仔细琢磨。

琢磨了一晚上,第二天他开始捉笔了,一落笔就是《满江红》里这样壮怀激烈的句子,结果,连写四稿,都被蒋介石否了。最后,陈布雷实在是没办法了,硬着头皮去请示。

蒋介石放下手头上"剿共"的大事,和他谈了整整一个下午,俩人有问有答,蒋介石循循诱导,这样谈到晚上,陈布雷才完全明白,蒋介石对于"九一八"事变和日军大肆侵占东北的态度就是两个字:忍耐。

回去后,陈布雷连夜写下第五稿,大意就是先要忍耐,然后准备抗战、反击,收复河山。但是第五稿又被蒋介石枪毙了,其中所有的"抗战"、"抵抗"、"抗日"的字眼,全被他画上了大圈圈儿。这是陈布雷为蒋介石捉刀以来写得最艰难的一篇文告,这也是蒋介石第一次为他修改文稿。陈布雷是何等聪明的人,拿着退回稿,一下子就明白了:忍耐就是绝对忍耐,不说话,也不提反抗,就是收复河山的话也不能说。可是对于蒋介石这样的做法,就是他一个文弱书生也都觉得不妥,从古到今,哪个英明的伟人面对外寇入侵只忍而不反抗的,并且连收复河山的话都不敢说呢?但是陈布雷就是陈布雷,他有自己的独特理解:蒋介石就是前无古人、后无来者的旷世奇才,他的忍耐肯定是有他的道理,是当今世上最高明的忍耐,是可以退却日本人的忍耐!在忍耐之后,他必有更好的救国救民的奇策在后头。基于这样对蒋介石忍耐的理解,他又开始提笔。

这一次下笔,由于尽力贯彻蒋介石的不抵抗和要"坚定沉着"的忍耐思想,他终于写得轻松多了。写完之后,他细细通读一遍,进行检查,发现有几处还是隐隐流露出要抗日、要反抗之意,于是又提笔删除,重新再做修改,终于完稿。

这次交上去,蒋介石满意了,笑着说:"布雷先生,写得好,写得好!你真是文胆呀!把我要说的意思表达得很好!"当晚,蒋介石还破例与陈布雷共进了晚餐。

9月21日,蒋介石终于怀揣着陈布雷撰写的文稿,带着陈布雷等人,从"剿共"前方回到了南京。可他一回到南京,张学良又来电了。原来张学良在他接连下达"不抵抗"的命令之下,丧失了东北的大好河山。东北是他的家乡,也是张家的大本营,对此他终于哀痛之极,几不欲生,年少气盛的他在电文中说他已命令东北军在山海关集结待命,准备打回东北去,以行动弥补过失。蒋介石急忙再次命令他:不许抗日,忍耐!

第二日上午,蒋介石出现在南京市党员大会上,并做讲话。那些急盼他来领导收复东北的党员侧耳一听,他讲的竟然全是什么"以和平对野蛮,忍痛息愤,暂取逆来顺受态度",不少人当场就惊讶得说不出话来,几乎不相信自己眼前的人就是奉为领袖的蒋介石。接下来,蒋介石的话还是一个意思:忍痛息愤,暂取逆来顺受态度。结果,他一番演讲,几乎把到会所有的党员给说服了,部分人本来就只管自己个人得失,对国家大事漠不关心,甚至无所谓;部分人因为对蒋介石一贯崇拜得如同陈布雷,没了自己的脑子,领袖怎么说,他们就怎么想,只怕跟不上领袖的步伐;还有一部分人明明知道蒋介石是胡说八道,逆来顺受态度不是救国之道,但联想到蒋介石上台后国家腐败,蒋家宋家不顾国家利益四处捞财,心想国家也就是他们攫取个人财富和权力的工具,现在他蒋介石对这个国家都不在乎,管我屁事,任由它去吧!漠不关心也好,没了自己脑袋也好,自暴自弃也罢,总之,蒋介石这一番讲话就马上"统一"了全体与会人员的思想:面对国耻民辱,忍耐。

当日,国民党中央召开常会,在蒋介石的主导下,决定对改组派采取和平方针,释放胡汉民,让他继续主持党政工作,并且决定由中央党部与国民政府分别发表由陈布雷在庐山起草的三个文告。

9月22日,国民党中央发表的《中央告全国同胞书》,一不言动员民众,

二不言出兵抗日，而只要求全国绝对服从蒋介石中央的领导，严守秩序，老百姓只埋头工作，交捐纳税，勿问国事。这就是陈布雷伤筋动骨忙碌了好几天演绎蒋介石忍耐思想的成果！23日，南京国民政府发表《国府告民众书》，宣布了蒋介石对日的基本方针：一、依靠国联主持"公道"，乞求国联给以"合理的援救"。二、鼓吹"以文明对野蛮，以合理态度显露无理暴行之罪恶"，要中国人民以"文明"的不抵抗，忍受日寇的野蛮屠杀。这也是陈布雷生花妙笔演绎蒋介石"忍痛息愤"思想的杰作。

同一日，国民党中央执委会还发出了《致粤要人电》，除重复上述主张外，着重强调："危害民族生存之赤匪必须根本铲除。"顽固坚持反共内战、"攘外必先安内"的反动立场。这也是陈布雷贯彻蒋介石"攘外必先安内"思想的大作。

三个文告出自陈布雷之笔，完全是蒋介石的旨意，它们完整地形成了蒋介石对待"九一八"事变的方针，即彻底的不抵抗主义。

为了推行蒋介石这一套不抵抗主义，国民党中央特设了"特种外交委员会"，戴季陶、宋子文分任正副会长。戴季陶当年和蒋介石逃难到日本时连日本情人都共过，这次搞"特种外交"，当然也是贯彻蒋介石的思想，"特种"的不抵抗了，因此，在对日外交中，全然一副"以和平对野蛮，忍痛息愤，暂取逆来顺受态度"的表率。

按照蒋介石的方针，南京政府外交部向日本提出了几次"文明抗议"，中国驻国联代表施肇基也在国联作了"控诉"。然而，"文明抗议"和声嘶力竭的"控诉"能吓唬谁？日本见蒋介石尽放空炮，没有一点反抗的意思，在东北继续扩大战火，野蛮屠杀中国人。面对日本帝国主义的疯狂侵略，全国人民起来抗争了。为了挽救民族危亡，在共产党的领导下，各地掀起了汹涌澎湃的爱国救亡运动。上海各界迅速组织起抗日救国团体，10月4日议决对日经济绝交，商界代表宣誓不卖日货，工界80万工人发出《告世界工人书》，派代表到南京请愿要求抗日，上海妇女界召开抗日救国大会，北平学生组织请愿队到南京请愿，组织宣传队到农村宣传抗日，进行军事训练，准备上前线。杭州、长沙、太原、西安、开封等各界都行动起来了，纷纷成立反日救国会，要求政府发给枪械，武装上前线。南京和上海的学生还在南京联合请愿，包围了南京政府外交部，痛打了外交部长王正廷。

随后,全国各地学生蜂拥到南京请愿。

这些爱国学生除了到国民党中央党部、外交部请愿外,教育部自然也是他们的"上访"部门。但是,作为主持教育部的次长,陈布雷却和学生躲得远远的。这一段时间, 他基本上在中宣部办公,并且常常"工作"12小时以上。因为在中宣部"与蒋介石共赴国难",学生请愿的事, 他完全可以避开了。

但是,平、津、沪学生来京请愿的络绎不绝,两三月中就不下五六万人。面对青年学生这种热血沸腾的爱国热潮,教育部只得派人天天跑到中宣部向陈布雷汇报。陈布雷抓静态的教育还抓不了,何况是这汹涌的爱国学潮?他无计可施,报告蒋介石,武夫出身的蒋介石干脆来了个派警察弹压,以鞭子、电棒解决问题。陈布雷虽然觉得"打人不对",尤其是对爱国的年轻伢子学生妹子动武不妥当, 大有怜惜之心, 但还是支持主子对学生们动武的办法。

因为在他面前,主子永远是第一位的。

在蒋介石对学生动武的同时,陈布雷一个劲地希望对日问题能尽快解决,这样学潮就能平息,学生就会少被警察无辜打死。但是,蒋介石解决对日问题的妙计除了忍耐外只有一个,即依靠所谓的国联调解。而国联对日本侵略中国行为态度暧昧,行动迟缓,于是日本更加嚣张。在陈布雷有些失望时,突然来了消息,蒋介石派出蔡元培、张继、陈铭枢对粤方中委进行斡旋,请胡汉民、汪精卫、孙科及粤方中委来南京开会,他似乎准备"靠自己"来解决对日问题了。

在全国一致抗日的呼声中,汪精卫等为首的粤方也不得不表示愿与南京政府和平解决争端,但他们却企图通过"合作"来改组南京政府,分散蒋介石的权力,借机夺取国民党中央与南京政府的领导大权。蔡元培、张继、陈铭枢在广州经过数天的会谈,粤方提出三项主张:一、蒋介石下野。二、广州国民政府取消。三、由宁、粤召开统一会议,产生统一国民政府。几人认为其他条件都可以商量,唯有蒋介石下野这一条难以接受,双方争执不下。宁方代表请示南京,蒋介石回电称,本人问题可在和平会议上讨论,但请粤方速派代表北上会谈。粤方一听说北上谈判,首先想到的是代表的人身安全,怕做当过蒋介石人质的"胡汉民第二"。于是粤方提出,必须先释放胡汉民,

开会地点在上海,达成协议后再去南京。为保证粤方代表的安全,宁沪警备部队必须由中立的第十九路军担任。待十九路军移防宁沪之日,粤方代表即北上。蒋介石同意了他们的条件。至此,和平会议有了头绪。

10 月 19 日,国民党中央常会作出决议,自二届四中全会以来,因政治问题而开除党籍者一律恢复党籍。先前被蒋介石通缉的阎锡山也恢复了自由,冯玉祥也发出通电,提出抗日救国 13 项主张。李宗仁、白崇禧、徐谦、彭泽民等数百人均恢复了党籍。第二日,以汪精卫为首的粤方代表团共一百多人到达上海。22 日,蒋介石乘飞机抵沪。是日下午 1 时,蒋到孙科寓所与汪精卫、胡汉民会面,谈笑风生,握手言欢。在"亲密无间"中,蒋介石特别表示请汪、胡主持召开和平会议。23 日,蒋、汪、胡会商,作出两项决定:一、彼此需求得外交上的一致,共赴国难。二、关于党政军问题,由宁粤代表先在沪详细商讨,拟定草案,然后到南京开正式会议。席间,粤方代表提出三项主张:一、国府主席宜如德国总统,不负实际责任,由行政院负责实际责任。二、废除总司令制。三、由一、二、三届中央委员共同负责党务。蒋介石听罢,立即起身发言,对汪精卫倍加赞扬,表示:"诸同志皆党中前辈,本人为后进,向来服从前辈。此次诸同志议定办法,凡胡、汪先生同意之事,我无不同意照办。我若不行,尽可严责。"蒋临行时又叮咛说:"胡、汪先生同意的事,无不照办。"然后,他当即乘飞机回南京去了。

然而,蒋介石一回到南京就自食其言了,对汪、胡同意的事坚持不行,并派邵力子到上海会晤汪、胡,称中央的法统不能变更,约法不能改变,中央机构不能改组。如果粤方要向中央充实人员,可按法律程序进行。简而言之,蒋介石的独裁统治体制动不得。不仅如此,蒋介石还授意各地部下搞效忠电,向粤方示威。但是,粤方利用全国要求团结抗日、反对独裁卖国的正义呼声毫不退让。争执的中心问题是:蒋介石要把持独裁大权不放,汪精卫、孙科等则一定要夺其独裁大权而分享,特别坚持蒋介石下野与改组南京政府这两条不改变。党国要员们为谋求个人的权力争争吵吵,而日寇在东北却每天都在杀烧抢掠。在一派混乱中,蒋介石暗中叫陈济棠下令在赣粤边界增兵,这一举措弄得桂系的白崇禧急忙从广州返回广西,秣马厉兵。"共赴国难"的上海和平会议陷入僵局。

陈布雷眼见"靠自己"的办法也要泡汤了,心里更是着急。他对粤方汪

蒋介石的秘书 陈布雷 jiangjieshidemishuchenbulei

精卫、孙科等人在大敌当前时非要把蒋介石拉下马的做法非常气愤,但他也是束手无策。因为党派利益之争比爱国学生更难处理,连蒋介石都头疼,他陈布雷哪有丝毫的办法?!

这时全国人民要求抗日的呼声早已怒不可遏。宁粤双方不顾大敌当前,一味为权而争吵的恶劣态度更遭到全国舆论的一致谴责。爱国青年组织决死队,要求政府发枪上前线。北平大中学校开大会时,有的人嚼指血书,晕倒在地,学生哭声、喊声惊天震地。在青年中,为救国无术激愤得气绝身亡者有之,自杀忧国者亦有之。全国学生抗日会,各工会请愿团,上海各大学教职员请愿团,于11月6日到上海,向和平会议的代表们示威请愿。宁粤代表推蔡元培、汪精卫接见请愿代表。请愿代表发言时声泪俱下,要求他们"于最短期间,团结一致,开诚宣布和平办法"。知名人士沈钧儒先生发言时严正指出,就连吴佩孚都耻于入帝国主义的租界托庇保护,指责汪精卫等人龟缩在帝国主义租界里讨价还价,而不以救国为当务之急。羞得汪精卫几乎无地自容。爱国群众的正义呼声,不能不对双方的会谈产生巨大影响。在各种压力下,经多方斡旋,11月7日,国民党宁粤和平会议达成协议:由南京中央和广州非常会议分别召开国民党四全大会。开会时,双方各发表表示统一的通电,商定四届中央由160人组成,由宁粤双方分别推举产生,一、二、三届中央委员除共产党人外,全部参加。然后到南京开四届一中全会,修改国民政府组织法,改组政府,决定军事问题,南京政府改组后,广州政府即取消。

但是,国难当头之际,号称"团结御侮,共赴国难"的国民党第四次全国代表大会还是不能会聚一堂召开,由于派系斗争激烈,分成南京蒋介石的四大和广州反蒋派四大两部分举行。11月12日,蒋介石的宁方国民党四大开幕,他首先抢过"团结"的旗帜,在开幕式上作了题为《党内团结是我们唯一出路》的讲话,称"此次大会两个最重大的使命就是:一、团结内部。二、抵御外侮"。为了笼络人心,他把自己装扮成"宽容""忍让"的表率、"虔诚悔过"的楷模,多处大量引用孙中山的话,教训别人要"精诚团结,来努力奋斗以完成革命使命"。大会通过了追认《恢复党籍案》,宣布过去四五年来先后以 "附逆有据"、"弄兵作乱"、"叛党卖国"、"危害党国"、"勾结反动"、"设小组织"、"破坏编遣"、"反抗中央"、"忤逆总理"……等二十多种罪名而被开

除党籍的481人统统恢复党籍。蒋介石的表演果然收到了成效,有人认为他真要悔过自新了,可以继续与他合作。但到11月23日的闭幕式上,他作《团结内部,抵御外侮》的闭幕词时,又换上另一副脸孔,板起面训斥反对派"自己捣乱自己",称让他下野的人是"扰乱秩序,破坏威信,增加困难",是对党的"一种牵掣"。并且,他还提出了一个团结御侮的绝妙方策,即"要以无数的无名华盛顿",来造成一个有名的华盛顿,"要以无数的无名岳武穆,来造成一个中华民国的岳武穆"。他要求全体国民党员都去争当"光荣"而无名的"华盛顿"、"岳武穆",来成全他这个有名的"华盛顿"、"岳武穆"! 这就是他的"御侮"目的。

六天后,反蒋派的国民党四大于18日在广州召开。开幕的第一天就因争吵不休被迫停会。与会的各路军阀、官僚和政客都把召开四大当做争权争地位的关键时刻,拼命相争,陈济棠企图借机把异己势力都排挤出去,以实现他称王两广及西南的美梦。汪精卫和胡汉民看到广州各派间关系复杂,留在上海没回粤参加四大。孙科摇摆于胡汪之间,没有支撑全局的威望与能力,广州四大终于分裂。消息传到上海,汪精卫与胡汉民为了维持粤方各派合作与蒋介石对抗,决定胡汉民返粤,汪仍留守上海。

11月28日,胡汉民到达广州,这时由广州退出会议的代表已达二百多人,他们已纷纷北去上海投汪精卫了。胡汉民在广州为调解各派纠纷,提出了两项方案:一、粤方应选出24名中央委员,按人数比例,应由赴沪的200名代表中产生10名,广州选出14名。二、蒋介石如不下野,也要解除他的兵权,并在广州成立中央党部。粤方接受了胡汉民的方案。但是,在随后选举中央委员时,为了争当候选人,代表焦易堂借故发难,反对主席团,先是激烈地争吵,迅速地变成飞瓶子、掷板凳的武斗,众人混战二十多分钟不肯歇手,不少人头破血流,保安队赶来弹压,学生的请愿队伍又赶到了会场,这群口称"共赴国难"的大人物为避免在小人物面前丢丑,会场才安静下来。

这次事件的主谋与后台正是陈济棠。

汪精卫把从广州来沪的二百余人搜罗起来,加上在沪各方代表,决定单立门户,召开上海四大。原来分裂成两半的国民党四大,其中一半又一分为二。12月3日,汪记四大在法租界大世界共和厅开幕了,选出11人为中

央委员。

这时广州四大在胡汉民的维持下勉强结束,发表了宣言,提出了十项政治主张,核心问题仍是要求蒋介石下野,改组南京政府,并正式成立胡记广州中央党部。随后,孙科、陈友仁等从广州到达上海,向汪精卫转达了粤方的要求:坚持要蒋介石下野,如到12月20日蒋介石还不下野,胡、汪两派中央委员就在上海召开四届一中全会。蒋介石抢先一步在南京组成了中央临时委员会,于是又电请粤方中委速到南京开一中全会,企图把胡记、汪记的中央委员都"综合"到他的中央里去。12月12日,国民党四届一中全会在南京开幕,到会中委90人。蒋介石以中委身份出席开幕式。但是,粤方与蒋介石顶牛,要他必须下野。胡汉民公开提出:"只有蒋介石先有辞职表示,我等才去南京。"蒋介石感到目前自己的处境艰难,硬顶不是办法,于是,再次施展"以退为进"的伎俩,决定下野,于12月15日正式提出辞呈,将国民政府主席、行政院长及陆海空军总司令本兼各职一并辞去。常委会接受辞呈,推举林森代理国民政府主席,陈铭枢代行政院长。这样,孙科才率粤方诸中委来南京。

对于蒋介石的下野,陈布雷很想不通,在他的心中,蒋介石不仅是他本人的领袖,也是党国的领袖,在国难当头之际,让蒋介石下野,这就是对党对国家民族不负责任。结果,蒋介石一下野,马上发生多米诺骨牌效应,他手下的党国大员也纷纷撂担子,"与蒋先生共进退"。刚才还为党国和民族命运担心的陈布雷,这时也不管什么国家民族了,也选择了撂担子,任它中宣部和教育部"垮掉烂掉"。他对蒋介石说:"蒋先生下野,我也决心共退,遂了我的初愿。"

常言道无官一身轻,这蒋介石辞了官,却比死了爹娘还难受,正在感情的低潮中,听到陈布雷也要撂担子的话,很是感动,说:"布雷先生,我在行政院最后一次会议,发表你兼任浙江省教育厅长,我看你还是返回浙省去吧!那样你还可以领份薪水。"

"蒋先生,我还是重返报界吧!"

陈布雷早就想好了退路,去重操旧业。但是蒋介石没有吱声。

12月15日,蒋介石正式通电下野。反蒋派把这一天看做是打倒独裁、实现民主的纪念日,弹冠相庆。但是,他们仍推行蒋介石独裁专制卖国的政

策。就在当日,北平各校南下抗日请愿团历尽千辛万苦,冲破重重阻力,出现在南京中央党部门口请愿。正在开中央临时常会的中央要员们公推蔡元培、陈铭枢接见请愿学生。陈铭枢以代理行政院长身份讲话,激怒了请愿群众。他们遂冲击党部,殴打陈铭枢。接着,爱国学生又冲击南京政府、考试院,捣毁了中央日报社。新上台的政府大员们立即派出大批军警宪特,对学生进行血腥镇压。17 日,继续逮捕上海、北平等学生请愿代表及南京中央大学的请愿学生 62 名。18 日,南京卫戍长官公署派出三个团及警厅保安队等大批全副武装的军队,在南京实行戒严,破坏学生游行,强行把学生拖上汽车,运往郊区集中关押。

原来是为主子老蒋,陈布雷对军警屠杀学生采取听任态度,现在他就要撂担子了,"党国"已掌控在别人手里了,但主子却是被他们逼下了台的,这时的他,对胡汉民、汪精卫新党的血腥屠杀是冷眼观之,漠然视之,悄悄准备随主子一走了之。原来他壮怀激烈的豪情也随着这次主子的下台、自己的撂担子全奇迹般地消逝而去。

12 月 20 日夜,陈布雷整理行装,21 日返回上海。

在京沪列车上,他心潮澎湃,思绪万千。自去年 12 月 22 日接任教育部次长,到今天不多不少恰好满一周年,真是巧合。早在 6 月间,大哥陈屺怀在南京任国府参事,有一天,他同大哥一起在鸡鸣寺喝茶,向观音菩萨求了一签,问何日可辞官归里,签语有"一朝丹篆下阶除,珠玉丰余满载归"之句,签解又有"官非宜解"之语。当时,陈布雷拿着签纸神情木然,讷讷地说:"菩萨都说了'官不宜解',解官无望啊!"但是,大哥陈屺怀却说:"不对,这签解可作三句读,即'官,非,宜解',这岂不就遂你所愿了?"

此刻陈布雷恍然大悟:"大哥解得对!所谓'满载归'者,就是满一年许我归家呀!"望着窗外飞逝的模糊景象,陈布雷想,那签果真应验呀,一年而归!但签单上所谓的"珠玉丰余",他倒没有,自己这几年官是越当越大,他陈家钱财却没积攒起来。这是因为他不爱钱,除了薪水外,没像其他人那样去拼命捞钱发财。在他眼中,文官贪财就像武官怕死一样,是莫大的耻辱,是最有失个人品德的。

当晚,他就回到了上海的家,一见妻子,他第一句话就是:"真是如释重负,古人说无官一身轻,现在才体会至深呀!"

　　毫无疑问,陈布雷在为主子捉刀时编造着那种昧着良心的谎话,不能不说是一种莫大的折磨,因为他终究离政客还差得远,并且,官场的污浊之气并没有把他的良心侵蚀烂掉,他在本质上还是一介柔弱书生、一个中国传统的知识分子。而在国民党的腐败官场里,他的良心时常被拷打着,最终他无可选择地做着昧良心的事情。他的痛苦不是对整个国民党腐败的认识,而仅仅是对官场腐败的认识,因此在他心中只要脱离了官场,就一身轻了。没了官职,他就像脱离了牢笼。

　　陈布雷因为脱离了官场满身的轻松,而蒋介石却万万做不到这一点。22日,他带着宋美龄乘飞机到了宁波,随即回老家溪口。临行前,他留函致于右任、何应钦、孙科等人,说:"全会既开,弟的职责也完成了,所以须还乡归田,还我自由。"并说:"此去入山静养,请勿有函电来往。即有函电,弟亦不拆阅也。"他撂担子还是对让他辞职耿耿于怀。

　　回到溪口的第二天,蒋介石就上山住进了深山老林——妙高台。

　　这时,陈布雷在上海是悠闲得不得了,每日同妻子、儿女在一起,或围炉闲谈,或同桌尝鲜,或外出散步,优哉游哉,平静而闲适。浙高老同学张任天从杭州到上海,看到陈布雷有说有笑、轻松愉快,一改过去眉头紧锁的样子,问他为什么这样高兴,陈布雷高兴地回答说:

　　"辞去了教育部职务,无官一身轻。"

　　陈布雷小日子过得轻松自得。自从与蒋介石搭上关系后,他还从来没这么心情舒畅过。但好景不长。因浙江省教育厅长一职逐鹿者众,当局为难,蒋中正下野前最后一次行政院会议便决定:陈布雷仍回浙省任教育厅长。新任省长鲁涤平已先赴任,很快写信来催他到杭州去接任,陈布雷一接到信就说:"真是败兴!"但是,仍"赖"在上海不走。

　　鲁涤平多次来电催陈到杭接事,想到又要陷身宦海,别妇抛雏,陈布雷刚刚舒展、松弛的心便又紧缩不安起来。

四、当不当官,也是随主子的愿

　　自蒋介石宣布下野后,各地中委纷纷入京,1931年12月22日,国民党在南京召开四届一中全会。

全会一开始,各派别又各施招数,争斗起来。25日,全会讨论东北问题时,蒋介石的老谋士吴稚晖首先发难,突然冲了出来,指着会场上的人,愤愤地说:"蒋介石本打算亲自北上抗日,现在你们让他辞职,我是上大当了,你们一定要把他请回来。"

吴稚晖是党内有名的怪人,也是大元老,开始没人敢做声惹他。接着,他又盯着行政院长孙科,破口伤人,说:"东北事件并非张学良酿成,是国内出了卖国贼,这个卖国贼就在眼前。"

他此话影射攻击孙科、陈友仁。这下孙派的人冲动起来了,于是争吵起来,吴稚晖倚老卖老撒起泼来,会场大乱。孙科等人一见蒋的嫡捣乱,从会场起身就走,他这一走完全是撂担子,并且一走就是飞到了上海,全会又开不下去了。

26日,大会又推陈铭枢、邹鲁带着林森的亲笔信,到上海向孙科劝驾。同时,李济深、李宗仁也表示愿一同入宁。孙科等人27日又返回南京,到12月29日一中全会才勉强结束。全会作出决议:中央政治会议不专设主席,设三人常委,轮流做主席。三个轮流做主席的是蒋介石、汪精卫、胡汉民。实行三驾马车制,众人的目的是企图把国民党中央变成蒋、汪、胡的合股公司,来限制蒋介石一人独裁。林森为国民政府主席,孙科为行政院院长,张继为立法院长,伍朝枢为司法院长,戴季陶为考试院长,于右任为监察院长,实现了各派的政治分赃。

1932年1月1日,"开始党国新生命"的孙科政府通电就职。但孙科当行政院长,并非众望所归,而是各派斗争的矛盾产物。蒋介石下野,汪精卫若出任行政院长,则胡汉民派反对,若把实权交给胡汉民,蒋介石又不答应,只好把孙科推到台前。蒋系势力盘根错节。浙、沪、粤勾心斗角,蒋、汪、胡分别躲在暗中操纵朝政。胡汉民想竭力防止蒋、汪联合,蒋、汪则眉来眼去,准备合流,重返中枢。孙科执政只是过渡,蒋介石早已做好擒他拆台的准备。孙科执政面临两大问题:一是财政危机,二是外交危机。蒋介石驱使这两个魔鬼,向孙科政府勾魂索命。

首先,前任财政部长宋子文撂担子,财政部长无人当。宋子文不仅自己撂担子,而且还与上海财团串通一气,上海金融界不支持孙科的政府。各省又自行收税,东北沦陷后,税源锐减,而南京周围几省都控制在蒋介石的手

中,新政府一运作就要花钱,政府每月税收仅600万元,蒋介石又指使手下何应钦向孙科多要军费,月需1800万元,政府行政费每月也要400万元。收支相抵,新政府月赤字达1600万元之巨。没钱办不了事,孙科一上任就遇到难解的财政难题,一筹莫展。

这时对日外交,全国瞩目。孙科与外交部长陈友仁为取得人民的支持,抵制蒋介石对政府的干预,主张对日"积极抵抗",收复东北失地。但他们一面鼓动"死守锦州",一面又主张"和平绝交"。此时日寇正积极准备进攻上海,军舰在宁沪间的长江水面示威。孙科对日本毫不戒备,希望既能与日本在宁、沪相安无事,又能博得"主张抗日"的美名,世上哪有这样的好事?结果,他口称"抗日"、"绝交",并没抗日的具体行动,又遭到全国人民的反对。

孙科支撑不住局面,于1月9日跑到上海,吁请汪精卫及蒋介石、胡汉民到南京主持一切。冯玉祥、陈铭枢也四处奔走、发电,恳请三巨头返京,一时请蒋复职,蒋、汪、胡合作的呼声大作。

1月13日,蒋介石由奉化飞到杭州,住在澄庐别墅里。各派人物蜂拥而至杭州,其中有蒋的亲信,也有其他各方面的代表人物,全是呼吁蒋介石出山的。陈布雷自然也没有例外,围在了蒋身边。

蒋介石希望马上出山,但怕像上次那样又被赶下野,因此必须先摆平对自己威胁最大的汪精卫和胡汉民。他看到孙科一筹莫展,决定拉汪排胡,叫宋子文向汪精卫转达他的意思:只要汪与蒋合作,蒋系对汪派人物全部接纳入南京政府。汪精卫一直被晾在大权之外,也在寻找与蒋合作的机会,为了寻找机会早就口称糖尿病严重,躲在上海医院闭门谢客。蒋介石又特邀陈铭枢、顾孟余到澄庐别墅,交给他们一封致汪精卫的亲笔信,示意他们要面交汪精卫。陈、顾到沪将蒋的信面交于汪。汪精卫喜出望外,病也好了,立即决定赴杭州晤蒋。

1月16日晚10时45分,汪精卫夫妇到达杭州,由宋子文、陈布雷、鲁涤平迎往澄庐别墅。虽然已是半夜了,蒋、汪不顾天色已晚,连夜密谈。第二日又继续会商,报纸不登他们晤谈内容,只宣扬"蒋、汪相见甚欢","晤谈甚融洽"。第三日,蒋、汪联名致电胡汉民,催促他去南京。胡汉民见电甚怒,因他曾与汪精卫有约在先,谁也不单独与蒋介石妥协,而汪却背约私下与蒋商谋,他知道自己被暗算了,于是决定在广州另立门户,与蒋、汪对抗。

谁知报纸报道"蒋、汪相见甚欢"时，把蒋介石在杭州的消息泄露出去了，金陵大学的几个学生追击到了杭州，吁请蒋重出，"督军抗战"。对几个毛小子，蒋介石哪会理睬？但是那几个愣头青学生就是赖在杭州省党部门口不走，声言非见蒋不可，并且还不吃不喝的，闹得动静不小。蒋介石没办法只好叫上陈布雷："布雷先生，请你去劝劝他们，别在这里胡闹了。"

陈布雷一去，说："蒋先生以在野之身，不便延见。"然后，嘱咐他们回去。

这几个愣头青见终于有大人物出面了，于是高兴地归去了。

1月18日，孙科、何应钦飞抵杭州。张静江、张继在烟霞洞设宴。蒋介石、汪精卫、宋子文、孔祥熙、孙科都赴宴会。宴后，蒋、汪、孙三巨头带着张静江、张继五人又进行了密商，决定共同入京。这时蒋汪已经相约，先把汪精卫推上行政院长的职位，蒋介石仍保持在野身份。然后由汪出面，把军权交给蒋介石，形成蒋主军、汪主政的分治局面。

对于自己这次出山，蒋介石解释说："我不去南京，则政府必贸然与日本绝交，绝无通盘计划，妄逞一时血气，孤注一掷，国必亡灭。所以我不顾一切，本着良心，决定去南京，以助林森主席挽救危机，尽我的天职而已。"蒋介石既提出"抗日国必亡"的谬论，那么他回到中枢后，将要尽什么"天职"，实行怎样的政策，就可想而知了。

1月22日，蒋介石回到南京，重返中央主政，回南京前，他发表了《独立外交》一文，这是由邵元冲拟稿，陈布雷润色的。同一日，陈布雷也回到了上海。

此时日军的侵略气焰更为嚣张。在东北，日军进占阜新，猛攻锦西。在上海，频繁挑衅，战火又将起。蒋介石、汪精卫把这一切都抛在脑后，却忙于政治分赃。

1月23日，国民党中央召开紧急会议，不言如何对抗日军的挑衅，大肆攻击外交部长陈友仁与日"和平绝交"的外交政策，借故责难孙科政府，逼迫孙科政府下台，为蒋、汪上台找借口。孙科、陈友仁被迫离宁赴沪。两天后，孙科以主动让位的姿态从上海给林森打电报，宣布辞职。

这时日本正在东北阴谋建立"满洲国"，企图将整个东北变成殖民地。为转移中国人和国际舆论对它在东北侵略行径的注意，蓄意在上海发动侵略战争。1月18日，五个日本和尚在上海马玉山路向中国工人义勇军挑衅，结果，日本和尚天崎启升被打伤，后死在医院；日本又自焚公使重光葵的公

馆,然后嫁祸中国民众。1月24日,日本向上海大量增兵,航空母舰"能登吕号"等10艘军舰开进黄浦江。27日,日寇向上海市长吴铁城提出最后通牒,限28日下午6时答复日方提出的"道歉"、"惩凶"、"赔偿"、"取缔抗日运动"、"解散抗日团体"等五项无理要求。蒋介石的亲信吴铁城本着主子"忍辱负重"的原则,立即派警察查封了"上海各界抗日救国委员会"。这样,蒋介石还"对于上海紧迫情势放心不下",又命令参谋总长朱培德和军政部长何应钦,立即派宪兵第六团从南京赶赴上海。因为此时驻防上海的是第十九路军,蒋介石不敢担保十九路军不抗日,所以调派宪兵部队到达上海,配置在中日两军战斗部队的中间地带,起"缓冲作用"。

实行"和平绝交"的孙科政府已经下台,1月28日,蒋、汪联手召开临时中央政治会议。全国都以为中央定会对上海严重局势作出对策。不料会议竟一句不谈如何抗日,却作出了与抗日毫无关系的三项决定:一、惩戒陈友仁。因为陈在上海的谈话批评了蒋介石。二、决定恢复新闻检查。这是加强法西斯统治的表现。三、改组南京政府:汪精卫继任行政院长,宋子文任行政院副院长兼财政部长,罗文干继任外交部长,决定成立军事委员会,指定蒋介石、冯玉祥、何应钦、朱培德、李宗仁五人为常委。这项决定,为蒋介石执掌军权铺平了道路。"超然派"人士林森,仍当他那个没实权的国民政府主席,为蒋汪做摆设和挡箭牌。

眼见蒋介石又要出山了,陈布雷这才赴杭州,再度出任浙江省教育厅长。陈布雷完全实现了他与老蒋"共进退"的诺言。

谁知就在蒋汪在南京合流,忙于安插亲信,大搞政治分赃的当晚,日寇在上海发起进攻,日军第一舰队司令官盐泽狂妄宣称,四小时内即可占领上海。日军陆战队6000人分数路向闸北进攻,爱国将领蔡廷锴、蒋光鼐奋起英勇抵抗,分路应战,上海市民立即支持。在这紧要关头,共产党通过上海地下组织,马上发动民众,支持十九路军。上海总工会发布了举行抗日总同盟罢工的命令,在上海日本工厂、机关、商店、住宅工作的六七万中国人罢工或离职。上海各界人民展开大规模的捐献运动,现款、金银、日用品、药品、器材等堆积如山,无法统计数量。很多区都成立了义勇军、敢死队等,协同作战。在民众的大力支持下,十九路军连续打退优势的日军,并予以重大杀伤。日军初战惨败,日领事伪装求和,施缓兵计,托英美领事出面调停,停

战三日,同时密集重兵。结果,三日内增兵1万多人,2月2日又发动猛攻。2月7日,日军又遭惨败,指挥官盐泽被撤职,野村继任,再败之后,指挥官又换植田,三换为白川。日军源源增兵至10万人,而十九路军连同后来参战的第五路军总共不足4万人,武器装备更不如日军,但他们硬是迫使日军直到2月29日仍处在沿海的狭窄地带,不能前进一步。

上海抗战一月,十九路军将士和上海人民在浴血抗击日寇,蒋汪合流的南京政府做些什么呢?1月30日,还没有公开复职的蒋介石通电全国将士,慷慨激昂地说:"今身虽在野,犹愿与诸将士誓同生死,尽我天职。"然后话锋急转:"勿作虚浮之豪气,保持牺牲之精神。"怎样"保持牺牲之精神"呢?在他操纵下,中央政府决定马上迁都河南洛阳,党国政要全准备逃之夭夭了!南京只留下何应钦维持治安,罗文干主持外交。而就在同一日,罗文干发表宣言,不讲抗日而大谈"中日友谊",让脑袋稍微清醒一点的人笑话不已。

在"一·二八"事变后,陈布雷在做什么呢?他在杭州当教育厅长了。上海一派战火,飞机轰,大炮炸,谁也不得安生,妻子王允默领着七个孩子全都来到了杭州。这时陈布雷的最小的男孩陈远刚4岁,已能识字,全家团聚在一起,陈布雷也忘记了国难,在杭州这个世外桃源怡然自得,每逢假日,他携妻儿或出游,或看电影,孤山、灵隐、烟霞洞、里西湖大礼堂等处都留下了他春游的足迹。这时他的兄弟也在杭州,陈训慈任省图书馆长,陈屺怀也在杭州,兄弟晨夕相处,享受骨肉相聚之乐。据后来有人说:"这段时间,是陈布雷生活惬意、精神愉快的时期。"

蒋家王朝这样的君臣,其实与"商女不知亡国恨,隔江犹唱后庭花"的晚唐君臣又有什么区别?

2月13日,蒋介石亲自到浦镇,指示19路军"保持十余日的胜利,及早收束,避免再战为主"。但前线军民仍坚持抗战。2月23日,日军不断增援,十九路军派参谋长亲谒蒋介石,涕泣求援。蒋介石不高兴地回答说:"各部队俱未集中,何能增援?"作为一国的军事统帅,口口声声喊着要"与将士誓同生死,尽我天职"的蒋介石,在上海抗战将近一月的时间里,竟"各部队俱未集结"!

这样中国的败亡也就不可避免了。2月末,日军大量增援,到了情况万分紧急的时候,宋子文竟对外发表谈话,转达蒋介石的决定说,"目前战线

093

甚短，仅以一团兵足矣，十九路军有三师共十六团，无需援兵，尽可支持，并决定无须援助。各军将士未得军政部命令而自由动作者，虽意出爱国，亦须受抗命处分。"蒋介石宣布这个决定，一是告诉全国军民，将士们要爱国事先必须得到蒋介石的允许，否则有罪。二是把上海抗战的实力，明白地告诉日寇，并对日寇作了绝不增援十九路军的保证。狡猾的日军对蒋介石的暗示心领神会，于是马上增兵，延长了从闸北经过吴淞直到长江岸边的战线，造成十九路军和第五路军在漫长的防线上兵力薄弱，十九路军被迫从上海撤退，日军占领了上海。

蒋、汪、宋等人破坏了上海抗战之后，3月1日至3月6日，在洛阳召开国民党四届二中全会，继续进行未完成的政治分赃。

这次会议讨论的问题很多，但中心议题只有一个，即汪精卫提出的叫蒋介石担任军事委员会委员长的问题，但立即遭到李济深的反对。汪精卫和蒋介石的亲信刘峙等人却竭力吹捧蒋介石，两派争论许久。汪精卫又百般周旋，冯玉祥等人出于团结蒋介石抗日的目的，只好同意此案。3月6日，中央政治会议召开302次会议，正式选举蒋介石为军事委员会委员长，兼军事参谋部参谋长，国民党的军权完全交给了蒋介石。

说来也巧，就在蒋汪完成政治分赃、组建合股政府的时候，3月9日，利用上海战争做掩护的日本一手制造的伪满洲国政府在吉林省长春市正式成立，长春改名为新京，被推翻的清朝废帝溥仪粉墨登场，就任伪满洲国执政。紧随其后，蒋介石于3月18日在南京宣誓就职。陈布雷也在南京参加蒋介石的就职典礼，从此，蒋介石就被称作"蒋委员长"了。一个中国又出现1929年前的两个"政府"了。

在这政治分赃中，蒋介石没忘记与他共进退的功臣们，陈布雷被委任为以蒋介石为委员长的军事委员会秘书长。但是典礼之后，陈布雷就回了杭州，没有马上去上任秘书长新职。

这是他一贯推官的表现之一。在陈布雷未到任前，蒋介石就已就职上任了，秘书之类的事情不可能没人管，只好由李仲公代。陈布雷虽然不就职却时刻关注着秘书长一职，闻讯后，立即打电报去说："李仲公北伐时即为总部秘书处长，不可由我居其名而由李仲公代行。"他的意思是说：干脆这秘书长由这李仲公干算啦！

这时，陈布雷才出任教育厅长不到两个月，上任就走人，总不太好；更主要的是，由于迁都还没有彻底搬家，洛阳各处也是一派混乱，蒋介石也怕书生本性的陈布雷经不起这番折腾，因此干脆派人传话给他："还是专心在杭办教育，暂不必到任，李仲公当为负责。"

就这样，陈布雷当起只领饷不用上班的秘书长，专心在杭州做着教育厅长。

自从"九一八"事变后，浙省学校渐渐出现躁动和不安的动向，抗日救亡的风潮开始涌动，陈布雷便发表《安定教育秩序》一文，以示要整顿学风，教育厅与国民党浙江省党部及警务机关密切联络，防止学生与"校外恶势力"相勾结。陈布雷因有在南京学习到的老蒋处理学潮的"经验"，对付浙省学潮变得更为老练了。

陈布雷在杭州当着厅长，领着厅长和秘书长双饷，本来是很快活的，但是，不久又变得忧心了。

因为上海抗战失败，东北也丢了，首都也迁到洛阳了，陈布雷经过冷眼观察，终于意识到原来蒋介石的"以文明对野蛮，忍痛息愤，暂取逆来顺受态度"的"忍耐"之后并没什么抗敌和救国妙计，他对主子救国抗敌的能力失望了，并且对现在老蒋还拼命大喊大叫的"抗战守土"、"尽天职"的豪言壮语，也知道只是些大话空话而已。国破，就意味着要家亡。但那些大官大僚有的是钱，就是国亡了，他们还可以到国外去做寓公，照样可以花天酒地，生活得美美满满。而他陈布雷呢？家里几十亩的薄田是移不走的，而且他为官多年，不搜不刮，也不贪污，就是挪用也没干过，全靠工资来养家糊口，双薪也就是最近才有，自己身上并没几个存钱，万一日本人占领中国，这官也没法当了，他连个生计都没法维持！想到这些，陈布雷忧国忧民又忧自己，心情由好而坏，陷入了忧郁之中。

暑假里，孩子们都在家。一天午餐时，他们团团围着一桌，碗筷交错，七嘴八舌，高兴地边吃边玩。突然，陈布雷放下筷子，怅然离座，一声不响地走了出去。

原来，他看到一群子女尚未成年，都需接受教育，深感自己责任繁重。尽管身兼两职，领着双俸，但陈家与那些大官大僚相比，简直就是特困户了，他官俸有限，国势危殆，万一国家出事，他这个小家又如何过？他看着孩

子唧唧喳喳的，忧从中来，便不能自持了。

陈布雷的情绪给孩子们欢乐的假日也涂上了一层阴影。

千幸万幸的是，日本人还没有大举对中国采取断然措施，虽然威胁和纷争不断，这已经四分五裂的国家还勉强维系着，浙江省也还没沦亡的迹象。陈布雷在压抑中尚能生存下去。

而事实上，他并不缺钱用，只是与那些大官大僚相比显得寒酸而已。

这一天，他的祖母叶宜人百岁冥诞到了，陈布雷回到慈溪官桥，三房子弟都云集一起，单单道场就做了七天，好不气派，亲友来贺的不计其数。

慈溪县长闻讯也赶来朝拜，陈布雷立即更衣，换上长袍马褂出迎。

这时，他已两任省府厅长，还当过一年的中央次长，而来客不过是一小小的县长，但他毫无官气，恭陪交谈，县长告辞时，他还亲自送到大门外，弄得对方诚惶诚恐。过后，家人问他何必如此谦恭，他说：

"县长是父母官，我回了家，就是他治下的小民，当然应当加以礼敬。"

不论对任何人都彬彬有礼，温厚谦恭，这是陈布雷不同于一般国民党党政要人之处。即使他后来进入蒋介石幕府，跻身枢密，书生风貌仍不稍改。

第四章
亲侍在蒋介石身边

一、捉刀去做和事佬，第一炮打哑了

1934 年 2 月，陈布雷到南昌去开行营召集的苏、浙、闽、皖、赣、鄂、湘、豫、陕、甘十省秘书长及民政、教育两厅长及一部分行政督察专员会议。

蒋介石正在忙着实施他"攘外必先安内"的计划，在南昌指挥拼力"剿共"，陈布雷三次去见主子，最后一次，蒋介石说："布雷先生，前次没请你来军委会专任秘书长，是因为时局不稳定，党内派系纷争没平息。现在行营事情繁杂，文字撰拟迄今没人帮忙，我实在需要像你这样的人在身边啊。"

陈布雷说："蒋先生，杨秘书长文笔不是很好吗？"

"唉！"蒋介石皱皱眉头，"杨永泰文才可用，心术不正。布雷，我无可托心腹之人呐！"

陈布雷一听，这不是明摆着讲杨永泰这个广东才子野心很大吗？

原来，杨永泰虽然有才，但是在历史上表现并不佳，尤其是几次投奔主子反反复复，落了不好的名声。后投到蒋介石门下，为求高官，隔不了多久就给主子上"万言书"，但是蒋介石用他的计，却不用他这个人。相对于集书生之精诚与官场经验于一身的杨永泰来说，陈布雷历史清白，又是蒋介石一手提携上来的，并且几次和他"共进退"，又没什么官瘾，因此，蒋介石对他才是最放心的。

蒋介石的这番诉苦，把陈布雷听得心里隐隐地疼，内心其实一下子就答应他的请求，但是，他嘴巴上还是讷讷地说："那浙省教育厅事……"

"浙省教育厅的事，如可以兼，你就挂个名，叫秘书去当嘛。"

"这一省教育大事怎么能叫秘书代行？"陈布雷表面上平静地说，内心

却十分惊讶！

"如果不行，那你就保一人去当嘛。"蒋介石说，"总之，我是盼你能来我们这里相助，当然，你也不必着急，等这个学年结束，暑假时再来也行。"

陈布雷点点头说："蒋先生，我一定来江西服务，但不想在教育厅挂任何名义。有四个人选可以担任教育厅长，余井塘、叶溯中、许绍棣、程天放，请选择一个。"

"那就是叶溯中吧！"

蒋介石对叶溯中比较了解，来了个"唯熟是任"，然后，对陈布雷说："你先回去，等我的电报再来。"

陈布雷一回去，3月初，蒋介石从江西"剿共"前线赶到石家庄、保定，执行他"一面抵抗，一面抗战"的既定国策，并电召陈布雷北上。陈布雷在蒋的专列上住了两个星期，为他捉刀写了几篇文章，后又返回了杭州。可是没等到暑假，4月份，南昌又来电要陈布雷去。陈布雷当官，全是由于蒋介石的个人需要，于是结束厅长的事务，到南京面见教育部长王世杰，提出辞呈和继任者的名字；5月，来到了南昌。

陈布雷的到来，让蒋介石颇为高兴，说："布雷，你来了，总不能没个名义啊。我准备在行营成立一个设计委员会，主要作研究、设计、审议、调查等工作。设计委员会要网罗国内外留学生中的有志者，加以训练。这个委员会极为重要，就委屈你任主任委员吧。"

陈布雷说还是不要什么名义，留南昌服务。蒋介石说：

"这样吧，我另外加任徐庆誉为副主任委员，委员会中日常事务由副主任处理，你就助我写文章，并留心文化宣传与理论研究，也就是说，当我的顾问吧！"

就这样，陈布雷以军事委员会委员长蒋介石南昌行营设计委员会主任的身份长随在蒋介石身边。

蒋介石在众多笔杆子里最终相中陈布雷，除了陈布雷的文字过硬和与他是同乡之外，还因为陈忠贞不二，慎重谦恭，缩小自己，守口如瓶。而其他人或有德无才，或才富德乏，或结党营私，或揽权弄权，像陈布雷这样将出色与听话集于一身的干才，真是可遇而不可求的。蒋介石把陈布雷揽到了

身边,也是解决了身边无可靠人的一件大事。而从陈布雷来说,他之所以投靠蒋介石,一为报知遇之恩,二是申报国之志。在国民党诸领袖中,他择定蒋介石为"明君",视蒋为孙中山的继承人,因此也乐意紧紧跟随,为他效劳。从此,陈布雷随侍在蒋介石的左右,形影不离,俩人朝夕相处,可谓如鱼得水。

陈布雷住在江西省府招待所。设计委员会虽有二十多位委员,但是职权规定极其含混,陈布雷也不干其他事,只是专职跟着蒋介石,为他捉刀写文章。6月,陈布雷随蒋介石回南京参加中央军官学校10周年纪念,陈布雷撰写了《十年来革命经过之回顾》一文。7月,蒋介石驻牯岭,陈布雷也随他到了牯岭,每天给蒋介石修改讲稿。9月,蒋介石生病,回溪口休养,陈布雷也跟着去了溪口。

这时日本侵略野心毕露,全国各界抗日热情高涨。蒋介石却一直以武汉、庐山为中心亲自指挥反共战争,南昌行营取代了南京政府,蒋介石常驻庐山,庐山成了国民党中央的实际所在地。而手中无实权的行政院长汪精卫空守石头城,进行"攘外"。但是,这汪精卫也是王老二当家一年不如一年,他搞"攘外",除本着蒋介石定下的妥协方针处理点政府日常事务外,没作任何军事上的准备。蒋介石在江西围剿和追击红军是不遗余力,但在同时,日本帝国主义在中国的侵略行动也如蒋一般疯狂。早在3月日军宣布建立伪满洲国后,4月,日本外务省情报部长天羽英二发表所谓《天羽声明》。声明的大概意思是说:日本是东亚的主人与中国的保护者,任何国家不得染指中国,中国更不能与日本以外的任何国家发生关系。这是日本要独占中国的声明。汪精卫主持外交部发表回应声明,对这个狂妄的《天羽声明》没有表示半点抗议,只是屈辱的哀求。5月14日,还派出政府代表与日本代表在榆关就华北与"满洲国"通车问题达成协议,7月1日正式通车,变相地承认了伪"满洲国"。结果,引得全国人一片反对之声,蒋介石的"攘外"政策受到批评。

这使得一心"安内"的蒋介石处境非常尴尬,他想表一表态,开导开导一味制造麻烦的日本人和高喊抗日的中国人,于是把陈布雷找到病榻前,说:"布雷先生,中日局势更趋危急,正进入最后关头。我正思考如何打开僵局,为中日两国朝野作点最后的忠告,希望他们有所警觉,免得到时一起遭

受同归于尽的大浩劫。"

也就是说，蒋介石不惜自己的领袖身份亲自来开导中日对立者，做和事佬。讲完这一大串"意思"后，蒋介石还提出了一个很有创意的文章题目：《敌乎？友乎？》，然后叫陈布雷起草。

陈布雷一听这创意就有点头疼，因为这个题目非常敏感，日本是敌是友谁不清楚！而且全国群情激昂，抛出这篇文章，肯定要被人戳着脊梁骨骂的。但这是主子交给他的第一篇大作，并且是面对国内外人的，他不敢推辞，想了想，说：

"蒋先生，这篇文章要暗示日本：中国决不可屈服，日本决不可不认识东亚安危的现状！另外，要痛斥其野心和军阀的无知。这样，即使不能打消他们的侵略思想，也可以稍稍缓解一些他们逼我的气势。不过这篇文章，不能以你的名义发表。"

"对，对，"蒋介石在病床上抬起身子，说："不能用我的名义。我思之再三，用你的名义，人家也知道是我授意的，也不能用你的名义。"

陈布雷听到这里，心里一块石头放下了，问道："那么以谁的名义发表好呢？还有，发表在哪一个报刊上好呢？"

"这个，嗯，我思之再三，"蒋介石又一个"思之再三"把陈布雷的心吊到了嗓子上，然后，他才慢慢说，"还是以徐道邻名义发表为好，他的职位不大不小，登载在10月号的《外交评论》上，你看怎么样？"

徐道邻是北洋军阀徐树铮的儿子，在侍从室工作过，这时正不知在哪儿瞎混呢。陈布雷知道他的，便说："蒋先生，这样处置好，徐道邻，名字也不错，慢慢与邻邦道来嘛。"

"对，对。"蒋介石兴致很高。

陈布雷住在溪口剡溪畔的小洋房内，绞了十多天的脑汁，一共写了八个部分，在引言部分，他一开头就说："世上论述中日问题论文，已经很多……凡一般政治学者所已经论到的，我无须赘言；但一般所忽略或有所避忌不言的，此文将倾量尽述而无所隐饰。知我罪我，听诸读者。首先我敢说：一般有理智的中国人都知道日本人终究不能作我们的敌人，我们中国终究须有与日本携手之必要。我想日本人士中间怀抱同样见解的，当亦不在少数……"

写到这里，陈布雷不禁颤抖了一下，猛吸了一口烟，因为现在讲"日本

人终究不能作我们的敌人"，很可能会被青年学生骂作汉奸。那次中央大学学生请愿时，拥到外交部长王正廷的办公室，一时火起，把红蓝墨水当做武器，弄得王正廷下不了台的情景，陈布雷是知道的。而这个王正廷，就是浙东奉化老乡，在巴黎和会时曾因拒绝签字也以爱国而赢得过广大青年的爱戴。从五四运动到"九一八"，他无非是执行了"攘外必先安内"的方针，从爱国而变成卖国，终于下了台。陈布雷越想越心寒，但还是不得不写下去。转念一想，反正不是以自己名义发表，管他呢！于是挥汗如雨，笔下索索地响……

就几天时间，这篇洋洋万言书就完成了。第八部分"结论——解铃还须系铃人"中写道：

> 中国古语说："解铃还须系铃人"，所以打开僵局的责任，毕竟还须日本来承当。总而言之，中日两国在历史上、地理上、民族的关系上，无论哪一方面来说，其关系应在唇齿辅车以上，实在是生则俱生，死则同死，共存共亡的民族。究竟是相互为敌，以同归于尽呢，还是恢复友好，以共负时代的使命呢？这就要看两国，尤其是日本国民与当局有没有直认事实，悬崖勒马的勇气，与廓清障蔽，谋及久远的和平。

陈布雷捉刀的这篇大作最后定名为《敌乎？友乎？——中日关系的检讨》，近三万字，全文共八部分：

一、引言：中日间的僵局

二、就中国立场说明僵局延长之利害

三、为日本打算说明僵局延长之利害

四、中国方面之错误与失计

五、日本方面的错误（一）：直接的对中国认识之错误

六、日本方面的错误（二）：间接的举措上的错误

七、中日两国所应认识之要点及应采之途径

八、结论：解铃还须系铃人

他在文章中开宗明义指出，"日本人终究不能作我们的敌人，我们中国亦究竟有与日本携手之必要"，接着，又和善地提醒日本政府"明

悉窥伺于中国国民党之后者为何种势力,此种势力之抬头于东亚将生如何之影响",然后说:"国际上大错的铸成,有主因也有副因,往往不止一方有错误而必是双方均有其错误。我们纵观自'九一八'前后以迄于今,不论中国方面或日本方面,均有其对大势及对彼我认识之错误以及措置上的错误,这些错误有已成过去的,有继续仍循错误之路而还不断制造新错误的,本文既欲忠实的检讨中日关系,当然应将两方所有的错误一一指出,而后可定应采取的解决途径。中国方面对于造成此巨大事变,虽然不能与日本负同样的责任,但回溯'九一八'前后以至今日,造成如此难解的僵局,中国实不能说一无认识上或举措上的错误,这种错误,有属于政府的,有属于民众的,有政府与民间所应共认错误的……"他一再检讨中国的几大错,最后呼吁"日本与中国携手",共同防范、对付共产党。这就是陈布雷这篇大作的主要意思。

陈布雷本人以前就用过一个这样的比喻:这就好像两个人一起行路,一暴徒扼一人之喉,该人非但不奋起抵抗,而且跪下求饶,哀告暴徒不要认友作敌,而指另一同行者才是真正的敌人。他的这篇文章的主旨大概如此。更为可恶的是,中日的问题,明明是日方为侵略中国频频制造事端的错,文中却说成是中日两国都有错,自己硬给自己扣上个"屎帽子"。无疑,这是篇臭文。

这篇署名"徐道邻"的臭文于12月先后在《外交评论》第三卷第十一、十二期刊登。本来《外交评论》这本杂志没什么人注意,经蒋介石的手下暗中炒作,文章问世后,各报竞相转载,好不热闹。

《敌乎?友乎?》一文发表后,日本军阀不仅不听,反而变本加厉扩张。没过一个月,1935年1月27日,蒋介石被迫出面为了中日关系发表谈话。这次谈话选择的对象是日本记者,蒋介石一开口,就说:中国不愿世界有战争,解决中日问题,应以道德与信义为基础。可是,日本方面根本不理睬他送过去的"道德与信义"秋波,反而在华北不断扰乱,制造事件,让蒋介石头痛不已。

这时陈布雷向主子报告道:"蒋先生,徐道邻向中央控告其父系冯玉祥主使所杀。"

"是吗?"蒋介石没有想到挂用"徐道邻"的名竟然又惹出另一桩事来,

他才不愿多管老军阀徐树铮到底是谁杀死的呢，转而问道："文章发表后，没有其他议论？"

"徐道邻文发表，各报转载，徐名噪一时。这次他控告冯玉祥，把那桩陈年旧事翻出来更为轰动！"陈布雷还在为徐道邻趁机炒作自己向主子告状。

但是，蒋介石铁心不管谁谋杀谁的事，问道："还有什么议论吗？对这篇文章的。"

这下陈布雷才明白主子对那事没什么兴趣，只好回到正题，悄声地报告说：

"也有不少半信半疑的人，说此文非徐所写，是出自别人的手笔，而且是当局授意的。"

蒋介石一听，却哈哈大笑："纸包不住火嘛！"

陈布雷不做声了。其实，这篇文章发表后，还有更难听的话呢，他只是不愿意也不好意思说了。

其实，谁都知道这篇文章是捉刀之作。因为这徐道邻，谁都知道是个草包，他靠着死去的军阀老子的荫庇，才活得人模人样的，年轻时在德国柏林大学花钱买了个法学博士，除了胸无点墨外，还一肚子的"西方法制"观念，他哪里对时局有这么高的见识？就算他有，凭他肚里那点中文墨水也写不出来。因此，稍微懂点官场学的人都知道这是当局请高人捉刀弄出来的赝品，由于怕人民骂，才搬出徐道邻做挡箭牌。

鲁迅先生一针见血地指出了这篇文章的要害。2月9日，他在给萧军、萧红的信中写道：

你记得去年各报上登过一篇《敌乎，友乎？》的文章吗？作者是徐树铮的儿子，现代阔人的代言人，他竟连日本是友是敌都怀疑起来了，怀疑的结果，才决定是"友"。将来恐怕还会有一篇"友乎，主乎？"要注销来。今年就要将"一·二八""九一八"的纪念取消，报上登载的减少学校假期，就是这件事，不过他们说话改头换面，使大家不觉得。"友"之敌，就是自己之敌，要代"友"讨伐的，所以我看此后的中国报，将不准对日本说一句什么话。中国向来的历史上，凡一朝要完的时候，总是自己动手，先前本国较好的人物，都打扫干净，给新主子可以不费力量的进

蒋介石的秘书 陈布雷
jiangjieshidemishuchenbulei

来。现在也毫不两样,本国的狗,比洋狗更清楚中国的情形,手段更加巧妙……文界的腐败,和武界也并不两样,你如果较清楚上海以至北平的情形,就知道有一群蛆虫,在怎样挂着好看的招牌,在帮助权力者暗杀青年的心,使中国完结得无声无臭。

陈布雷捉刀,即使打着别人的招牌,隐去自己的真名真姓,还是没能逃过声讨,甚至被骂为"本国的狗",这对一贯清高和讲求人格的陈布雷来说,不能不说是奇耻大辱,但是一则为了主子,二则冒名的他也不好去发作,只得打落门牙往肚子里吞,苦涩地"忍"了。

然而,无论蒋介石他们是在日本人前忍,还是在要求抗日的中国人前忍,结果只有一个:阻止不了日军侵占中国的野心和脚步。陈布雷和主子这一举,除了替草包徐道邻扬了个恶名和引起国民党新闻界一阵起哄外,没有起到任何的效果。接下来的结果,是华北危急,民族危机加深。由于日军的扩张,华北之大,已经安放不下一张平静的书桌了。日本虎视眈眈占据了中国的大半河山,蒋介石和陈布雷还在大喊"敌乎?友乎?",与日本搞亲善,要做朋友,俩人联手,只不过是在民族屈辱史上表演了一个笑话段子而已。

其实,陈布雷是个聪明人,但他一到蒋介石身边就犯糊涂了,也真是得了"近墨者黑,近朱者赤"的怪病。这次他亲侍蒋介石身边的第一发大炮,不仅打哑了、打臭了,而且在史册上也留下了臭烘烘的名声。

二、"围剿"红军,跟着担惊受怕

1935年2月,南昌行营结束,由于蒋介石到鄂赣亲自督战"剿共",常常随身带着几个秘书、副官、参谋人员,于是杨永泰又向主子上了个万言书,建议把这些跟从他的亲信组成一个侍从室,蒋介石同意了,设立军事委员会委员长侍从室。

侍从室共设两个处,一处下设总务、参谋、警卫三组,处长钱大钧;二处辖秘书(第四)、研究(第五)两组,掌管机要与文书。陈布雷任第二处主任兼第五组组长,主要任务是为蒋介石草拟文告。侍从室一成立,就非常惹人注目。因为它是蒋身边的一个机要部门,得悉最高机密与内幕,并且又直接秉

委员长侍从室第二处合影(右起第四人为侍从第二处主任陈布雷,第三人为第二处第四组组长陈方,第一人为侍从室少将侍从秘书萧自诚,第八人为蒋介石的英文秘书汪日章,第十人为侍从室第二处第五组秘书李惟果,第十一人为秘书俞国华)

承蒋介石的意旨办事,权力很大。它实际上就相当于大清王朝皇帝的军机处。

此时蒋介石"打日本"一直没有行动。对于日本的步步相逼,上一年年底,他不得不派何应钦等人全部答应日方诸多无理要求,签订与清朝皇帝差不了多少的卖国的《何梅协定》,这才暂时止住侵华日军在中国肆意践踏的脚步,而后蒋介石催动百万大军加大"围剿"红军的力度,几经拼力死战,终于取得突破性的成功。红军由于排挤了毛泽东的正确领导,导致第五次反"围剿"失败。胜利在望,蒋介石带着宋美龄前往华北,游说阎锡山、杨虎城、马鸿逵等人,解释自己"不是不抗日,而是共产党拉住了后腿,非消灭共军不行",企图争得大家同情他反共,以缓和国人对他不抗日的攻击。10月中旬,他突然接到南昌行营转来的情报,说红军主力开始突围,前锋已通过信丰江。这下他又顾不上去游说了,匆匆赶回南昌。

但就在他对红军的行动方向作不出判断时,10月18日,红军西移的前锋部队迅速抵达赣湘粤边界,21日主力连同后方机关从江西瑞金、雩都和

蒋介石的秘书 陈布雷

jiangjieshidemishuchenbulei

福建长汀、宁化等地出发,向湘西进军,开始长征。11月10日,蒋军占领瑞金。占领瑞金的蒋军向蒋介石报告说,他们所得到的资料中已明确红军不是南下,而是西进。在南昌的蒋介石迫不及待地命令各部拟定追堵红军的作战计划。依照计划,他发出电令:一、何键部为西路军堵击红军进入湖南;二、陈济棠部为南路军堵击红军进入广东;三、李宗仁的桂系主力堵击红军进入广西;四、顾祝同部为北路军堵击红军进入湖北。何键为"追剿"总司令,薛岳为追剿军前敌总指挥,陈诚任预备队总指挥。但是,红军付出巨大牺牲后连破他精心设置的四道堵截封锁线,向湘西转移。12月,当蒋介石调集40万大军准备围歼红军时,中共中央接受毛泽东的主张,改向敌人力量薄弱的贵州挺进。1935年1月,红军主力击破黔军,强渡乌江,占领遵义,召开政治局扩大会议,结束王明"左"倾冒险主义的统治,确立毛泽东在党中央的领导,在极端危险的时刻,挽救了共产党和红军。然后,毛泽东移师北上,一渡赤水河进入川南。蒋介石急忙调集重兵封锁长江,防备毛泽东与川陕地区的红四方面军会合。毛泽东旋即挥兵掉头向东,二渡赤水,重入贵州,奇袭娄山关,再占遵义城。这一战役,歼敌两个师又八个团,取得了长征以来第一个大胜利。蒋介石打了败仗,并不甘心,为了加紧追击,阻截红军,将他的军事委员会委员长行营由南昌移设武昌,任命张学良为武昌行营主任,自己另建侍从室。侍从室组建之时传来红军再占遵义城的消息,使得蒋介石坐立不安,陈布雷也是诚惶诚恐,全然没有新机关组建应有的喜悦感。

侍从室建立后,陈布雷与蒋介石更是形影不离,主子走到哪儿,他跟到哪儿,宛如大内总管。一天,蒋介石说:"我准备带贺国光率参谋团先入川,四川军队不统一,发挥不了'清剿'作用。布雷先生,你是不是和我一起去?"

陈布雷焉能不去?马上说:"我去我去。"随即,他又向蒋介石进言:"蒋先生,汉、唐、宋几个朝代,多次亡于藩镇之乱。我们现在国家还没完全统一啊!地方派系厉害,除了红军外,在西南的川、黔、滇、桂、粤,北方的晋、蒙、冀、鲁都是群雄割据,再加上日本人在东北、华北剑拔弩张,我们说是国家统一了,实际上还是一盘散沙呀!蒋先生确实有必要去巡视各地,与各派地方势力交换意见,争取全国真正统一。布雷以为四川势均力敌的地方派,有刘湘、杨森、潘文华、邓锡侯、刘文辉、王陵基、王缵绪等,最为复杂,这次正好可以先从川省下手。"

蒋介石听了很高兴，心想陈布雷虽是个书生，这个意见倒是很不错，说："四川这个地方，自古称天府之国，刘备立蜀，三国鼎立，是一块宝地啊！可是地方派系多，互相火并，民不聊生。就是一个省内，各个派系自铸钱钞，互不通用，铜元大小面值不一，省外更加没法用，影响国计民生呀！"

"蒋先生，秦皇嬴政统一六国，车同轨，书同文，统一货币，统一度量衡，四川也应采用全国同一的货币，用上法币。"陈布雷又及时出策。

"你的意见很对，"蒋介石点点头，"刘文辉、刘湘叔侄火并，田颂尧、邓锡侯也时常开仗，他们互相残杀兼并，各在自己强占的地盘内横征暴敛，听说有的征税征粮征到了四五十年以后，可是一方打败了一退出，新占领的一方又要老百姓重新完粮纳税。"

陈布雷一听，这老百姓还活得下去吗?! 蒋介石又问他："你知道范绍增这个人吗？"

陈布雷摇摇头说："不详细知道。"

"这个范绍增号称傻儿，却用 10 万银元在重庆盖起占地几百亩的大官邸，周围砌起石头城墙，高一丈五尺，就像个大城堡，里面还有高尔夫球场、养虎室，两个大厅都装有落地唱机，跳舞厅都是柚木条嵌地板，比外国贵族的庄园还要豪华，他还有九个老婆……"

陈布雷一听，老蒋怎么知道得这么详细具体？但没去细究，说："蒋先生，对这种人当以削除为上策。"

"布雷先生，不能这样做！"蒋介石笑着摇摇手，然后说："他们都是有实力的角色呀！我只能利用矛盾，分而治之，安抚为主。范绍增可以给他个师长当当。刘文辉被他的侄子刘湘打败，我准备让刘文辉到西康当省主席，刘湘主持川省政务，杨森则放到重庆去。"

陈布雷一听，对蒋介石的佩服又增添了不少，因为蒋介石在人事上的一套纵横捭阖的策略确实高明。因为四川的情况确实复杂，陈布雷对主子此行的安全很不放心，提醒说：

"蒋先生，这儿警卫工作不能忽视啊！"

对此，老奸巨猾的蒋介石早就有了安排，他对陈布雷的忠心很高兴，也不隐瞒说："我历来重视自己的性命，从不拿自身安全开玩笑。我已作了安排，贺国光带着的参谋团，是中央军的精锐，个个身强体壮，枪法极准，足可

以震慑群雄。我准备给他们开拔费100万元。侍卫长何云,你知道,当过杭州市公安局长,不但熟悉警卫工作,身体也和我一般高大,还蓄着日本短须,跟在我前后左右,乘飞机、坐车子,外人看见,都说认不出我和他,完全可以乱真。"

陈布雷一听蒋介石有如此精心的安排,心想有这样的警卫阵营,并且老蒋莅临一地,往往就是全城戒严,街道路边,甚至过街天桥、厕所房上都是荷枪实弹的警察和正规军部队,谁人还有这样的胆量敢对蒋介石下手呢?这时蒋介石说:"我准备先搭法国豪华游轮溯江西上,你把侍从室的事交待一下,随后就来。"

3月2日,蒋介石偕宋美龄与陈诚等人飞往重庆,一下飞机,就扬言要亲自督师,"雪遵义失败之耻",并下一道命令,大意是,今后在前线作战,不论是追是堵红军,是攻是防红军,如不与阵地、城池共存,未奉命即逃避者,一律治以"失土纵敌"之罪。然后,宣布把守护娄山关和遵义城的"罪将"枪毙,所谓"罪将"其实就是两个负了腿伤的伤兵,并无一官半职。

陈布雷则由汉口乘飞机经宜昌到达重庆,然后住进了上清寺的陶园。来到四川后,他很少与四川各界人物接触,因为他厌恶那些地方军阀的送礼、请客、结交,谨守着幕僚人员的职责,只是出出主意,写写文章,少露面,也不多嘴。蒋介石到达重庆后,主要倚重省主席刘湘,因此对刘较为看重,陈布雷看他也很顺眼,加上刘一副憨相,更是印象很好,在陈布雷眼中,这位四川土霸王"在川省军人中较为廉谨自好"。每当与一些不得不见的人员相见谈话时,陈布雷虽然不多说话,但一开口就要对方尊重四川的军政系统,服从刘主席。

蒋介石下车伊始,还在四川搞了个禁烟运动,就是说他要铲除四川防区时代所遗留的那些"封建恶俗"、"整理川事",但他来四川的目的除了削藩之外,主要是要在四川堵截毛泽东率领的红军,置红军于死地,因此,喊了几句禁烟口号后便对此事再也不闻不问了,全心"围剿"毛泽东和红军。

谁知毛泽东在遵义一仗获胜后,又主动撤离遵义城,全速西进。这又出乎蒋介石意料之外。正当他对红军捉摸不定之际,红军已三渡赤水再入川南。蒋介石在重庆召集众将领讨论,大将们个个认为,红军又要北渡长江和红四方面军会合。于是,蒋介石再次调动大军聚集川南围堵红军,并带着夫

人宋美龄由重庆飞抵贵阳亲自督师,陈布雷、陈诚和蒋介石的外国顾问端纳等一批人也随行而去。蒋介石一到贵阳,就对党政军人员发表了一篇乐观的训话,说:"共军已是强弩之末,现今被迫逃入黔境,寻求渡江地点未定,前遭堵截,后受追击,浩浩长江俨如天堑,环山碉堡星罗棋布。"

陈布雷和其他人也是听得喜滋滋的,手掌都拍麻了。因为在他们看来,毛泽东已到了走投无路的绝境。蒋介石马不息蹄,立即督促薛岳率领的中央军和川军尽量紧缩包围红军。为了堵截红军,方便蒋介石等人来去,贵州省主席王家烈下令修筑清镇飞机场,王家烈征集的民工号称"铁肩队"。一天,陈布雷随蒋介石前去机场视察。由于前一天王家烈派人给民工加了餐,民工精神多了,蒋介石看得连声说:"好,好!"但是,眼尖的陈布雷却看到这些民工鹑衣百结,补丁摞补丁,身上没一块原来的布料了,那红肿的"铁肩"全裸露在外;他深深地叹了口气:"贵州'天无三日晴,地无三尺平,人无三分银',这句老话,太真实了。"殊不知这时的中国,哪里的农民不是苦不堪言,衣不遮体,食不果腹?何止是一个贵州!这虽是一个很简单的事实,但陈布雷是看不到的,也想象不出的,因为他根本就不是属于这个层次的人,他看到的只是军阀和权贵们花天酒地的挥霍和奢华。由于与他们相比,就是衣食无忧、有良田有高楼住房的他本人,也属于特困户,因此偶尔见到一些贫困的人才略有一些感慨。

这次蒋介石带着陈布雷等人视察机场,完全是忙中偷闲的一种消遣,一则因为他们本人只关注机场何时能用,对修建之类没什么兴趣;二则此刻他们谁都认为毛泽东和红军被浩浩长江堵住,死期不远了,出来感受一下贵阳的风光。来到贵阳后,蒋介石一派胜利在握的神态,每天清晨起床,冷水洗脸,散步半小时,室内活动半小时,7时坐功,8时批阅陈布雷送上的文件,有时开会。他还叫陈布雷从《孟子》中找了一段话:"居天下之广厦,立天下之正位,行天下之大道,得志与民由之,不得志独行其道。"作为座右铭,挂在案头旁。蒋介石开会作报告,改电文是他的主要工作,再闲了,陈布雷就给他找了《张居正评传》、《管子》、《纪效新书》,蒋介石亲自圈点写评语,还摘录几段。陈布雷把它再加上蒋介石的言行录,印发分送给各军将领。再厌烦了,就出来透透风,散散步。

结果,小小的一个才动工的飞机场,他们竟然逛了整整一个上午。工地

上，那些"铁肩"们累得气喘吁吁，与"铁肩"们相比，他们倒是十分悠然，引得"铁肩"们远远地瞪大眼睛偷看。

吃了中饭后，这一行人就浩浩荡荡地回了贵阳城里。

一回城，陈布雷可没其他人那么清闲，他还要替蒋介石起草《国民经济建设运动纲要》。

这是蒋介石亲自交代的任务，并且交代说，这个《国民经济建设运动纲要》是充实战力的具体办法，与《新生活纲要》同样重要，一为物质建设，一为社会改造，因此必须写好。就在陈布雷埋头写作时，一天，突然军情来报："红军离贵阳只有十几里！"

这下把陈布雷吓得手中的笔都差点掉在地上。蒋介石派空军侦察轰炸，又调了薛岳的部队跟踪追袭，红军怎么突然出现在贵阳城边了呢？这时所有的部队都调去全力追击红军去了，贵阳城里正大唱空城计呢！如果红军知道内情，直扑贵阳，别说自己，就是老蒋也要做俘虏了！

原来，毛泽东悄悄派罗炳辉率领红九军团伪装主力分别到达习水，而真正的主力则向仁怀东北前进，然后主力迅速南下，通过了蒋介石的封锁线，向乌江急进。当时蒋介石在贵阳吃着清镇黄粑，品尝着茅台酒，红军却出其不意，直捣乌江北岸。3月30日，红军主力除九军团外，全部渡过乌江进到了息烽西北一带。这样就打到蒋介石的家门口，离贵阳不远了。

陈布雷立即去报告蒋介石。这时蒋介石也接到不少零星红军活动的报告，可是，越来越多的迹象表明红军主力离贵阳就几天的路程了。蒋介石接到报告后也十分紧张，因为他的主力被他调去追击罗炳辉率领的"红军主力"，离贵阳很远，而贵阳门口却兵力空虚。他急忙召集陈诚、薛岳、何成浚等高级将领商议，判断红军下一步战略的两种可能：一是乘虚袭击贵阳，二是仍向东进与湘西红军会合。可是，到底哪种可能性大呢？他们分析来分析去，结论是两种可能性都有，但哪种可能性大却谁也拿不准。可是，无论哪种可能性，都直接威胁贵阳的安全。于是蒋介石拍板决定："当前应确保贵阳。"

因为，确保贵阳也就是确保蒋介石本人的安全，谁知这正好落入了毛泽东的彀中。

为了制造贵阳的紧张空气，毛泽东紧锣密鼓调兵遣将，大造进攻贵阳

声势。4月1日,红军以一部分队伍佯攻息烽,主力向贵阳方向进军。2日,占领了息烽以南的潮水场、九庄、九盒山、石洞、底寨等地。4日,占领扎佐,逼近贵阳。这一下蒋介石坐不住了,严令前线各军对红军衔尾疾追,急调在遵义的李韫珩纵队迅速南移到息烽堵截,同时又急令在黔东的李云杰纵队迅速西进占领黄平、余庆地区堵截,电刘建绪、徐源泉等部布置在东南防堵,令桂军廖磊部在南面防堵,令吴奇伟纵队迅速占领修水、鸡场、沙子哨各地堵截,令周浑元纵队至黄沙河、六广河之线警戒,令驻黔西的陈金诚团昼夜兼程赶来贵阳"保驾"。云贵大地一时之间到处军情似火,剿金长鸣,车轮滚滚。

毛泽东继续加温,命令部队沿途虚张声势,到处刷写张贴"拿下贵阳,活捉蒋介石"的大字标语,见人就问"到贵阳有多远?""贵阳好打啵?"4月5日,红军的先头部队突然出现在贵阳东南几十里的地方,真的站在了蒋介石的鼻子底下。毛泽东的这一军把蒋介石"将"慌了。

其实,毛的目的并不是要活捉蒋介石,而是要调动滇军,让红军突破金沙江,进入云南而去。

蒋介石哪里知道毛泽东的"诡计"?为了确保贵阳城,他连发两份"限即刻到"的万分火急电报给滇军孙渡,命令他全速向贵阳前进。但是他的调兵令都发出去了,援军却迟迟未到,他急得直骂娘。而手下大将薛岳搞了整整三天的空中侦察,也没搞到任何关于红军主力的情报,蒋介石在电话里把这位司令官大骂一顿。4月5日,贵阳东南几十里地区"共匪"频频出没,蒋介石心神不安,竟步出住地,到城防检查工事,结果,把师长郭思演骂个狗血淋头。他检查完工事,又在办公室向贵阳警备司令王天锡训话,这时参谋总长顾祝同慌里慌张地进来报告:

"刚才有电话来,敌人已过水田坝,快到天星寨了。"

蒋介石忙问王天锡:"水田坝距离贵阳有多少路程,在哪个方面?"

王天锡回答:"在东北,距贵阳大约三十华里。"

这时,陈布雷嘟哝了一句:"三十华里?这在'神行太保'红军脚下哪算距离?"

蒋介石一惊,急忙问道:"距清镇机场多远?"

王天锡正在计算,陈诚又来报告:"敌人已过乌江。飞机场附近发现共

111

军便衣队。"这可把蒋介石的神经炸麻了,坐飞机逃跑的路都堵死了,他赶紧问:"不经清镇,有便路到安顺吗?"

王天锡回答;"有,从北南门出去,经花溪走马场,可以直达平坝,平坝到安顺只有六十多里了。"

"总算有了退路。"蒋介石脑子来得快,赶快命令道:"你去准备一下,挑选二十名忠实可靠的向导,预备十二匹好马、两乘小轿到行营听用,越快越好!"

其实。毛泽东意在率领红军借道云南,并非要捉蒋。如果蒋介石了解毛泽东的意图,就用不着那么紧张,只要乖乖地把滇军调出来,便安全无恙。然而,他虽贵为委员长,要调滇军也不易。"云南王"龙云独霸一方,他要保存实力,不愿让滇军脱离滇黔边境,怕红军乘虚而入,后院不保。当蒋介石电令孙渡驰援贵阳时,龙云却电令他退往安顺。好在孙渡行军途中没接到龙云电令,还按蒋的命令去了贵阳。结果,蒋介石的手令把滇军调出了云南,毛泽东进入云南的文章下半篇就好做了。但毛泽东还想把滇军调远一点,让它来不及回援,于是又命令一个团伪装主力东进,在清水江上架桥,又令红三军团佯攻龙里。

红军向东佯动,又使蒋介石中计,他对陈布雷说:

"我意料他们必须出马场坪东下镇远,出湘西回江西。"

正在这时,孙渡已到贵阳前来求见,蒋介石立即接见他,大大嘉奖一番后,命令他:"马上出发,向龙里方向跟踪追击。"

为了阻击红军东进湘西,蒋介石除命令孙渡部追击外,还电令湘军到黔东防堵,桂军在平越线防堵,吴奇伟纵队尾随,各路军齐向黔东奔集。布置停当,蒋介石乘飞机前往河南、陕西、山西去了,目的是动员几个省的人员准备参加"围剿"红军的行动。而陈布雷等人则继续留在贵阳料理一些事务。谁知蒋介石这番调兵,又正是毛泽东需要的蒋军的行动。滇军已经东调,西进云南的道路已经敞开。毛泽东立即率领红军甩开追敌,从贵阳、龙里之间南移,每天急行军120里,像长了翅膀似的直奔云南金沙江。这时云南省主席龙云的精锐部队被蒋介石急调去了贵阳,云南境内已无重兵,只有民团,红军一路上如风卷残云,于4月23日进入平彝县境。

当在山西太原的蒋介石接到报告时,这才如梦初醒,连呼"上当!上当!"

112

陈布雷也跟着一个劲地叹息："毛润之真是太厉害了！比诸葛亮还厉害！"可是，毛泽东跟他们的这场戏弄还没有结束。

他为了顺利渡过金沙江，又开始迷惑龙云了，命令红一、三军团从东面直逼昆明，然后迅速向北穿插，目的是使龙云、薛岳、蒋介石相信：红军的下一个目标是攻占昆明。其实，他还是用的老方法：让他们调动军队驰援，好闪出道来供红军巧渡金沙江。毛泽东故技重施，稍微有点脑袋的，都可能会接受上次红军"围攻"贵阳的前车之鉴，谁知蒋介石就像傻瓜似的，又上当了。他见红军向东而去，急电龙云：将尚留在云南的部队部署在滇黔边境黄泥河以东防堵，并令中央军和孙渡纵队急追。孙渡听命于龙云，假报电台发生故障，迫使蒋介石用有线电话及派人送信与孙渡联络，急得蒋介石直跳脚。但云南王龙云这时也是惶恐不安。4月18日，他致电孙渡等命令他们在省内外不顾重大牺牲，努力杀敌；并密令孙渡："万一红军入滇境，务望设法不分昼夜超越于前，阻其深入，是为至要。"

为了把滇军全调到昆明去守城，毛泽东决定把"戏"导演到底。4月29日，红一军团四团和军团部一部奉命佯攻昆明。他们夺取了离昆明仅百里的杨林后，又在杨林像当初在贵阳城附近一样大造进攻昆明的声势，到处张贴"打倒云南军阀龙云！""打到昆明去，活捉龙云！"的标语，并且乔装成老百姓大放空气："听说龙云的兵都到贵州去了，不在昆明，你们打昆明，好打！"红军继续向昆明逼进，到达了离昆明仅三十多里的大板桥，在城郊高喊"活捉龙云！"发动群众制作爬城云梯，闹得沸沸扬扬。

佯攻昆明的活剧演到高潮时，红军主力却悄悄地迅速北进，直奔金沙江了。红军已按照部署分头抵达龙街渡、洪门渡、皎平渡一带。这时蒋介石才好不容易又获悉了毛泽东的行踪，5月3日，急令已到团街附近的万耀煌第13师，全力向皎平渡口尾追，保持火力接触，不让红军摆脱，以待周浑元、吴奇伟纵队增援。但13师不是蒋介石的嫡系，蒋、万有矛盾，万耀煌怕孤军深入自己被红军吃掉，畏缩不前，并一而再、再而三地向蒋介石谎报前进方向未发现共军行迹，并命令部队后撤。毛泽东获悉万耀煌动向大喜，风趣地说："你们看，龙云的部队被我们调到贵州去了，现在万耀煌的第13师又要听我们指挥了。你们知道三国时代诸葛亮借东风的故事吗？我们现在借用蒋介石与万耀煌的矛盾，把主力部队调到这里来渡江。将来也让后人

113

写段故事吧！"随即，他决定立即把准备在别的渡口过江的红军调来皎平渡过江。红军在毛泽东领导下，各军团广大指战员英勇作战，互相配合，全军胜利渡过金沙江。5月10日，当国民党军赶到江边时，已经没有船只和渡江材料，只好望江兴叹，徒唤奈何了。

毛泽东指挥红军四渡赤水，巧渡金沙江，终于跳出了蒋介石数十万人马围追堵截的圈子，真正取得了战略主动权。得知毛泽东渡过了金沙江，蒋介石赶紧飞抵昆明。

云南王龙云派人张灯结彩，高搭牌楼，盛情招待。宋美龄、张学良、端纳都跟着蒋介石来到了昆明，陈布雷也跟着从贵阳飞往昆明。省府主席龙云设盛大招待宴以迎蒋公。其客厅之华丽有如北平的居仁堂，宾主到达三百人，礼数极盛。赴完宴会后，陈布雷和蒋介石相见。

"布雷先生，你来了，很好。"蒋介石说，"这一次与你别后，我到了开封，河南有刘峙在，问题不大。我叫刘峙要好好保护龙门伊阙，这地方好呀，可惜你没有去。"

蒋介石对下属谈心聊天，相敬如宾的只有陈布雷一个人。他吩咐别人叫陈布雷时，总称"陈主任"或"布雷先生"。接着，他又说："在陕西，我去看了碑林和霍去病墓，墓的两旁石兽罗列，气势雄伟，俯仰之间，嗨！非常伟大呀！"

其实，蒋介石是到那里委任十七路军杨虎城为西北绥靖公署主任，委祝绍周为陕西省主席，叫他们与甘肃朱绍良等互为呼应，进攻陕北红军根据地。蒋介石从陕西到山西，又与山西王阎锡山达成了由阎侧攻陕北红军的协议。蒋介石叹了一口气说：

"阎锡山真像土皇帝呀！娘子关内自造窄铁路，自设实业公司，自造兵器，自成一国，真是土皇帝。不过阎部徐永昌对中央却表示拥护。"

陈布雷知道徐永昌被蒋介石拉过来了。蒋介石又说："我也去看了大同云岗石窟，工程浩大呀！远远超过伊阙，西域风格相当浓郁。"

蒋介石像对知心朋友一样和陈布雷谈了几天见闻。

陈布雷说："龙云主席这次给蒋先生随行人员都送了纯金纪念章一枚，蒋先生，你说……"

"他的钱多的是，"蒋介石说，"也是一个土皇帝喽！只要他服从中央、反

共,云南的事暂时就由他去负责。"

陈布雷在昆明住在翠湖边的金铸九先生的别墅里，与吴稚晖同住一室。蒋介石和宋美龄住在东陆大学的前院。昆明为高原,地势低平,气候温和,从贵阳来到这里就好像回到了江南。翠湖的别墅,在省府五华山的山脚下,湖水不深而澄碧,堤上植柳,有阮公堤、唐公堤,俨然好像西湖的苏、白二堤。昆明近郊还有西山及滇池风景胜地。陈布雷随蒋介石夫妇游了两日,还和吴稚公一起去安宁搞了温泉淋浴。

陈布雷虽忙,但心情倒是十分愉快。

一日,蒋介石约龙云一同乘飞机巡视"匪情",为龙云指点"进剿方略"。这龙云生在大山,是第一次乘飞机,兴奋得很。在飞机上,蒋介石又是指点山川,又是剖示方略,弄得龙云一个劲地叹服总裁之伟大。回来后,他见到陈布雷,一提起蒋介石,一个劲地说:"伟大呀,伟大啊！没人像蒋公这么伟大的啦！"

可是,蒋介石见到陈布雷也对龙云赞不绝口,说龙主席为人坦诚又深明大义。

之后,俩人天天在一起讨论如何振兴云南的文化产业、如何建设西南国防,一遇到其他政事,龙云也来请示指导,蒋介石也就仅仅说个大概意思,说一切你放手去搞就是啦！就在俩人互相吹捧,一个争做忠臣的表率,一个争做明君的楷模的时候,红军如同脱弦之箭,翻越大金山,飞去与从鄂豫皖根据地出发长征到达四川的红四方面军会师了。蒋介石和龙云等人精心组织的大渡河战役,还是没能阻挡住毛泽东,更没有让他成为"石达开第二"。

蒋介石在昆明督师三个星期,以失败而告终,于6月中旬由昆明飞回重庆,去"围剿"在四川境内的红四方面军。

蒋介石离开昆明时,将剩余的军费14万现洋送给了龙云,龙云则以黄金制的大牌子上镌刻"蒋委员长莅滇纪念"字样献给蒋介石。从此龙云在滇、黔方面成为拥护"中央"的支柱。

陈布雷随蒋介石回到了重庆。

蒋介石的秘书 陈布雷 jiangjieshidemishuchenbulei

三、靠卖心血出力，又升了官

1935年7月上旬，蒋介石由重庆乘车到成都，设立成都行辕，召集幕僚研究消灭进入川西红军的对策。

在会上，蒋介石首先说明，他认为红军现已进入川康边陲，当地民众以游牧为主，宗教迷信浓厚，粮食只有青稞、玉米等杂粮，加以天气奇寒，夹金山以北又有终年不化之雪山和数百里泥沼的松潘草地，飞渡亦不易。于是，他宣布调集薛岳和胡宗南率领的14万中央军及川军20万兵力，在岷江以西对红军加以包围封锁，意将他们困死于草地。蒋介石这次采用的是"困死政策"。布置停当后，他对陈布雷等人说："红军此次插翅难飞了。"

"那下一步呢？"

"叫陈诚就在四川办峨眉山军官训练团。"

果真，没几天蒋介石就开始实施这个训练计划，他本人自兼峨眉山军官训练团团长，刘湘任副团长，教育长陈诚，团副邓锡侯、刘文辉；轮训武官营长以上和文官县长、中学校长以上人员，训练内容主要是打破四川军阀割据观念，接受所谓"拥护领袖、复兴民族、忠党爱国"的思想和"先安内而后攘外，要安内必先剿共"的卖国国策。

军官训练团就办在峨眉山下的报国寺、大佛寺的各个大庙内，寺院不够住，就在附近搭帐篷。军训团完全是军事编制，团以下设营、连、排、班，每班十二三人，全团约一千四五百人，除了蒋介石、刘湘为正副团长外，营长由军长充任，连长由川军中旅长充任，每一个连又以一个中央军团长充任排长，学员都是川军的团长、营长以上中校、少校人员。这伙人一来，马弁、舞女、烟枪全带上了寺庙，圣地峨眉山一派乌烟瘴气，弄得和尚们都敢怒不敢言。

陈布雷则闹中取静，住在新开寺一个小木房内，这小木房低矮得就像个小谷仓，外面太喧闹，他只好就窝在这儿，为"团长"蒋介石准备训练材料及整理讲稿，撰拟文字。一天，陈布雷随同蒋介石来到了临时搭起来的军训团大礼堂训话。

大礼堂讲台上方横额"拥护蒋委员长"，下面贴上"攘外必先安内"大

字。一是"拥蒋",一是"反共",情势很显明,但是,没有一张反对日本侵略的标语,只有一张"团结一致复兴民族"的标语。研究会场布置的时候,陈布雷也在场,蒋介石亲自指示,说:"复兴民族就是抗日。不要公开提抗日,这样会惹起外交上的麻烦事。"这样的"军训",就是两条,一"反共",二"忠蒋",进行愚化教育。

在军训中,蒋介石除了反复宣讲全国统一在一个党、一个政府、一个领袖之下,所谓统一意志、集中力量之外,再就是讲为了复兴、建国,必须清除"奸党",消灭"奸军",因此在军训班,他几乎天天骂共产党、红军。这些讲稿全是出自大笔杆子陈布雷之手。可是,蒋介石一上课堂并不全照念讲稿,有时信口开河训话,不仅把陈布雷精心拟好的文稿东扯葫芦西扯瓢而弄得文不对题,而且骂出的粗话脏话特别难听,弄得台下哄堂大笑。这让陈布雷尴尬不已。一次,蒋介石念着稿子,突然,把稿子往桌边一合,又信口开河骂了起来,这次他骂的却不是"奸党"、"奸军",而是自己人。他大揭地方军人的丑态,说:"我从成都乘车来峨眉,在途中遇见某些军官坐滑竿从我身旁经过,仰卧倨傲,完全丧失军人仪态,形象极为难看,可见你们是毫无教育,毫无修养!"

陈布雷听了捏了一把汗,因为他知道四川军人是不好对付的,这样责骂他们恐怕刺激他们太深,把本来的军训团反而变成"结冤团"。事后,陈布雷向蒋介石提起此事,蒋介石说:

"你看看,刘湘、邓锡侯、刘文辉的训话讲的是什么?!刘湘大谈打游击,打日本;邓锡侯说什么'过去枪口对内,打了多年内战,现在一个领袖之下,应一致对外';刘文辉更混账,举了岳飞、文天祥、史可法的例子,大谈反对侵略,复兴民族,都离开了'安内攘外'的原则,我不敲敲他们行吗?"

陈布雷这才明白其实蒋介石并不糊涂,指桑骂槐这一套也是行家里手。这时蒋介石说:"以后不要他们训话了。"

蒋介石不要四川地方派训话,这训话的重任就落在他本人和陈诚等人身上了,这自然使得陈布雷的任务更重了,而这"一个党、一个政府、一个领袖之下"的新观点和"奸党、奸军"的骂料全没有现成的,也没什么照搬的理论和可见的事实,只能靠陈布雷在新开寺的"小谷仓"进行编造,这是最费脑汁的,因此,蒋介石"讲"一堂"课",常常要陈布雷忙活三四天的时间,并

117

且还要加班加点,简直把陈布雷累得要吐血了。

幸好,蒋介石是体谅陈布雷的辛苦的。

8月初,他对陈布雷说:"我准备回南京一次,布雷先生,你离家也好几个月了,这次写讲稿也真是辛苦你了,和我一起回京吧!"

陈布雷听到这话,鼻子一酸,本来他以为自己这苦只有自己知道,此刻有了主子这么关切的一句话,他突然觉得就是再苦再累也心甘情愿。这时蒋介石又说:"你顺道到莫干山去访黄膺白,把立法院宪法草案初稿带去。这个宪法草案,你还可以找程天放、萨孟武、梅思平三人研究,有事可直接给我来电。我去南京后,不几天就返回四川。"

"家父正好七十冥寿,我正要请假呢。"陈布雷说。

"这是大事,你应该请假,应该请假。"蒋介石说,"我去南京后不几天就返四川。你就先留在南京吧。"

随后,陈布雷随蒋介石回南京出席中常会后,请假归乡,在慈溪官桥老家为父亲陈依仁七十冥寿在家设奠。在老家,陈布雷见着大哥陈屺怀,谈话说起四川之行,说:"这次去四川还真是累着了。"

"你随委座巡视川、黔、滇,虽旅途辛苦,可是看了不少西南的风土人情,也算是得了见识,这是幸事呀!"

"其实,大哥所言也就是布雷所想的。"陈布雷在大哥面前袒露了心声,"不然,我们久居东南,哪里会知道夜郎国到底是什么样儿呢!"

老父七十冥寿之后,陈布雷尽了孝,又急急赶去南京尽忠,完成老蒋交办的宪法草案之事。这宪法草案,陈布雷知道它的重要性,它直接关系到老蒋以后能否选上总统的大事。以前他就为要当总统和胡汉民闹过,最后胡汉民就以宪法没有规定如何选举总统,把蒋介石挡回去了。

9月初,陈布雷就立法院宪法草案初稿详加斟酌,另拟了一个修正案,花了几乎一个星期,然后,携稿西行,再赴成都,在峨眉山交给蒋介石。

正在峨眉山举办军官训练团的蒋介石,拿着陈布雷写的讲稿天天讲,但再甜的甘蔗不如糖,他的这些唠叨和假话、空话其实对川军将领作用并不大。后来,这些打内战恶名举国闻名,人员素质、装备堪称中国最差劲的杂牌军,在抗战的烽火中,全然不顾蒋介石在峨眉山上"不抵抗"和"莫惹事"的教导,"七七卢沟桥事变"爆发后的第二天,刘湘即电呈蒋介石,同时

通电全国,吁请全国总动员,一致抗日。8月7日,刘湘飞赴南京参加国防会议。会上各方主战主和犹豫不决,刘湘慷慨陈词近两小时:"抗战,四川可出兵30万,供给壮丁500万,供给粮食若干万石!"在抗战中,面对日军精良的武器及其残暴的"武士道",川军从将军到小兵,出川前都预立遗嘱,誓死报国,用自己对民族的忠诚、用自己的热血和生命,向世人展现了中国人的铮铮铁骨,实现了作为军人的价值!这是后话。

其实,蒋介石在峨眉山讲学,还有一个隐衷,就是等候剿灭红军的捷报,他天天去讲训团讲课,还有在闲暇时分消磨时光的意思,他一半是"传道",拉拢川军,一半是从刘湘那里赚取点讲课费。就在他悠闲地等待手下捷报时,一天,突然接到薛岳、胡宗南的来电说,红军已跨过草地,突破封锁线,主力出现在阿坝和巴西一带。这下蒋介石震惊不小,随即火冒万丈,将失职的师长撤职查办,急忙调江西的37军,同时命令东北军在甘肃的静宁、会宁、天水和平凉一带堵截红军,又命令陇南土匪出身的新14师鲁大昌部扼守岷县及天险腊子口,但是一切都已经劳而无功,红军势如破竹,就是号称"天险"的腊子口也被他们呼啸而过,蒋介石的一切举措全都成了竹篮打水一场空。

9月底,蒋介石从峨眉山上下去时,一到成都,陈布雷就发现他心情忧郁,暴躁异常。这时他们都已获悉红一方面军与红三军团已经会师,并统一由毛泽东率领。就连蒋介石都知道"追剿"红军业已失败,感叹地对陈布雷说:"六载含辛茹苦,未竟全功。"

10月19日,毛泽东率领中央红军抵达陕北吴起镇,与红十五军团胜利会师。这样的局面,蒋介石已是束手无策,陈布雷更是无能为力。这时训练团已结束,陈布雷住在成都比较空闲,对于烦心的国事也是怒其不争冷似铁,不去想,也不去问了,一味地在成都往访文士所尊的"五老七贤",和他们摆龙门阵,侃大山,一直玩到开六中全会才回到南京。

但是,这六中全会也没什么喜讯,反而第一天开幕就无端把蒋介石置于更大的谣诼的"围剿"之中,并且引起全国震惊。

1935年11月1日,国民党六中全会开幕,出席大会的中央委员一百多人,这一次,除了桂系李宗仁、白崇禧未出席外,反蒋派的冯玉祥、陈济棠、阎锡山等都出席了会议,这让蒋介石很高兴,会前四处对人说:"国内趋于

团结了。"开幕这一日早7点钟,大会代表照例上紫金山中山陵谒陵,9点钟回到湖南路中央党部举行开幕式,由中央常委兼行政院长汪精卫致开幕词。

开幕式完毕后,中央委员们步出大礼堂,集中到中央政治会议厅门前等候合影,谁知蒋介石却迟迟不到场,大家只好不等委员长而开始拍照,9点35分摄影完毕。正当委员们照完相,转身陆续走上台阶,打算登楼进入会议室接着开会时,突然从照相机、电影机旁半圆形的记者群中闪出一人,他就是晨光通讯社的记者孙凤鸣,他从大衣口袋里拔出六响左轮式手枪,高呼:"打倒卖国贼!"向站在第一排正中正在转身的汪精卫连击三枪,枪枪命中,一枪射进汪精卫的左眼外眼角下左颧骨,一枪从后贯通他的左臂,一枪从后背射进他的第六、七脊柱骨旁部位,汪精卫就是铁打的身子也哪里经得起这三枪?大叫一声就扑倒在地。现场秩序顿时大乱,坐在椅子上的张静江吓得滚到地上,孔祥熙顾不上新马褂被扯破,慌忙钻到旁边的汽车底下。在慌乱中,第一个起而和孙凤鸣进行搏斗的,是站在汪精卫身旁的文官、西山派的老顽固张继,他不顾年迈,急忙奔到孙凤鸣背后,一把将他拦腰抱住,并大喊:"你们也上来帮忙啊!"孙凤鸣挣扎着又射出两发子弹。紧接着站在第一排的武将、年轻的张学良奔上,猛踢一脚,托起孙的手臂,孙凤鸣的手腕一松,手枪落地。

这时汪精卫的卫士还击两枪,孙凤鸣胸中二弹倒地。

听到枪声后,蒋介石急忙下楼,走到斜躺在地上的汪精卫身旁,弯下一条腿抓住汪的右手,汪精卫一面喘着气,一面恨恨地对蒋介石说:"蒋先生,你今天大概明白了吧。我死之后,你就可以单独完全负责了。"这话的意思是蒋介石为了单独揽权才设计刺杀他的。

汪精卫被刺的消息传出后,全国轰动。而他临终之前的这一愤恨之言,也传了出去。由于历来蒋汪交恶,为争当第一把手死斗,汪被刺时蒋介石不在摄影场所,汪精卫的这句话引起了人们对蒋介石是刺汪的幕后指使者的怀疑。广西巨头李宗仁、白崇禧来电责问。汪精卫之妻陈璧君还抓住摄影时蒋介石不在场这一点和蒋介石大吵大闹,对蒋说:"你不要汪先生干,我们汪先生就不干,为什么要派人下此毒手?"

陈璧君大吵大闹,陈布雷看了很心痛。汪蒋之间矛盾由来已久,陈布雷

对汪精卫的文章、口才是敬慕的,可是对其为人却大有微词。陈璧君和李宗仁、白崇禧等人的责问,让陈布雷很是气愤。因为这次刺杀汪精卫,确实不是蒋介石干的。

让陈布雷感到惊讶的是,蒋介石受了冤枉倒也沉得住气。蒋对此事也是满腹狐疑,不知是哪一路人物来干的这件"我国历史上政治暗杀稀有之重大案件"。他特地把汪派人物陈公博等人找到中央军官学校,告诉他们:"这件事不是我们自己人干的。"接着,他又把时任军事委员会调查统计局二处处长的特务头子戴笠召来训斥:"人家打到中央党部,你还不知道。每月花上几十万元,就让出现这类祸事吗?限你三天之内把指使者缉获,否则要你的脑袋。"

其实,国民党六中全会行刺案,是华克之、孙凤鸣、张玉华、费坡光这四位血气方刚、无权无势、经济困厄的爱国青年在一起组织策划的。他们主要刺杀的,原本是蒋介石。因为他们一致认为,蒋介石一贯奉行"攘外必先安内"的政策,对攻城略地、杀戮中国人的日本帝国主义拱手作揖,把大好河山连同子女玉帛一律奉送,回过头来却露出一副狰狞面目,对处在水深火热中不甘驯服的民众进行血腥镇压,蒋介石才是出卖民族利益的总头目。他们不愿意眼巴巴地看着成千上万的爱国志士白白牺牲,因此想出一条妙计,在南京组织晨光通讯社,充当新闻记者进入中央党部,以便刺杀蒋介石。

孙凤鸣,江苏徐州人,早年跟随父母到东北经商,建立起小康的家业,遭"九一八"之变而倾家荡产。他不甘于做亡国奴,逃入关内投军,在淞沪战役中充任十九路军排长。切身遭受的国仇家恨,孕育了他满腔的爱国热情,立志要锄奸以挽救危亡。当他接受刺蒋任务后,就下定了牺牲的决心,在将杀身成仁的前夕,他向战友们告别,慷慨而诵《易水之歌》:"风萧萧兮易水寒,壮士一去兮不复还!"孙凤鸣被卫士击中要害后,流血过多,送到医院时就已经濒临死亡,当局为了从孙凤鸣口中得到刺杀行动的线索,每小时给他注射强心针十次左右。宪兵司令谷正伦、警察厅长陈焯、内政部长陶履谦等都亲自守在病榻前,追究孙凤鸣受谁指使。孙凤鸣承受肉体撕裂的痛苦,迸发出最后几句凝结着正义和血泪的话:"我是一个老粗,不懂得什么党派和主义,要我刺汪的主使人就是我的良心","请你们看看地图,整个东北和

华北那半个中国还是我们的吗？六中全会开完就要签字，再不打，要亡、做亡国奴了。"第二天清晨他平静地死去了。

孙凤鸣刺蒋、汪壮举被公之于世后，大大伸张了正义，振奋了人心，对推进抗日救国的运动起了积极作用。

孙凤鸣目的在于行刺蒋介石，蒋介石因何故未出场呢？事后据军统方面透露，蒋介石未出场摄影，并非偶然，而是出于他多疑诡诈的本性。这次大会，张学良、冯玉祥、阎锡山、龙云、陈济棠等各路诸侯云集会场，随身均带有马弁二名。蒋介石历来疑心重，思忖这些马弁中不能保证没有异动者，因此决定不出场摄影。当时各中委已列队等候摄影，汪精卫久候蒋不至，即去会议厅休息室催促他下楼，蒋介石对汪精卫说："今天秩序很不好，说不定要出事，我决定不参加摄影，也希望你不必出场。"

汪面露难色，说："各中委已伫立很久，专候蒋先生，如我再不参加，将不能收场，怎么能行？我一定要去。"

因为蒋介石没有出场，孙凤鸣在行刺前已服鸦片烟泡，在一定时间内毒性即发，在不得已的情况下，他才临时决定刺汪。汪精卫是替代蒋介石被刺，而蒋却幸免。汪精卫只是做了替罪羊。

这六中全会就在刺汪事件中草草收场了。真相大白后，陈布雷也是感叹不已，谈起这事就心痛，说："就是要抗日，也要在中央统一领导下进行，怎么能搞暗杀呢？搞暗杀就是搞破坏。"

随即，国民党又于11月12日举行第五次全国代表大会。林森致开幕词。

就在林森拿着由陈布雷起草的开幕词抑扬顿挫地念着的时候，日本关东军特务机关长土肥原贤二到达北平，向平津卫戍司令宋哲元提出要求成立华北五省自治政府，限11月20日以前宣布，否则，日军便要武力夺取河北和山东两省。同时日寇向山海关、古北口增调战车和重炮部队，由旅顺、青岛调来巡洋舰、驱逐舰到塘沽，出动飞机在北平上空盘旋，实行武力威胁。成立华北五省自治政府，就是说华北五省要脱离南京政府，几乎就是"搞独立"了。结果，这林森开幕词还没念完，蒋介石就接到了北平的急电，面色大变。

日本在华北的军事、政治和经济势力的扩张，严重地损害了英美在华北的利益，使英美与日本的斗争也进一步激化。英美与日本争霸中国，又对中国内政发生影响,国民党内部以蒋介石为首的英美派与以汪精卫为首的亲日派的斗争也随之激烈起来。尤其是日本在华北大搞经济扩张,严重地损害了国民政府的利益不说,更使得蒋介石、宋子文和孔祥熙三大家族的收入大大减少。国民党政府与日本在华北的争夺,直接关系到三大家族的"致富"步伐和规模。由于日本人的插手,几大家族在国内靠着强权的明抢暗夺,一动就往往受到日本人的制衡,弄得他们很多时候是想干事却干不成;所有这些,使得蒋介石和南京政府对日政策发生了变化。

11月19日,蒋介石在国民党第五次全国代表大会上发表《对外关系之报告》,在报告中蒋介石虽仍特别强调对日关系"当为最大之忍耐",但却提出了"和平未到完全绝望时期,决不放弃和平,牺牲未到最后关头,亦不轻言牺牲"的外交方针,表示:日本如果无止境地进攻,超过了"和平之限度",只有"听命党国,下最后之决心"了。蒋介石的"最后关头"说,虽然含混不清,毕竟对日政策发生了某些变化。

"五大"的宣言是戴季陶草拟要点,由陈布雷缀成文,修改了三次,费了二十多小时,陈布雷忙得不亦乐乎,大会一结束,他的身体也疲惫已极,几乎要罢工了。

令蒋介石和陈布雷欣慰的是,五大会议上制定宪法草案和完成宪政实施程序取得了"重大成果"。会议把宪政定为三阶段,一是一省全部县都达到完全自治的,则为宪政开始时期;全国有过半数省份达宪政开始时期,即全省之地方自治完全成立时期,则开国民大会,决定宪法颁布之事;宪法颁布之日,即为宪政告成之时,然后依宪法举行全国大选举。会议通过了陈布雷呕心沥血写成的《宪法(草案)》,决定近期内召开国民大会和宣布宪法草案,国民大会于次年5月5日召开。

12月7日,国民党召开五届一中全会,选举中央领导人。由于汪精卫被刺负伤辞职,出国治疗,蒋介石继任行政院长,同时又被选为国民党中央常务委员会副主席。胡汉民为中央常务委员会主席,但此时的胡汉民当初被蒋介石"挤"出国,至今还没回来呢。这样,蒋介石就成为集党、政、军大权于一身的国家领袖了。这次还任命阎锡山、冯玉祥为军事委员会副委员长,汪精卫为中政委主席,蒋介石只任两会副主席,但兼了行政院长。老改组派顾孟余当了中政会秘书长,这是汪精卫一派的人。陈布雷是中政会副秘书长

123

兼侍从室二处主任,汪、蒋权力划分泾渭清楚,他们的手下也"主次分明",陈布雷倒是跟着又升官了。

但是,在合影时目睹刺杀汪精卫一幕,让陈布雷瞬间目睹一死一伤,胆战心惊一场,事后他眼见高处不胜寒,虽然是主子之间的事情,却弄得他这个奴才身心交瘁,旧病复发。大会结束后,陈布雷以"体力心力交疲,兼以党政机关改组以后,人事接洽,甚感纷纭,一部分同志,不明蒋公意志,动辄以安置亲厚为先,而不计办事之效率。中政会下设各专门委员会,尤为不易安排。积劳之余,加以烦闷,几乎神经错乱,遇事焦躁不能自抑,客座中常出言不逊,事后追悔,旋又犯之。延医诊视,授剂服药亦无效力……"上书蒋介石请病假。

虽然蒋介石也是安置亲信在先,他陈布雷本身就是一例,陈布雷的眼光却总是瞄准汪精卫、胡汉民等与蒋介石争权夺利的其他人,而镜子从不照看自己的主子;他只盯着异己的中常委的"出言不逊",而从不照看蒋派中常委的所作所为,这样的心态加上超人的忠君思想,陈布雷不得不进入一种褊狭和死胡同,凡是不与主子站在一边的,全是心怀"狡谋"的破坏者、捣蛋鬼,全是没有国家民族之心的"个人私利者",都是祸国殃民的。他整天是这样的心态,自然时刻面对的是一群比腐败的清代官吏还争权夺利的人,陈布雷自然是"忧国忧民"又忧主子,所谓《岳阳楼记》说的"是进亦忧,是退亦忧",他的心情就从来没有好的时候了,长期忧郁,自然致病。蒋介石批准他请假一个月,12 月中旬,陈布雷由南京回沪转杭州养病去了。

在杭州,陈布雷与妹夫翁祖望一家同住在小莲庄。这是他再度出任浙江教育厅长时住过的房子,虽然是公房,但全是免费的。不久,在南京灵隐路,党国终于给他分了套房子,按照他的话说是"有了一个窝",再不需要在京沪间来回奔波了。虽然那些大官僚都有自己的公馆,陈布雷花尽自己所有的积蓄也是买不起的,只能住公家的"廉租房"了。尽管如此,他作为副秘书长,这房子也是够大够宽敞的了,足够他全家住的了。

四、为蒋介石公事私事一起办

陈布雷只休假一个月,就匆匆赶到了主子的身边。

尽管国民党五大对日态度有了点微妙的变化,但蒋介石在实质上还要妥协,因此全国舆论不佳。日本人看到蒋介石仍是坚持"攘外必先安内"方针,更是大胆侵略。11月24日,国民党的冀东行政督察专员、汉奸殷汝耕在通县抢先挂起了"冀东防共自治委员会"的招牌,统辖冀东二十多个县,成为叛国投敌的傀儡政府。25日,天津日军收买汉奸流氓、流民五六百人,在天津进行"自治请愿"的示威游行,并出兵占领了天津车站和北平丰台车站。土肥原则紧盯着威逼宋哲元。11月30日,宋哲元致电蒋介石,陈述平津局势"情势危迫,民情愈益愤昂,议论纷纭,倡导自治者有之,主张自决者有之。——阻遏,有所不能",请示蒋委员长定夺。当晚,蒋介石命何应钦迅速北上,让他到华北之后"斟酌情势,负责办理","力图挽救"。何应钦是签订《塘沽协定》《何梅协定》的著名亲日派人物,蒋介石在这时候叫他北上"挽救"华北危机,其用意可想而知了。随后蒋介石又任命亲日派张群为外交部长去与日本周旋。在内政上,差不多每一周都要在官邸召集党务谈话会,各部、会长官谈话会,还有特种党务人员汇报。蒋介石忙,陈布雷当然也要跟着忙。

6月间,在五大会上大权旁落的广东的陈济棠和广西的李宗仁、白崇禧终于在沉默中爆发了:联合反蒋。这下把蒋介石真是气得不得了,蒋介石带着侍从室人员到广州去亲自指挥对桂系的战事,陈布雷也随从前往。蒋介石一面派陈诚、罗卓英率三十万大军由江西入广东;一面又使用反间计,拉余汉谋反叛陈济棠;特务头子戴笠、郑介民也随即背着大钱袋出动,暗中用金条一摆上,把陈济棠的全部空军将士都收买了,他们集体驾机到南昌投蒋。这下弄得陈济棠倒了大霉,心一乱,空军也乱,"祸首"陈济棠逃到了香港。

陈济棠一跑,蒋介石软硬兼施,一面命令陈诚进军高要,一面改派李宗仁为军委常委,白崇禧为浙省主席,重用黄绍竑为广西绥署主任,李品仙为副主任。李、白立即缩头了,但发电报说当个广西绥署主任就可以了,不愿离桂。蒋介石几次去电劝导,李、白始终不同意。最后,蒋介石亲自飞到桂林

"安抚"白崇禧,分化瓦解,李宗仁只好派人到广州表示俯就。

这样,两广起事不到一个半月即告失败,"闹事的"几方全被蒋介石一一摆平,乖乖降伏了。

这期间,蒋介石住在黄埔军校他当年当校长时的校长室旧房子内。侍从室一处长钱大钧与顾问端纳住楼上,陈布雷住楼下东边二室。两广闹事平息了,蒋介石心情愉快,一天晚饭后,他邀陈布雷一起散步。俩人边走边谈,蒋介石深有感触地说:

"多年前,我就在这样一个小岛练兵,而统一了中国,以后本着这样奋发图强的精神,与日本抗战到底,我相信也可取得胜利。"

黄埔军校是蒋介石最骄傲的资本,这些年黄埔军校的学生大都成为了他手下最倚重的嫡系,在各军事部门担任要职,这些黄埔军人也大力吹嘘黄埔小岛如何的伟大如何的神圣,陈布雷没想到黄埔在蒋介石的心目中竟然是个"小岛"。他有点哑言了。对此,他不知道说什么了,只好转而汇报说:"蒋先生,俞国华从清华毕业了,到了这里,请示如何分配?"

俞国华这位后来台湾岛上大名鼎鼎的"行政院长",当时却是一位小人物。他不是别人,而是蒋介石的义侄。1903年,蒋介石在县城凤麓学堂读书时,俞国华的父亲俞镇臣也在凤麓求学,两个人成为了好友,不久,他们与另一同学胡朝阳学三国时刘、关、张,来了个桃园结义,结为兄弟。后来,俞镇臣娶胡朝阳之妹为妻,俩人又成了郎舅关系。俞镇臣在凤麓学堂毕业后赴日本留学,加入了同盟会。1925年,蒋介石在广东任东征军总指挥时,召俞镇臣担任总司令部秘书,不久又提他为淡水县县长。谁知这淡水县并不安宁,一次某村发生大械斗,俞县长前去调解,不幸被乱战的一块石头击中死亡,时为1924年,俞国华刚满10岁。俞镇臣死后留下胡氏和七个子女,生活十分艰辛。蒋介石于是当起了孩子们的义叔。在他的照顾下,俞镇臣的几个儿子皆有所成。俞国华更是被蒋视若己出,进行重点培养。俞国华读书倒也认真,小学毕业后顺利考入陈布雷等人创办的已成为名校的效实中学。毕业后,他考入上海光华大学,为此他专门写信向蒋介石夫妇报喜。宋美龄却说:"去什么光华?一定要让国华到名牌大学读书!"结果,由蒋保送,俞国华进了清华,读政治经济系。1934年夏,他从清华毕业来到了南昌,晋见蒋介石。蒋介石先派他在南昌、武汉、重庆三个行营实习两年,现在实习期满,他回到蒋介石身边要工作。

蒋介石听了陈布雷的话,感慨地说:"国华来了吗,好,好。国华的父亲俞作屏(俞镇臣的字)与我同乡又是留日同学,因公死于北伐时期。我资助他上学,今已学成,报效国家。就分在汪日章组里,任上尉书记吧。"

汪日章是蒋介石的侍从秘书。陈布雷于是找到汪日章,说:"看你一个人忙不过来,我叫国华来给你帮忙如何?"

汪当然同意。于是,俞国华以助理侍从秘书的名义,当上了汪的助手,级别为上尉衔,支少校薪金。这俞国华一进侍从室有了地位,还有高薪,便一头埋进工作中,平时很少外出。即使是节假日,也总独自留在办公室,按他的话说:"要对得起这份薪水。"他处理各类公务很细心,有人打电话向他查询问题时总是耐心作答,丝毫没有在委座身边工作的盛气凌人。他与侍从室各方关系也处理得很好,人缘亦佳,全然是一个"青年陈布雷"。不久,蒋介石将汪日章调离,由俞国华接任侍从秘书。直到1944年5月,又派他赴美进修经济。

陈布雷最痛恨别人任人唯亲,说这是腐败的最大根源,但对于蒋介石滥用亲属、亲戚,他却毫无感想,并且还自己为之效劳。陈布雷这次为蒋介石安插私人,令他没有想到的是,他此举竟然为蒋家王朝推荐了一位行政院长。1984年5月,蒋介石的儿子蒋经国在台湾连任"总统"时,俞国华担任"行政院长"。这是后话。

五、讨主子欢心,不惜胡编乱说

就在蒋介石在华南平定两广事变的时候,日本在华北操纵一幕幕汉奸剧上演到了无以复加的地步。原来偌大中华,所有的权力和财富全被以蒋介石为首的四大家族瓜分,那些原有的权贵大员在四大家族的击打下丢权失势,许多人干脆投靠日本人来复辟自己的权财天下,在日本人的庇护和施舍下与四大家族争抢失去的权势,汉奸剧是越演越烈。正义的人们束手无策,眼看着国土一日日沦丧。

日寇无休止的侵略,给在陕北"剿共"的张学良以莫大的刺激。

东北丢失后,张学良作为守土长官替蒋介石背了黑锅,长城抗战失败

后,他又成为蒋介石的替罪羊,1933年4月被迫下野,由蒋介石的高级顾问端纳陪同,赴欧洲"考察"了八个月,直到年底,蒋介石为了利用东北军去"剿共",才电召他回国,任命他为鄂豫皖三省"剿匪"副司令;1935年1月,改任为武昌行营主任,任务仍然是"剿共"。但张学良的心思却并非在"剿共"上,而是朝思暮想被日本人侵占的东北和华北,希望去抗日,改变自己被国人谩骂的情形。可是蒋介石又要委任他去当贵阳绥靖主任,目的是让东北军与西南军阀火并。张学良洞悉其奸,拒去贵阳。9月,眼看毛泽东率领的红军要到达陕北了,蒋介石急忙在西安建立西北"剿共"总司令部,自兼总司令,张学良请求为副司令率东北军驻陕甘,企图建立一块反攻华北和东北的基地。因此他率东北军主力对毛泽东领导的陕北革命根据地进行"围剿",结果红军远不是他想象的弱不禁风,一接触,东北军就损失整整三个师,两名师长阵亡,七名团长阵亡或被俘。这在东北军几十年的历史上还不曾有过,张学良和手下官兵被震撼了。可是东北军"剿共"一失败,蒋介石对张学良也没了热情。以前张学良每次到南京,党国要员都结队欢迎,何应钦、宋子文等都亲自去机场迎接。而这时只派蒋介石侍从室主任钱大钧一人去迎接。到南京后,蒋介石、何应钦对他不但毫无抚慰的意思,反而取消东北军被红军所消灭师的番号,并减发军费。张学良感到老蒋对自己不重视了,内心更加动摇。

这时,北平发生"一二·九"爱国运动,青年学生纷纷奋起救亡。眼看手无寸铁的学生伢子都是热血满腔要抗日,抗日已是人心所向;而自己连老祖宗的家园都丢了,张学良终于感到羞愤了,于是设法同共产党谈判,暗中准备抗日。1936年4月9日,他与中共代表周恩来在延安会谈,达成了协议,一起逼蒋抗日。这时西安绥靖主任杨虎城被蒋介石派去"剿共",杨的手下也被红军打得一败涂地,他知道红军是打不得的,若再打下去,他的西北军只能把老本丢光,最后垮台。他和张学良一样,都是杂牌军,在遭到红军的重击之后,猛然醒悟,完全接受了共产党提出的"停止内战,一致抗日"的主张。张、杨的动向和西北的状况,引得蒋介石甚为不满。

10月22日,蒋介石气呼呼地由南京飞抵西安,亲自督促他们"剿匪"。28日,在蒋介石与张学良谈话时,张稍微露出希望与共产党"妥协的意见",立即遭到蒋介石的训斥。

1936 年 10 月 31 日，是蒋介石的 50 岁生日。事先，蒋介石手下那些马屁精就蠢蠢欲动，要搞大庆祝，发动全国性的祝寿运动。可是，蒋介石没同意，说："我过生日，全国人都要出钱，不是像当年慈禧太后的搞法？人们不骂死我才怪呢。"祝寿运动受阻，谁知何应钦却想出了一个妙计：在全国发起"献机祝寿"运动，即发动全国的人出钱来"献飞机抗日"以"庆祝蒋委员长的五十大寿"。这样人们一直埋怨不抗日的委员长连生日也搞成"抗日"运动了，谁还对委员长有怨言？何氏的祝寿运动变相就成为为蒋介石"不抗日"正名的群众运动。这下遭到全国人唾骂的蒋介石只好不闻不问了。结果，南京盛大的庆祝活动一开场，全国跟动。有钱人出钱，"表示心意"，意在向老蒋献殷勤，可没钱人照样被官府逼着出钱，弄得怨声载道。但这一切却无损于委员长的名声，骂声还为蒋介石树立了"抗日"的好名声呢！并且，蒋介石的寿礼照样落了自家人的腰包。事后，他的舅子、连襟宋子文、孔祥熙把国库买飞机的钱据为己有，用民间以祝寿之名敛来的钱去买飞机。为了把事情做得天衣无缝，据说买飞机还是孔祥熙亲自去德国和希特勒秘密交易才完成的，国内无任何人知晓其中的内幕。这是后话。

开始，蒋介石哪知手下人们会想得这么周到，一门心思地想着"避寿"，他对陈布雷说：

"这样太铺张了不好，我制止不了他们，有什么办法？只有去躲！生日这一日就去游华山吧。"

"游华山躲得了他们吗？"陈布雷也不赞成搞全国大祝寿的，关切地问。

"谁会想到我这一日会去游华山？这个消息要保密，不能告诉任何人。去别的地方太苦，你也不必去了。请你为我写一篇文章，题目叫做《报国与思亲》，在我生日前发表。"

"有什么要求吗？"陈布雷问道。

"这篇文章要突出忠、孝两字，要写得有感情，要像读《陈情表》一样，不流泪者非孝子也；像读《出师表》一样，不感动者非忠臣也。"

蒋介石的这篇"自己为自己祝寿"的文章，无疑又是篇难写的天下奇文。因为"自己为自己祝寿"还写文章，是开天辟地的第一遭新鲜事，既要掩人耳目、不引起人们笑话，又要达到"自己为自己祝寿"的目的，另外，还要"突出忠、孝两字"。过个生日，就是表示自己来到这个世界已经多少年了，

129

与"忠、孝"又有什么联系呢？忠是对国家，孝是对父母家人。对国家，蒋介石把大半个国家都丢了；对家人，老爹早就死了，老母被他丢在老家溪口，还由被自己休得连个名分都没了的毛氏照顾，这样的一个人又有何忠何孝可言？这样的奇文，无疑又是全靠陈布雷编造了。

陈布雷一提笔来编，就与自己的良心搏斗，因此，痛苦可见一斑了。他躲到上海福康里家中，几乎又是绞尽了脑汁，闭门造车。写这篇文章时，他尽量脱离蒋介石这个人，完全使用自己的想象，用自己平时对待国家、对待父母的那份情意来写，结果笔下文思来了，陈布雷也确实倾注了感情，当他写到"勿慑于强暴以馁其气，勿狃于急效而乱其心"，须"刻苦自强，精诚贯彻，共同一致，以报我民族于千秋万世"时，自己也禁不住眼眶湿了。因为他也希望泱泱中华别沦入异族的铁蹄之下，许多人的父母不要被异族赶得离开家园四下逃窜。这篇奇文因为完全脱离了蒋介石本人，陈布雷很快就写好了。

事后，他把文章寄到了华山，蒋介石又叫邵力子、叶楚伧俩人酌加一段而后就发表了。

尽管蒋介石要避寿，他却又在生日前把自己五十大寿的消息在报界捅了出去，他到底是避寿还是要祝寿呢？这似乎没有人知道。但是，陈布雷却知道他的真实思想，10月30日，他急匆匆飞去洛阳为主子祝寿。

蒋介石不是说要到华山避寿吗，怎么又在洛阳呢？原来他已由华山"避寿"回来了。生日还没到，就先跑到华山避寿，这是避什么寿呢？无人能知。事实是生日这天，他正在洛阳行营，哪也没去"躲"。这天西安的张学良也赶来洛阳祝寿。他借口祝寿，其实是借机缠着老蒋要去打鬼子，收复自己丢失的东北家园。结果，他见着蒋一开口，一番谈话弄蒋介石生日情绪全没了，反而心中很烦。张学良一走，他就对陈布雷说："张汉卿如此无识，可为心痛。"

陈布雷是从不向主子问"为什么"的，因为这与上下级尊卑不合，他只问"怎么办"。但此刻蒋介石却从他的眼色知道他有疑问，随即解释说：

"张汉卿缠着我要与共产党妥协，还说军事家只有胜、败、降三个处置方法。降字有什么意义？我问他在什么书上找到降字的，他说不出来，他只要求带兵抗日，不愿剿共。这人做事总是没有五分钟的定力，也不知道做事应该分阶段,一事告一段落,才可换另一段落开始。你看你看,他连始终、本末与节次的道理也不懂。"

见蒋介石说起这些,陈布雷也忍不住报告说:"沈钧儒等七君子被拘后,引起全国极大反响,打电报来抗议、营救的连日不断。"

原来前一段时间,沈钧儒等七君子要求抗日,被南京政府下令逮捕关了起来,这七君子都是全国知名人士,就是在民国,达官大僚和名气大的人士,政府都是不敢轻易乱动的,这次七君子背着铺盖跑到南京,要睡在国民政府门前,声称政府何日抗日,他们就何时卷起铺盖走人。堂堂国民政府门前成为七君子的旅馆,这还得了?蒋介石下令把他们押起来,杀一儆百。谁知这下却捅了●●●,弄得全国人声讨政府,支持七君子,并且孙中山的夫人●●●●●盖到监狱去陪七君子坐牢!陈布雷因此事也为蒋介石感到●●为难,所以禁不住一时失嘴说了出来。

蒋介石立即指示:"以严正剀切之词回击他们。"

顿了顿,蒋介石又叫陈布雷撰写一篇《肃清汉奸与扑灭奸匪》的文章,说:"把红军与汉奸一起连起来骂!"别说把红军与汉奸一起连起来骂,就是把两者相提并论,这都使陈布雷两手发抖。因为把红军与汉奸等同,这是无论如何说不过去的,毛泽东领导的红军在对日问题上一直是态度鲜明的。早在"九一八"爆发时,只隔一日,中共中央就发表了《为日本帝国主义强暴占领东三省事件宣言》,谴责日军的侵略野心。再过一日,中共中央又发表《关于日本帝国主义强占满洲事变的决议》,提出要组织东北游击战争,与日本侵略军好好进行较量。1935 年 8 月 1 日,又发布《为抗日救国告全体同胞书》,明确表示,共产党愿意以抗日救国为准则,同一切不愿当亡国奴的同胞联合抗日,他们还呼吁全国各党派、各军队、各界同胞,即使"过去和现在有任何政见和利害的不同",甚至处于"敌对行动",为了救亡图存,都应停止内战,集中一切国力去为抗日救国的神圣事业而奋斗。这些宣言和决议,蒋介石是知道的,陈布雷也是知道的。并且,在红军长征到达陕北后,又发布了《为日本帝国主义并吞华北及蒋介石出卖华北出卖中国宣言》,明确提出愿同"一切抗日反蒋的中国人民与武装队伍"联合起来,反对日本帝国主义。这样的党和它领导的红军怎么是汉奸呢?就是编天大的谎,也是八杆子打不上汉奸这词儿的,可是胡说八道地去乱说瞎

说,又有谁会相信呢?!

但是,对这昧着良心说瞎话的文章,陈布雷还是硬着头皮写了。

陈布雷胡说八道地写了洋洋"妙文",巧妙地把红军和汉奸"联系"在一起了,然后进行谩骂。至于事后的效果,他不敢去想,也顾不上了,只好听天由命。因为他也知道谎言是难掩盖真相的,就是自己妙笔再能生花,也改变不了铁的事实,要骗人也只能骗一骗那些对共产党和红军完全不了解的人,但是抗日呼声这么高,许多地方的抗日高潮就是共产党闹起来的,要说完全对共产党和红军不知情的,又有几人呢?陈布雷兴致勃勃来祝寿,结果身不由己地又炮制了一篇欺天大谎文。文章一完成,他就像逃难似的逃回了南京。

但是,陈布雷终究是蒋介石的侍从室主任,是□□□□□□□天,蒋介石一个电话又把他召到了洛阳。一到洛阳,陈布雷上次编瞎□的恐惧就来了,马上引起连锁反应,水土不服,时而失眠,时而头痛,时而胃疼,结果闹得整日整夜地不得安宁。陈布雷不得不对手下感叹:以前在报馆时常常熬夜,睡觉总是在早晨 3 点以后都没事,现在不熬夜也都难以支持。

可是,蒋介石的任务却像雪片般飞来,先是要他写《自力奋斗之民族图存》,才送去打小样,又要写《"剿匪"总部政训处告国人书》。结果,这天他从上午 9 时至晚上 9 时,仅写成一千余字,稿子经过多次改来改去,仍然是越看越冗芜,简直就不可整理,蒋介石交办的文字往往不能如期交卷,这引得他是心急又哀叹。这下身体更是吃不消了。11 月 24 日,他因为腹泻,昏睡了一天。到第二天清晨,腹泻虽然渐渐止住了,但肚子不是隐隐作痛,就是突然一阵剧痛,弄得他睡也不是,坐也不是,痛苦异常。即使是这样,文电纷至沓来,他还是不得不挣扎着去处理。

陈布雷的病情终于让蒋介石都知道了。晚间,他散步的时候顺便到陈布雷住室探视,见着脸色苍白的陈布雷,说:"布雷先生,你可能是着凉了吧,要当慎饮食,多加衣服呀!"

蒋介石身体历来较好,平时绝少生病,也就体会不到病人的痛苦,说上几句话就走了。

对于亲信下属生病,蒋介石最多是跑来看一下,不痛不痒地问上几句,但他这里绝没有"病假"一说。这样一来,苦就苦了陈布雷。因为其他侍从人

员年纪都很轻,身体好,精力旺盛,生病的时候也有,但是很少,哪像陈布雷大病小病不断,似乎与生病结下了不解之缘。偏偏陈布雷又是玩笔杆子的,这玩意儿虽只有几两重,但并不是人人都能玩得动的。于是,别人生病,还可以请同僚帮个忙,一旦他生病,一篇文章没有作好,摆上几天,还得他动手,别人既不便帮忙,也帮不上忙。可是,陈布雷这次生病可谓空前的,蒋介石走后,他腹泻略有所缓解,但人仍处于昏睡状态。

第二天,腹泻虽止了,但他还是全身酸痛,疲惫无力,加上腹中早已泻得空空如也,又吃不了东西,哪里还有半点力气?即使他病到这样子,上午9时,四组秘书王学素仍然送来一大堆文电,全是急件,需要他立即核办。陈布雷没办法,只得强爬起来,草草看了一遍。接着又将五组秘书张彝鼎喊来,把一件要立即起草的文件口授内容和纲要,嘱咐他去搜集材料,先行起草。这一忙,到11点钟才结束,又回到床上躺着,但睡又睡不着,肚子里隐隐作痛,半睡半醒。这样折腾到下午5点钟,王学素又送来电稿四则。他又强打精神起床,改定后发出,准备躺下时,又来了急件,起草《中央军校成都分校一期学员毕业训词》,陈布雷起草后于当晚发出,直到晚上11时才上床就寝。

他这一次生病,前后达四天之久,除第一天因昏睡而无法起床外,以后几天日日抱病工作;28日以后,身体才勉强恢复,可是元气已是大伤,他仍然躺在床上。这时,时任调查统计局二处处长的戴笠从南京急匆匆赶来了,一到洛阳就要见陈布雷,说:"有个重要的情报要向委座报告。"

陈布雷勉强支起病体,带着戴笠去向蒋介石报告。

戴笠说:"校长,根据陕西站站长江雄风紧急情报,张学良与陕北的共党某一负责人正在进行秘密接触,内容不得而知。又据西北'剿总'第三科科长王新衡报告,张学良与中共要人也有接触。"

"在什么时间?什么地方?谈些什么?"蒋介石连问三个"什么",可见他的惊讶。

"学生已指示他们不惜一切代价弄清详细情况。"戴笠回答说。

戴竺口口声声称自己为蒋介石的学生,其实,他除了与蒋介石是浙江老乡和在上海交易所跑过腿外,这黄埔学生还真有点勉强。他上过黄埔六期,并且是在骑兵营。谁知他为了嫖妓竟然假装积极,为营部"义务买菜",

不久就东窗事发,因为贪污菜饷、克扣学员们的伙食钱去嫖妓而被关押起来。他正准备逃跑时突然接到家中来信,说族侄女戴学南在杭州因涉及共党嫌疑被关押,让他赶快去营救。在浙江主持"清党"的正是他的同窗好友姜绍谟,于是,他在营长的帮助下来了个不辞而别。他这一跑,把黄埔军校的文凭都丢了,连个肄业生都称不上。以后,同学都成了军官,他却像条流浪狗似的无处可走。在困顿中,突然听说同乡蒋介石路过杭州前往上海去,于是立即尾随而去。初来上海,没地方住,他就住破庙,但每天早上却穿戴一新,出门后,再也不去逛大街或妓院,而是军装整齐地到上海拉都路20号蒋介石下榻的公馆门外去义务站岗、放哨。十多天后,一次蒋介石外出时,见天天有位陌生面孔的警卫从早到晚都笔杆条直地站在大门外,毕恭毕敬地向他敬礼,颇为惊讶,于是叫司机停车,他要接见这位负责任的卫士。眼见汽车一停,戴笠知道向老蒋表忠心的机会来了,就忘乎所以地朝车门跑去。殊不知他这一举动把负责警卫的补充团团长王世和吓了一跳,嗖地掏出手枪,喝道:"站住!你是干什么的?"戴笠乖巧地停住脚步,马上向车内的蒋介石来了个举手礼,并大声答道:"报告校长,黄埔六期学生戴笠,特为校长的安全前来担任警卫!"就这样,他把蒋介石感动了,被蒋介石像一条狗似的捡了回来,专门搞情报工作。开始,他是挑米养屋场,一切经费都是自己垫付,把老娘的嫁妆都当了。当然现在不一样了,他有专车有别墅,也有地位了,并且还包养了好几个女人,完全是今非昔比了。这一切自然来自于主子蒋介石,因此他对蒋介石更是忠心耿耿,办事也格外尽力。

"有新的情况随时报告,"蒋介石说,"但是,要严加保密。"

正在这时侍从室又拿来一封电报,是张学良亲自打给蒋介石的。陈布雷一看,立即把电报呈送给蒋介石。蒋介石一看是张学良对他指责进剿陕北红军不力的说明,并说军队内部情形复杂,请求蒋介石亲临西安召集干部当面予以训勉,以安定军心,重振士气。蒋介石不知怎的,面色又有些难看。陈布雷心中咯噔一声,但马上平静了。在蒋介石与地方之间的关系上,陈布雷本来就有话说,本想说点什么,但转念一想,张学良与蒋介石是结拜兄弟,他不便插嘴,立即住嘴了,只是说:"蒋先生,你看……"

"我知道,"蒋介石说,"我准备亲自去一次,当面教谕他们,统一军心,或许还可以挽回局势。"

134

蒋介石和陈布雷万万没有想到的是,这次张学良要求他去西安,是他和杨虎城联合起来对付蒋介石的一出戏,要对他进行"兵谏"。

12月3日,张学良又到洛阳见蒋介石,第一次向他提出建议:停止"剿共",和共产党合作抗日。蒋介石一听就恼火。他正要加大"剿共"力度,催促东北军和西北军去进攻陕北,而张学良竟然要他停止"剿共",还要一起抗日!这不是认敌为友,以友为敌吗?他听得肚子里的火腾腾地往上冒,立即对张学良训斥起来,并且说他绝不能停止"剿共"。但张学良不但不听,还要求他释放七君子。七君子一事正惹得蒋介石成为全国众矢之的,他顾不得自己平时在张学良面前长辈的样子,又斥责说:"全国只有你一个人是这样想的。"

这就是说张学良小儿幼稚得可笑,使张学良十分难堪。

接着,蒋介石又指着张学良的鼻子大骂:"勾结日本者是汉奸,勾结共产党者亦是汉奸。"并警告他说:"现在断不能用任何理由去主张联共,否则就是出卖国家民族,存心与'赤匪'同声相应。"随即又重申:"'剿共'是基本国策,谁要是再想与共产党联合,那就是比殷汝耕还不如。"这等于是将张学良的抗日主张判了"死刑",张绝望了。他从蒋的接待室出来,特地拐到陈布雷的办公室里坐了一会儿。

陈布雷虽然看到他面如死灰,一副绝望的样子,但因对蒋张冲突看得多了,也就没多加在意。张学良告诉陈布雷,他已邀蒋赴陕一行,请老蒋对在陕将领亲自训话,以缓和在陕将领与中央的对立情绪。陈布雷听了,说:"这样也好。"

张因为邀蒋赴陕,也对陈布雷说:"欢迎布公到时也入陕指导。"

不过,陈布雷没有答应去。这倒不是他有什么先见之明,因为这时他正准备返回南京。中政会秘书长朱家骅奉调出任浙省政府主席,需向副秘书长陈布雷办理交接。陈布雷已决定在蒋西行期间,请假一周,回南京接收中政会的"关防"。另外,除了身体不佳和回京办理移交外,还有一个不便为外人道的原因。

这就是侍从室里的派系纠纷问题。

其实,蒋介石在张学良之请前,即早在11月26日就决定去趟西安。他的行踪虽是天字号的机密,但按照惯例陈布雷是应该知道的。可是,一处主

任钱大钧为了独揽近侍大权,在侍从室内拉帮结派,挤压陈布雷,这次他偏偏对陈布雷封锁了主子西行的消息。而陈布雷是个迂夫子,终日只知待人以诚,埋头做官样文章,对于发生在身边的政治阴谋显得似懂非懂,手下人对他有好感的倒是不少。结果,他不知从哪里打听到钱处长封锁的这个消息,一时神经大受刺激,猜测这件事不令他知道,其中用意何在。他百思不得其解。陈布雷有个习惯,就是遇到问题不弄明白就不停止思考。他反复揣测的结果,认为钱大钧等人的动机,无非是不想让自己靠蒋太近,以免削弱了他们与蒋之间业已形成的亲密近侍关系。陈布雷本来这次就被病魔折磨得心力交瘁,无随蒋西行的念头,钱大钧这样做,他就更不去轧这个闹猛了。于是,借口要回京办理交接手续,索性一走了之。

谁知痴人自有痴福。陈布雷这一逃避,躲过了西安事变中被张学良"绑架"的厄运,而钱大钧不但吃了张学良一枪差点送命,还因警卫工作不密,一度遭蒋训斥,差一点被蒋扣押问罪,这是后话了。

六、最为尴尬的陈布雷奋力救主

12月4日,蒋介石、钱大钧一行人在张学良的陪同下,由洛阳再次飞往西安,亲自去督战。宋美龄通常是陪着蒋介石的,这次因生病去上海治疗。谁知蒋介石他们在西安才下飞机,就遇到东北军青年军官聚在机场向他请愿,要求停止内战、一致抗日。蒋介石虽然多次被"请愿",但这样近距离见到请愿人群,并且还是军官,十分生气,他要求张学良严厉处分这些军官。

同一日,陈布雷逃也似的回到了南京。

6日,陈布雷到赤壁路朱公馆与朱家骅见面,发现朱家门庭若市,访客一拨接着一拨,谋官的人络绎不绝,这哪里谈得上搞什么交接?陈布雷也知趣,自此再没上门去,每日只是在家读读报纸,看看朋友,收集一些资料,处理处理手头杂务,乐得轻松悠闲一回,等着朱家骅上门来通知自己。

他心境一好,身体竟也康复了。

陈布雷辛辛苦苦干了一年,总算在年根岁底捞到这么个放松休养的机会,他正暗自为自己庆幸。这时候,他怎么也没想到西安事变发生了!蒋介石及一干入陕大员在西安吃饱喝足后,半夜三更被张学良和杨虎城派兵捉

了起来,都成了张、杨的"俘虏"。

原来,为了不放过"消灭红军的十载以来难得之良机",蒋介石在西安一再逼迫张学良去"剿共",并对张学良、杨虎城说:东北军与西北军如果不继续"剿共",就把东北军调到福建,西北军调到安徽,另派他的嫡系蒋鼎文为"剿共"前敌总指挥。蒋还命胡宗南率部到陕西边境,切断东北军、西北军与红军的联系。张、杨深知无论接受哪一种办法,前途都不堪设想。12月7日,张学良再次向蒋介石提出联共抗日的劝告,蒋介石骂张"年轻无知",并拍案说;"你就拿枪打死我,我也不能停止剿共!"张学良又一次受到大辱。

第三天是"一二·九"运动周年纪念日,西北万余学生群众向张、杨请愿。游行学生情绪激昂,自西安城步行去蒋介石的驻地临潼华清池,要求蒋介石答应抗日。行至十里铺,蒋介石布置军队,架设机关枪阻拦,并打电话给张学良、杨虎城,命令他们对游行学生"格杀勿论"。张学良见学生又要被屠杀,急乘汽车赶到十里铺,劝学生返回西安。学生高呼:

"我们愿意为救国而死。我们前进吧!"

学生们的悲愤号哭,使得张学良感动拭泪,也激发了他的爱国热情与勇气,他恳切地对学生说:"我可以代表蒋委员长,考虑你们的要求,我也可以代表你们,把你们的请求转达给委员长,你们先请回去吧。"

学生们不相信,怕张学良骗他们。张学良说:"在一星期内,我准有满足你们心愿的事实答复!"

当天晚上,张学良又到临潼面见蒋介石,痛陈学生们"停止内战,一致抗日"的要求。蒋介石一听,就骂张学良:"你是两面人,怎么可以又代表我又代表学生?"

这已使张学良听得不高兴了,但蒋接着说:"这些学生来了我用机关枪打。"

这可把张学良气火了,话都到嘴边了,想说:"你机关枪不打日本人打学生?"但是他忍住了,这话没说出来。但蒋介石看见他脸变了,气得红了。

蒋介石到西安后的横暴无理态度,使一直效忠他的张学良失去了对他的信任,这次蒋介石又要对学生下手,张学良对他绝望了。回去后,张、杨决心冒生命危险,逮捕蒋介石,实行"兵谏"。

137

12 月 12 日蒋介石就要离开西安了。11 日夜晚,张学良和杨虎城以及他们的部下一起计划在天亮前发动兵谏。黎明时分,张学良的侍卫营长孙铭久根据张学良的命令,袭击了临潼华清池蒋介石的宿舍。蒋介石的卫队进行抵抗而被消灭。侍从和卫士多人受伤。在枪声中,蒋介石翻过围墙,跑得鞋子都丢了。此时天下雪,他冒雪逃到骊山上,躲进一个岩洞里。第二日上午,他就被孙铭久搜到逮捕,监禁在杨虎城的陕西绥靖公署的新城大楼。跟随蒋介石到西安的重要将领陈诚、陈调元、蒋作宾、钱大钧、蒋鼎文等十多人同时被逮捕了。这就是震惊中外的“西安事变”。

陈布雷听到西安事变的消息,先是一惊,然后简直就是心胆俱裂了。本来,在南京的这几天,他一直把目光放在国际问题上。这几年,他跟随蒋介石四处奔波,关注的焦点都是国内问题,国际问题生疏了。因此他想集中精力进行一次国际局势的补课,因为中共只剩下陕甘一隅,用老蒋的话说,这次“剿共”将是“最后一战”,之后,安了内自然是攘外,该考虑对日问题了。因此,他早早就开始了准备。11 日,张学良西安兵变的策划已进入最后阶段,火山即将爆发,然而,陈布雷仍浑不知觉,不紧不慢地研究他的国际问题,阅读有关论述欧洲两大阵线方面的文章,并对巴尔干诸国形势加以剖析。经过这几天的研究,才获得大体了解。正在他有些得意时,傍晚,江苏省政府主席陈果夫来访,因他的手下大将、广州市长曾养甫不愿放弃铁道部政务次长的兼职,拜托陈布雷伺机向蒋进言。送走陈果夫后,陈布雷带着夫人和孩子赴中央党部民众训练部长周佛海家晚餐。当夜也平安无事。第二日上午,他准备草拟一篇关于国际问题的论文,但心情总是平静不下来,似乎总有什么心事,细细地想想又没有,折腾了一上午,只草订了一个大纲。11 时,曾养甫来访,闲谈广东方面的情况。12 时 30 分,他离去了。午后,陈布雷坐下来继续草拟论文。刚拿起笔,电话铃骤响,他猛然惊醒,一把拿起了听筒。

“陈主任,西安电讯连续两天接不通了,委员长他……”这是陈果夫的声音,很焦急。

“呀!西安电讯不通了?”陈布雷像有预感,“委员长他……”

“陈主任,委员长情况你了解吗?”陈果夫显然是听到了什么风声,所以如此问。

“果夫，我是一无所知呀。嗯，什么都不知道啊！发生了什么事呀？”

这时陈果夫才告诉他说据曾养甫刚刚得到的消息，西安发生兵变，委员长被扣。陈布雷愣住了：曾养甫刚刚离开这儿，还没说起这事，怎么这一眨眼的工夫，西安就出了这么大的祸事？不过，陈布雷素知陈果夫为人稳健持重，这种消息不是可以乱说的。但曾养甫仍兼铁道部政务次长一职，主管交通通讯，从他那里传出的消息，不但迅捷，而且准确。陈布雷相信这不会有假了。

但他不是那种举重若轻、处变不惊的将才，每临大事，忧虑重重不说，往往是惊慌失措，进退失据。结果，当他放下话筒后，几乎像发了呆一样，脑海中一片空白。等到清醒过来后，已是坐立不安，所谓国际问题的大文章也做不了了，想到同僚中走走，打听一下西安方面的消息，又怕引起别人猜测。想来想去，竟是一筹莫展，一副丧魂落魄的样子坐在椅子上。

消息很快得到了证实。当晚，陈布雷赴考选会的宴会时，发现西安兵变的消息已在南京城里不胫而走，于是急赴军政部长何应钦公馆打听情况。何应钦对他也不隐瞒，说：“西安确是发生兵变，蒋委员长及中央各军政长官均被张学良以武力扣押。西安方面并已发出通电：要求改组国民政府，停止一切内战等等。”

消息一旦证实，陈布雷反而冷静下来。侍从室的同僚大都去了西安，只剩下自己“硕果仅存”，因此应当有所表现了。现在南京城里谣言纷纷，人心浮动，局势危殆，如何应对？陈布雷不得不作一番周密计划。他自忖：若按自己的工作岗位，这个时候应该在西安，与蒋先生及钱大钧等人一起一并成为张学良的“阶下囚”，这才是一个合理的逻辑，也才是一个人臣和幕僚应有的职分。可是，一周前因自己一念之差竟溜回南京，成为了西安兵变的“漏网之鱼”，幸则幸矣，可就难脱弃主独存之嫌呀；况且侍从室一干幕僚都与领袖同在西安，生死与共，唯独自己成了局外之人，岂不是不忠不勇？想到这里，陈布雷真有些悔恨了，悔不该当初回了南京。但是，事已至此，一切的悔恨，都已无用。当务之急，就是想想如何去救主。

但是，让陈布雷感到最尴尬的是，整个侍从室的人都随蒋到了西安，自己虽置身于南京，却不便以侍从室主任的身份参与党国大计，否则就是惹火烧身。他真是心有余而力不足，有劲也使不上。恰好他还挂着一个中政会

副秘书长的头衔,这就能以此参与党国的一些高层活动了。据此,陈布雷风尘仆仆地投入了救主行动。

12月13日,张学良、杨虎城通电全国,申明逮捕蒋介石的理由,摘录如下:

东北沦亡,时逾五载,国权凌夷,疆土日蹙。淞沪协定,屈辱于前,塘沽、何梅协定,继之于后。凡属国人,无不痛心……我中枢领袖,应如何激励军民,发动全国之整个抗战。乃前方之守土将士浴血杀敌,后方之外交当局仍力谋妥协。自上海爱国冤狱暴发,世界震惊,举国痛愤。爱国获罪,令人发指。蒋委员长介公受群小包围弃绝民众,误国咎深,学良等涕泣进谏,屡遭重斥……学良等多年袍泽,不忍坐视,因对介公作最后之诤谏,保其平安,促其反省,我西北军民,一致主张如下:

一、改组南京政府,容纳各党各派共同负责救亡;

二、停止一切内战;

三,立即释放上海被捕之爱国领袖;

四、释放全国一切政治犯;

五、开放民众爱国运动;

六、保障人民集会、结社一切之政治自由;

七、切实遵行总理遗嘱;

八,立即召开救国会议。

这时,陈布雷的救主行动已经完全展开了。12日晚至13日凌晨,他在何公馆先后参加了中央谈话会、中常会等重要会议。这些会议在何应钦的操纵下作出了武力讨伐西安的一系列重要决策。清晨5时,他才回到寓所就寝,可一直睡不着觉,后来蒙眬入睡,9点半醒后又起床了。虽然他头痛欲裂,也顾不上这些了。这时,第五组的一干秘书前来探询真相,陈布雷简略地把情况说了一下,又赶去中央党部秘书长叶楚伧公馆,与中央党部一批要人商定并草拟对各省军政当局的通电;午后,又赶到孔祥熙公馆,写了一封短信,托端纳去西安时交给老蒋,问候主子的起居情况,并晋见蒋夫人及孔祥熙,略谈话别。他又听说钱大钧在西安也受了伤,又去南京清凉山钱宅

140

慰问钱夫人；随即又赶回去参加中政会，决议表示同意何公馆中央谈话会所定方针，授权行政院、军委会处置。会后，陈布雷奉命拟消息两则。

这一日下午又传来消息：张学良对"西北剿总"全体职员发表讲话，宣称："我们对蒋委员长绝对没有私仇私怨，我们绝对不是反对委员长个人，是反对他的主张和办法。如蒋委员长能放弃过去主张，毅然主持抗日工作，我们马上绝对拥护他，服从他。"张学良没有杀害蒋介石的意思，但是蒋介石平时最倚重的手下们却打起了主意，逼张学良对他下毒手。

原来，蒋介石身任国民政府行政院长兼军事委员会委员长，他在西安被扣留后没了自由，古话说：国不可一日无主，蒋介石的连襟、行政院副院长孔祥熙立即代理行政院长主政，但军权却落在军政部长何应钦手里。"西安事变"发生后，日本积极活动，拉拢以何应钦为首的亲日派。何应钦看到蒋介石被扣，以为正是自己取代老蒋的好机会。于是他不顾自己是老蒋的学生和亲信身份，暗中决定把主子逼上死路，借张学良之手把主子杀了。为此，他极力主张南京政府对西安方面采取强硬措施，把张、杨逼急，使得他们"狗急跳墙"把老蒋杀了。12月16日，何应钦亲任讨逆军总司令，部署对西安的"讨伐行动"，同时还要派飞机轰炸西安城。他的这一举动遭到亲英美派兼蒋介石亲属的孔祥熙、宋子文和宋美龄的坚决反对。因为轰炸西安城，就有可能把蒋介石也炸死。何应钦扭不过他们的胳膊，只好炸了西安的近郊。在他的催动下，中央军携带重武器很快开到了陕西华县，与杨虎城的西北军发生了激战。与此同时，日本外相发表声明，声援何应钦的行动，还说"绝对不能与张学良妥协，否则，日本政府将不能坐视"；为了让南京政府尽快进攻西安，他们还愿意提供军事援助；同时动员汉奸和亲日派造谣破坏，以制造混乱。被刺伤在欧洲养病的亲日派头子汪精卫也准备归国接位，代替蒋介石。日本的这一系列活动，使得宋美龄等人明白：亲日派与主子开始里应外合，要夺取蒋介石的大权了，也在做准备了。

西安兵变，有如一副牌局重新洗过，各派政治势力重新排列组合，形成主和与主战两大阵营。陈布雷自然是站在宋美龄等人这一边了，希望能通过和谈，停止内战，促成老蒋全身而归。但陈布雷内心主和，并不是把这一主张时时挂在嘴巴上，甚至他也不拒绝与何应钦等主战派的合作，而是在和战两派之间，架起一座"桥梁"，使双方进行沟通，并且小心翼翼地进行撮

合,减少他们的分歧,努力形成一致意见。因此,在事变期间,陈布雷对一些重要会议或重要人物,可以说是无会不与,无人不访。

陈布雷对战和两派除不发表刺激性话语外,就是对西安事变的主角张杨,在私下谈话时,口气也都比较和缓,绝无官方的"叛国"、"叛逆"、"匪寇"等咄咄逼人语言;他说得较为严厉的一次,也就是在自己的日记中说的一句话"张学良等竟以兵力劫持介公及中央各军政长官于西安",也仅仅是用"劫持"一词。这样的口气,不但与"主战派"咄咄逼人的叫嚣和谩骂相去甚远,就是比较于主和派对张杨的口诛笔伐,也大为温和。这是因为陈布雷认为张、杨发动兵变,"劫持"统帅,固属犯上之举,但观其处境,也确有让人同情的苦楚,因此他们与一般军人的所谓兵变不可同日而语。陈布雷在斡旋中用语谨慎,嘴下留情,没将张、杨一棍子打死,也是他的用心良苦。

可是,为了救主,陈布雷也碰了不少的钉子,其中主要是他的好友戴季陶的大钉。蒋介石"被俘"后,蒋介石的嫡系多数都是主和的,生怕大树倒了,自己这些猕猴要散。但戴季陶的表现,却让陈布雷大失所望。其实,戴、蒋关系之深,绝不在蒋、陈之下。而戴季陶闻讯"西安事变"跑回南京后,就力主武力讨伐张、杨,说:"这样的先例一开,以后有事就会有人造反!"结果被何应钦等人利用,他反倒成为了与蒋嫡系主和派抗衡的一面大旗。戴的乖张表现,令陈布雷大惑不解。15日上午,他前往戴公馆,表面是请戴核定次日中政会的议案,其实就是与他商谈时局问题。但是,他们谈得并不和谐,戴季陶像受了刺激似的,"语言激越异常",提起张、杨就骂,提起事变就要"剿",陈布雷一贯对戴尊崇有加,这次戴季陶的态度弄得陈布雷悲伤不已。当晚,他再次前往戴公馆,意在对他规劝。两人坐了一个多小时,也谈了一个多小时,可是戴的神经受刺激太深,陈布雷"百方慰劝无效"。此后,他们虽有过几次见面,但都是在一些公开场合,双方已是话不投机半句多了。

尽管如此,陈布雷并没有停止救主的行动。

张季鸾是陈布雷相知最深的同道好友。他是《大公报》总编辑,能文善谈,旧学功底很深,平时轻财好名,关心国事,也是老蒋的入幕之宾,但从没正式做官。因此,他与陈布雷不但同属报人,而且在气质个性方面有很多相似之处。张季鸾办报有一个原则,即"只要不是蒋先生,任何人都可以骂"。蒋介石在西安"被俘"期间,他也没有坐视不理,《大公报》连日评论,为蒋呼

号,先后发表的社评达到十篇之多,真可谓连篇累牍了。为了与党国中枢保持一致,张季鸾还专程跑到南京"挖"新闻。他首先找到陈布雷,密商救蒋之策。接着,两人一起前往陈公馆,再与陈立夫密商大计。经二陈授意,张回去即赶写了一篇社评,名为《给西安军界的公开信》,发表在《大公报》上,文章把蒋捧为唯一的领袖,鼓吹"这样的人才与资望,决再找不出来,也没有机会再培植"。文章责备张杨错了,并以中央下了讨伐令进行虚声恫吓,要张杨从心坎里"悲惨认错"。张季鸾还指斥张杨:"最要紧的,你们要信蒋先生是你们的救星,只有他能救这个危机,只有他能了解能原谅你们。你们赶紧去见蒋先生谢罪罢!你们快把蒋先生抱住,大家同哭一场!""你们如果这样悲悔了,蒋先生一定陪你们痛哭,安慰你们,因为他为国事受的辛酸比你们更大得多。"张季鸾的这篇文章,发泄了一通狂热的拥蒋观点。文中观点虽出自张季鸾的手笔,同时也代表了陈布雷的主张,表明了陈布雷的心迹。这一天的《大公报》,由陈布雷等人指示加印数万张,然后派飞机飞临西安上空,大量散发,陈、张两位"国士"共同为救蒋立下了赫赫"战功"。

但是,在陈布雷奋力救主时,噩耗传来。

17日,蒋鼎文从西安回到南京,带回了蒋的一封亲笔信,也带回了西安方面的真实情况,不但先前传说的邵元冲的噩耗成了不争的事实,而且蒋孝先、萧乃华的死也被证实。

邵元冲,是陈布雷在浙高时的好友。他在辛亥革命时就做过上海《民国日报》的总编辑,他官运亨通,一度做到立法院副院长、代理院长、中央党部宣传委员会主任委员等职。到了国民党五全大会后才不为蒋所重视,职务虽不少,但都是一些这个委员那个委员之类的虚衔。陈布雷与他从浙东同乡到浙高同学,从上海报界同行到南京政府同僚,可谓是相知既久又深。陈布雷没想到这次他随蒋介石去西安竟然是赶赴黄泉路。当时他与一批军政大员同住在西京招待所。事变发生,枪声大作,他在睡梦中惊醒,不明真相,立即翻墙逃跑,结果被流弹打中,两天后不治而亡。后来冯玉祥说:"邵元冲先生之死,为跃窗所致,可知'闻变不动'四字,诚为极要之事也。"蒋孝先是侍从室第三组组长,萧乃华是侍从室速记员,都是陈布雷的同事,俩人在事变中都死于非命。陈布雷没想到与三人洛阳一别,就是生死相隔了,只觉得"悲悼何极"!邵元冲被打死的消息在报上一公布,陈布雷就赶赴中政会,吩

蒋介石的秘书 陈布雷

jiangjieshidemishuchenbulei

咐手下人买花圈送去,随后又亲自赶到邵家吊唁。当年邵飘萍、邵元冲、陈布雷,号称是浙高"三笔"。十年前,邵飘萍在北京被"老帅"张作霖的部属下令枪杀;十年后,邵元冲在西安又被"少帅"张学良手下误伤致死。"两笔"一先一后凋谢,而且都是死于张氏父子之手,剩存的"一笔"陈布雷一想至此,就心里直打颤,感叹同学"气类凋零"!

19日中午,陈布雷听说蒋夫人宋美龄将飞赴洛阳,就近"指挥"救蒋事宜,当即赶到她居住的孔公馆看望,随后陪同宋美龄到达机场。后因宋美龄临时中止西行,只好一起送宋子文登机去西安。下午5时,宋美龄再次召见,陈布雷闻讯冒雪再次前往孔公馆,先后与蒋夫人及孔祥熙商谈有关西安事宜。第二日上午,他又赶到南京机场送行,看到载着宋美龄一行的飞机升空后,"感痛泪下",甚至还顿足叹息。

可是,很快他又得到消息:戴笠失踪了。

原来戴笠要求去西安与主子赴难,被宋美龄拒绝,他以检查飞机安全为由抢先登机。飞机起飞后,宋美龄一位侍从上厕所,迎头撞上正躲在厕所的戴笠,吓得尖叫着跑了出来,引起飞机内一阵惊慌,问明事实后,宋美龄来到门边,戴笠才出来,被宋美龄嗔怪了一场。

宋美龄等人到达西安,第一原则就是保住老蒋的性命,因此有利于西安事变的和平解决。

捉蒋的当晚,张学良、杨虎城就给尚驻陕北保安的毛泽东和中共中央致电,请毛泽东派代表给予指导。毛泽东明察形势,以民族大义为重,决定不仅不杀蒋介石,而且只要他答应合作抗日,就和平解决西安事变。同时,他派彭德怀率领红军主力进驻延安,并向潼关附近集中,准备配合张、杨抵抗何应钦的"讨逆军"。16日,中共中央派周恩来、秦邦宪、叶剑英等组成中共代表团到达西安。周恩来亲自向张、杨及其将领宣传共产党的政策,耐心说服他们逼蒋抗日、和平解决西安事变。张、杨接受了中共的主张。这时全国各界爱国人士纷纷呼吁和平。英美派的宋子文、宋美龄和端纳也先后到达西安。由于宋子文、宋美龄等的劝说,蒋介石得知亲日派何应钦、汪精卫的态度后,同意与张、杨、周恩来谈判。为了不失自己的政治地位,蒋介石被迫接受了联共抗日、释放政治犯、担保内战不再发生等条件。但他不同意在书面文件上签字,说如果形成书面文件,就会在全国失去威信,以后"领袖"

就"不好当"了；但他以人格担保自己的承诺，保证决不食言。周恩来见状，也不勉为其难，没叫他签字，并同意释放他回南京。张学良也说服杨虎城和东北军、西北军军官，决定放蒋。

24日，特务头子戴笠先回了南京，并称"张学良已大有悔意，宋子文先生正在向杨虎城方面劝诫，如无其他波折，一两天内当可送委座回京"。即便如此，陈布雷还不肯相信事变能很快解决，第二日与陈立夫的电话交谈中，仍表示对主子的安危"忧急无已"。谁知就在他还"杞人忧天倾"时，当晚就听说蒋介石已经到达了洛阳，他立即去何公馆询问，得知完全属实，不禁悲喜交集。随后，他又用长途电话向洛阳方面询问，得到答复说：不必赴洛，明日委员长必返京。到了这时，陈布雷提在嗓子口的一颗心，才放了下去。

在西安事变前后十四天中，南京政府共召开中央紧急会议、中央政治委员会会议、中央常务会议、中央党部纪念周、中央党部座谈会等各种高层会议十二次。其中，陈布雷除一次座谈会因事没能出席外，其他会议一一到场。此外，他先后接待或走访的各界人物达二百人之多，上至政坛权要，下至侍从人员家属，几乎天天忙到午夜12时以后才能就寝，其中三天是通宵未睡，直忙到第二天清晨，才勉强打个瞌睡。他平时患严重的神经衰弱及失眠症，这时一因忧患时局，无法入睡，二因事务繁重，也没有时间入睡，失眠现象越发严重。工作忙碌，吃不好，睡不好，还担心蒋介石及一干军政同僚的性命，在南京"苟且偷生"的陈布雷简直就是度日如年，既为蒋介石担惊受怕，又对亲日派恨之入骨。正在他束手无策时，却得知主子终于没有性命之虞了，他竟然高兴得手舞足蹈，大喊大叫了。

七、编造《半月记》的前后尴尬

12月25日下午4点多钟，张学良陪同蒋介石、宋美龄等一行人登上飞机，亲自送他们回南京。下午5时20分，飞机飞抵洛阳；在洛阳，蒋介石下令中央军停止向西安进攻。26日，蒋介石一行从洛阳乘飞机返回南京。

陈布雷听说宋美龄陪着蒋介石要回南京了，立即和其他人赶去明故宫机场迎接。

12时20分，蒋介石走下飞机，但他来不及与陈布雷等人见面寒暄，就

145

上车直接去了自己的官邸,陈布雷等人立即跟随前去蒋介石的官邸晋谒。

蒋介石回到官邸后,一上楼,就置一大批蜂拥而至的军政大员于不顾,第一个传谕:"召见陈布雷。"陈布雷立即上楼进入蒋的卧室,"蒋先生,你……"

陈布雷一看到蒋介石,迎了上去,含泪说出这半句话,就哽咽着再也讲不出话来了。蒋介石见着他,也有大难未死的庆幸感,说:"这次幸亏你未去。邵元冲、蒋孝先、萧乃华都殉难了。"

他们都在护主中牺牲了,这陈布雷已经知道了,但他避开了这不幸的话题,说:"这次事变,幸赖领袖威望,夫人全力斡旋。"顿了一顿,又说,"蒋先生得能脱险,这是全党全国的幸事。张汉卿先生怎么也来了?"

"他是陪我来的,请罪来的。"蒋介石告诉他说,"陈主任,你马上起草一篇对张、杨的训词。你可以找夫人谈一谈。"

然后,他就在床上对陈布雷口授对张、杨的训话要旨,说完还递给他一张草稿纸,说:"你看看,这是我草拟的训话稿,你再修改补充。"

陈布雷一下楼,等在楼下的外交部长张群、军政部长何应钦、军委会办公厅主任朱培德、参谋总长程潜、行政院秘书长翁文灏等人全围了上来,纷纷索看他记录的训话稿,大家传看一圈后,才放陈布雷回侍从室着手起草。

在整个西安事变期间,甚至在几个小时之前,陈布雷只能在南京四大公馆之间四处打听委员长的消息,即便列席一些重要会议,也只能做一点会议记录、起草与修改电稿之类的小事,谁也没把他当做一个重要人物,更没人与他商谈救蒋大计。而现在,局面发生了一百八十度的大转折,轮到张群、何应钦这一干大人物在楼下坐冷板凳了,只有陈布雷才有权捷足先登楼上,聆听"圣谕"。

但是,陈布雷才走,消息又来了,宋美龄等人乘坐的第二架飞机也到了,他又赶到蒋公馆。

蒋介石回到南京的第一天,陈布雷先后五次谒蒋,奉谕办理各类军机要务。一下子,陈布雷显得比任何人都重要,而风光一时的何应钦等人却被晾在了一边。

但是,捉刀撰写《对张、杨训词》,才是陈布雷此时最主要的任务。这一

自欺欺人的历史"奇文",其实,也是陈布雷与主子不谋而合的产物。

早在25日,陈布雷得知蒋已从西安飞抵洛阳后,当即向行政院秘书长翁文灏和行政院政务处长何廉建议:我们应该为委员长起草一份文告,就这次事变向公众有所说明。何廉表示赞同,并建议由他与翁文灏起草一份,陈布雷另拟一份,然后双方再交换着看。何处长此举,很有点挑战的味道,大抵要与这位"文胆"比试一下刀笔功夫。陈布雷自然不会怯战,欣然应允,并于26日上午再次碰头,双方将文稿都写好了,只等蒋介石返回南京审阅选定。

出乎何廉的意料,蒋介石回到住处,第一个召见陈布雷,并将自己写好的一份文稿面交陈布雷,并说这是他在飞机上用自来水笔起草的,要陈布雷将文稿转给翁文灏和何廉传阅,以便作为一份公开声明。

蒋介石这样做,也是很有深意的,那就是他离开西安和到达南京之时,就已很快掌握了局势,并知道下步该怎么办。但陈布雷看后,根据蒋介石自拟的稿子再结合他召见时的口述要点再捉刀,却整整花费了三个多小时才"起草"完毕。这样,何、翁原来的稿子无形中就泡汤了,哪里还谈得上"比试"呢!他们这才意识到陈布雷在主子前的"文胆"地位,是任何人撼不动的。

陈布雷专心写作,也似乎忘却了他们原来也写过这样一稿。《对张、杨训词》就要正式发表了。这时,陈布雷又生了一个妙计,把落款时间改成了12月24日,也就是说,这篇文告是蒋在西安做"楚囚"时对"楚王"张杨进行的训话记录。这虽是滑天下之大稽,但更能显示出蒋介石在关键时刻临危不惧的君王风范。其实,陈布雷哪知道在西安事变时蒋介石一听枪响,爬墙折断了腰,忍痛狂跑,把脚上的鞋子都跑丢了,最后在茅草丛里被张学良的卫士捉出来时,不仅光着脚,身上沾着几根枯萎的茅草,如此滑稽和落魄样,哪里还谈得上什么风度?但在蒋的训词中,陈布雷写得他口口声声都是"人格"、"诚实"、"信义"之类的话语,一派冠冕堂皇,而他竟连一个文告的时间,都要玩弄一下手段,以欺诳天下人,这样他主子的人格与诚实又何在呢?总之,他不管这些,蒋介石也不管这些,他们只要能骗倒天下人就足够了。

蒋介石回京,依然是君临天下似的总揽大政。侍从室这部神秘的权力

机器在熄火半个月之后,再次高速运转起来。陈布雷敲了半个月的"政治边鼓",或者说坐了半个月的政治"冷板凳",现在再次走俏,依然成为政坛神秘人物。因为蒋虽回了南京,但因身体欠安,难以亲揽大政,许多军政大事都只能委托陈布雷居中协调办理;另外,前段时间一处主任钱大钧对陈布雷封锁消息,结果在西安也被枪子打伤,应了"自作孽,不可恕"这句古话,此刻还在西安养伤,结果,一处也不得不托陈布雷兼管。这样一来,陈布雷里里外外变成了"一把抓",成了名副其实的"总理大臣"了,一方面,他忙于为蒋办理那些雪片般的文件电函,应付那些流水般的迎来送往;另一方面,又忙于不断地代蒋到机场迎接西安方面陆续释放的军政大员,安置次第回京的侍从室人员,筹办蒋孝先、萧乃华的治丧事宜,并且参加中政会、中常会,随时向蒋面报会议情况等。朝中一应大事,莫不经过他的手。

蒋介石回南京没有几天,就到上海去治疗,陈布雷也跟着去了上海。

1937年元旦刚过,又传来蒋介石的老哥蒋介卿病逝的消息。原来在西安事变第二天,蒋介卿正好在武山庙看戏逍遥,突然得知这个惊天消息,吓得大汗淋漓,回家一病不起,还没等到新年就命归黄泉了。于是蒋决定回溪口休养,一为避开为张学良说情的人,一为自己将养身体,一为其兄蒋介卿办理丧事。而随侍的文武大臣,仅陈布雷一人。

可是,他一回到溪口,从南京到上海、杭州、宁波之间,国民党的中枢权臣、封疆大吏、高级将领、名流耆宿等络绎不绝于道;就连一直与蒋介石作对的汪精卫也亲赴溪口谒蒋。这些人千里迢迢赶到溪口,除了要吃、要住、要玩之外,无不想一睹"龙颜",一沐"天恩"。而蒋介石则根据他的一本账,有的见有的不见,有的立刻见有的暂缓见,这都由陈布雷居中安排。蒋因身体欠安,精力不继,加之老兄亡故,心中不乐,除了少数中枢权臣和心腹幕僚以外,其他人只以一句"身体欠安"为由,命陈布雷解释一下打发他们走人。

在溪口期间,陈布雷每天必须完成的一个公务,就是与南京方面通电话。通话对象有军政部长何应钦、中央党部秘书长叶楚伧、行政院秘书长翁文灏、CC系头目陈立夫等。特别是与何应钦的通话,次数又多又长,因为蒋介石要随时掌握陕甘方面的军事情况。这项工作原由一处主任钱大钧来做,钱请假疗伤,只好改由陈布雷代劳。可是,何应钦的贵州话陈布雷听不

懂,陈布雷的宁波话何应钦也听不懂,并且陈布雷对军事常识又知之甚少,何应钦偏偏又故意戏弄人似的满口都是军事术语;加上长途电话又不清晰,结果,一浙江人,一贵州人,在千里之外对谈,双方都觉得费力得很,娇贵的陈布雷更是感到力不从心,于是打电话就弄得心烦意乱了,结果,办什么事都是手忙脚乱。

凡是来到溪口的客人,无论其地位多高,资格多老,要想见蒋,都必须先在陈布雷这儿登记,然后耐心等待陈布雷安排他们会见。但有两个人,地位并不算高,资格也不见得多老,只要他们一旦到达溪口,老蒋总是特许他们随到随见,陈布雷也丝毫不敢怠慢。他们一个是特务处长戴笠,一个是中央执委张冲。戴笠负责南京与西安方面的秘密谈判,并策划以特务手段来分化瓦解东北军、西北军。而张冲则专任蒋的联络代表,与中共代表周恩来秘密进行国共合作谈判。一个宁陕谈判,一个国共谈判,都是天崩地裂的大事,因此由蒋亲自掌握,不容他人假手。

蒋居溪口十天,又一个神秘人物也到了溪口,他就是西安事变的"发动机"张学良。1 月 13 日,张学良由戴笠亲自起解,移押溪口。因为张学良送蒋介石回南京后立即就被蒋介石扣押起来,引起南京和西安方面的对峙;因此蒋很想让张学良发挥一点"余热",解决宁陕军事对峙,为了表示笼络,当晚还设宴招待张学良,以尽地主之谊。出席晚宴的有宋子文、贺耀祖、戴笠等人,陈布雷也是陪客之一。但是,陈布雷就是陈布雷,他与张学良见着,一点头就立即觉得特别别扭,张是"犯上作乱"的"元凶",陈是忠君爱主的"完人",俩人虽然以往也不陌生,可是这次一见面,陈布雷在心中却是说不出的感觉,就是对张勉强笑一下或点个头,他都做不来,备觉难堪。陈布雷在溪口迎来送往,毕竟只是一桩力气活,比起写文章的绞尽脑汁,又可以说是一件优哉游哉的事情。但是不顺心的时候也有,若碰上宋子文来见蒋,他就头疼。

宋子文是蒋介石的大舅子,又是个性极强的人,就是在妹夫面前也是不让人的,为此几年前俩人一场大吵架,蒋介石一连削去大舅子的行政院副院长、财政部长、中央银行总裁三大要职,让他远离了党国中枢,宋子文也乐得做闲云野鹤,不求妹夫。但在西安事变中,他拼命救蒋,并深入"虎穴"救援,经过这次西安风波,蒋宋关系有了相当改善。但随后俩人又在释

放张学良一事上发生严重分歧。此前，大舅子在西安促张释蒋时，曾拍着胸脯对张学良的人身安全作出保证，张学良不疑有他才作出了送蒋回京的决定。岂知蒋介石完全不讲信义，张一下飞机就被军警秘密拘禁起来了。蒋本是政治奸雄，对他来说无所谓信义不信义；可大舅子宋子文却不一样，他是具有绅士风度的大金融家。注重金融及商业信用，是他在生意场上的立身之本。现在蒋介石竟让他开了一张"空头支票"，他立即觉得自己在国人面前信誉扫地，丢了做人的资格，因此几次与妹夫力争，要求释放张学良，但是都没如愿。蒋介石避走溪口，原本就有躲开他的动机。但大舅子也不肯善罢甘休，穷追不舍，蒋介石1月2日到达老家，大舅子3日接踵而至，但还是没能与妹夫谈到一块儿，连旁观者陈布雷都直感叹，说大舅子的处境"殊堪同情"。当晚，蒋介石为平息大舅子的盛怒，殷勤地设宴款待，并说初到溪口请他多住一两日。可是，宋子文这一吵心情大坏，当场拒绝，吃罢晚餐，就连夜下山回南京去了。可是过了几日，他又顶不住西安方面的压力，拉上国民党元老李石曾，再次赶往溪口，企图与李联手逼蒋释张。蒋介石知道这个大舅子一生气就可能出言不逊，不易对付，又知道他一定不肯在溪口住一宿等着第二天见面。因为毛氏虽被蒋介石休了但仍然住在蒋家，这是宋子文最忌讳的。因此，他故意虚晃一枪，以"头晕且精神殊疲"为借口，命陈布雷传谕：

"明日接谈。"

大舅子坚持："请赐谈5分钟。"

可是蒋介石横竖不答应。宋子文说这个话，才下午4时，蒋竟要陈布雷以"委员长已入睡"做盾牌，进行挡驾。陈布雷遵从主子之意，说："委座已经睡了，请留住一日。"宋子文不辞劳苦，风尘仆仆地赶到溪口，竟不能谋妹夫一面，不免大跌面子，一怒之下，脱口大骂，然后登上原机返回了上海。

陈布雷一介书生，见主子自家人闹翻，心里也是极不好受。

2月2日，老蒋移驾杭州澄庐，继续在风景甲天下的西湖边上养病。陈布雷随侍在侧，住进了杭州大华饭店。7日，蒋介石召陈布雷到澄庐谈话。

蒋介石对陈布雷说：

"布雷先生，你给我撰写一篇《西安半月记》，把事变经过写清楚，要使世人知道张、杨的狼子野心，犯上篡权；还要使世人了解我是如何度过事变

的,是我对他们喻以大义,他们才终于悔过输诚的;还要讲明我如何在上帝的庇护下,化险为夷的。我每天念圣经,圣经上也写着,上帝将派一位女人来救我。果不其然,夫人冒险飞来西安……"

"蒋先生,"陈布雷有点为难,"我没去过西安,对事变经过不是很清楚,恐怕难孚领袖重望。"

"这没有关系的,你就照我说的写好了,"蒋介石说,"我在西安写的日记,你重阅一下,就能完成这个任务。"

所谓重阅,是指一个月前,陈布雷在溪口时曾看过一次。当时,蒋介石将赋闲的大笔杆子邵力子也召到身边,漫谈自己在西安"蒙难"的情形。其中,着重叙述了 12 日至 15 日的经过,以及与张学良的几次谈话要点。为了让陈布雷对自己这一段"蒙难历史"有深刻领悟,事后,他还将自己被囚期间所记的日记,交陈布雷携回"学习"。回去后,陈布雷翻开蒋的日记,只觉得一股"高风"扑面而来。日记中满眼都是孔丘、孟轲、曾国藩等圣贤的语录,什么"成仁取义",什么"明礼义,知廉耻",还有"吾善养吾浩然之气"等等。而后,他"活学活用,立竿见影",日记就是"生而辱不如死而荣","人生何为?唯留正气在人间耳!""读圣贤书,受圣贤礼,此时不树万世之模楷,何以对生我之天地、父母!""鼎镬在前,刀锯在后,人生死亡不过五分钟而已"等等。他的这些"广告体"语录,与其说是写出了自己的感受,不如说是矫情自饰,自己捧自己的臭脚,故意写给天下人看的。谁知这陈布雷看得是"只觉得凛然正气丝毫不苟,足折服一切也"。

但是,现在叫陈布雷把这些大语录改写成"了解我如何度过事变的"日记,就让他为难了。这倒不是陈布雷这样的高手不会写日记,而是因为这语录和口号式的日记全是空话大话,没有叙述蒋介石每天做了什么,并且篇幅极短,才寥寥千把字,还都是些"圣贤语录",无论如何也无法"改写"成描述事情经过的记述文体的日记。

这无疑又是一篇需要大力胡编乱造的旷世大作,但这次胡编却与以往的文章不一样,那些乱骂共产党的、说日本人的,国人终究还是因为敌对形态可能对真相不一定完全了解,而这次撒谎的话,西安那边的当事人还都在,并且个个随时都可能站出来公布事实的真相。这样胡编日记岂不是自己砸自己的脚?作为陈布雷来说,就是不顾领袖的声誉,文章一出,举国声

讨,领袖也会怪自己文采和笔力不够呀!因此,这大作于公于私,陈布雷自己都是写不得的。

陈布雷还是不想去捉这大刀,惶然地说:"我没有去过西安,是不是……"

陈布雷明明是在推辞了。但蒋介石倒显得很大度,也很豪爽地说:"这没有关系的,你就照我说过的写好了。"

领袖说得这样轻松,而且是这样的斩钉截铁,陈布雷知道自己再推辞就是不忠了,于是不再说什么,只好硬着头皮再次去"绞脑汁"了。

2月9日,蒋介石借口为方便治疗腰伤,其实是回上海过春节,移驾上海。陈布雷以"沪上嚣烦不能动笔"为由,继续留驻杭州,以便炮制《西安半月记》。当天,他从大华饭店移居西湖饭店,随后因西湖饭店濒临湖滨马路,汽车噪音太大,心不能静,思想集中不起来,又移到了东方饭店,后来再换到蝶来饭店,还是不满意,最后好不容易才选中了新新旅馆。幸好他大权在握,宾馆可以任意选择,这才解决了写作地方的问题。但也有人说陈布雷仗着主子的宠爱太娇气了,写篇文章要五换宾馆。他也不管这些了,写好主子嘱咐的日记才是第一要事。

2月10日,是农历十二月二十九日,即旧历除夕。这一天本是一个家人团聚的日子,但陈布雷为了替领袖写日记,一切都顾不得了。上午,他命人在房间内添了一张写字桌,作一些必要的写作准备。随后,他去新民路拜访自己浙高时的老师邵裴子先生。

邵裴子先生是陈布雷在浙高时的英文主讲,当初对陈布雷是爱而有加,对陈布雷的英文水平有过很大影响,因此陈特地去拜访。可他见到老先生时,发现先生因年老脑子不行,在课堂上教书常常胡说八道,工作受到影响,工资也停发了,只好在家靠着自己的英文水平为人翻译一些文章过日子,家境已是清寒极了。陈布雷看得心酸,当即回到自己的住处,取出200块大洋,送给先生过年和来年生活用。

下午,陈布雷摆开架势,正式着手起草《西安半月记》。可是缺乏材料,这"挤牙膏"挤得十分艰难,有所谓"书到用时方恨少"之感,他直懊悔当初在溪口没向蒋介石多问些情况。结果,他绞了六个小时的脑汁,弄到半夜,仅编造了三页纸。不用说,效率是极低的。第二日,是大年初一,从上午开始,他就将自己关在宾馆里,继续编造《西安半月记》。这次编造是个大工

程，要从 1936 年 12 月 12 日开始逐日进行记述。可最大的困难，还是材料不够。凡是蒋介石口述的材料，他全部都加入，还是觉得空洞无物，口号连篇，根本说不出什么事情来。这样"写"得陈布雷是脑子箩筐大，还是久久下不了笔，几乎文思枯竭。

上午 11 时半，他的五妹夫翁祖望赶来拜年。陈布雷没办法，只好与他边谈边写，渐渐才下笔有神了。这倒并不是陈布雷有了新材料，而是这个五妹夫帮了他的大忙。

翁祖望在省教育厅工作。按照教育厅的规定，他大年初一仍须上班，但他惦记大哥一个人在宾馆过年，在这辞旧迎新、万家团圆之际，便偷偷地跑来陪他。陈布雷得知原委，颇为感动。俩人一起吃了午饭。陈布雷午后小睡，没能成眠，虽然头晕不止，还是只得强起工作。翁祖望见状，便劝慰大哥："大过年的，你就休息一下吧。"

"祖望，没办法呀！这西安我又没去过，难写呀！"

"你没去过，怎么写？那不是胡编吗？"

"怎么叫胡编呢！"陈布雷责备妹夫，顿了顿，他又觉得在自家人前不能说假话，又说道："其实也就与编差不多吧，不然我怎么这么费劲呢！"

这翁祖望一听，心想编这玩意儿还有什么难呢？小时候过家家时不常常编故事吗？于是年纪轻轻的他说："大哥，你看这样行不行？我来编，你看行就写上，不行，我们再讨论。"

陈布雷觉得这办法好，因为这日记本身就是编造，他自己年纪老了，思想僵化，编造日记肯定不如年轻人头脑灵活，于是，说："你先看看我上午写的，然后顺着这个思路说说看！"

结果，翁祖望看完他上午写的稿子，笑着说："这有何难！"于是就信口开河，半想象半胡说地编起来了。陈布雷初一听，还真像那么一回事，这下可好了，翁祖望说，陈布雷速记，俩人很快就从 13 日写到了 24 日。晚餐时，俩人已经"胜利在望"了，陈布雷高兴地说："先吃饭吧。"

因为事成了一大半，陈布雷一下子轻松起来，竟然与妹夫以酒对酌。在这辞旧迎新、万家团圆之际，没有人来关心他们，他们只好自我慰劳一番了。晚餐后，翁祖望继续说，陈布雷继续速记，到晚上 9 点钟左右，终于完成了初稿，全文长约 12000 字。从 12 月 12 日西安事变发生，至 12 月 26 日蒋

153

脱险回京,逐日记述,前后十五天,故名《西安半月记》(后来又把11日的活动添了进去)。其实,蒋于12月25日就已从西安飞抵洛阳,26日这一天发生的事情,已不在西安。严格地说,《西安半月记》应为"西安双周记"。陈布雷也不管它,说:

"祖望你继续相助,帮大哥誊清稿子。"

俩人忙到半夜,大功告成了。

第二日,陈布雷又稍微做了点文字修改,主子的任务就圆满完成了,他也开始过春节了。这时他的几个杭州同学好友来拜年,听说他在"整理"蒋介石的日记,纷纷索稿传看,看后,一个个都说:"内容丰富,读者一定会感兴趣。"但陈布雷一个同学看了后,却不客气地评点他的文字:"训愚兄,我看近来的文字不如20岁时那么警练、简劲,这日记也写得平实,又有点曲折离奇。"

陈布雷笑了笑:"董兄的评价,可谓一针见血。"

但是,这捉刀之功,他也只能到这地步了,再崎岖也崎岖不起来了,只好任它平实去了。

2月12日,陈布雷赶往上海,在沧州饭店安排好住宿之后,就前往贾尔业爱路宋寓谒蒋,将《西安半月记》初稿呈上。第二日下午,蒋介石就召他去谈稿子。他再将稿子带回住处修改一次,大体定稿。以后,他再遵主命,做了几次修改润色,也就可以定稿了。

谁知,当陈布雷躲在新新旅馆里,埋头为蒋介石炮制《西安半月记》时,宋美龄也找人捉刀,在加紧撰写她的回忆录《西安事变回忆录》。夫人的"另搞一套",蒋介石当然是知道的。开始,并不主张她也写什么回忆录。但是,夫人一心要炮制这本书,坚持说:"自家人的事情不自己写,这稿费还让别人赚去?我偏要自己赚了!"蒋介石虽觉得不好,也只好不去断然反对,以免扫了爱妻的兴。结果,陈布雷这边《西安半月记》通过蒋介石的审阅后,那边的《西安事变回忆录》也通过了宋美龄的审阅,于是宋美龄叫陈布雷一并校阅。

4月11日,两稿均定稿了。经蒋、宋夫妇同意,陈布雷将两本书"珠联璧合",以10000元酬金,"打包"卖给正中书局,授予其三年内独家出版的经销权。至此,他才算松了口气。一件令人尴尬的事情,总算可以抛开了。

岂知事情不是他想象的这么简单。意外的风波突然出现,事态又变得严重起来,两本书都不能出版,麻烦出在宋氏的《西安事变回忆录》上面。原来,蒋在《西安半月记》中,宋在《西安事变回忆录》中,因各自所站的角度不同,回忆的重点不同,记述的内容也就不尽吻合,甚至有相互矛盾的地方,其中最让人敏感的差异集中在两处:一是对张学良的不同评价。在《西安半月记》中,蒋对张学良训斥、谩骂、嘲讽,语气严厉尖刻至极。宋在《西安事变回忆录》中,对张也颇多指责,但相比之下,语气和缓多了,字里行间,颇多同情、谅解之感,甚至在书中多处提及"彼自承举动虽错误,然动机确系纯洁"等语,这也就等于肯定:张学良发动西安事变,出发点是好的,不妥之处,只是个方式方法问题。二是对南京主战派的不同评价。在《西安半月记》中,蒋尽量避开主战派这个敏感的话题,间或有"今日终日盼望飞机声与炮声能早入余耳。以观昨晚张来见时神色仓皇之情状,知叛军必惨败,中央军进展必极速"等话语,意思上也算是肯定了主战派的某些做法。可是,宋在《西安事变回忆录》中对主战派大加讨伐,斥责、嘲讽、鞭挞之语在书中比比皆是。对这些重大问题,蒋、宋虽然存在不同看法,但看过这两本书稿的只有蒋介石和陈布雷,而陈布雷不是亲历者,《半月记》是自己的编造,而宋美龄是亲历者,她在请人捉刀时是自己专门坐在捉刀者眼前边说边写成的。这让陈布雷他如何修改?相反,看了宋美龄的回忆录后,他还悄悄校准了自己捉刀的《半月记》的几个史实呢。因此,他在审读宋美龄的回忆录后也就什么意见也没有了。

谁知就在陈布雷将书稿交正中书局拿去排印后,蒋介石忽然想到应将书稿交邵力子审阅一下:一、邵是中央宣传部长,不能不看;二、邵也是西安事变的亲历者之一,不应不看。谁知这邵力子只是这一看,就看出麻烦来了。邵力子赋闲多年,前不久才因陈布雷推荐,被蒋介石起用担任中央宣传部长的。他不敢怠慢,接受任务后,对这两本书稿看得极仔细、极认真,甚至出席中央政治委员会议时也在看。结果,被坐在他的旁边的改组派第二号人物陈公博发现了,于是就问他看什么,邵力子随手把书稿递给他,说:"你看看吧。看有没有毛病,这本书还没有出版呢。"陈公博一看,原来是蒋介石的《西安半月记》与宋美龄的《西安事变回忆录》的合刊。他仅花了半个钟头,就一气读完。

155

"这本书很有毛病。"他毫不客气加以批评了,"应该斟酌过才可出版。我草草一看,便发现半月记和回忆录很有矛盾。你看蒋先生在半月记处处骂张汉卿,而蒋夫人却在回忆录中处处替张汉卿辩护。而且蒋先生在半月记里从不说他见过共产党,见过周恩来;蒋夫人则在回忆录中叙述了汉卿介绍一个参加西安组织中的有力分子来见,即他是'参加西安组织中之有力分子',又说'彼等并未参加西安事变',这都是罅漏,容易漏出不实不尽的马脚。我以为有半月记,就不出回忆录也罢。如果回忆录一定要发刊,非大加改削不可。"

邵力子这么认真看还没看出什么毛病,这陈公博一看就发现了问题,他怔怔地问道:"是么?"

"嗨!你是宣传部长,"陈公博说,"宣传不妥,你是有责任的。"

经陈这么一惊一乍,邵力子也感到问题不简单。于是,只好如实向蒋进言:"既有了《西安半月记》,则《西安事变回忆录》或不出,或大加改削。"

这下蒋介石才感到问题严重了,于是将陈布雷召来,要他将《西安事变回忆录》再复阅一遍,检出不妥之处;并通知正中书局,将已经印好的《西安半月记》及《西安事变回忆录》暂缓发售。陈布雷一一遵命照办。在复看《西安事变回忆录》之后,他将文中语意不妥的地方标出修改,一共18条。但他心里知道,夫人的文章并不是那么好动的,除非得到她的同意,否则,便是老蒋也不可以轻动笔墨,随便增删一个字。这件事着实让老蒋为难了好些日子,想来想去,最后他还是硬着头皮,婉转地转告夫人:可以先看一看自己的《西安半月记》,然后根据"半月记",对"回忆录"进行改削。

老公的话尽管说得有点云山雾罩,藏头露尾,但意思总算表达出来了。可宋美龄既不想贬低自己的作用,也不想把《西安事变回忆录》变成《西安半月记》的简单注脚,于是拒绝进行修改,并反复纠缠老公,要他下令将已经印好的"合刊本"发售。

这时正中书局也早就刊出了新书预告,久久不出书,也感到压力很大,就不断来催促陈布雷,询问什么时候可以发售。陈布雷只好一次次地去请示蒋介石。到6月上旬,宋美龄等不得了,抢先将《西安事变回忆录》送到国外出版英文本,结果,墙内花没开墙外就香起来了,她一夜间暴得大名,在海内外声誉鹊起,稿费也赚了个金银满罐。但国内这稿费,她还是不愿让别

人赚了，更是加紧催促"老头子"出版国内版。

陈布雷拜读《西安事变回忆录》英文本之后，感到里面描写生动、细致、清晰，但又认为书中措辞太激烈太直白，对西安事变中军政当局的指责有些过头。事情到了这一步，蒋介石自忖再对这本书加以封锁，也没什么价值，况且爱妻天天在耳边吹"枕头风"，他也难抵挡住，干脆下令将"合刊本"放行。

尽管《西安半月记》由陈布雷这样的大手笔直接捉刀，但他毕竟没有在西安亲历事变，加上出于政治需要，不得不在书中对史实大肆篡改、歪曲、掩饰，并且加了不少胡编乱造的东西，可以说是记述了一段充满谎言的"伪历史"。而这一真实历史的结局是：张学良被蒋介石交给高等军事法庭会审，法庭以"劫持统帅罪"判处其 10 年徒刑。

八、斗法不及人，拿"七君子"撒气

政治的波涛，总是在权力的中心激荡。就是在小小的侍从室，也不例外。一处主任钱大钧与二处主任陈布雷之间，也是较量与倾轧不断。1937 年春，钱大钧伤好，恢复上班后，俩人的矛盾更是进入了白热化。

西安事变后，蒋介石深怪侍从室应变不力，才导致他在茅草堆里被捉。为此，他认为侍从室在结构及管理等方面都存在着种种弊病。于是，决定对侍从室进行一次改组。改组的重点，自然放在增强应付突发情况、加强工作效能和做好警卫工作方面。

蒋介石一贯是君子动口不动手，什么事情都是要别人出方案，然后他来择优选取。这次改革，他也不例外，指示钱大钧会同陈布雷先提出一个改组方案，报他审核后，再正式实施。谁知这钱大钧奉命了，仍如上次去西安那样，对陈布雷保密，自己不去"会同"陈布雷，而是"会同"一处的侍卫长何玉龙，联合二处四组组长汪日章，在密室里斟酌了好几天，率先提出了个草案。这就是所谓的"钱案"。钱案的主要内容是：取消一处、二处的名称，在适当扩大人员的基础上，重新恢复原来的参谋组，另将第四组独立出来，并将总务组改归侍卫长领导。他们这样改革，是很有深意的，其中取消一处、二处的名称，就是取消二处，保留一处，目的在于加强钱大钧的地位；另外，将

四组独立出来,也是提高四组组长汪日章的地位,以换取汪对钱的支持;总务归属侍卫长领导,又扩大侍卫长何玉龙的职权。这一方案完全是维护侍从室钱、何、汪三人私利的杰作,而唯一的目的在于挤兑陈布雷。

但是,因为主子吩咐钱大钧"会同"陈布雷,陈布雷这一关也非过不可。陈布雷看到钱案草稿后,十分惊讶,也大为不满,决定另起炉灶。结果,他也会同自己的心腹亲信、四组秘书王学素关起门来,斟酌了半天,在当晚迅速提出了一个方案,这就是所谓的"陈案"。陈案的主要内容为:仍保存第一、第二两处名称,将原来的参谋组分为两组:一组司参谋业务与军事情报,另一组司军政及军事教育、军训、警察团队等;第四组仍然照旧,管理文书与机要;第五组则改为研究记录与编纂。陈案的出发点也很清楚:通过保留二处,牢牢掌握四组,表面仍维持两个侍从处,又因为一处的职权远不可与二处相比,实质上仍强化陈布雷的地位。在此基础上,陈布雷避开了第四组组长汪日章,与王学素进一步商定了第四组与第五组的编制员额。然后将自己这份方案交钱大钧,一并呈蒋审核。

陈案与钱案截然不同,不少地方甚至针锋相对,自然引起侍从室"三剑客"钱、何、汪的愤怒。4月7日,三人公开向陈布雷表示强烈不满,这是过去从没有过的,双方矛盾公开化。

这一次主次之争,对陈布雷刺激很大,结果他一想起此事,就神思恍惚,一门心思想引退而去。

正在这时,蒋介石的大儿子蒋经国到了上海。他在20世纪20年代被蒋介石送到了苏联留学。后来,老子在上海发动反革命政变,儿子在苏联大骂老子,并且也被迫留在了苏联。蒋经国在苏联写文章、演说骂过老子,但对于蒋介石来说,毕竟是他的亲骨肉,随着年龄的增长,宋美龄又不生育,他思子之心日切。西安事变时,蒋见着周恩来趁机就提出了让儿子回国的事,这得到了苏联斯大林的特许,蒋经国得以启程。就在他要到达上海时,蒋介石对侍从副官居亦侨说:"经国明天到上海,请陈立夫、戴笠去接他。"

陈立夫、戴笠回话,说不认识经国,于是蒋介石又叫来侍卫官、族侄蒋恒祥,问他:"你对经国比较熟悉吧?"

"小的时候看见过,在一起玩过多年。"蒋恒祥答道。

"好,很好!你到上海去接一趟,要经国一下轮船就来杭州。嗯,另外,你

劝劝经国夫妇,见了夫人,叫声姆妈。"

"知道了。"蒋恒祥含笑退出办公室。

可当蒋经国真的来到上海,近在咫尺,蒋介石又犯了嘀咕,不想见到儿子。陈布雷看出蒋介石的心思,规劝道:"蒋先生不必太介意经国以前的事,当年他还是个孩子,说什么,写什么,不过是一时之激,被形势所迫也有可能,还是早些见见吧。"

蒋介石抬脸看着陈布雷,觉得这个干瘦秀才说得在理,没说什么,同意相见。结果,蒋氏父子相见后,蒋介石心情也不错。几日后,就将侍从室改组方案批下,这就是"蒋案"。

蒋案的主要内容为:仍保留一处、二处,一处设参谋及军政两组,二处设秘书及研究编纂两组;侍卫长管辖总务、警卫两组等;扩大卫士大队的编制。蒋案虽是钱案与陈案的综合,但主要选取了陈案的建议,只是在个别条款中适当采用了钱案的内容,并且还吸取临潼华清池蒋的卫士队不敌张的卫士队的教训,决定进一步扩充卫士大队的编制,同时还要求侍从人员都须佩带手枪,每日出操,练习射击,以防第二次西安事变。结果,陈布雷每日写东西,裤带上还别着个沉甸甸的大驳壳枪,横竖不舒服,最后由蒋介石特批,才免了这苦差事。

这次侍从室改组案,是陈布雷和钱大钧进行的一场争斗,其直接后果,便是俩人的基本队伍作了一次公开亮相。但相对于钱大钧来说,陈布雷在力量上略逊一筹。一是他进入侍从室较晚,与蒋身边的一批老侍从都没什么深交,资历上首先就吃了亏;二是他既不善交际,又不会弄权作势,在手段上也就不敌钱大钧;三是他平时就清高,既不屑关系学,更不屑厚黑学。单就最后一点在靠权术立足的蒋家王朝政坛来说,陈布雷就注定"没市场"。况且他除了写文章以外,要风度没风度,要形象没形象,自然更是无人喝彩了。结果,只有一个小秘书王学素对他忠心耿耿,誓死效力。这小王虽然脑子活络,聪明机敏,办事精干灵活,但他的优点也就是他的缺点,他显得过于精明伶俐,作风浮华不实,甚至对陈布雷的忠诚也显得有点过了头,侍从室里无论发生什么大事小事,他听到之后就立即向陈布雷打一份"小报告",简直就成了陈布雷安插在侍从室里的"包打听"。

而陈布雷也不是完人,他最大的毛病就是过于自尊,以至万事都极为

159

敏感,心理十分脆弱,经不得任何闲言碎语的议论,可是在国民党官场往往是烧的纸多,惹的鬼多,越想清白,越是清白不了。像陈布雷这种人,居中枢之重,列群臣之右,权倾天下,被人毁誉,也是极其正常的事情,偏偏陈布雷做不到"难得糊涂",加上又一个耳报神王学素大肆地汇报,更是弄得他终日神经过敏,心惊肉跳,自怨自叹,徒增了不少的痛苦。

4月20日上午9时,蒋由杭州飞上海。这一次移动,事先陈布雷又不知道,只是临时才得到通知;另外,整个二处仅通知汪日章随行,其余人员都留在杭州。这样一件事本来也没什么大不了的。可是,陈布雷就是想不通,怀疑有人捣鬼,烦躁得很。当晚,王学素出面,约了陈布雷的几个好朋友一起到杭州大同川饭店晚餐,陈布雷破例喝了两三杯酒,郁闷才稍稍舒解。

这时,陈布雷还遇到了另一件麻烦事。这就是七君子案件。

早在4月9日,他在核办文电时,看到江苏高等法院送来的所谓"沈钧儒案危害民国罪起诉书"。所谓沈钧儒案,就是当初轰动一时的七君子案。上一年11月23日,国民政府屈服于日本人的压力,串通上海租界当局,半夜三更逮捕全国各界救国联合会的七位领袖沈钧儒、章乃器、邹韬奋、李公朴、史良、王造时、沙千里,并引渡拘押到苏州高等法院,现在才以所谓"危害民国"的莫须有罪名,拼凑了一份所谓"起诉书",准备正式开庭审理。这陈布雷与钱大钧斗法不赢,就拿工作撒气。对七君子的爱国之举,他不知怎的就充满了莫名的仇视,大骂沈钧儒等人"托救国之名,而作扰害秩序之行动,动机或为不甘寂寞,或为弋名攫位,实至可鄙,而世不察,奉为英雄,可深叹也"。平时温顺的他对待此事态度之严厉,辞色之激烈,语言之尖刻,都让人惊讶又不解。

4月28日,冯玉祥派秘书带着他的亲笔函前来谒蒋,要求设法使江苏法院撤回对沈钧儒案的公诉。陈布雷接到冯玉祥的信,不但不进行安排,反而说:"委员长在养病期间不处理普通事件。"当即复函严拒。

这七君子案轰动全国,连张学良都为他们在蒋介石面前求情,这哪里是件普通事件?陈布雷于当天下午谒蒋,就处理了蒋交办的一件普通事项,对这案件,他却只字不提。

陈布雷这样压制七君子,颇令人玩味。

原来他心情不好,所以使起性子来了。

本来在西安事变期间，张、杨提出和谈条件，释放七君子等爱国人士就是其中重要的一条；随后，蒋介石派出特使张冲，秘密与中共代表周恩来在杭州、庐山等地商谈国共二次合作条件，释放七君子问题也成为题中应有之义。因为日军不断在华北等地挑起事端，国势危殆，"和平"已到最后关头，蒋介石在溪口、杭州等地休养期间，曾密电南京当局，指示早日将七君子释放，恭请到南京，以便实现"举国一致，抗日救国"的局面；并交代陈布雷及中央党部秘书长叶楚伧负责督办此事。

逮捕七君子，是CC系的上海"党皇帝"市党部书记吴开先策划的，上海市长吴铁城与"江湖皇帝"杜月笙也参与了密谋。七君子被捕后，举国兴起救援风潮，竟闹得无法了局，这是CC系与吴铁城、杜月笙当初没有想到的。更让他们没有想到的是，西安事变之后，国共二度合作，全民抗战的局面开始形成，七君子案一下子成了全民团结抗战的绊脚石，就连蒋介石也来了个一百八十度的大转变，要求不讲先决条件地放人。如此一来，岂不是证明国民党上海市党部和CC系在逮捕七君子一案上犯了大错误？从CC系大将吴开先，到CC系副帅陈立夫，都是不肯轻易认输的锋芒人物。为了证明自己的一贯正确，陈立夫请出叶楚伧、陈布雷帮忙，由他们向蒋献计：叫苏州江苏高院开庭，判处七君子徒刑，然后由杜月笙和上海交通银行总经理钱新之出面做说客，劝告七君子先进一下反省院，写一纸悔过书之类，再由杜、钱两人将他们保出来。这样，既实现了团结，又维护了一大串人的面子，还了结了一桩公案。这个妙计不可谓不高明。叶楚伧与陈布雷都是忠心爱主的人物，受了陈立夫的一番蛊惑，立即向蒋进言，并担保说此事有把握，不费吹灰之力。既然能两全，何乐而不为？蒋介石亦姑且听之。随后蒋介石去了庐山，而叶楚伧与陈布雷都留守南京。6月中旬，鉴于时局日益紧张，蒋介石决定邀请一些社会贤达在庐山开会，共商抗敌御侮、复兴民族的大计。他考虑到沈钧儒等七君子都是著名学者，又是主张抗日救国的知名人士，很想能将他们网罗进来，一方面以壮"举国一致"的门面，一方面也希望能借此消除自己过去镇压爱国人士的恶名。因此，他从庐山直接打电话给叶楚伧，询问七君子案了结没有，还存在什么问题，然后嘱咐说：

"早些结束七君子案，不要再拖下去了，一定要在庐山谈话会之前把他

161

们请上山来。"

叶楚伧信心十足地说:"我们早已安排妥当了,先在苏州高等法院对他们审讯一下,然后押解到南京反省院,具结悔过,再由杜月笙出面把他们保释出来,送到庐山参加会议。"

蒋介石一听这个过程竟这么复杂,而时间已拖得很长,当即皱皱眉头说:"不要这样麻烦了吧?"

叶仍然满有把握地说:"钧座放心,七君子已经同意这样安排,不会有什么问题。"

蒋听到这里,只好点点头说:"那也好,不过到时候一定要把他们送来啊。"

叶楚伧虽然说得笃定泰山,蒋介石其实并不放心。因为他清楚叶是个老夫子,历来不善办理政治案件,于是当即又给陈布雷打了一个电话,一方面进一步了解情况,一方面也是把这个问题敲定,以免有误。岂知陈布雷也是和叶楚伧的一样口气,信心十足地答复说没有问题,七君子经过"协商",同意进反省院,办完手续,立刻就可以送庐山。蒋对叶楚伧不放心,对陈布雷是放心的,见他说了这个话,也就不再坚持己见,只是关照在顺利结案之后,早日将七君子送上庐山。

陈布雷在七君子案件上,先是欺骗了冯玉祥将军,现在竟连"老头子"也敢欺骗了。从陈布雷的一贯作风和个性来说,走出这一步险棋,可谓是下了很大一笔政治赌注的。

陈布雷上午接完蒋介石的电话,下午就得到苏州方面的消息,江苏高院审判中发生波折,案件一时不能审结。陈布雷一听急了,亲自赶到钱新之在南京的寓所,请他出面邀请杜月笙、张季鸾一起,赴苏州探望七君子,企图再次诱惑七君子接受当局的条件,以便尽快了结此案。

谁知陈立夫策划的这一诱降方案,遭到七君子的断然拒绝。更重要的是,救国会这时已打听到在处理七君子一案上,陈立夫等人与老蒋存在着分歧,于是立即派人打通《申报》和《大公报》的关节,将七君子的《答辩状》刊登出来,以便让蒋看到七君子的坚定立场,以此打破 CC 系的封锁,同时揭穿叶楚伧与陈布雷的阴谋。陈布雷从《大公报》上看到七君子的《答辩状》之后,大为光火,并对"该报渐生轻视之心"。但是,更令他没料到的是,自己

162

的好朋友张季鸾不但在《大公报》上刊登了七君子的《答辩状》，而且还为七君子案给蒋介石写了一封疏通信。其大意是：钧座毅然决然地要实行抗战，这就要动员全国民众，共同对敌。但是现在主张抗战的最大群众组织救国会的七位领导人，却还关在监牢里。这是与人民对立，对抗战不利。据我所知，他们七人坚决反对进反省院，甚至准备采取绝食的手段。如果万一发生不幸，则各方的反应将对国家、对钧座个人的威信均有不良影响，请钧座三思。

张季鸾的这封信，给叶楚伧与陈布雷捅了一个大娄子。诱降七君子的方案虽然出自陈立夫的主意，但毕竟是由叶楚伧、陈布雷共同"献出来"并且还担保了的。蒋介石从张季鸾那里得到消息，听说七君子不惜以绝食手段坚决抵制进反省院，这下他火了，一个电话追到陈布雷这里，询问张季鸾所说是否属实。陈布雷知道无法隐瞒了，就把七君子案目前审理的情况，如实向蒋作了汇报。蒋得知就连陈布雷也向他说假话，勃然大怒，平时对"布雷先生"客气得不得了的他这次很不客气地训斥了陈布雷一顿。

陈布雷挨了主子的训斥，知道这个娄子是张季鸾捅下的，于是托钱新之告诉杜月笙，苏州之行一定要把张季鸾拉上，并安抚七君子不要性急，说明蒋介石也是要抗日的，彼此没有什么根本的分歧，将来可以合作等等。然而，经过这番周折，陈布雷到底还是没能在蒋规定的日期之前将七君子送上庐山。直到7月31日，在全国抗日救亡运动的强大压力下，国民党当局才将关押了八个多月的七君子开释。这时距"八一三"淞沪抗战仅十多天。

七君子案，是陈布雷自进侍从室以来，第一次在重大政治问题的处理上与蒋介石"不合作"事件，结果，引来了"领袖"的一通臭骂。这事弄得自尊心极强的陈布雷大不快。与钱大钧斗法处于劣势，又挨主子的臭骂，结果，陈布雷又生了一场大病，病情之重，病期之长，都可以说是陈布雷的病史之最。

这一次，他的心理与生理，可以说是遭到了一次严重的摧残。

1937年初夏前后，是陈布雷一段倒霉的日子。陈布雷的日子不好过，手下亲信王学素的日子就更不好过了，他因为遭到钱党的打击，在侍从室几乎无立足之地，见谁恨谁，也是怨天尤人，好几次向陈布雷提出调离侍从

室。陈布雷自己不舒心，还不得不去劝慰他，心情更是坏得一塌糊涂。

边养病边思索，陈布雷左思右想，形成一个腹案，决定大力充实二处人员，将汪日章挤走，以恢复自己在侍从室的地位。但是，鉴于眼前的局势，他只能慢慢实施。

第五章

在抗日的烽火中

一、蒋介石说好，他也说好；蒋介石反对，他也反对

西安事变之后，第二次国共合作谈判，是从1937年2月正式开始的。

中共谈判代表团以周恩来为首席代表。在正式谈判前，国民党召开了五届三中全会，讨论国共关系和对日关系问题。会上，国民党内民主派和以汪精卫为首的亲日派之间展开激烈的斗争。在对内政策上，基本确定了停止内战和国共合作的原则。蒋介石还发表了关于言论、出版自由、集中人才、释放政治犯的声明。在对外政策上，蒋介石表示"如果让步超出了限度，只有出于抗战之一途"。这是国民党第一次提出"抗战"这个词，比起二中全会蒋介石所说的"牺牲未到最后关头，决不轻言牺牲"前进了一步。这次会议是蒋介石由内战独裁和对日不抵抗政策，向着和平民主和抗日的方向转化的开始。至此，全国抗日民族统一战线已经初步形成。

国民党三中全会后，国共正式开始谈判。周恩来于3月下旬去杭州。他在与蒋介石谈判中，表示了共产党愿与国民党合作的诚意，重申了关于两党合作的原则立场，向蒋介石提出了十一项书面要求和六项口头声明。蒋介石回避应解决的具体问题，只原则上表示同意国共合作，并且提出不要提国共合作，只提共产党与他本人合作，要求共产党拿出一个与他永远合作的办法；甚至他还示意可以把共产党合并于国民党。周恩来明确回答说，国共两党合作到底的最好办法是制定一个共同纲领，作为双方行动的准则。蒋介石让周恩来起草这个纲领。周恩来返回延安，起草共同纲领，并与蒋介石约定在庐山商谈。

国共两党合作问题虽没达成具体协议，但内战可以停止了。因此，4月

15 日,中共中央发表《告全党同志书》,明确指出:"全国人民与中国共产党'停止内战'的目的已经实现了,中国革命新时期的第一阶段,基本上已经结束,今后发展阶段的任务是巩固国内和平,争取民主权利,实现对日抗战。" 6 月 4 日,周恩来到庐山在有宋子文、宋美龄、张冲参加下,与蒋介石商谈国民大会代表问题。

6 月中旬,陈布雷刚刚病愈,蒋介石见到他时说:

"布雷先生,你为我写的《西安半月记》,很好。国外都有登载的,使人明了事实真相,夫人也很满意。我准备去庐山,你 7 月也来庐山吧。庐山要举行一个学术界名流的谈话会,谈话会不设秘书处,由中政会正副秘书长张群、曾仲鸣负责。你不必劳心。你一定要去的,也可以带夫人去,顺便避避暑,休养休养。"

陈布雷答应了。

7 月 3 日,陈布雷和妻子王允默到达庐山,即赴牯岭路 12 号谒蒋销假,并以体力不佳为由,辞谢庐山训练团团副一职;接下来与侍从室同人见面,熟悉山上情况。

庐山名流谈话会就要举行了。参加谈话会的 230 多人,都以个人的身份出席,不代表党派、团体,多是知识界、工商界的名流,如胡适、黄炎培、蒋梦麟、范寿康、经亨颐、张伯苓、张其昀、陈源、杜重远、王芸生、王云五、陆费逵、洪深、潘公展、程沧波、虞洽卿、刘鸿声、范旭东等。因为蒋介石住在庐山,从中央到地方的党政军高级干部也纷纷向庐山集中。于是山上山下,到处人满为患。陈布雷居住的牯岭路 54 号,更是高朋满座,此去彼来,络绎不绝。

8 日上午,陈布雷突然接到外交部长王宠惠从南京打来的长途电话,报告说昨晚北平卢沟桥驻军遭到日军的进攻和袭击。陈布雷大惊失色,迅速向蒋报告,并马上通知中央社向南京询问。中午,各处电讯陆续送到:日军意在占领宛平,有意挑起事端。随后,北平守军第 29 军军长宋哲元电蒋:"决沉着抵抗,但决不有意挑衅。"

这就是震惊中外的"卢沟桥事变"。

七七事变的爆发,为拟议中的庐山名流谈话会注入了新的内容,也为陈布雷代蒋撰拟的庐山谈话会讲话稿提供了新的思路。

9日下午,杨永泰在南昌行营时雇佣的名笔陈方前来拜访陈布雷。陈布雷见着他就想起自己病中以"增人扩势"的腹案,试探性地问道:

"国家有难,你能来南京相助我吗?"

陈方慨然回答:"苟相召无不从。"

陈布雷大为感动。两大笔杆子随即订立了以后进行合作的意向。

陈布雷上山之后,就正式承命起草庐山谈话会讲稿纲要。这次谈话会早在6月初就开始筹备,目的是通过邀请各党各派及无党派人士分批赴庐山座谈,就国家大计交换意见,以表示国民党"团结各方共赴国难"的态度。七七事变的爆发,将民族危机推向空前,会议主题一变而为建立团结抗战的统一战线问题。被邀参加谈话会的有:青年党、国社党、乡村建设派、职教社、救国会等党派团体的代表及学者名流,国民党部分党政要人也参加座谈。原来还准备邀请中共代表与会,后改为在谈话会期间,由蒋介石、张冲、邵力子与中共代表周恩来、秦邦宪、林伯渠就国共两党合作问题举行秘密会谈。第一期谈话会原定7月6日在庐山召开,后因部分代表不能按时到达,因此一再延期到7月16日才在牯岭图书馆正式举行,到会代表160多人。

陈布雷上山之后,共承命为蒋起草了两篇讲稿,第一篇讲稿于7月15日基本敲定。

7月16日下午,刚刚完成一篇讲稿的陈布雷往官邸谒见蒋介石,蒋介石要他将庐山谈话会讲稿拟好送来,并且说18日要用。陈布雷回到住处正准备动手写作,蒋介石又电召往谈,交给他又一任务,起草《告民众书》。蒋介石口授大意,由陈布雷与蒋夫人宋美龄一起记录。因为这份《告民众书》要用英文稿向全世界发表。

突然接到两大任务,陈布雷心绪烦乱之至,他写一稿都觉得难,现在竟然要两稿叠着写,他顿时只觉得手足无措。最后,他决定先写《告民众书》,但是,"挤牙膏"一直挤到深夜两点半,《告民众书》仅写成两段,还是写不下去,只得上床睡觉,可是重任压身,他一夜几乎没睡着。

第二天,他6点钟就起床了,先写了一封短函呈蒋,说《告民众书》不能脱稿。考虑到讲稿18日要用,决定今日先拟讲稿。陈布雷派人将便函呈核蒋介石之后,"得复许可"。于是他又着手起草讲演稿概要。这一天,他从上

167

蒋介石的秘书 陈布雷

jiangjieshidemishuchenbulei

午 7 时苦干到下午 3 时，突击了八个小时才终于脱稿，累得按他自己说的话是"脑筋紧张疲痛，几乎失其作用"。为了赶写这篇讲演稿，他差不多把自己的脑子都掏空了。但是，蒋介石对《告民众书》要得仍然很急，知道陈布雷赶不出来了，于是改交程沧波代拟。程沧波是中央日报社社长，也是老蒋的御用文人之一，经常替陈布雷敲敲边鼓，临时顶差。当晚，程沧波将《告民众书》草拟好了，带着稿子赶到陈布雷的住处，交给他修改。这时，国民党中央民众训练部长周佛海也赶来了，三人一起斟酌。一个小时后，将《告民众书》敲定，随即送给老蒋核定。

第二天下午，陈布雷本来准备将《告民众书》发出，但又看了一遍后，觉得还应"郑重斟酌"。这篇《告民众书》虽然赶得很急，但蒋对内容十分慎重，随即也召陈布雷到牯岭路 12 号官邸，会同汪精卫、张群、熊式辉等人再次对《告民众书》进行润色。改好后，陈布雷去见宋美龄，校阅《告民众书》的英文译稿。晚 7 时，蒋介石让对《告民众书》再作补充修改。修改将好时，主持对日交涉的外交部长张群匆匆赶来，请求缓发，蒋介石坚持要立即发表。折中的结果，蒋同意推迟一日发表，并指示将《告民众书》改为在庐山谈话会上讲演用，以减缓对日方的刺激。

19 日，陈布雷起床之后，先将拟定的《告民众书》改为蒋在庐山谈话会上的讲演稿。下午 4 时，陈布雷再往牯岭路 12 号谒蒋，经蒋核定于晚上 7 时正式发表。陈布雷回去后向中央社布置发表事宜。结果，这份《告民众书》就以蒋介石的"庐山谈话"播发出去了。

蒋介石的"庐山谈话"（即《告民众书》），实际上也就是南京政府对于卢沟桥事变的正式声明。它进一步阐述了蒋介石在五全大会外交报告中所谓"和平未到根本绝望时期，决不放弃和平；牺牲未到最后关头，决不轻言牺牲"的国策，表明他仍对"和平"抱着一线希望；同时它也严正声明：卢沟桥事变能否结束，"就是最后关头的境界"，要求"全国国民亦必须严肃沉着，准备自卫"。其中也喊出了"如果战端一开，那就是地无分南北，人无分老幼，无论何人，皆有守土抗战之责任"的话，并且很快成为脍炙人口、广为流传的"抗战名言"。蒋介石的"庐山谈话"，表明了他在对外政策上的重大转折，也成为他领导抗战的一块金字招牌。

"庐山谈话"的发表，阐述了中国政府对卢沟桥事变的原则立场。这是

蒋介石自"九一八"以来的第一个口气强硬、态度明朗的政策性谈话,表明了南京政府捍卫国家主权和抵抗侵略的严正立场,也可以说,这是中国政府从政策上确定了全面抗战立场的一个开端。

但是,蒋介石还是颇有烂泥抹不上墙的味道,他的这篇"庐山谈话会讲演稿",却并不是他在谈话会上的讲演,而是因形势所迫由一份《告民众书》临时冒名顶替的。对"文胆"陈布雷来说,也是莫大的讽刺。它并不是号称"党内一支笔"陈布雷起草的,而是由程沧波代为起草的。虽然它是陈布雷和周佛海、汪精卫、张群、熊式辉等人反复斟酌定稿的,但这一名篇却不是真正出自陈布雷的手笔。这对陈布雷来说,不能不说是个遗憾事。

尽管如此,"庐山谈话"也成为陈布雷文笔生涯中的一个重要转折点,在抗战期间,他撰写了大量坚持团结御侮的佳作,对蒋介石形成抗战的指导思想,具有一定的影响,也成为其文字生涯中,继《天铎报》、《商报》之后的第三个辉煌时期。

7月20日,蒋提前下山回京,领导抗战去了。陈布雷因身体不佳,暂时留在山上。27日,他得知卢沟桥燃起的战火已延及廊坊,平津危在旦夕,决定下山回南京。可是当他船行到安徽安庆时买了份当日的报纸一看,更是大吃一惊:北平沦陷了!他心痛之至,船到南京下关时,还没缓过情绪来。下午5时,邵力子登门,告诉他蒋介石要他们一起去军委会。

原来蒋介石要就平津形势发表《告抗战全军将士书》,已叫邵力子草拟了初稿,觉得还须交陈布雷斟酌一下。陈布雷见到蒋介石后,当即就在军委会改稿,晚8时30分呈送给蒋介石。

31日,蒋介石发表《告抗战全军将士书》,宣布"和平既然绝望,只有抗战到底"。8月2日,蒋在庐山二期军官训练团开学典礼上发表讲话,声明平津失陷,即为抗战开始,绝无与敌谈和余地。蒋所谓的"最后关头",原来并非是以卢沟桥事变为标志,而是以平津陷落为标志。不过,全国人民望穿秋水的"最后关头",虽然来得何其迟也,但总算来临了。

二、在抗战伊始的风云中

日寇侵占平津之后,1937年8月13日,又发动了对上海的大规模进

攻,扬言三个月灭亡中国。国民党统治中心南京直接受到威胁,蒋介石下决心抗战。

8月14日,国民政府外交部发表抗战自卫声明。凌晨,京沪警备司令张治中指挥部队对敌发动了总攻击。这次蒋介石前后调集了73个师参战,占他能够指挥部队的三分之一强。参战的都是国军精锐,他的嫡系陈诚、顾祝同、张治中、胡宗南、薛岳等所部都在第一线作战。战斗打响后,先是冯玉祥为总司令、张治中为前敌总指挥,后来蒋介石自兼总司令,陈诚为前敌总指挥。中国全面抗战开始了。

这一日,空军首次出击,炸伤日寇第三舰队的旗舰"出云号",下午又击落敌机6架,而我无一架受损伤。首战告捷。当夜,陈布雷代拟《告空军将士书》。可是由于几天来写作任务较多,而脑力又不济,结果他折腾了十六个钟头,仅写2000余字。事后,他觉得自己这样下去,肯定难以担当抗战期间的写作重任,便上书请准辞职。蒋介石对他"当逃兵"的念头搁置不理。于是,他再上书,请辞侍从室主任,但答应仍然帮忙写作。蒋介石还是挽留,并且同意再添一副主任以减轻他的工作量,同时任命他为军委副秘书长,列席国防最高会议。这样陈布雷才不提辞职之事了。

9月初,中共中央发表《共赴国难宣言》,蒋介石立即把陈布雷找去,说:"你看到过吗?布雷先生,我也要发表一个谈话,你起草后给我看过,再送汪精卫、戴季陶、于右任、居正、孔祥熙都看一看,再发表。"

陈布雷又抱病摇动笔杆。这个谈话中,他特别写到:"……宣言(中共中央宣言)中所举诸项……皆为集中力量、救亡御侮之必要条件,且均与本党三中全会之宣言及决议案相合;而其宣称愿为实现三民主义而奋斗,更是证明中国今日只能有一个努力之方向。余(蒋介石自己)以为吾人革命,所争者不在个人之意气与私见,而为三民主义之实行。在存亡危急之秋,更不应计较过去之一切,而当使全国国民彻底更始,力图团结,以共保国家之生命与生存……"陈布雷虽然放不下架子,但不得不承认:"此次中国共产党发表之宣言,即为民族意识胜过一切之例证。"

9月22日,中央社发表《中国共产党为公布国共合作宣言》,次日,发表蒋介石由陈布雷捉刀的《对中国共产党宣言的谈话》,第二次国共合作正式建立。

日军进攻上海,直接威胁蒋介石的统治心脏南京,逼得蒋介石不得不集中精锐部队决一死战。由于将士们的英勇抵抗,上海抗战坚持三个月之久,寸土必争,给日军巨大打击,迫使日军从原有的八九千人增加到 20 万人。至 10 月底,日军死伤 4 万多人。但由于日军武器先进,炮火凶猛,国军伤亡更为惨重,伤亡近 30 万人,多数师伤亡过半,有的师只剩下两三千人。浏河、闵行、江湾、闸北、真如等地已被占领,国军后方又无兵力增援,已是疲惫不堪,难以支持了。但蒋介石严令:擅自撤退,军法从事。结果,前线指挥官吓得不敢报告真情实况,打起了鬼主意,蒋介石偶尔用电话盘问前方战况,部下多诡报士气旺盛。如有说实情的,即遭到蒋介石申斥。大本营副参谋长白崇禧和作战组组长刘裴"明察秋毫",向蒋介石再三苦谏,说明上海会战应适可而止,应实行转移,以保存战斗力。蒋介石采纳了这个意见。

但就在下达转移命令后的第二天,即 11 月 1 日,蒋介石突然召集手下召开紧急会议,说根据外交部的意见,九国公约国家就要开会了,只要我们在上海继续和鬼子"顶"下去,九国公约国家就可能会出面制裁日本。于是蒋介石要收回撤退成命,要求各部队仍回到阵地"死守"。

所谓九国公约,是 1922 年 2 月 6 日美、英、法、日、意、比、荷、葡和中国北洋军阀政府在华盛顿会议上签订的。条约规定:"各国在中国全境之商务实业机会均等"和"中国之门户开放"。这是一个对中国主权、独立、领土完整粗暴侵犯的条约。如今,日本要独吞中国,蒋介石认为其他八国因为在中国"机会均等"的利益受到损害,就会出面制裁日本。

白崇禧、刘裴反对,他们的理由不是不相信九国公约的其他八国,而是认为部队已开始转移,在强敌之下再命令部队回到原阵地,一定会引起混乱,结果将不可收拾。蒋介石坚持不肯。当天夜里,他亲自领着白崇禧、顾祝同等人,坐火车到了南翔,在一个小学校里召开师长以上将领的会议,"亲自说服"各部队。他首先对前线官兵的英勇作战加以表扬和鼓励,紧接着说:"九国公约会议将于 11 月 3 日在比利时首都开会,这次会议对国家的命运关系甚大。我要求你们做更大的努力,在上海战场再支持一个时期,至少两个星期,以便在国际上获得有利的同情和支持。"同时他又告诫说:"上海是政府的一个很重要的经济基地,如果过早放弃,也会使政府的财政和物资受到很大的影响。"

171

蒋介石反复地阐述这番话,语气很坚定,不容旁人置喙,40分钟后,说完就走人了。

这时战场第一线的各部队已在撤退途中,忽然接到命令又要返回原阵地,有的在途中没有接到返回原阵地的命令仍照旧后撤。加之前方战斗激烈,后撤的部队很难脱离敌人,让后撤的部队返回原阵地更是难上加难。平日口口声声所向无敌的将军们更是指挥错乱,整个战场一派混乱,这就给日军调集增援部队造成了时机。11月5日,日军三个师团在80余艘军舰的配合下,在杭州金山卫登陆,兵分两路对上海战场进行侧面迂回。国军不得不仓促撤退。由于平时抓的都是有"预案"的军事演习,这次撤退将军们来不及制定计划,结果,几十万人马同在一条公路上行进,拥挤不堪。地面上,日军机械化部队追击,天空中,日军疯狂投弹轰炸、扫射,后撤的部队反应快的疏散了,反应慢的就被炸掉了。就是有几个精明跑在前头的部队被带到了后撤阵地,可是由于没有留守部队和向导人员,也没有部队工事位置图,不是找不到工事位置,就是找到了工事位置,也没有打开工事的钥匙。结果,蒋介石筹建了多年的吴福线和锡澄线国防工事,丝毫没有起到阻止日军前进的作用,白白地放弃了。

但是,蒋介石眼巴巴望着的九国公约会议制裁日本的希望也随即全部落空。日本见势不妙,声明不参加会议,接着,它的同伙德国也宣布不参加会议。九国会议变成了七国会议,可是,日德的另一个法西斯伙伴意大利在会上充当日本的代言人,要求"中日两国直接交涉",会议不要去管这些"屁事"。蒋介石寄希望最大的是英美两国。谁知它们又采取"中立"和"不介入战争"的方略,对日本"不拿出强硬态度"。中国代表顾维钧提出抗议,各国代表"沉默对待",只有法国代表站起来,喃喃地说;"我们实在是无能为力。"九国会议的消息传来,蒋介石真是希望越大失望越大,气得半晌说不出话来。

英、美、法等国的态度,无疑纵容了日本对中国的侵略。于是,侵占了平津、淞沪的日军兵分三路,又向南京进攻了。

早在上海失守时,陈布雷就担心自己在那里的朋友们的安全,日夜处于不安之中。这时考虑到南京将不守,国民政府各部门已陆续开始西迁,陈布雷也像其他官僚一样,撇下公事,立即着手布置自家的西撤之事。11月

10日,他派了车辆去慈溪老家,接妻子王允默和子女先行西去,准备先到江西庐山暂住一段时间,静观事态变化。可没过几日,前方形势更是急转直下,庐山也难保住了,他只好叫妻子跟随众人经江西直去湖北汉口。

这时党国要员纷纷把家迁往僻远的四川山城重庆,因为那里已被蒋介石内定为万一汉口失守后的政府搬迁地。为了安顿自己的小家,陈布雷又去拜访交通部政务次长、川籍财阀卢作孚,托他在重庆帮他找一处房子,作为以后的安身之地。一切安排好了,他才将自己在南京的行李整理成13件,托友人带去武汉,再将在鼓楼医院工作的次子陈过安排上了去武汉的轮船。

要员们家家户户都把自己的小家安排得差不多了。蒋介石于是召开高级会议,紧急研究守卫南京的问题。参加会议的有何应钦、白崇禧、唐生智、徐永昌、刘斐、王俊、谷正伦等人。对于南京,众人的意见是守一下就跑。可是,在11月18日晚上召开的最后一次会议,国民政府军事参议院院长唐生智却站了出来,坚持要固守南京。蒋介石也觉得南京不守,怎么说也没法向全国人交代,只好决定固守,委派唐生智出任首都卫戍司令长官。但才过两日,蒋介石突然宣布迁都重庆,说是要准备长期抗战,既然固守却又要迁都,自然还是"守一下就跑"的初衷。这时日军飞机已对南京多次空袭,南京政府的中央机关各部门都纷纷迁往了武汉,只有少数人还留在南京。为了躲避敌机轰炸,蒋介石住到中山陵山下树林荫蔽的"四方城"的一幢极小的两间房子里,在那里吃饭、会客、办公。他明明知道南京守不住,为什么冒着危险还留在南京不走呢?

原来,他正在等着与德国驻华大使陶德曼进行"谈判"。

德国法西斯与日本军国主义者早就结成了联盟,它是支持日本侵华的。陶德曼所谓与蒋介石"谈判",就是由德国出面劝诱和压迫国民政府向日本投降。蒋介石留在南京,就是等着接见陶大使呢。而陈布雷等人并不知情,还为领袖这种亲自"断后"的精神所感动!

陈布雷已把家属安排停当了。此时王允默和孩子们都平安到了汉口,他的四弟、六弟、八弟、五妹、八妹、九妹等也都在西上途中,他半个月来挂念家人之心稍稍平静了,于是像其他官僚一样才安排手下逃离南京,二处的人员也分批乘轮船西上武汉了,只有陈布雷和几个亲信留在南京陪

伴主子。

26 日,蒋介石找来陈布雷,说:"南京已没什么要紧事了,你到武汉去待命吧。"并催他快走。陈布雷知道情况已是很危急了,回到住所,匆匆收拾一下就走。可是一出门,又上车去和主子告别,结果,这次离别他又是凄然泪下一场,然后,带着第四组秘书王学素、第五组秘书陈方、书记居亦侨等人乘轮船西上。

29 日,船到武汉,陈布雷等人弃船上岸,暂时住在电话总局。当天早晨,王允默及子女一行已经启程去大后方重庆了。

这时国防会议正在武汉召开。一天,外交部次长徐谟来报告,说德国大使陶德曼奉德国政府训令,愿以双方传言人的身份斡旋中日和平,并转述日方与驻东京德国大使谈话接洽的情况,要求面见蒋介石。这陶大使以为蒋介石在武汉,追到武汉来了。主持会议的汪精卫一听,高兴得大拍手掌,在主席台上兴奋地告诉与会人员说:"和平有一线希望了!"

但是,参加国防会议的多数人认为陶德曼提出如何接洽停战的手续,看不出日方有一丝和平的意思,鬼子诱降是虚,真打是实。陈布雷对汪精卫怯战的模样也很是反感。自从汪精卫和蒋介石交恶以来,俩人斗法不断,陈布雷就一直对他没好印象,在他的眼中,汪精卫是个反复小人,追求权位,出没政坛,一会儿进一会儿退,事急则出国,既平则复来,称不上什么"政治家"。因为对他早就有一肚子的憎恶,这时陈布雷看到汪精卫的神色,马上与张群悄悄商议,用长途电话与南京的蒋介石联系,报告汪精卫的言行。

他们哪里知道蒋介石冒着被敌机轰炸的危险迟迟不离南京,就是为了等这位陶大使!结果,他在两位亲信前也不掩饰,说:"陶德曼来南京一叙也可以嘛,由徐次长陪着来吧。"

陈布雷和张群只得又报告汪精卫,汪精卫更高兴了,说:"蒋先生是明智的,与日战则亡,既然陶德曼有意斡旋,我们就可以接洽嘛!停战、和平,哈哈,四万万百姓有幸啊!"

谁知他话音才落,陈布雷突然高声说:"这是蒋公尊重第三国友谊,才不拒绝他的好意,未必就会接受他的条件!"

陈布雷很少在公开场合驳斥别人尤其是上级领导的话,这次他公然顶撞汪精卫,许多人惊讶地看着他,汪精卫本人也是惊讶不已,久久合不拢嘴

巴。但事后,谁也没对陈布雷这一顶撞去多想什么,原因呢?陈布雷书生也。国难当头,他也不过是耍耍书生意气罢了!

徐次长却不敢怠慢,立即陪着陶大使去了南京。

不久,陈布雷就得悉:陶大使转达日本提出的四个条件:一、中国政府放弃抗日及反满政策,与日本共同防共;二、必要地区,划定不驻防区,并成立特殊组织;三、中国与日、满成立经济合作组织;四、要有相当赔款。正在等着陶大使"斡旋"喜讯的蒋介石一听这四大条件条条都是"要命",几乎懵了,顿然说:"日方的条件、方式如此苛刻,我国无从考虑,也无从接受。"

尽管蒋介石不敢全部接受,但这位陶大使还是一个劲地劝说他接受。蒋介石不得不对陶大使"掏心窝子"了:"中国如果同意日本如此侵占国土、丧失主权的停战条件,国民政府将会被舆论浪潮所冲倒。"

"那你们怎么办?我们斡旋只斡旋一次啊!"陶大使继续威胁。

蒋介石表态说:"只接受陕复战前状态。"

这"陕复战前状态"就是卢沟桥事变前日方已占据中国的状态,也就是说东北,他蒋介石和国民政府是不要了。说完,他还提醒陶大使说:"假定国民政府因日本采取的政策而倾倒了,则结果就是共产党在中国占优势。"

他的意思是,中日在防共问题上应利益一致,我垮台了,你们与共产党去打交道,那就更难对付了。这时蒋介石对英美各国能出面调停仍抱有很大的希望,因此没有向日本妥协,并要求陶德曼对这次谈判"一切都不要公布",陶大使耸耸肩,说:"我现在的步骤仅仅是极秘密地通知中国政府。"双方在进行保密上取得了一致。

但是这四大条件却在党国高端进行了告知。陈布雷看到后也气愤地说:"日本所提条件,等于就是灭亡与征服我国,当然没有考虑的余地。我们与其屈服而亡,不如战败而死。"

党国要员们都知道德国在调停中日停战,既然谈判,总需要一些时间,他们精明地判断:日军在这期间不会进攻南京。于是,个个只顾转移自己的家产,而仍不做抗战准备。汪精卫等人还极力想促成蒋介石向日寇妥协。日军逼近南京了。这时九国公约会议对日本侵华问题未提出任何措施而闭幕。日本当局认为蒋介石外援无望,内部高端又妥协之声群起,可能妥协投降了,又让陶德曼再次出面诱逼,蒋介石也屈服"民意"了。

　　12 月 2 日,蒋介石在南京召集在京军事长官会议,把日本所提的议和四大条款交给与会者征询意见。谁知白崇禧、唐生智、顾祝同、徐永昌这些军政要员全都表示可以接受。蒋介石又电商阎锡山,阎也表示赞同。当天下午,蒋介石与陶德曼进行第二次会谈,当面表示:"中国政府愿以德国所提出的各点作为谈判的基础。"

　　出乎蒋介石意外的是,日本在原来提出的四大条件外,又增加了四条"亡人之国"的新条件,其中竟有日本所占领地域建立伪政权和中国对日给予战争赔款等内容的苛刻条款。这下蒋介石不干了,说:"倭所提条件如此苛刻,决无接受余地。"

　　这时他开始明白了:"此时求和,无异灭亡,不仅外侮难堪,而内乱益甚",如果向日本侵略者妥协,国民政府就真的要"被舆论浪潮所冲倒",于是他拂袖不干了。主子不干了,那些党国大员们谁敢做主与陶大使再谈?一下全作了鸟兽散。

　　第三日晚 8 时,蒋介石召集守卫南京的师长以上高级官员开会,作临别讲话。他说:"守卫南京是一个伟大而光荣的任务,大家要在唐司令长官指挥之下,同心同德,抱定不成功即成仁的决心,克尽军人守土卫国的神圣职责。"他还告诉守京将领们说:他到达武汉后,将亲率从云南调来的三个装备齐全的师,来解南京之围。

　　这个临别会结束后,蒋介石和宋美龄乘飞机离开南京飞往武汉。

　　6 日,日寇大批飞机轰炸南京城及城廓附近军事要点。9 日,逼近南京城。蒋介石许诺的亲率三个师不见一丝儿影子,而他本人又从武汉上了庐山别墅。10 日,国军全线与日军发生激战。豪言将军唐生智抵抗不住日军的大举进攻,全线败退。南京就要失守了。陈布雷在诚惶诚恐中,接到钱大钧从庐山打来的电话:蒋召其赴庐山一行。当晚,陈布雷与居亦侨登江顺轮而下,第二日上午抵达九江,随即上了牯岭,下榻在牯岭图书馆。这时距 7 月间在庐山召开名流谈话会,虽然只有四个多月,但国事已发生了翻天覆地的大变化,陈布雷感慨不已。当天下午,他去见主子,奉命起草《为南京撤守告国民书》。

　　第二日上午,陈布雷吃了早餐就开始撰拟文稿。谁知一坐下来,思想怎么也集中不起来,只觉得思绪太乱,就连文字也组织不起来,他索性搁笔,

先到牯岭路12号，向蒋介石说要在庐山多住一日。下午，他与居亦侨一起，步行到交芦桥，在石上小憩，坐听溪流，泉水潺潺。这时空气澄洁，日光和暖，他的心境也渐渐平静下来，转而思路顿开，文思上涌，脑海中顿时浮现出"人人敌忾，步步设防，由四千里国土内，到处皆可造成有形无形之坚强壁垒，以制敌之死命"的场景。次日上午，陈布雷将满腔激昂之情倾注于笔端，下笔狂扫，一挥而就，很快将《为南京撤守告全国军民书》草就。下午略作补充，即告完稿。

可就是前一天，在陈布雷万分烦躁的时候，蒋介石已下令南京守军撤退，日军攻入南京，在城内展开惨无人道的杀人比赛。城内那些无权无势的老百姓，没能像达官大僚一样预先逃之夭夭，鬼子一进城，无处可躲，被鬼子追着强奸、杀戮。手无寸铁的市民一日被杀三十多万。当陈布雷将这篇《为南京撤守告全国军民书》写好时，南京城内已是万户萧瑟鬼唱歌了。他这篇《为南京撤守告全国军民书》大作已谈不上什么"撤"和"守"了，只好把"为南京撤守"删除，改名为《告全国军民书》。14日，他将文告呈交蒋介石后，于当日下午下山，经九江乘轮船回武汉了。

16日，蒋介石以国民政府行政院长、军事委员会委员长的身份，在武昌为南京失守发表《告全国军民书》，号召全国军民抗战到底。文告指出："最后决胜之中心，不但不在南京，抑且不在各大都市，而实寄于全国之乡村与广大强国之民心。"这话反映了陈布雷对国情的正确把握及对抗战前途的坚强信念，对全国人都是莫大的鼓舞。

同一日，蒋介石也回了汉口，陈布雷立即前去拜见。这下蒋介石对他谈起了自己的担心。他先说道：

"我撤离南京后途经长沙，早一日敌机轰炸长沙车站，大概知道我将要路过长沙。日本人处心积虑，是非亡我不可，有敌无我，有我无敌呀。"

陈布雷说："蒋先生，当'八一三'沪战后，你发布了《全国总动员令》，由中央军官学校住室移居中山陵园花房办公，敌机深夜空袭，将附近一处花房夷为平地。日寇定有奸细引导呀！鬼子要加害先生，布雷也很担忧啊。"

"不妨事，不妨事。"蒋介石说，"自辛亥光复以来，我几次遭到危险，都安然度过。抗日是大业，有先总理在天之灵，全体将士浴血奋战，我还怕什么！"

抗战以来,全国民众将士同仇敌忾,一致抗日,英雄事迹确实不少,陈布雷也很是感动,此刻主子一番豪言壮语使他更是激昂起来了,他满含泪水说:"蒋先生,抗战以来,我将士前仆后继,以血肉之躯,阻挡敌人的坦克、大炮,真是悲壮激烈,可歌可泣啊。"

谁知蒋介石这时却气愤地说:"可是也有不顾民族大义的人呀!山东的韩复榘不战而退,满载三卡车金银珠宝,率兵擅自进占河南。据范绍增副军长密报,刘湘、韩复榘联合反我,这种小人蟊贼,可耻啊!"

"这是真的吗?"陈布雷对四川的范绍增印象却不好,是因为他的生活腐败透顶,除了九个老婆外,豪宅遍及四川各地。

"他们之间往来密电都有了,我派何应钦把这密电拿给刘湘看,刘住在汉口万国医院养病,吓死了。这就说明他们有鬼嘛!"

陈布雷道:"蒋先生英明,抗战以来劳苦功高。"

蒋介石挥挥手说:"布雷先生,3月底,在武昌珞珈山武汉大学内拟召开我党临时全国代表大会,有一些文件,劳你代为撰写。"

蒋介石回到武汉后,突然对侍从室进行了一次人事大调整。一处的官迷主任钱大钧终于如愿以偿,调到航空委员会这个油水最多的地方当主任去了,军委会铨叙厅厅长林蔚接任;一组组长邹竞升任一处副主任;侍卫长何玉龙因病辞职;二处副主任周佛海调中央宣传部兼任副部长,从此很少兼及二处工作;第四组组长汪日章调任行政院简任秘书兼机要组长,陈布雷的亲信陈方接任其职。这一次人事调整,钱大钧、何玉龙、汪日章相继调、离职,原先在侍从室呼风唤雨、一手遮天的三剑客不复存在,陈布雷的敌对势力被扫荡一空;新任一处主任林蔚为人深沉平易,态度温和,喜怒不形于色,不像钱大钧那样飞扬跋扈,党同伐异。因此,侍从室原先"双主任"的均势被打破,重心倾向陈布雷,陈布雷在侍从室取得了老大的地位。

陈布雷大权在握,立即大刀阔斧清除钱大钧的遗风,先后建立了组长以上干部双周汇报制度,两处主任每日谒蒋制度。侍从室干部的风气首先被整饬。为了荡涤侍从室内一度弥漫的纪律松弛、业务漫不经心等习气,陈布雷拿身边的亲信开刀,王学素因没能当上第四组组长,工作消极颓唐,陈布雷多次对他"正言训诫"。但是,事后他还是老样子,心病没除,解决不了问题,陈布雷只怪自己:"都是平日太宽纵了呀!"这王学素眼见升官不成,

消沉不说,更是做出出格事,先是请假不归,后来又请假超期,陈布雷一怒之下,挥泪斩马谡,将他免职,连组长也不让他当了。

这可怜的王学素忠心耿耿,却落了个"马谡"下场,成为了陈布雷杀鸡给猴看的"鸡"。

三、在老蒋前面为郭沫若疏通

俗话说:权重事多。进入1938年,蒋介石在前线一败再败,但那些文山会海却出奇的多,陈布雷本来写东西就慢,这些超海量的讲话和文告,使得他的脑力超负荷支出,天天累得头昏眼花,失眠症越来越严重。

4月,郭沫若在周恩来和许多人的敦促下,就任了军委会政治部第三厅厅长,主管抗日宣传工作。这时国共两党合作已经形成,抗日民族统一战线正在发展。陈布雷虽在蒋介石的身边搞写作,还负责宣传工作。郭沫若一上任,他的一些写作才被分去了一些。

郭沫若就任第三厅厅长,也有陈布雷的举荐之功。

陈布雷在文坛上出名比郭沫若要早。在他担任《商报》主笔享誉一时时,在日本留学的郭沫若才放弃日本医大学业回国,和郁达夫、成仿吾创办创造社。随后,郭沫若才以他那如黄河长江般豪放奔腾的激情,发表猛烈冲击帝国主义和封建主义藩篱的诗文,名扬海内外。当时郭、陈二人都在上海,虽未曾谋面,但互相倾慕文名。郭沫若说陈布雷:"如椽大笔,横扫千军,令人倾慕。"北伐开始后,郭沫若投笔从戎,担任了蒋介石国民革命军总司令部总政治部副主任。1927年春陈布雷在南昌拜见蒋介石时才第一次见到郭沫若。当时在场的还有张群、黄膺白、谭组庵、李协和、陈公博等多人,但陈布雷对郭的印象特别深,倾慕地说:"沫若先生,今日一睹风姿,真是三生有幸。"

郭沫若也很尊敬地说:"畏垒先生,你在《商报》上发表的时评,都拜读了,真是力透纸背,横扫千军,对北伐起了积极的推动作用。"

"哪里,哪里,"陈布雷真诚地回答,"沫若兄,《三叶集》出版时之先生,创造社时代之先生,在弟心中永远活泼新鲜,弟十分倾慕,真是相见恨晚。"

但这次见面后不久,因为蒋介石发动"四一二"政变,郭沫若与蒋介石

反目，发表名著一时的讨蒋檄文《请看今日之蒋介石》，无情地揭露了蒋介石的反革命面目。蒋介石也不客气，对他发出通缉令，郭沫若被迫流亡日本，前后整整十年。一直到七七事变后，他才别妇抛雏，回到了祖国。这十年一别，陈布雷已当上了蒋介石的侍从室主任，但他对郭沫若还念念不忘。一天，时任福建省政府委员的郁达夫找到了他，说：

"布雷先生，卢沟桥事变，我中华民族，男女老少，奋起抗战；委员长在庐山讲话号召全民奋起，地无分南北，人无分老幼。郭沫若先生流亡日本，处境危险，他很想回国从戎，参加抗日，布雷先生是否能向委员长疏通一下？"

郁达夫说的"疏通"，就是希望蒋介石撤销通缉郭沫若的命令。

陈布雷立刻答应了。十年过去了，蒋介石对郭沫若也没能忘记。当陈布雷提起郭沫若时，他还恨恨地说："郭沫若这个人呐，写我的那篇文章太刻毒了！这几年他在日本究竟干了些什么？"

"蒋先生，"陈布雷小心翼翼地回答，"据说郭沫若在日本十年，主要是研究殷墟甲骨文和殷周青铜器铭文……"说罢，捧出一大叠郭沫若在日本研究中国古代社会的书籍给他看。

蒋介石接过书，随手翻了一翻，目光盯住陈布雷，意思是问这做什么。陈布雷说：

"蒋先生，郭沫若为国争光，这些书在国际学术界影响很大。听说他现在想回国参加抗日，所以想请示蒋先生。"

蒋介石不吭声，等一会儿问："他是在研究乌龟壳和骨头？"

"不错，是在研究古代历史，"陈布雷说，"这是一个人才，人才难得啊！"

"可是他写我的文章……"

"蒋先生，"陈布雷鼓起勇气说，"此一时彼一时也，那是各为其主。现在他就是研究古代历史。我想，把这种人才搜罗起来，正可以说明领袖的宽容大度，用人唯才。"

"那么这个通缉令……"

"蒋先生，我看正好以抗战开始，地无分南北，人无分老幼，有钱出钱，有力出力，共赴国难为理由撤销这个通缉令。"

蒋介石又不吭声了。陈布雷又说："蒋先生，郭是日本通，我国抗战理应

借重他;而且,他现在处境很危险,日本政府派人严密监视他。"

蒋介石点点头说:"那我就写一张手令,撤销通缉令吧。"

陈布雷很高兴,但转念一想,又觉得不对,急忙说道:"蒋先生捐弃前嫌,重视人才,海内外所景仰。但是这个撤销通缉令的命令不能马上公布,一公布,反而使郭君走不脱。蒋先生,这事交给我全权处理好了。"

蒋介石也同意了。随后,陈布雷立刻把这消息告诉了郁达夫和共产党员李克农。

李克农等人经过细心安排,通知了还在日本的郭沫若;郁达夫也给郭沫若写了一封信,告知南京方面的消息。郭沫若接到了信,又与南京政府驻日本的大使馆秘密联系,于 7 月 25 日启程,化装乘日轮"皇后号"头等舱回国。

9 月 19 日,蒋介石电召郭沫若去南京。24 日傍晚,在陈布雷陪同下,蒋介石接见郭沫若。蒋介石一见郭沫若,说:"你来了,精神比从前更好。"

他握了握郭沫若的手,然后问起了郭的家眷以及为什么到日本去等等。郭沫若回答说:

"我没钱,在国内不能生活,又不能到欧美去,所以只好去了日本。"

俩人都回避了 1927 年反目的事。陈布雷很高兴,他很赏识郭沫若的才气,深深为自己在郭沫若回国一事上出了一点力而高兴,也为国家罗致了人才而兴奋。因为虽然郭沫若回国的事,陈仪、邵力子、张群都给蒋介石做过工作,但陈布雷是最有力的疏通者。

俩人见面后不久,因为国民党南京政府迁都重庆,12 月,郭沫若与何香凝、邹韬奋等赴广州。1938 年 1 月,他又辗转到武汉,4 月被蒋介石任命为政治部第三厅厅长。陈布雷与郭沫若再次见面了,陈布雷很诚恳地说:"很欢迎沫若兄常来谈谈。说句实话,只有道德相同的人,我才愿与之交往;有些乘机发国难财的人,即使到我家,我也是不见的。"

郭沫若也坦率地说:"我很佩服先生的为人,你在官场上不失为一个正直清高的人。先生有支如椽大笔,请多鼓吹抗日啊!"

这话一则是说他为官有品德,作文有水平,一则是说要去抗日,陈布雷爱听,打着哈哈说:"我们一起为抗日出点力吧。"

郭沫若也记住了他的这一句话。

181

6月上旬,日军兵分两路,直扑武汉而来:一路沿皖江逆水西上,连下安庆、马当、彭泽、湖口等要隘;一路自皖中重镇合肥南下,连陷舒城、桐城、潜山等重镇。这时距离七七事变快要一周年了。郭沫若决定第三厅筹备举行一个纪念活动。

但是,他没有经费,只好找到了陈布雷。

陈布雷很感兴趣,立即去向蒋介石报告:"自从郭沫若主持三厅工作以来,抗日宣传搞得很有起色。这次七七事变周年,他又有详细的纪念计划,可惜辞修(辞修就是陈诚,他是政治部长兼第九战区司令长官)只批了三千元宣传经费,巧妇难为无米之炊呀!蒋先生,为表示对人才的重视,你是不是可以单独召见一下,以示嘉勉;同时请郭沫若再起草一些文告。"

蒋介石点头同意。于是侍从室打了一个电话给郭沫若,说:"委员长召见。"

郭沫若赶到湖北省政府的客厅里,蒋介石已坐在那里,陈布雷也在一旁。看见郭沫若进来,蒋介石照例站了起来,和他握手、寒暄,并且亲热地叫他坐在自己身旁。陈布雷忙叫人敬茶。

蒋介石先开口了,对郭沫若说:

"你所拟的关于'七七纪念'的宣传计划,很全面,是不是已经开始筹备了?"

郭沫若点头称是。

"辞修给你多少钱作'七七'纪念筹备之用?"

郭沫若照实说。

"那太少了!太少了!"蒋介石连连说。

陈布雷在蒋介石接见时很少插嘴的,此刻他小心翼翼地插嘴说:"委员长想知道,去年台儿庄大捷宣传时辞修给了多少经费?"

"大约一万元。"郭沫若回答。

"对呀!这次你要多少?"蒋介石问。

"这很难说,钱多,多办;钱少,少办。"郭沫若还是说不出多少钱。陈布雷在一旁很着急,又插嘴说:"委员长的意思,这次'七七'周年纪念不妨盛大一点。"

"对,可以盛大一点,"蒋介石点点头,从茶几上拿起粗大的红蓝铅笔准

备批条子,随口问:"一万五,够吧?"

"假如连印刷抗战《年鉴》在内,恐怕还不够。"郭沫若说。

"那到出版时再说。"蒋介石拿起红蓝铅笔批了一张条子:"发第三厅特别费一万五千元整。"

郭沫若拿了条子一看说:"这样大概够啦。"

又聊了一会儿,郭沫若起身告辞。陈布雷对郭沫若说:"郭厅长,委员长还有事。"

"对,还有一件事。"蒋介石说,"七七周年纪念,我准备发表三种文告,一是告全国军民书,一是告日本国民书,一是告友邦人士书,请你们给我拟好,送给我看一看。"

接受任务时已是6月28日。陈布雷和郭沫若只好又叫上了张子缨,三人分工,陈布雷作《告全国军民书》,郭沫若起草《告日本国民书》,张子缨起草《告世界友邦书》。

郭沫若、张子缨可以全身心地写作,陈布雷可不然。这时日军已加紧了对武汉的进攻,他仍是会议不断,文稿不断,函电不断,并且来客不断,杂务不断,加上敌机空袭也不断,要他静下心来写作确实不容易,时间也是够紧的。但由于受到一年来全国军民抗战热情及巨大牺牲的鼓舞,陈布雷情绪高昂,挥笔一写起来,就自感气势磅礴,有如神助。一开头,他就写抗战以来日寇的暴行和军民奋战形势:"壮丁青年惨遭杀戮,多数同胞流离痛苦,至于老弱妇女受到敌军兽行惨不胜闻的凌辱屠杀,尤为历史上未有的惨毒。但是从抗战开始到如今,我们的民心士气越打越团结,越战越坚强,前线将士英勇的牺牲,后方民众热烈的奋斗,举国同胞民族意识的发扬,已经使国际上观感完全改变,把中华民族的荣誉地位极大提高,使暴戾骄横的敌寇惊惶无措,进退失据……"

接着,他说:"要达到抗战胜利,摧毁敌寇暴力,协同作战和团结精神,更是十二万分重要……一切言论动作,完全以'国家至上'、'民族至上'为前提,以'军事第一'、'胜利第一'为目标,除开国家民族的利益外,一点不夹杂丝毫的渣滓。我们同是黄帝的子孙,当前的命运只有一个,不奋斗,即灭亡,能团结,即有前途,生死利害既是绝对的共同,还有什么不可以牺牲?"

这时敌机轰炸,天气酷热,但陈布雷挥汗如雨,挥笔疾书,文思泉涌,他仿佛在向全国人民讲话:

"……想一想,被敌军占领了七年的东北四省,有我们三千万同胞,所过的又是怎样一种生活?……我们同是中国的国民,黄帝的子孙,稍有天良,如何能不引为切身的耻辱?如何能不急起直追,援救那些告诉无门的同胞们,使重复自由,再见天日?……我们民族有一句古训:'楚虽三户,亡秦必楚。'这是何等壮烈的气概!这就是说我们中华民族,决不会被敌国凶暴所威慑,而且敌人越凶暴,我们越能坚忍。我们要自信中国五千年的历史,凡是中华民族的敌人,自古以来,就没有不被我中华民族消灭的……就是一兵一弹,也要与敌人拚命决斗到底,而且必能得到最后胜利。"

写到这时,敌机又飞临武汉上空盘旋、轰炸。陈布雷因为防空,常常早晨往珞珈山暂时躲避,晚上回胭脂坪办公处。他望了望疯狂滥炸的敌机,挥笔写来:

"……若我们在目前情形下求和平,其结果无非使子子孙孙永为奴隶,永为牛马。就是保存了国家的形式与名义,其祸害比亡国还要残酷。大家要知道,我们今天所受痛苦、残杀的灾祸,就是甲午以来自亡清皇室以至袁世凯畏敌苟安,不顾民族百年祸福所留的遗毒,前人所种的恶因,到我们这一代受到了这种惨毒的恶果。如果我们今天还不下'拼民族的生命来争民族的生存'的决心,还要蹈从前以苟安心理来鼓励侵略疯狂的覆辙……"

陈布雷写这篇文告倾注了全身心。自抗战以来,大凡国民党军队每丢失一处地方,他就要为老蒋起草一篇告军民书,诸如平津失守、上海失守、南京失守等等;每遇到一个纪念日,他都要为蒋代撰一篇告国民书,诸如八一三、九一八、双十节等等,他成了名副其实的"文告大师"。但是,那些都是蒋介石的命题作文不说,还都是假话连篇,这就折杀了陈布雷。这次蒋介石没有"口授大意",因此他写起来畅酣淋漓,少了空话假话,少了陈词滥调,全是自己胸中的真情实感,这就真正发挥出他的水平了,这篇六千多字的文告他几乎是一挥而就。

7月7日,陈布雷的《告全国军民书》、郭沫若的《告日本国民书》、张子缨的《告世界友邦书》,三篇文告均以蒋的名义以五种语言,连续不断向国内外广播,同时海内外各报都放在头条刊出。

这三篇文告的内容,都比较准确地表现了中国军民抗战到底的坚强决心,被称为是象征抗战前途光明的"三联璧"。起草文告的作者,都是独步国中的文章高手。文告发表后,迅速引起轰动,连海外侨胞也无不感奋,产生了广泛影响。据说日本收听后,知道蒋介石决心抗战到底,只好加紧了对汪精卫的诱降。

张季鸾看到文告后,评价陈布雷的《告全国军民书》:"淋漓酣畅,在统帅昭告全国之书告中当不能更详尽于此,篇幅虽长而不觉其冗,气势旺盛,通体不懈,是抗战前途光明之象征也。"陈布雷本人也对自己这篇文告洋洋自得,在自己的日记中专门引记了张季鸾对这一文章的评价。陈布雷这样赞美自己的文章是极其少见的。

四、经历了几次生死劫

但是,就在文告发表之前,7月5日,侵华日军又攻占了控制长江和鄱阳湖水路的要镇湖口,武汉岌岌可危。可蒋介石发表完文告后,却在忙着筹划成立三民主义青年团。对此,陈布雷与党内一些人士一样大为不理解。一天,他巧妙地向主子问起了此事,蒋介石说:

"我们的党要有新鲜血液,要培养革命活力,才能完成抗战建国任务。"

他问道:"蒋先生,国民参政,不分各党各派,敢问你对党派问题的看法,是一个政党还是各党各派参政?"

蒋介石挥挥手说:"中国的问题,不仅在对外,而尤其是对内能否集中民族力量建国。中国的困难,不在战时,而是战后如何奠定民族的永远生存。如果这次抗战,还不能造成一个信仰、一个政党、一个意志,那么日本人被赶走后,内部思想斗争仍然会是争夺相杀的祸端,而到那时,虎视眈眈中国的又何止是倭夷一国啊!"

蒋介石不愧是伟人,想得就是远,可眼前的当头大敌他都解决不了,还奢谈什么防备未来不止"倭夷一国"的事呢!陈布雷又被他这番胡言乱语搞糊涂了,也来了兴趣,小心地问:"先生的理想……"

"我以为,与其用政治力量抑制其他党派或思想的存在,不如融合其他党派于一个信仰——三民主义,并且于一个组织之下,简言之,就是化多党

185

为一党。可是中共和其他党派就可能担心'合并',有这个嫌疑,那我们国民党也可更改党名,或改组织嘛,这样不就没有了'泯吞'、'降服'的嫌疑了?"

"是啊!不错。"陈布雷醒悟似的点头。他终于明白了,这个新组织就是正要成立并囊括各党各派的三民主义青年团。随后,他又提出了一个建议:"那这个组织只有蒋先生亲自担任负责人,才能权益不外流啊。"

蒋介石点了点头,说:"刘健群为这次成立三民主义青年团拟了个《宣言》和《告青年书》稿,但是,你一定要再改改。"

成立大党团,统一其他党派,蒋介石考虑得深远又细致,但只是一厢情愿的美梦。他的"合并"之谋,只有青年党表示接受,而中共负责人秦邦宪则明确拒绝说:"合作可,合并则不可。"

这时蒋介石的合并大旗已打出,其他党派不参与合并,他只好一党也"合并"了。结果,三青团的成立宣言及《告青年书》,由陈布雷五易其稿才完成。

7月9日,由青年党改头换面的三青团正式成立了,设干事会与监察会,并且蒋介石根据陈布雷建议自任团长,陈布雷被蒋介石指定为常务干事。

当陈布雷和主子忙完这三青团的成立大事后,坏消息又接踵而来了,先是7月25日,日军攻陷九江,接着,8月1日,长江北岸的日寇又攻占了宿松和黄梅。至此,日军便完成了正式夺取武汉的部署。蒋介石只好又转而指挥保卫大武汉的会战了。

随后,中日双方在数千里的战场上,进行了近三个月的激战。

日军在猛烈向武汉进攻的同时,飞机也拼命地进行轰炸,而且目标很准,武昌胭脂坪的侍从室也成为它们轰炸的目标。

8月上旬的一天,本为躲避空袭而要到郊外珞珈山去办公的陈布雷想,今天算了吧,天气太热,身体也不适,还要赶写蒋介石吩咐的《八一三告沦陷区民众书》,因此就不去了。他在侍从室住处拿起笔来,谁知才写了几行,突然空袭警报响了起来,陈方、翁祖望等几个人都劝他还是到防空洞去躲一下。他只好和众人跑去防空洞,刚进洞口,就听见炸弹落地声,防空洞震动得把电灯也震灭了,粉灰震落如雨。不一会儿,警报解除,陈布雷等人出来一看,侍从室左邻右舍都中弹了,陈布雷卧室的窗格都被炸得坠落在地

上,屋上的瓦片也多震毁。

陈方说:"怎么这么准?"

翁祖望说:"大概是敌人误以为这里是统帅所住吧!"

这时蒋介石也派人来问情况,听到陈布雷他们平安,才放心,随后又特别嘱咐说:"告诉布雷先生,还是小心些好!"

"蒋先生,公务在身,义不可避。"陈布雷颇为感激。

8月12日,陈布雷把《八一三告沦陷区民众书》呈送蒋介石核改,蒋介石看了一遍,动手改起来。这时紧急警报又响了,蒋介石还在改,陈布雷侍立在一旁。蒋介石把文件放入皮包,说:"走,布雷先生,下防空洞。"

陈布雷跟着他下楼时,侍从副官来报告:"德国人××××来辞行,在会客室等候。"

蒋介石说:"布雷先生,你先下防空洞,我去换一件衣服,先见见客人。"

蒋介石上楼去换了衣服,一看陈布雷还等着。他去见客人,谈了几分钟,才和陈布雷一起下了防空洞。这时敌机已到了上空,炸弹倾盆而下,一个劲地对准蒋介石居住的湖北省政府猛炸,东、西、南三面都挨炸,幸好大部分炸弹是臭弹没炸响,仅仅两个卫士受伤。

蒋介石说:"我看要迁到汉口去办公。布雷先生,你们侍从室移汉口两仪街,我就住在汉口中央银行。"

可是他们一迁到汉口,陈布雷又遇到麻烦了。

原来,《新华日报》在8月15日的社论栏内发表了胡愈之的一篇文章,还有郭沫若的题词。大意是:青年应让他们自由发展,犹如植树一样,需要充分的阳光和养分,要防止风虫灾害,这样小树才会成长为栋梁之材。对树不好横加剪削检束,这样即使成活了,也是盆栽小景,派不了大用场。党国要员陈立夫看了这几篇文章后,大为光火,立即把这张报纸送给蒋介石,说:"请委座看一看,郭某和胡某这是含沙射影,意含讥讽。"

蒋介石一看,皱起眉毛,一边用红蓝铅笔在报纸上批画,一边找来陈布雷,说:"你看一看,郭沫若和胡愈之写的什么文章?这不是明摆着在讥讽我们对青年不爱护,乱加剪削吗?我们三青团不正是青年的团体,以复兴党国为目标吗?"

陈布雷看后,讷讷地说:"蒋先生,我看这俩人也不过是书生之见,一般

187

的议论,并不是有意讥刺当局,特别是郭沫若的题词,纯粹是应景之作。"

"唉,你呀,你呀,真是书生之见!"蒋介石扬了扬报纸,"他们为什么要在《新华日报》上发表文章和题词,这不是表明他们的政治色彩完全是站在共产党一边吗?"

为什么蒋介石要找陈布雷并且一味地指责他呢?原因就是一个:他举荐过郭沫若。陈布雷自然是明白这点,默然不语,过了半晌才说:"蒋先生,那么是不是可以召见郭厅长,你当面和他谈一谈?"

这蒋介石倒是同意了:"你以侍从室名义通知郭沫若来见。"

第二天,郭沫若接到陈布雷的一封信,提起了胡愈之的文章和他题词的问题,还说了蒋的不满之意,委婉地劝他不要在有色彩的报上发表文字。陈布雷还附上剪报,说有委座的批语。然后,才告诉他委座要亲自单独召见他。

侍从室和军委会搬到汉口后,安排在一座大洋房里。第三天,在洋楼底层一间走廊上,阳光很亮,天气又热,蒋介石坐在条桌后,陈布雷陪着郭沫若来了。寒暄几句后,蒋介石就提起《新华日报》上那篇文章和题词来:

"那文章实在作得不好。"

蒋介石面色红润,虽然带着笑容,但嘴角却微微抽动着:"公务人员么,不好在有色彩的报上发表文章,可以在《大公报》比较中间性的报纸上发表。"

郭沫若沉默不语,场面很尴尬。陈布雷插嘴说:"委员长还要仰仗郭厅长呢!"

蒋介石立刻接上话说:"我们的三青团宣传的事,要仰仗你们啦! 帮忙宣传宣传啦!"

郭沫若还是不说话,可他一抬头,见到陈布雷满头大汗,长衫的背上几乎全湿透了,这才立即说道:"三厅已经够忙啦,还有对敌宣传工作。如果我们力量够得到,当然要帮忙了!"

就这样,郭沫若把老蒋糊弄过去了,陈布雷的难才了了。

这时国民党政府各院、部、会驻武汉办事处开始撤离,迁移重庆。

9月29日,随着长江要塞田家镇的失守,所谓的中日武汉大会战,就已没多少精彩的镜头了。10月21日、22日,日军已迫近武汉外围。敌机终日

盘旋，陈布雷还在跟着蒋介石忙着起草那些谈话及宣言等稿件。

蒋介石说："布雷先生，武汉可能失守，你为我起草一篇《胜利须赖长久之奋斗告全国军民书》，要说明我在抗战开始时早已决定的一贯方针：一曰持久抗战，二曰全面战争，三曰争取主动。宁为玉碎，毋为瓦全。与日寇周旋到底，最后胜利必属于我。"

抗战以来，国军每丢失一处地方，陈布雷就要为蒋介石起草一篇告军民书，他知道武汉放弃在即了，还是毫无怨言地接受了这个任务。蒋介石看了看这个忠心耿耿跟着他的文告大师，说：

"布雷先生，侍从室最迟得在 23 日、24 日前迁往湖南，在衡山待命。你再留一天，也要动身走。"

"你呢，什么时候走？"

"我留下来，到时候我会走的。"

"蒋先生，"陈布雷为主子的"断后"精神再次感动，说："你要多保重。"

22 日下午 5 时，陈布雷去向蒋介石告别，顺便把文稿呈上。蒋介石很关心地说："布雷先生，怎么，你还没动身吗？"

"蒋先生，"陈布雷回答说，"我等晚上的船走，特地来告别，请先生保重。"

这时蒋介石正在接见部下，陈布雷坐了十几分钟，又像以前离开南京那样，好像生死离别似的，依依不舍地告辞而去。吃了晚饭后，他与陈方、翁祖望、李惟果、王学素等人登上渡轮，在沉沉暮霭中离开了汉口。

陈方、翁祖望、李惟果，都是他为实现当初与钱大钧斗法的"腹案"而招罗来的，如今已经成为了他的铁杆亲信。

第二日下午，渡轮过了王家镇，晴空万里。陈布雷在渡轮的大单间里与陈方、翁祖望等人闲谈。妹夫翁祖望本在浙省教育厅工作，浙江沦陷后，陈布雷就把他招募到了自己的手下，一则解决他的失业问题，一则是因为上次他表现出来的编造才能，他这里也确实需要这么一个人才，三则壮大自己在侍从室的势力。几人正闲聊着，突然又听到飞机的嗡嗡声，翁祖望向外一望，说："三架鬼子飞机掠船而过。"陈布雷不以为意。可是没过几分钟，三架西去的飞机又调头东来，只听轧轧的声音，迎着渡轮就俯冲下来了，砰、砰、砰，一阵机枪扫射。陈布雷随即卧倒在大单间内。机枪声暂停后，陈方扶

189

着惊魂未定的他来到房舱内,拉过被子盖在身上。这时,敌机又来进行第二次扫射,这下陈布雷气也来了:死就死吧! 干脆闭上眼睛,心想抗战以来,前方后方死了多少人,自己虽对国家没做什么大贡献,但立身行事倒也没做过什么亏心事,老父在49岁时就死了,自己就是今天遇难,大儿也已25岁了,这也值了! 他这么想着,心一静下来,却起了英雄气概,大有一副视死如归的样子。

可就在陈布雷不怕死时,他却听到同船的陈方在喊叫:"陈主任,陈主任,我的老母怎么办啊?"他这一叫,顿时就把陈布雷的英雄气概叫走了一半,这时光杆秘书王学素狂喊着奔入舱内,叫着:"陈主任,陈主任,我受伤了!"

陈布雷连忙站了起来,让出自己的位置,说:"你躺在这儿吧!"然后,他又拿出毛巾为王学素包扎一块并不致命的小伤口。这时机枪声稍停又响起来了,卫士冲入舱房,扶起陈布雷就往底舱钻去。在底舱,他们听不清机枪声,但穿入舱内的弹痕竟有三四处之多。最妙的是李惟果的鞋子被子弹击穿,而皮肉竟无丝毫损伤。此后,李惟果逢人便说:"嘿,生死有命!"敌机又扫射两次后终于向西飞去。渡轮只好停泊在江岸了。

陈布雷走出深舱,才得知船上大副及四名卫士伤重都已经直挺挺了,另有十多人负伤。侍从室除王学素受伤外,二组司书左弼全身受伤三处。陈布雷立即领着他们弃船登岸,江边全是烂泥巴,他一抬脚就踏入污泥中,并且愈陷愈深,最后卫士背着他,众人才到了个小村庄躲了起来。

短短几个月,陈布雷两次遇到飞机轰炸,都没伤毫发,也是够庆幸的了。虽然是文弱书生,陈布雷在关键时刻倒能拿出英雄之气来。天色薄暮时,他们仍旧下船,驶回新堤,掩埋了死者,把伤者送入医院。因为前路有危险,陈布雷决定改道到沙市,然后沿公路去湖南。

在陈布雷等人遭遇生死劫难时,10月24日晚,蒋介石和夫人宋美龄也离开了武汉。可是他们的飞机在飞去湖南南岳时,迷失了方向,结果又返回了汉口。第二天早晨4时,飞机再起飞时,日军离汉口城外仅只有15公里的路程了。他一走,第二日,武汉就失守了。

26日下午,陈布雷一行人才到达沙市。29日,当他们一路奔波,经宁乡、湘乡、湘潭到衡山时,已是黄昏后了。蒋介石早已到达这里了,但陈布雷

去拜见他时,他却又去长沙指挥抗战了。

武汉失守之后,日军主力就打到了湖南北部,蒋介石以为他们一定就要夺取长沙,在布防长沙的会议上,作出了一个大胆的决定,说:"火车和火车头都向西南退,把铁路都挤满了怎么办?都烧掉算啦。"

他的这种焦土战术并不是第一次实施。早在6月份,占领开封的日军逼进中牟,郑州岌岌可危时,他就玩过一次。当时在紧要关头,蒋介石决定放弃黄河以北地区,并下令破坏郑州黄河大铁桥,以阻敌前进。这时负责守卫郑州的第一战区司令部里的正、副两位参谋长是晏勋甫、张胥行,两位"高参"提出一个此时谁也没想到的、"高明"的阻敌方案,就是学关云长水淹七军,挖掘黄河堤岸,以水淹敌,让滔滔黄水把鬼子淹死,并把余敌隔绝在黄河北面的豫东。另外,这晏大参谋长还有一个腹案,就是将郑州付之一炬,全部烧光,让鬼子就是占领了郑州也饿死困死。两位大参谋长想好这阻敌妙计,正要向武汉军委会请示时,侍从室主任林蔚打电话来询问郑州方面战况,晏勋甫立即把自己这个掘堤阻敌的妙计报告给他,并请求马上向蒋委员长报告。不到一个钟头,林蔚来电话说:"委员长和我们研究了,委员长同意。"

掘堤阻敌,可是黄河岸边的几十万老百姓怎么办?他们不也要和鬼子一样遭受同样的命运?因事关重大,第一战区司令程潜虽然同意,但又怕担负这水淹万民的责任,又以电报方式报请蒋介石,蒋介石只好又回电正式批准了掘堤方案。

于是,炸黄河铁桥和决黄河大堤由第一战区的新编第8师师长蒋在珍全权指挥。这蒋师长打鬼子打不过,炸座死桥还炸不成?6月7日,中国最长的铁路桥随着他一声吆喝就被彻底炸毁了。随后,他又亲自带人在郑州北面花园口段对黄河大堤下手,人挖、炮轰一齐上,马上打开两丈宽缺口,一时洪水滔滔而下,继而将堤口冲开百余米宽,黄河大水汹涌向东南泛滥,一下就淹没了豫、皖、苏三省40多个县,90多万浑然不知觉的老百姓被突如其来的大水淹死,610多万人在万顷黄水的泽国汪洋之中挣扎。而决堤后,大水只截断了日军一个骑兵团支队的退路,并被我军消灭。蒋在珍师长也因为决堤有功,授予勋章一枚,发给奖金3000元大洋。

黄河决堤淹死这么多人,立即被《大公报》及《申报》等大小报纸纷纷刊

出，一时之间，举国愤怒，同时引起国际社会和人权组织的严重关注。在这样的情况下，6月13日，军事委员会政治部长陈诚出面在汉口举行中外记者招待会，通报了"日机轰炸花园口河堤经过"后说："历来黄河水患，均出于天灾。日本狂暴军部，竟以文明的利器，以人力决口黄河，企图淹没我前线将士和战区居民，如此惨无人道之行为，真可算达到了登峰造极的地步，实为全世界人类之共敌！"蒋介石巧妙嫁祸给鬼子，这才把自己的罪责推脱掉。

上次黄河之水并没挡住日寇的进攻，又淹死这么多的百姓，教训不可谓不深刻。但是，蒋介石并没有接受教训，这次又故伎重演，用上了晏大参谋长的火烧郑州的腹案，决定：如果日军进攻长沙，则将市内一切重要设施纵火焚毁，然后撤退。他亲自定下守城大计后，立即就回南岳山上了。

可没过几天他就惊呆了！

原来他离开长沙后，他的守城大将立即执行他的守城妙计，将军队组成放火组，并给防火组下了条死规定：见市内起火便是信号，放火组便在全市统一放火。这个命令简单倒简单，执行起来也不难。谁知11月12日晚，南门外的伤兵医院突然失火，放火组的士兵们以为就是"火烧长沙城"的信号，便一齐放起火来。最为可恶的是，当局在事前既不向市民预告，也没任何疏散措施。一夜之间，大火吞没全城，到14日大火才熄灭。长沙城大部分房屋被焚毁，居民被烧死两万多人。长沙大火，引起中外谴责。

11月16日，蒋介石不得不从南岳来到长沙视察火灾状况，只见全市一片瓦砾。他要举行茶会招待外侨，亲自向外国人表达遗憾之意，可惜全城已被烧光，连茶叶也买不到。上次决堤黄河，可以把罪责推诿给鬼子，这次鬼子还没打到长沙，为了平息民愤，蒋介石只好处理自焚长沙事件了。他的方法倒也简单明了，下令将指挥纵火的"祸首"——长沙警备司令酆悌、警备二团团长徐昆、湖南省警察局长文重孚三人枪毙。

可惜的是，这长沙警备司令酆悌还当过蒋介石侍从室的二组组长，是蒋的亲信，他也是陈布雷等人十分熟悉的人。听到酆悌的死讯，陈布雷叹息了老半天："粗心大意真是害死人啊！"

陈布雷在衡山住了两星期后，才见着蒋介石。蒋介石见着他，没有谈起酆悌，却问起了他本人的情况，说："布雷先生，在武汉你应该早点走的。这

次差点就遭大祸,饱受了惊吓,身体怎么样？"

"谢蒋先生关心,"陈布雷很感激地说,"蒋先生也要保重身体,日寇紧追不舍,轰炸、扫射,目标就在于你呀。"

"我晓得。"蒋介石说,"侍从室要马上移到桂林去。我还要到长沙一行,会晤英大使卡尔。"

随后,陈布雷由衡山启程,第二天到了桂林,住在乐群社内。

奔波两个月,陈布雷哪里吃过这样的苦？他对鬼子恨透了。

五、夜探汪精卫,抗日随蒋介石的坚决而坚决

陈布雷住在桂林,主子不在,没交代什么任务,他也就没什么事了。至于各处来电,他全推给林蔚去处理,因此,清闲得很。他在桂林熟人不多,但桂林市筹备处长庄仲方却是个有心人,天天陪着他,招待十分殷勤,这样陈布雷也没什么寂寞,闲暇之余,游了七星岩,游月牙山,饱览桂林"甲天下"的山水胜景。

月底,蒋介石从衡阳飞临桂林,陈布雷于是随他移入旧藩署八桂阁内办公,距主子的官邸才隔一门。12月7日,蒋介石对陈布雷说:

"布雷先生,庸之(孔祥熙)刚才派人送信来,他的秘书乔辅三有消息,说汪先生正和日本人勾搭。我们立即到重庆去。你是不是先到汪先生那里去探听一下？"

于是,陈布雷由桂林飞往重庆。

这天,天气恶劣,能见度极低。蒋介石见状,临时决定缓飞,陈布雷只好乘机先飞了,二组组长于平远,秘书李惟果、俞国华等人与他同行。飞机性能较差,在空中东摇西摆,飞到山城上空,又找不到着陆的机场,几乎迷失了方向,最后不得不降落在涪陵,下机问明航线后再度起飞,这样一直折腾到傍晚,陈布雷才到达重庆,降落在珊瑚坝机场。

他一出舱门,早就在机场翘首等待了半天的妻子王允默急忙上前,她双手紧紧抓住久别的丈夫的手,眼泪夺眶而出。但是陈布雷顾不得和妻子细谈,说:"我还得去拜会汪先生。"

当晚9时,他驱车前去拜访汪精卫。

193

早在 10 月 22 日,陈布雷乘船离开武汉时,另有两个人也同时开始了神秘之旅。一个是南京江宁实验县县长兼江宁区行政督察专员梅思平,他的身上密藏着他和外交部亚洲司司长高宗武与日本军方在上海谈判达成的卖国条件,从香港飞抵重庆。另一个是陈布雷的前副手周佛海,他将原定于 25 日飞离武汉的日期提前,也从武汉搭机飞往成都,然后返回重庆,与梅思平及汪精卫、陶希圣等人会合。然后,四人连日举行秘密会议,正式决定拥戴汪精卫出马,响应日本近卫内阁的招降条件,准备秘密从重庆出逃,到南京另立反蒋反共政府,与日本实现"和平"。周佛海是汪叛国降日的"总参谋长",陶希圣是他的"政治参谋",高宗武是"开路先锋"。10 月 31 日,周佛海还故意从重庆给陈布雷发电,说自广州、武汉失陷以后,上海、香港两地谣言很盛炽,重庆等地也传说纷坛。这还弄得陈布雷直感叹:"国事日棘,交通日艰,人心之安定为不易矣。"谁知,周的这一电报不过是一个障眼法,意在麻痹陈布雷。但是,就在接到周佛海电报的这一天,陈布雷从中央通讯社社长萧同兹送来的《参考消息》中读到一则消息,很快引起警惕:汪精卫于 10 月 21 日在重庆对路透社记者发表的谈话,宣称中国并未关闭和平之门,"如日本提出议和条件,不妨害中国国家之生存,吾人可接受之,为讨论之基础"等等。陈布雷意识到:汪精卫没得到蒋介石的授权,竟在全国抗战的关键时刻,擅自发表"和议"言论,这是极其不正常的。尤其在这之前发生了高宗武私赴日本事件,从日方带回的先决条件是要蒋先生下野,由汪先生出马。蒋介石曾为此大发雷霆。在这种情况下,汪站出来公开"倡和",会不会是另有图谋?

其实,高宗武私赴日本,就是周佛海等人经过密谋,以搜集敌方情报做借口,经蒋介石同意派去香港的。搜集敌方的情报,本属侍从室的工作范围,又要绝对保密,蒋介石曾把这一工作交由陈布雷单线掌握,每月批给特别活动经费 8000 元大洋。谁知高宗武赴港后,竟"将在外君命有所不受",受周佛海的鼓动,潜赴日本,与日方达成由汪精卫出马主持"和平"交涉的共识。高宗武回港后,意识到此行是背着老蒋干的,且会谈结果于蒋大不利,因此不敢到武汉面蒋,只是将此行的结果写成一份报告,派人送到周佛海手上。周看完之后,呈交汪精卫,汪看完之后转交蒋阅。蒋介石看后自然是大为光火,当即把陈布雷找去,声色俱厉地说:

"高宗武真是太大胆了,谁允许他上日本去呢?!自今以后,我与高宗武断绝关系,完全与他无关系了。"

不用说,高宗武每月8000元的活动经费,被老蒋断然下令停止支付了。

事实上,高宗武赴日期间,日方不但提出了要蒋下野、由汪上马的条件,而且还特别要他关注陈布雷对待"和议"的态度。高宗武一边明确告诉对方自己的上司是国民党中央宣传部长周佛海,周是热心推动者;一边又模棱两可地暗示:周佛海同侍从室主任陈布雷是特别亲密的朋友,陈布雷是侍从室主任。他的潜台词就是:陈布雷是隐在主和派幕后的重要人物。陈布雷到武汉后,多次批评周佛海的消极悲观情绪,弄得他极为不快。高宗武赴港后,周佛海一度积极活动赴港,陈布雷明确告诉他说:"赴港小住之意须打消,因有种种关系,不便前往,否则,恐起物议。"他对周佛海及高宗武的活动已有所警惕了。

联系到周、高等人的种种诡秘活动,陈布雷将上海等地报纸关于汪精卫接见外国记者谈话的评论摘呈给蒋介石阅,意在提醒他留意汪精卫的言行。岂知老蒋看了后,竟认为汪的谈话:"与既定国策无违背,沪评不足介意。"蒋既不介意,陈布雷也就无话可说了。结果,两天之后,梅思平带着汪精卫、周佛海等人策划的"和平方案",离开重庆,经河内于11月9日抵达香港,与高宗武会合,前往上海,在日本大特务土肥原特务机关所在地重光堂,与日本军方的代表再度会谈,并草签《日华协议记录》,这也就是臭名昭著的"重光堂协议"。这时蒋介石仍然蒙在鼓里,但种种迹象又表明汪精卫在行动,因此有了这次陈布雷前去汪公馆面试的一行,目的就是去摸清汪与日本人勾搭到了什么地步。

汪精卫一见到陈布雷,神采飞扬,满面红光地问道:

"布雷先生一路辛苦,风尘未洗,深夜驾临,有何指教?"

"汪先生,日军进逼,战局危艰,布雷请副总裁赐教。"

陈布雷其实是不宜做探子一样角色的,三更半夜就为这来拜访?鬼才相信呢!何况是老奸巨猾的汪精卫。

"嗯,战局?这个战局,"汪精卫模棱两可地回答,"敌我两国可谓各有难处。"

他既不唱高调,也不唱低调。

195

蒋介石的秘书 陈布雷

jiangjieshidemishuchenbulei

陈布雷吸了一口烟,又问:"几日前,日本近卫首相发表一项声明,声称'倘国民政府能转换政策,变更人事,参加建设新秩序,日本并不拒绝'。不知副总裁对此作何评论?"

陈布雷单刀直入,可是汪精卫哈哈一笑,眼光瞟了陈布雷一眼,说:"兆铭正想请教委员长对此作何评论。布雷先生作为委员长的秘书长,一定很了解委员长的胸中韬略吧?"

"这个,"陈布雷字斟句酌而又十分认真地说,"委员长的见解么,可谓一如既往……"

结果,陈布雷夜探汪精卫,在老奸巨猾的汪精卫前什么也没探到。其实,这也是蒋介石的失误,陈布雷一介书生,哪里是老政客汪精卫的对手?他能探到什么口风?!

8日,蒋介石飞回重庆,陈布雷向他汇报了夜探汪精卫的经过,蒋介石见他没有收获,第二日干脆把汪精卫等人约到重庆黄山别墅山顶客厅开会,陈布雷也与会。会上,蒋介石目光炯炯,盯着汪精卫说:"不论国际形势如何,我国必须作自力更生、独立奋斗的准备,请问汪先生如何看?"

这话是他与陈布雷商议后的再一次公开试探与表态。汪精卫也用那金鱼眼反盯着蒋介石,不阴不阳地说:"日本国的困难在于结束战争,而我国的困难在于如何支持战争。"

蒋介石看了一眼陈布雷,陈布雷也看了他一眼,彼此心照不宣:汪精卫是老狐狸,还是不肯公然摊牌。这次会议蒋介石还是一无所获。但才过十天,答案就出来了。

18日,汪精卫以赴成都军官学校讲演为借口,带着老婆陈璧君、秘书曾仲鸣乘飞机离开重庆飞到昆明,次日又飞往越南河内。随后就在河内发表了响应日本近卫首相声明的投降"艳电"。艳电公然颠倒黑白,为日寇侵华罪行辩解。党国第二把手汪精卫就这样公开叛国投敌,当上了可耻的汉奸。随后,他手下的喽啰亲信陈公博、周佛海、陶希圣、林伯生、高宗武等也相继叛国投敌,聚集在他的麾下。

这一消息传出,举国上下莫不同声斥责,陈布雷更是气愤极了。早在赴渝之前,他还委托周佛海帮助他在重庆寻觅住所,周佛海多方奔走,还真的在美专校街为他找了一幢两层小楼。正当他对新住所满意而满口夸赞周佛

海有能力时,却获知他跑去做汉奸了。从此,陈布雷住在这"流亡寓所"心里就不舒服,提起周佛海就满肚子来气。

陈布雷对周佛海来气,国府主席林森号称"橡皮块",从没为国事发过火,这一次气得也大拍桌子,大骂汪精卫:"你汪精卫要当汉奸,为什么还要糟蹋我呢! 真是可耻又可笑。"原来汪精卫在日本的卵翼下要在南京成立伪国民政府,却又羞羞答答说国民政府主席仍是林森,他只是代理而已。林森一没死,二没逃,一个大活人要他这个汉奸代什么? 林森觉得这对自己来说是个莫大的侮辱,当然忍受不了。

林森对汪精卫来气,接着汪精卫又把蒋介石给惹火了。

12月20日,蒋介石乘飞机到陕西武功主持军事会议,谁知第二日早晨,他还在床上,就接到云南省主席龙云的电报,说:汪精卫叛逃到了越南河内。于是,他急飞回重庆。由于汪精卫是国民党副总裁、国民政府国防最高委员会主席,是仅次于蒋介石的第二号人物,他突然出走河内,已为中外注目,有些不明真相的人联系到老蒋以前一些不坚定言行,一些地方竟传出汪是受蒋的密命前去与日本媾和的,"艳电"也是经蒋介石同意的。蒋介石平白受到冤枉,气了个半死,回到重庆的当晚,就让洋顾问端纳转告美、英驻华大使,声明:"汪兆铭无权和任何人谈判和平。中国不但没有意思和日本谈和,而且现在正准备作大规模的抵抗。"然后,他忍住气,亲自给在河内的汪精卫发去一份电报,劝他从速返回重庆。可是这汪精卫不仅不理睬他的电报,反而给国民党中央常务委员会及国防最高会议各发去一份电报,说:"蒋总裁在陶德曼工作之际,曾允以日方条件为和平谈判之基础。"他反揭出蒋介石当初也想过要投降日本的秘事。这下又把蒋介石气了个半死,桌子拍得比林森还响。

随即,他又把陈布雷找来,说:"布雷先生,汪精卫公开投日,你要写一篇驳斥日本近卫的所谓'建立东亚新秩序'的声明。"

陈布雷正愁着对周佛海这伙儿卖国贼的气没处出呢! 写这篇文章,他当然乐于接受。他回到美专街办公室,激动得不能自已,燃起了一支三五牌香烟,先深深吸了几口,就把稿纸舒展开来,眼睛一亮,文思泉涌。对于近卫声明的险恶用心,陈布雷一针见血地指出:这"是敌人整个吞灭中国、独霸东亚、进而企图征服世界的一切妄想阴谋的总自白,也是敌人整个亡我国

197

家、灭我民族的一切计划内容的总暴露"。对于近卫声明中的种种欺骗性口号及阴谋,也给予入木三分的揭露,使之大白于天下,如近卫所谓新生的中国,"是要消灭独立的中国,另外产生一个奴隶的中国";近卫所谓共同防共,"不过是要以共同防共的名义,首先控制我国,我们宁可举国牺牲抗战,如果这个共同防共的要求可以应允,还待今日吗?";近卫所谓完成两民族的融合,"明明是要我中国民族'消融'或'熔化'于日本民族之内而与之'合并于一体'";近卫所谓完全无缺之提携,"譬之吞噬,要连皮带骨的吞噬下去"。最后,陈布雷愤怒地写道:日人"灭亡中国之计划与工具,已经一切俱备;其侵略并吞之手段与心事,已毕露无遗。所缺者只待中国受其欺蒙受其威胁而向之屈服、上其圈套罢了"。在这里,陈布雷只差直呼"汪精卫"而对他进行臭骂了。

他从上午11时写到下午5时,写了四千多字,才稍稍停笔休息了一下。这时陈方送来当日需要审批的重要文电,陈布雷当即一一核发。晚上,蒋召陈布雷往谈,提出几点需要补充的地方,他当即回来进行完善补充。到晚上10时许,他就把初稿完成了。可他还觉得不够尽意,想了想,又补上一段:

"我们这一次抗敌战事,是善与恶、是与非的战争,是公理与强权的战争,是守法与毁法的战争,也是正义与暴力的战争。我们古语云:'德不孤必有邻',世上公理的力量,终必抬头。最后胜利,必属我们。"

陈布雷朗诵了一遍,自我感觉不错。28日,他将文稿呈蒋核阅,略作修改后,于当晚以中、英文两种文字交国民党中央社正式发表。这篇题为《驳斥近卫东亚新秩序》的讲词,公诸于世,影响极大。

陈布雷仿佛又恢复了《天铎报》时期的报人青春。

1939年元旦,国民党中常委举行临时会议,讨论对汪精卫"艳电"之处置。

蒋介石说:"除夕之日,我已嘱布雷拟电稿,对汪晓以大义,为他留点后悔的余地⋯⋯"

可是,他的话还未讲完,林森气呼呼地开始骂起汪精卫来了,他还没骂完,党国元老张继、吴稚晖也愤而慨起,慷慨陈词,尤其是老怪人吴稚晖这次是新仇旧恨一起报,什么话脏就骂什么话,什么话难听就骂什么话,这个

"汪兆铭"若能被人骂死肯定被他这顿臭骂骂死！结果，会议群情激昂，决议永远开除汪精卫的党籍，并发表决议文"昭告全国，以明邪正"。

陈布雷参加了会议，为会上的气氛和会议的结果感到畅酣。

但是，这国破家亡的灾难并没因为陈布雷对于家人的早安排而消除。他的连襟何吟莒举家西迁途中，儿子被鬼子飞机炸中而死。何吟莒夫妇入川后，一时找不到住所，暂时落脚在陈家，一来解决了房荒，二来两家也有个照应。谁知这何吟莒感于国破家残，终日忧郁寡欢，不能自拔。1 月 19 日，他竟然萌生一走了之的死念，在这春节时分在陈布雷家中自尽身亡。

他的死对陈布雷刺激很深，很长时间犹如一道挥之不去的阴影始终笼罩在他的心头。

但是，这悲伤的阴霾还没消除，陈布雷又忙起来了。

21 日至 30 日，国民党召开五中全会，会上蒋介石作了《唤醒党魂发扬党德与巩固党基》、《整顿党务之要点》的讲话。会上通过了"整理党务"决议，确定了"防共、限共、溶共"方针，设置了专门的"防共委员会"，决定设立国防最高委员会，统一党政军的指挥，由蒋介石任委员长。在全会期间，蒋介石出席演讲六七次，陈布雷除记录、整理讲词外，还参加了戴季陶主持的宣言起草。

国民党的这次五中全会成为了蒋介石抗日的一个大转折，他由抗战为主转向了反共为主。陈布雷也随着主子开始了右倾。

第六章
在反共与亲党的矛盾中

一、病中迎来了 50 岁,更决心从一而终报宠恩

陈布雷这个侍从二处,坐落在重庆美专街的两层小楼里,他自己住楼上,楼下做办公室,这里人员精干,一切却很简陋。

尽管这里很简陋,但陈布雷却把自己与蒋介石的联系放到了第一位。他把楼下楼梯旁边一个亭子间做了秘书翁祖望的办公室兼卧室,翁祖望就日夜守在亭子间内办公与接电话。蒋介石的官邸随时有电话来,翁接听后就立刻上楼报告陈布雷。只要是蒋官邸来电话,陈布雷就是半夜睡着了,也立刻起床,赶到主子那里去。

他白天处理公事,参加必要会议,晚饭后,以第四组为中心,与各组长讨论公务,几乎每夜都要提出一些报告,商量如何处理。如遇到重要文告,他本人就得通宵工作,常常熬夜到清晨完稿,才上床略为休息。不熬夜的时候,他也常在 11 点钟先吃两片安眠药,精神反觉旺盛,再办公事,写文章,或与人谈话,直到睡意来了才上床就寝,结果常常也是才睡两三小时,天就亮了。他这种不分日夜为老蒋一人效劳的精神,就连宋美龄也深受感动,总是想尽办法从印度空运一些三五牌香烟、美国奶粉,按时送给陈布雷。

1939 年 1 月间,蒋介石又对侍从室做了新的改革,给侍从室的两位主任下了一个很长的手令,规定他们每天军事、政治公文,只限上交 10 件呈阅,情报每日也不能超过 10 条,其他公文就由各处主任自己处理。不久,蒋介石又追加了一个手令,规定所有公事,暂由一、二处主任决定,只有特别重要不能决定的,才能送来呈阅。这样一来,陈布雷权力大是大了,但是这代行“最高当局”的独裁权力,更是压得他气喘吁吁,不堪重负。为了保密,

他常常工作得午饭甚至一日三餐都不下楼。

3月间，继任林蔚的一处主任贺耀祖不堪重负，暗中活动关系，调任了重庆市市长，湖南省政府主席张治中将军继任他的职务。这是与陈布雷搭档的第四任一处主任。张素有儒将之风，对陈布雷的为人及道德文章极为钦佩。因此他上任之后，与陈的配合极为默契，成为历届侍从室主任中的一对"黄金搭档"。

进入4月，陈布雷累得体力吃不消了，精神疲惫，但因为工作太忙，他坚持不请假，可是这倒被蒋介石夫妇看出来了。一天，宋美龄亲自找到他说："陈主任，你身体不好，不要硬撑，主席很不放心，嘱咐我告诉你，是不是换个地方去疗养？是不是到昆明去休养？那边气候好。所有的休养费用、交通工具，我会关照的。"

陈布雷感激涕零，回答说："多谢蒋先生和夫人关心。昆明太远，万一蒋先生有什么事，我回来恐怕又不便啊。"

他坚持熬到5月，宋美龄终于看不下去了，又亲自来到美专街，还专门带来了蒋介石的一封亲笔信："移地疗养不便，可在近郊疗养，修书敦促，请即离渝，保重身体。"

这样，陈布雷才放下手中的一大堆忙不完的事，到重庆近郊的北碚休养去了。这次他休养了52天才缓过神，然后于6月30日下山回重庆销假。

7月初，陈布雷精神完全复原了，又为蒋介石撰拟并修改了抗战两周年《告全国军民书》、《告友邦人士书》、《告日本民众书》及激励将士通电和若干对外函电。

10月初，他随蒋介石赴成都，蒋介石竟然亲自兼起了四川省政府主席。

蒋身上的兼职多得不计其数，忙得连该要审看的公文都交给陈布雷等人代理，老蒋的这一举动叫不少人觉得奇怪。原来，这时整个中国大部分省份都已经沦陷了，省主席的位子没几个了，四川省主席一职被多人争抢，为了平息众人的纷争之心，他干脆来了个谁也不给，自己兼了。

11月中旬，国民党举行五届六中全会，全会上又发生争抢官位之事，蒋介石又照搬老办法，自兼行政院长，任命连襟孔祥熙为副院长。但是，还是平息不了众要员的纷争，只好增加了不少虚职，把中央各部人事再做了一

些调整,才把会议闭了幕。

陈布雷在会上看到这些要员的争官争权丑剧,又气了个半死。会后,旧疾又作,卧床不起。王允默虽百般调治,终不见好,睡不好吃不下,人更消瘦了。结果在 11 和 12 两个月连续"旷"了不少的工。

这在陈布雷是非常罕见的,他自己也感慨说:"一年之中两次病倒,确实是一年不如一年了啊!"

12 月 26 日,是陈布雷的 50 岁生日。他不愿祝寿过生日。在生日前两天,他找了好友中央日报社社长程沧波商量:"沧波兄,布雷五十初度,大哥、四弟等都来信询问。我怕亲戚朋友祝寿,想躲个一两天。"

他学起了当年主子过五十大寿的模式。表面上,陈布雷对 50 岁生日淡然处之,不予重视,但在内心深处,他其实是很看重这个日子的。因为他的母亲在 39 岁辞世,父亲在 49 岁归天,他们都没能活过 50 岁。这在陈布雷的心理上是一道很深的创伤,也是他最忌讳的一个话题。尤其是一年前在长江船上遇险,他就感到自己过不了 49 岁这一关,可是现在过来了。因此 50 岁生日的来临,对他来说,是一件值得可喜可贺的人生大事。不但陈布雷这样想,他的家人也都期盼着这个日子,因此他的大哥陈屺怀及四弟陈训慈很早就来信祝贺。欣喜归欣喜,但陈布雷不愿意过分张扬,并且现在正是国难时期,一切都要节约,他接近高层,更要力戒招摇。于是提出了躲寿。

程沧波自然理解他。这时程沧波也是寄人篱下,住在领事巷的康心之公馆,那地方幽静又宽敞,说:"我与康心之先生商量一下,请你到领事巷住两天吧!"

康心之是四川财阀与银行家,当过四川省粮食储运局局长、四川省银行总经理、重庆国民公报社社长、董事长等职。其兄康心如是同盟会会员,曾与张季鸾一起办过报,后弃报经商,创办四川美丰银行。康氏兄弟是重庆一对"兜得转"的能人。康公馆在重庆著名的高档住宅区领事巷。程沧波与康心之私交颇深,陈布雷很高兴。

12 月 25 日下午,他移居领事巷的康公馆。

可是,他一进门,程沧波却为他布置了一间简单的寿堂,挂了寿联,高烧一对红烛,还有中国农民银行总经理叶琢堂等人送的两只花篮。在陈布雷惊讶之际,程沧波说:

"我准备晚间为先生举行小酌,只请了于右任、叶琢堂、钱新之、张季鸾、邵力子、吴南轩诸先生,还有康氏昆仲,略表敬意。"

陈布雷一听,全是志趣相近的好友。监察院院长于右任和中宣部长邵力子是陈布雷的好友,叶琢堂与钱新之,一个是中国农民银行总经理兼中央信托局局长,一个交通银行董事长,全是有钱的大佬,复旦大学校长吴南轩、《大公报》总编辑张季鸾及程沧波都是文人,一共十个人,正好一桌。

"沧波兄,我有意避寿,反而扰得你为我祝寿,真是不胜惭愧。"

"都是一些老朋友,晚餐后,大家提议陪寿翁雀战。"

叶琢堂也说:"布雷兄不仅抗战后没这样消遣过,据我所知,离开记者生涯后,也绝少有此娱乐,因此我提议,由张季鸾、邵部长、程社长三人陪寿翁雀战。"

所谓"雀战"就是打麻将,四川人最好摆龙门阵和打麻将,国民党的高官要员一到重庆,别的没学会,偏偏把这麻将热掀起来了,就是平时爱读书的几位老头子也跟起风来了。叶琢堂的提议立即通过。于右任老先生却手拈长须,说:

"四个新闻记者打麻雀牌,我老记者观战呢!"

众人哄堂大笑。

晚饭后,四个人一共打了八圈。平时几乎没有娱乐过的陈布雷这次竟然对"自摸双"大感兴趣。八圈结束后,时间还是午夜。程沧波又叫家人煮咖啡谈天。陈布雷多年来都没这样轻松和活跃过。

第二天一早,老同事朱家骅也来祝寿了,陈布雷在他走后,立即说:"不好了,这里也不能安居了,还是回去吧。"

可是,他一回到美专街的小楼,秘书就双手递给他一个军委会的大信封,说:

"委员长亲笔贺词。"

"什么?蒋先生的贺词?"陈布雷还没拿着信封,手就激动得发抖了。当他抖抖索索地打开信封时,里面是两张军委会的公文信笺,这是蒋介石的亲笔,上面写道:

布雷吾兄五十诞辰

宁静致远　澹泊明志

蒋中正敬书

布雷吾兄：

战时无以祝嘏，特书联语以赠，略表向慕之意也。顺颂

时祉

中正手启

12 月 24 日

陈布雷双手捧着小小的两张贺词，喃喃自语："蒋公好大的恩啊！如何报答得了啊！"

接着，他又仰天长叹："知我者，蒋公也！"

就像当初老蒋过生日陈布雷赶去恭贺一样，蒋介石也没忘记他的生日，并用诸葛亮说的八个字来表彰陈布雷，这本来是人与人交往中常事。其实，蒋介石也贺过不少人的生日，但这次陈布雷却感动到了极致，手捧着

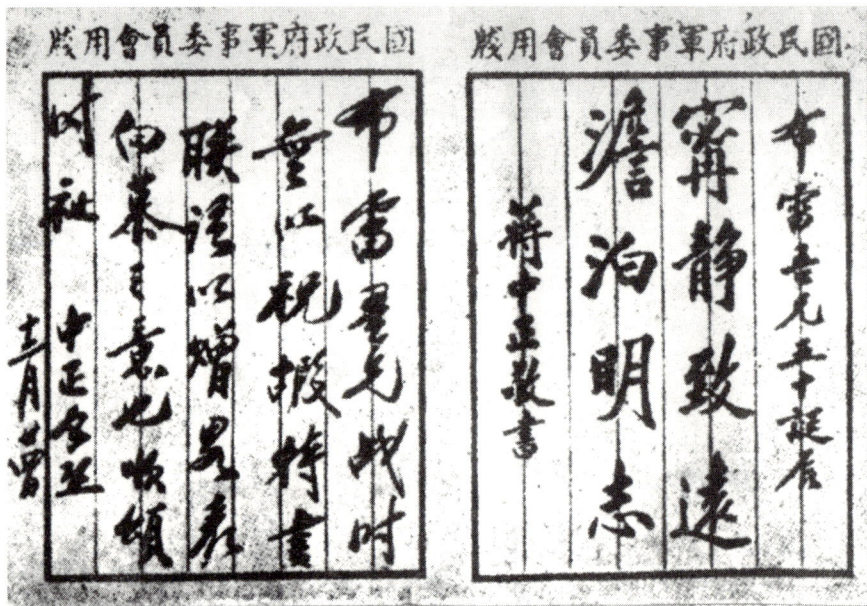

蒋介石祝贺陈布雷五十寿辰之手书

204

墨宝,激动得直发抖,暗暗决心要从一而终以报主子的恩宠。

事后,陈布雷专门跑到主子那里去道谢。可是,他没说几句,蒋介石却告诉他一件事,说:

"我接到经国的电报,日机在农历十一月初二日轰炸了溪口。"

"哦,这鬼子疯了啊!"陈布雷大喊起来,随即他又想起了什么,急忙问道:"经国兄还好吧?老家没事吧?"

尽管陈布雷与蒋介石是同辈人,却不伦不类叫起了"经国兄"。蒋介石也不计较,说:"日机轰炸了溪口,把丰镐房和文昌阁当做主要目标,经国的母亲、我的外甥宋涨生、教过经国妻方良国语的董先生都被炸死了。经国、方良和孩子们倒没事。"

陈布雷这才稍稍放下了心,再问到底是怎么回事。

原来,汪精卫投日后,日本首相近卫觉得他还是难以扶上大墙,又发表"不以国民政府为对手"的声明,加紧了对蒋介石诱降逼迫,以炸迫和。但是,蒋介石早已把投日当汉奸的汪精卫口诛笔伐得体无完肤,也堵死了自己投日的后路,开弓没了回头箭,拒绝了近卫的诱降。11月2日,日军决定给予拒不投降的蒋介石一点颜色看,出动大批飞机轰炸浙江奉化县的偏僻小镇溪口。炸弹将蒋介石与宋美龄回乡住的新居文昌阁洋式楼房全部炸毁,少数民房遭炸,但无人死伤。全溪口镇唯一被炸死的,就是与蒋家有关系的三个人,其中一个就是蒋经国的生母、被蒋介石休掉的黄脸婆毛福梅。当时日军飞机并未轰炸毛氏居住的丰镐房,毛氏正患病,行走不方便,听到敌机轰炸,慌忙逃进一条小巷内,宋涨生和董先生见着赶紧来救,恰好小巷遭炸,一座民房被炸塌,毛氏和救她的两个男人就被活生生地压死在瓦砾中。鬼子好像生了眼睛,单单炸死了毛氏。

在江西赣州出任专员的蒋经国闻讯星夜赶回溪口,一见母尸,立即昏迷过去,醒后嚎啕大哭,几天几夜寝食不安。随后,他在母亲遇难的地方竖起石碑一座,亲笔题写"以血洗血"四个字。他刻石留念,以示复仇之志。

蒋介石说完后,陈布雷问道:"那经国兄现在呢?"

"经国奔丧后回了赣州,其母满七时(死后七七四十九天),又去溪口,住武岭公园中国旅行社,不料又被潜伏的日本间谍知道,正月初二又出动大批日机,狂炸武岭公园……"

"那经国兄呢？"陈布雷又猛地一惊。

"年关在即，经国在年前赶回了赣州，总算安全了。武岭公园附近的房屋全被炸了，居民死伤惨重，从来没这样被炸过啊！"

蒋介石言之悻悻，但陈布雷看得出他对结发的毛氏之死没什么感觉，倒对那些被炸的房屋和居民惋惜不已。但是，日军竟然轰炸蒋介石的老家和亲人，已经足够使陈布雷义愤填膺了，他尽力压制住内心的愤怒，继续说：

"日寇就是针对统帅！蒋先生，你的行踪应该严加保密啊。"

"我不怕，我不怕，就是牺牲了，也是为国家死的嘛！"蒋介石摆出一副大无畏的样子。

陈布雷离开蒋公馆后，没有回家，立即召集侍从室人员开会，宣布了一条保密制度，说："侍从室的人员绝对不能多嘴，如有一点泄露，就要误大事，统统枪毙。"

这是陈布雷唯一一次对侍从室人员说出"枪毙"二字。俗话说四十不惑，五十知天命。陈布雷这次过生日，不仅没有因为生日的到来给自己带来一丝的喜悦，相反，因为不知"天命"，对主子安全的担心使得他更是诚惶诚恐，日夜提心吊胆地过着日子。

二、监视密友，遵命执行不误

侍从室就是蒋介石的私人工作室。蒋介石把这个政治怪胎的权力不断扩大。不久，他又对侍从室进行了扩充，一是成立了以CC系头子陈果夫为主任的侍从室三处，具体负责全国高层人事的调查、登记、考核、分配事宜；一是成立了以军统大特务唐纵为组长的二处六组，对中统、军统情报进行综合、分析、整理、运用。本来陈布雷就兼管一些情报工作，这次成立三处和二处六组，则把侍从室真正变成了一个无所不包的集权机构，也把二处进一步变成了这个集权机构的核心。从此，陈布雷通过六组这一个特务统治的中心环节，进一步介入蒋介石独裁统治的核心秘密。因此，陈布雷也可以说是个特务头子。

汪精卫公开投敌后，被日本人扶植做了儿皇帝。但蒋介石因为抗战而赢

得了民心,汪精卫怎么折腾,也发挥不起"一呼万应"的作用。日军又打起了蒋介石的主意,在武力轰炸不奏效后,又频频暗送秋波,玩了"妓女勾引"的手法,以"合作反共"为条件拉他下水,这下蒋介石这位"柳下惠"也心猿意马了。

1940年春季,蒋介石在与陈布雷的一次谈话中泄露了他积郁心中多年的忧虑和反共的打算。

"布雷先生,从戴笠的报告中看来,共产党、新四军在京、沪、杭一带外围有了很大的发展。"蒋介石皱着眉头,铁青着脸说,"据密报,共产党、新四军有一个'三山计划',要打通四明山、莫干山、天目山……要把过去江西、福建苏区都连成一片。到那时候啊,他们羽翼丰满,江南大好河山将一片赤化。这是心腹大患啊!"

陈布雷还是有点书生气,他对共产党并无好感,但国共合作抗日这是讲明了的,于是问道:"新四军不是也和我们合作抗日吗?"

"这是公开讲的,明的,但是他们发展势力,大有星星之火可以燎原之势,不加以限制、防止,弄得不好,又会造成民国十六年北伐那时的局面,打倒军阀,打倒军阀,结果把我们也打了进去。"

"那该怎么办?"陈布雷问。

"最近我叫戴笠物色了一个人选,准备派他到京、沪去,到汪兆铭那里去。"

去汪精卫那儿,跟新四军有什么关系?陈布雷没有问,只是紧盯着主子。蒋介石干脆讲明:

"这个人你也认识,他就是唐生智的弟弟唐生明,现在湖南常桃(常德、桃源)当警备司令部司令兼湖南省第二区行政专员与区保安司令。"

唐生明是有名的反蒋派,陈布雷有点奇怪:"唐生明不是参加过汪精卫、李宗仁、黄绍竑、白崇禧、张发奎等人的活动吗?"

"不错。正因为这样,他与汪兆铭方面的人都熟悉,派他去,南京方面不会怀疑;而且这个唐生明,吃喝玩乐惯了,还有一个电影明星老婆徐来。派他去最合适。"蒋介石似乎一切了如指掌,"我打算派他去,一方面由他转告那些投敌分子,我知道有的人投敌是出于不得已,有的还在彷徨,只要肯为我们出力,我们都不计较。另一方面,我叫唐生明设法掩护在上海、南京的军统人员,已被捕的要想办法营救出来。"

"那唐生明与新四军没关系呀!"陈布雷还是不明白。

蒋介石笑了,说:"这是孙子兵法喽,反间计!我们最重要的任务是防共。在京、沪一带敌区,除了忠义救国军外,大部分地方被新四军占领。我叫唐生明去,还一个重要任务,就是要运用一切办法,限制他们的发展。"

他突然似乎向人训话似的,挥了挥拳头:"新四军一天天发展壮大,这是我们的大患,我们要尽力发展忠救军,对新四军要限制、打击、消灭。"

陈布雷知道主子心中正孕育着一个早已盘算的计划,这就是反共,表面上合作,暗底下分裂。这唐生明的具体联系、布置是由戴笠去做的,陈布雷的侍从室并不过问,但蒋介石召见唐生明时,还是带上了陈布雷,大概是看他脱不了书生气,亲自对他进行特务培训吧。

唐生明是由戴笠陪着来的。但戴笠送到门口后没进来。蒋介石一见到唐生明,就夸奖了一句:"你很好!"

接着,他问唐来了几天了,住在哪里,等唐一一回答了后,便说:"戴笠报告我,你很好,很能干,我现在决定要你去上海。戴笠已告诉你了吗?这个任务只有你最合适。"

唐生明说:"我去是不是相宜,请校长再多考虑一下。"

唐生明也是黄埔生,所以称蒋为校长。蒋介石有点不高兴,说:"这个任务很重要,我已决定了派你去。你要听我的话,我是你的校长,你是我的学生,你要听我的。你有什么问题,好好去和戴笠商量一下。"

唐生明说:"我还想和家兄和母亲商量一下。因为家父去世不久,家母最疼我,我也得问问她老人家。"

唐生明话刚完,蒋介石说:"我会和孟潇(唐生智)兄说明的,这没有问题。老伯母方面,我和夫人可以送一张照片去,让她放心。"

随即,他就叫侍从人员给他准备一张他和宋美龄的合照,陈布雷给他写上"唐老伯母惠存",蒋介石亲自签上"蒋中正 蒋宋美龄 ×年×月"的字样。

蒋介石接见,其实也只是安抚几句,具体任务还是由戴笠交代的。这么说上几句,唐生明就要走了,蒋介石说:"你以后需要钱用,缺什么东西,以及还有什么问题,都可以向戴笠说,他会随时报告我的。"

他见唐生明还有顾虑,又说:"戴笠说你很能干,这件事只有你去才能对付那班人,因为你都认识他们,详细情况你去同戴笠研究。今后一切责任归我负,你要绝对相信我。"

这次接见后的第三天,蒋介石夫妇又请唐生明吃饭。在吃饭时,蒋介石问了唐生明过去和汪精卫、陈公博、周佛海一些人的关系,同时还很含蓄地说:"你这次去,见到过去熟识的人,都可以跟他们说清楚,只要他们做事对得起国家,对国家有益,将来都可以宽恕的。"

唐生明走了后,陈布雷就不知道情况了。只是他在当年 10 月 10 日的重庆《中央日报》第一版上看到用特大号铅字刊出的"唐生智启事",这个启事连续登了十天,全文是这样:

> 四弟生明,平日生活行为常多失检,虽告诫谆谆,而听之藐藐。不意近日突然离湘,潜赴南京,昨据敌人广播,已任伪组织军事委员会委员,殊深痛恨。除呈请政府免官严缉外,特此登报声明,从此脱离兄弟关系。
>
> 此启

陈布雷知道这是蒋介石使的一个计策,要使日伪方面相信唐生明真是去投降了。陈布雷的小女儿陈琏回家时,指着报纸说:"爸,看,国军将领又一个投敌了! 还是一个中将呢! "

陈布雷很难回答女儿的问题。可女儿又尖锐地提出一连串的问题:

"爸,除了公开投敌的汪精卫外,还有李精卫、张精卫呢! "

"怜儿,不要乱说。"陈布雷制止了她。

这是后话。

派遣唐生明之事已表明陈布雷完全介入了国民党的高层特务活动。

这时候敌机轰炸重庆特别频繁,陈布雷常常躲在防空洞内撰拟文稿。洞内潮湿,灯光暗淡,空气又不流通,他体力又不行了,5 月下旬去老鹰岩村休养。休养期间,他仍不得不修改一些老蒋的讲稿,并且他还写成了自己的回忆录第二册。

陈布雷病了,一处主任张治中专程前来探视。张治中与历届一处主任不同,与陈布雷关系特好。他的前任林蔚、钱大钧别说来探视陈布雷的病情,平时就是他的办公室都很少去。张治中与他们不同,和陈布雷交往其

密,俩人好到他每次来访,可以不经传达室,径直登楼入室,见面后,俩人谈话有时长达一小时,笑声不断。而陈布雷的挚友陈立夫、朱家骅等人来拜访,都是秘书引到会客室,通知陈布雷下楼会见。一次,张治中见陈布雷蜗居斗室,伏案执笔,十分同情。他笑着对陈说:

"嗨!带你去调整调整!"

"大哥,我们到哪里去?"

张治中与陈布雷同年,只比他大几个月,陈布雷却称他大哥。这倒不是张治中如何如何的显老,而是他的资格比陈布雷老得多。张治中是安徽巢县人,毕业于保定军校,与蒋介石是同学。1924年12月,他进入黄埔军校后,就被蒋介石委任为学生总队附及代理总队长;在第一次东征中担任东征军总部上校参谋,赞襄军事指挥,不久就兼第二师参谋长、广州卫戍司令部参谋长、军事委员会航空局局长、航空学校校长、军事处处长、黄埔军校第四期入伍生团团长、军官团团长等职。他一身兼任八大要职,全因为是蒋的亲信将领。北伐之初,他担任蒋介石总司令部副官处长,主管财政及总务,而且负责人事和编制,大抵相当于秘书长兼组织部长。1928年秋,张出任中央军校教育长,长达十年之久。南京中央军校是黄埔军校的继续,从来被蒋视为根本。蒋把这一重任交给张治中,若不是绝对的放心与绝对的赏识,张的那把交椅不用说十年,就是一天也坐不下去。其间,因战事需要,张曾数度出任武汉行营主任、教导第二师师长、第五军军长、第四路军总指挥等职,被誉为蒋手下的"八大金刚"之一。他在每次军事行动结束后,主动要求返校练兵,没有拥兵自重的野心。蒋不但大为赞赏,而且彻底解除了对他的戒心。抗战爆发后,张先后出任京沪警备司令、第九集团军司令长官、大本营管理部部长、湖南省政府主席兼第九战区副司令长官等要职。蒋的考虑是:京、沪失守,以湖南为屏障大西南的战略前沿。张受任于危难之秋,上任之后,大刀阔斧地整饬吏治,宣传抗日,强化备战措施。一场长沙大火案,身为省主席的他也难辞其咎,虽然受到革职留任的处分,但在办完善后事务之后,就调任侍从室一处主任,与陈布雷一起工作了。在基层和地方工作这么多年,张治中却比前任主任精明多了,他知道自己在侍从室只是暂时避难,待不了多久,于是全然脱了前任们的俗,凡事依着陈布雷,不争不吵。这自然让本在争权夺利方面不擅长的陈布雷高兴得不得了,对张治中也是

好感倍增,很快两人就成为了知心的挚友。

"哪里去?"张治中说,"先生,你跟我走好啦。"

张治中带陈布雷逛了少城公园,吃了成都有名的小馆,还看了场电影。俩人乐哈哈地消磨了大半天。陈布雷虽稍有倦意,但被张治中带着玩得非常愉快。张故意问他:

"累不累?"

"不累。"

"好不好?"

"好!"

回到住地,陈布雷意犹未尽,问张治中:"大哥,什么时候再去调整?"

"嗨,只要你有空,你想去,我们就去!"

张治中走后,陈布雷一个劲地对妻子说:"文白先生有远见。""文白先生是真正爱护我的人。"

"文白先生"就是他的"张大哥"。

这次陈布雷在成都养病,又念念不忘地对王允默说起了张治中带他"调整"的乐趣,说:"文白兄是真正爱护我的一人,不啻自家骨肉。"他想念张治中,提笔给他写了一封信,信中写道:

> 文白我哥大鉴:
>
> 　弟病中,承两次枉驾过视,均失迎迓,甚感!甚歉!闻蓝町兄及惟果兄先后转述劝慰之词,益感兄之待我,真不啻家人骨肉。人海茫茫,知己难得!弟僻陋成性,方自咎过去处世处人,一无是处,而兄乃过爱如此,心非木石,能无感泣乎?承劝以短时间内之休息,本应遵命,但弟之所患,在"此心安放不下"。若事闲而心繁,则于脑神经衰弱,转有害而无益。聿山洞休假两月余,已略有微效,此心已无忧闷急躁之象;并已向委座直陈此四个月来身心日衰之实况,当能蒙其鉴谅,不致有繁重之工作相敦责。现在每天决定,以半日休息,半日作事,暇时即下乡走走。如此调摄,或能有效。知兄关垂至切,谨以报闻。
>
> 　　　　　　　　　　　　　　　　　弟布雷谨上

蒋介石的秘书 陈布雷

jiangjieshidemishuchenbulei

张治中也很解人意,随后就来看望他。俩人相见,自然是一番欢愉不说。隔了一段时间,张治中再次来看他。这让陈布雷大为感动。

张、陈在侍从室工作,一个管武,一个管文,在茫茫人海中,陈布雷虽将他视为难得的知己,但是却很少与他交换政治的主张与见解,也不在老蒋面前称赞自己的好伙伴,唯一的破例只有一次。这是国民党一次开全会,在讨论张治中写的《关于中共问题的决议》一文时,蒋介石有点犹疑不决,陈布雷却一反过去软弱不言的习惯,表示说:"文白写得非常恰当。"

张治中对陈布雷也很尊重。张治中认为陈布雷文字上确是一支"如椽大笔"。一次,他以蒋的名义为一个战役起草一份给各将领的电报,写到最后一段时,陈布雷恰好进来了,张治中连忙说:"你来得正好,我正写得为难,这次得请你为老师,请你赶快补完。"

陈布雷笑笑说:"写得这样多了,为什么还要补?"

张治中站起来,赶紧拉着陈布雷的手,说:"非你不可!"

陈布雷笑了,说:"大哥拉夫,敢不遵命。"于是,坐下来,补写了一段。张治中写的电文前面是:

李长官(李宗仁)、孙副长官(孙连仲)、张、王、汤、黄总司令、郭司令,并转各军师长:

综合各方情报,并证以敌方广播,现敌军增调第五战区者,为第六师团之一旅团,第三十九师团之一旅团,及第四十师团之一联队,会原有之第三师团,及第十三师团,共只三师团强,且皆由其他乡拼凑而来,以配备于平汉、信南、襄樊、汉宜各路之广大正面,其每路兵力不过一旅团,最多至一师团,力量主属有限,似无甚大企图,可以推见。但无论其作用如何,我军正宜识透敌情,把握时机,乘长蛇出穴之顷,为铁锤痛击之拳。各官兵应不顾一切,奋勇猛进,必予敌以致命之打击,克奏光荣之肤功……

陈布雷补的是下面一段:

以发挥我制人而不制于人之革命战略。反之,若中其摇惑耳目之计,遽存避免决战之心,结果必使敌人得以纵横窜扰,而我军仍不免遭

受损失,断非我革命军人所宜也。务望本此旨意,坚定决心,并逐级晓谕所属,一体遵照,为要!

中正手启

张治中和陈布雷往来频繁,相处甚欢。但是,他们在一起的时间并不长。张治中担任第一处主任只有一年多一点,就调离了一处,调任三青团任干事会书记长。

这时,蒋介石对手下的高级将领和大官要员不放心,想利用经济情报来观察他们的动向,这个极密任务派谁来负责好呢?他想起了陈布雷和他的二处。因为陈布雷谨慎小心,与外界接触极少,嘴巴也很紧,而且比较廉洁。因此他把陈布雷找来,开门见山地说:"布雷先生,我想在侍从室第二处第四组内成立一个经济情报组,由你负责。"

"不是已经有了个六组吗?"

"这个组还是和那个组分开好。"蒋介石对露出惊愕之色的陈布雷说,"有些党国要员,远离中枢,你派专人搜集他们在经济上的开支,钱花到哪里去了,从中分析他们的政治态度。这事很重要,只有你能胜任。"

陈布雷有点惊讶,因为党、政、军、警、宪的高官几乎都是蒋的嫡系,他还对他们不放心,政治这个东西实在是太可怕了!同时,他又有点受宠若惊,因为这样秘密和重要的事由他来做,足以说明主子对他是何等的信任。

"蒋先生,布雷遵命,但不知怎样去做?"

"这样吧,具体可以由第四组组长陈方负责,一般性经济资料,可由第四组一二人负责整理,较为重要的经济情报,则可以由陈方、李惟果,加上军需署署长陈良会同进行分析、判断,最后交给你。"蒋介石布置得很具体,"你还可以在每一个高级军政官员身旁找一些人,要可靠一些的,叫他们提供经济情报,逢年过节,也可以发一些津贴给他们嘛。"

陈布雷明白这是叫他在高官身边去发展特务,挖他们的墙脚。本来以他的为人是最不屑去做这样的事的,此刻他全然不顾,说:"发点津贴,他们肯定会卖力。"

这时,蒋介石特别吩咐说:"譬如对张治中,也要派人监视他的经济开支情况。"

213

这下可使陈布雷傻眼了！他与张治中私交不错,他也知道张治中是蒋介石颇为相信的人,但是连张治中都要监视,他怎么能去干这事呢?! 他还没来得及回答,蒋介石又问:"你看派谁好呢?"

"这……"陈布雷正为监视张治中为难呢,一时哪里回答得了? 讷讷了半天,只好回答说:"我们再商量吧。"

回去后,陈布雷马上行动起来了。至于监视张治中,他琢磨了好几天也没合适的人,找手下商量此事,陈良提出了一个监视张治中的人选——魏锡熙。陈良与张治中关系也是不错的,张治中任中央军校教育长时,曾委任陈良为军校的经理处处长。此后,经张支持,他先后担任军政部会计长、军需署长。他有一个学生叫魏锡熙,在军需署任上校设计委员。张治中上任三青团中央干事会书记长后,嘱陈良代他物色一个财务组组长,魏就是陈良介绍给张治中的,张治中很相信陈良,因此对魏也深信不疑。陈良说:

"布雷先生,我看就叫魏锡熙来担任侍从室的经济情报员,可以吗?"

陈布雷正愁找不到合适的人选,立即叫陈良把魏叫到了侍从室。然后,陈布雷学着主子派遣唐生明那样与他谈话。他告诉魏说:"这是领袖布置的特别任务,要绝对保密。你可以把张在三青团的政治性经费开支,以及各项专项和私人机密费等情报,及时报送经济情报组。每年年终,侍从室将给你二两黄金津贴费。"

陈布雷知道要这些人干事,必须把酬金说明白,所以不爱钱的他往往事先就告知他们报酬。

事后,魏锡熙先后把张治中的经费预算、开支情况,还有张的特支经费等情报,密报陈布雷。这类经济情报,表面上看是一般统计数字和资料,实际上可以看出张治中的政治动向。陈布雷与张治中"谊如手足",张治中也在被监视之列,他虽然感到不是滋味,仍遵命执行不误。可见,对于陈布雷来说,他的一切都是以主子为转移,为了主子,他可以牺牲家庭,可以牺牲友情,甚至可以牺牲自己的性命。当然,陈布雷就是陈布雷,他放不下家庭,也放不下友情,因此这样去做,他的内心是很痛苦的,但是痛苦的他还是照样会一丝不苟地完成主子交办的任何事情。

然而,被陈布雷尊称为"大哥"的张治中万万没想到,自己竟然被陈布雷监视,自己的一举一动都在他的掌控之中。

蒋介石的秘书 陈布雷

三、"皖南事变"一发生，女儿就失踪了

蒋介石反共之心，一直没有停息过。

当初日军向蒋军防御的正面战场发动进攻时，蒋介石采取水淹、火烧的办法都没阻止日军的攻势，他的百万大军一再溃败。由于日军的进攻，蒋介石得了恐日症，对敌后的形势估计得过分严重，国军惊慌失措地退却逃跑，丢城失地。其实敌后是空虚的，毛泽东和共产党领导的八路军趁机深入在敌后，与日军进行游击战，几年下来，除了陕甘宁外根据地，在敌后开辟了六个大根据地，人口达到9000多万，八路军、新四军发展到50万。八路军、新四军的不断壮大，引起了蒋介石的恐惧。他"攘外必先安内"的沉疴又发作了，处心积虑地要加以消灭而后快。很快，他一手制造了震惊中外的"皖南事变"。

蒋介石看到共产党在华北敌后的大发展，才发现敌后还是可以经营的。当初他不愿到敌后去，指令共产党到敌后游击，他们躲在后方。这时他却要"大胆"、"积极"地向敌后伸展了，为此，他不得不限制甚至排挤共产党领导的八路军、新四军。1940年10月19日，正当八路军与鬼子进行百团大战的时候，蒋介石指使何应钦、白崇禧以军事委员会参谋总长、副参谋总长的名义发出"皓电"，强令黄河以南的八路军、新四军一个月内撤至黄河、长江以北，让国军去"抗战"；并且还以"中央提示案"要求把50万人的八路军、新四军缩编为10万人，取消陕甘宁边区及其他根据地。他的这个要求中共方面通电反对，但为了顾全抗战大局，毛泽东指出："吃亏，方不上蒋的当。"同意将皖南新四军部队开赴长江以北。但这时蒋介石已是铁心反共，12月9日亲自发布"着八路军、新四军放弃原有阵地，限期北移"的手令，同时密令第三战区司令长官顾祝同布置包围进攻皖南新四军。1941年1月4日，新四军军部及其所属部队9000余人从皖南云岭等地出发开始北移，6日行至茂林时，突然遭到顾祝同、上官云相布置的七个师8万人的袭击，新四军被迫还击，血战七昼夜，因寡不敌众，弹尽粮绝，大部壮烈牺牲，军长叶挺被俘，副军长项英遇害。这就是震惊中外的"皖南事变"。

事变发生后，国民党封锁消息，掩盖事实真相。但屠杀9000多新四军

蒋介石的秘书 陈布雷

jiangjieshidemishuchenbulei

的消息哪里封锁得住？蒋介石首先颠倒黑白，于1月17日宣布新四军为"叛军"，取消新四军番号，并将叶挺交军事法庭审判。毛泽东针锋相对，亲自起草重建新四军军部的命令，任命陈毅为新四军代理军长，张云逸为副军长，刘少奇为政治委员，宣布重建新四军军部。同时，毛泽东对新华社记者发表关于皖南事变的谈话，指出："此次皖南反共事变，酝酿已久。目前的发展，不过是全国性突然事变的开端而已。""特别是一月十七日的命令，包含着严重的政治意义。因为发令者敢于公开发此反革命命令，冒天下之大不韪，必已具有全面破裂和彻底投降的决心。"1月29日《新中华报》刊出《新四军将领声讨亲日派通电》；2月1日《解放周刊》社论《抗议无法无天之罪行》；在重庆的《新华日报》也发出报道"皖南事变"的消息，刊登周恩来的题词："为江南死难者致哀！""千古奇冤，江南一叶；同室操戈，相煎何急！"周恩来还亲自冲破特务们的封锁，在重庆街头卖报纸，以示抗议。

　　"皖南事变"，陈布雷自然是知情的，主子反共，他一直是支持的。这天他听到侍从室的人报告说周恩来亲自上街卖报，连忙也叫人买了份《新华日报》。当他看到"千古奇冤，江南一叶，同室操戈，相煎何急"十六个字时，心中一惊，眼睛睁得老大老大："同室操戈，相煎何急"，国共两党对于日本侵略者，就是兄弟之于敌人的关系呀！这次自家人却大打起来了。周恩来说的没错啊！我们这般厮杀，不正是鬼子所希望的吗?！但是陈布雷就是陈布雷，很快他就跟上了主子"攘外必先安内"的思维，在钦佩这位共产党人所写的千古名句时，又为这次绞杀新四军叫好。因为他对共产党的敌后大发展也是极度恐惧的。

　　可他的这一叫好声还没落音，翁祖望就跑上楼来了，低声对他说："怜儿失踪了。"

　　"怎么，怜儿不见了？"陈布雷大吃一惊，这下才好起来的心情一下子全没了不说，顿然就如掉入了冰窖。

　　怜儿就是他的女儿陈琏，是他和前妻杨宏农的女儿。

　　陈布雷和前妻杨宏农、续弦王允默共生育七子二女。杨宏农生三子二女：生长子陈迟，次子陈过，三子陈适；长女陈琇，小名细儿；次女陈琏，小名怜儿。杨宏农就是生下怜儿后病故的。1921年陈布雷与王允默结婚，有四子：四子陈迈，五子陈进（早夭），六子陈遂，幼子陈远。长子陈迟、次子陈过

在美留学,三子陈适、四子陈迈、六子陈遂在国内读大学,幼子陈远还在读高中;女儿陈琏在重庆中央大学学习。陈布雷对子女教育很严。为了不要儿辈重蹈覆辙,他不希望儿辈进入政界,希望子女有真才实学,要求他们保持清白家风,淡泊宁静。因此,他为他们选择了农、医、理工、教育等专业。正是他所倡率的清白家风,在子女们的性格中,注入一种对腐败政治的痛绝之感。令陈布雷想不到的是,这反而促使他们走上了这个腐败社会的对立面,追求革命。其中,最大的"问题孩子",便是次女陈琏。

陈布雷元配夫人杨宏农

蒋介石的秘书 陈布雷
jiangjieshidemishuchenbulei

陈布雷的家庭观念很重,对子女也很关心,但平时却有意无意地对陈琏更多地倾注一份父爱。他这样做是源于心理上的内疚,对大难不死的女儿,他始终怀着无法摆脱的负罪感。也许就是父亲的过分宠爱,陈琏从小就养成了敏感、倔强的独立性格。还在任浙省教育厅长时,他就嘱咐两个女儿陈琏和陈琇:"女孩子家最好是学师范,将来不能在社会上做事,也好在家教育子女。"并且指点她们去报考杭州第一师范学校:细儿考普师二年级插班生,怜儿考幼师一年级新生。姐妹俩遵命赴考。数日后榜发,陈琏名列幼师班23名新生的榜尾,也就是说,她和当年应童子试的父亲一样背了末榜。"肯定是因为老爸的面子,才照顾我进去的。"倔强的陈琏感到羞辱难当,暗下决心:宁肯再考一次,也不靠父亲的权势入学。回到家里,她蒙着被子大哭了一场。事后,陈布雷才弄清楚,学校这次发榜以姓氏笔画为序,录取新生中,以繁写的"陈"字笔画最多,所以她殿了后。但是,陈琏还是不甘心。一年后,她听说父亲当年就读的浙高录取率只有考生的十分之一,当即瞒着父亲投考,终于如愿以偿。这是陈琏第一次拂逆父命。

1937年9月初,上海抗战打得如火如荼,许多学校已在战火中毁于一

217

旦。在南京的陈布雷担心孩子们的安全，写信到上海，细儿、怜儿一人一封，吩咐她们停学一年。这时细儿仍想到浙江大学旁听，而怜儿则决心去学校读书，幸好父亲的书信及时阻止了她们。两姐妹的个性尤其是少女陈琏那种倔强独立的性格已渐露端倪。不久，经陈布雷安排，她们随母亲王允默等家人先去重庆。陈琏进入北碚国立二中读书，积极参加抗日救亡，一年半后，由蓝若林介绍，秘密加入了共产党，隶属中共北碚特别区委。

陈布雷哪知道女儿加入了共产党，更不知道自己身边埋了颗"定时炸弹"。但女儿的思想、谈吐显示出来的政治倾向，却是瞒不过父亲眼睛的。1939年秋，陈琏背着父亲考取了昆明西南联大。对此，陈布雷没有严厉责备，但在陈琏临行前，和她做了一次推心置腹的长谈。陈布雷耐心地说："怜儿，沙坪县有中央大学，为什么非去昆明不可，这不是舍近求远么？"

女儿振振有词地说："进联大，为的是读地质。守在家门口，只能培养弱不禁风的小草，难得长成撑天拄地的大树。"

这是此时年轻人的时髦语言，陈布雷不好反对，只得说："入中央大学，与你细姐在一起，也好有个照应。一个女孩子，只身在外，我不放心呀。"

陈琏说："我早已不是小孩子了。正因为我是女性，更应该到外面去磨练。再说，到那边，我八叔照顾，爸还有什么不放心的。"

八叔叫陈训慇，时任国民党中央社昆明分社社长。陈琏这样说，其实只是个遁词，但对陈布雷倒多少是个安慰。陈布雷见亲情已不能感化女儿，只好直话直说："怜儿，我历来反对自己的子女搞政治。譬如你的大哥陈迟，早年想考中央政治学校，我就反对。青年人何必卷入政治呢！我希望你们能脚踏实地学些技术。你大哥后来改学农业，这就对了。"

"爸，"陈琏说，"爱国总是无可非议的，抗日救亡，爱护国家，人人有责。"

谁能说爱国不好呢？陈布雷无法说服女儿，只得退守最后的防线，说："怜儿，我也爱国。当年我在老家慈溪、宁波读书时，还参加过反清组织，在杭州读书时也参加过护路拒款运动。青年人爱国无可非议，但也不能忘记求知识、学本领吧！你要专心致志，刻意求学啊。"

"国家已到了亡国的边缘，抗日救亡是急不可缓的大事，这是每一个青年的天职。"陈琏激动地反驳，"只读书，不去救国，只会成为亡国奴。"

"抗日、爱国当然是应该的,你的姐姐、兄弟也都参加了这些活动。但是,"陈布雷如同鱼刺埂喉,顿了顿,说,"但是,你无论如何不要去反对政府呀!"

　　"国民政府到底抗日不抗日,国军老是转移、迂回,难道要退到喜马拉雅山去,叫那些喇嘛们去抗日吗?"陈琏的话很尖锐,她不顾父亲的皱眉,又紧逼着说:"爸,你不是没看到,孔祥熙他们大发国难财,前方吃紧,后方紧吃,醉生梦死,荒淫又无耻。他们也高喊抗日、救国,其实他们只是要老百姓去救国,要老百姓的子女去战死疆场!而他们自己呢?只知道发国难财,希望仗打得越大越好,他们更有机会发财。他们的子女呢?有谁当了兵?有谁上了战场?这样的政府能不叫人觉得失望吗?"

　　陈布雷屈指一算,自己认识的党国要员的子女还真没一个上战场的,而"前方吃紧,后方紧吃"就是他的好友张友鸾说出来的。女儿的话是实话,他无法反驳,只好回过脸去猛吸了一口烟,结果呛得连声大咳,瘦削的胸部不停起伏。女儿轻轻过来为他捶背,但她说:"我还是坚持自己的想法,爸,我绝不会做出对不起你的事,一定保持清白家风。但是,绝不同那些贪官污

陈布雷全家合影(前排左起:夫人王允默,陈布雷)

吏或者他们的子弟同流合污。"

女儿的话深深地刺痛了陈布雷的心。这时党国大员几乎都逃到了重庆，首都失了，在陪都仍趁着战乱大发国难财，并且愈发不可收，一桩桩丑事不时爆出，就是他这位埋头写作的书生也隔几天不是听到某桩惊天丑闻，就是接到某某新近在某某地方买下了豪宅"恭请光临乔迁之喜"的大红请帖。在这战乱年代，兵荒马乱，这些人为何越来越有钱？就是他这位对世事反应最迟钝的书生，也是心生疑窦。他忧女儿，又忧党忧国。

就这样，他与女儿的这次谈话，以他的无言而结束。

随着时局的发展，陈布雷的这三忧一忧都没减少，党国的腐败更是一发不可收拾，女儿在政治上与他走得也越来越远。陈琏考入西南联大后，担任中共西南联大的支部委员，比在重庆时更为活跃。这一点，女儿不会告诉父亲，陈布雷也不知道。但是他知道女儿是民主斗争中的风云人物，倔强的她认准了自己的目标，就像她当初考学校一样，不会停止自己的思想和行动。为此，他极度忧虑，多次写信给女儿，劝她不要做出"不合理的行为"，"放弃那些过于尖锐的观点"。但女儿回信既婉转又尖锐，这表明她对自己的信仰不仅没缩脚，而且还前进了。他除了对她的信仰苍白地反驳几句外，对党国的那些"烂"到了骨头里的丑闻丑事如何反驳得了?! 他写一封信，就盼着女儿回信，可是收到女儿的一封回信，内心的担忧更增加一分。

"皖南事变"一发生，国共掀起交锋高潮，陈布雷竟然连女儿都丢了！这苦楚，他对何人能说能诉？多事之秋，家国相连呀！陈布雷知道家事连着国事，女儿一定是"投共"去了。他真是左右为难，一方是他忠于的蒋家王朝，一方是他自幼失母的女儿，当他们成为对头时，他真不知道自己应该站到哪一边去。他只好悄悄地叫翁祖望派人去寻找陈琏。

泱泱大西南，乃至中国，何其大也，陈布雷到哪里去寻找？翁祖望暗中派人找了好多天，几乎所有陈琏可能去的地方都问遍了，还是不知下落。陈布雷担心女儿是否闯祸了才逃跑，可是一切都不得而知，只有一个事实：自己的女儿就是没了踪影。他开始夜间失眠。

不料，就在陈布雷踏破铁鞋无觅处时，陈琇突然收到一封陈琏给她的信，陈琇立即送去给父亲看。陈布雷不看还罢，一看下去，手都发抖了。信中说：

时代既然决定了要在我和家庭之间来排演悲剧，我是无法拒绝的……这里我只有希望你尽可能地为我弥补我走了后给家里留下的大窟窿。父亲那里特别需要你的安慰……再会了，我去的地方很远，我们也许永远也见不着了。不要为我烦忧，多多保重自己……相信我，相信你的怜妹妹不是随便给自己选择道路的。这道路诚然会很艰辛的，但是为着祖国的自由，我没有别的话说……

俗话说女大不由父。陈布雷没想到这句话竟以这种方式应验在自己身上，他的目光停在"悲剧"两个字上，心中直哆嗦，他这些天的担心终于应验了：陈琏一定是去了延安！这无疑就是一封诀别信了。陈布雷手都发抖了，全家也陷入惊恐和不安之中。姐姐陈琇哭成了泪人儿，姐妹俩只相差一岁，在一起长大，一起上同一所小学、中学，直到陈琏去西南联大，才正式分开。心地善良的王允默始终把陈琏视同己出，爱护备至，当她看到信中"也许永远见不着了"一句时，顿有五内俱焚之感。然而，受打击最大的还是陈布雷，只有他才能更深切地感觉到这封信的分量。这与其说是一封告别信，不如说是一封决裂信，表明女儿与父亲从此分道扬镳了。因为女儿的性格他早已领教，女儿一旦认定的事情，便会全身心地去做，就是"遭世险倾，九死不悔"。但怜儿在他心中地位非同寻常，他已把怜儿当成爱妻杨宏农的化身。杨宏农是在生产怜儿时死去的，他相信杨宏农的灵魂一定注入了怜儿的躯体。怜儿长大后，在长相、心地及很多方面都极像杨宏农。这使陈布雷对怜儿有着特殊的感情。可是，现在怜儿也许永远不会回来了！陈布雷似乎看到了杨宏农那哀怨责备的目光。陈布雷急了，无论如何，他不能没有怜儿，否则，他对不起已经死去的爱妻杨宏农。于是，他摇通了中央社昆明分社的电话，反复叮嘱陈训愿，一定要把陈琏找回来。

然而，陈训愿回答说："在整个昆明地区，找遍都没人影，没有人知道她的任何消息。"

陈琏的失踪，一下子令陈布雷陷入魂不守舍的状态。他的外甥翁泽永时任郭沫若秘书，也知道了这件事，于是将这一情况反映给了郭沫若，郭沫若又转报了周恩来。

221

一个星期日，周恩来和邓颖超夫妇来到了坐落在天官府的郭沫若家。翁泽永又把陈布雷连日寻女十分不安的情况汇报了一遍。周恩来微微蹙起了浓眉，思考了一会儿，说："我去查一查，如果是在我们那里，我应该能问到的。"

十多天后，周恩来告诉翁泽永，他已向八路军、新四军、延安分别发了电报，回电说陈琏没到那里去。周恩来关切地说："如果不在前方，也有可能隐蔽起来了，还有种可能，就是被特务绑架了。大家再设法找一找吧！"

当翁泽永把周恩来的口信告诉陈布雷时，陈布雷激动得说不出话来，连连说："太感谢了！太感谢了！"

他与周恩来在庐山国共合作谈判时就见过面，但并不熟悉。这次虽然周恩来也没找到陈琏，但陈布雷感受到了共产党人的浓郁的人情味。

那么，陈琏到底哪里去了呢？怎么一个万里之外的"皖南事变"把她也"变"没了呢?! 陈布雷百思不得其解，怎么也不明白女儿到底跑到哪里去了。

原来，在昆明的西南联大既是战时全国规模最大的高等学府，也是大后方学界民主运动的战斗堡垒，朝气蓬勃、斗志昂扬的陈琏到了这里后，不但如鱼得水，比在重庆时更为活跃，而且结识了青年才俊袁永熙。在陈琏的一生中，袁永熙与陈布雷是两个对她影响最大的人物。袁永熙是中共领导的"第二条战线"上的一位传奇人物。他出身于一个有钱有势的家庭，大姑是晚清"盛京将军"赵尔巽的儿媳妇，二姑是民初大总统徐世昌的儿媳妇。父亲起家于袁世凯的新军，在北洋军阀向日本大借款时，抢到一个肥缺——营口海关负责人，发了横财，从此移居天津意大利租界，边做官，边经商，八面风光。随着北洋军阀的倒台，袁家也失了势，但子女却接受了新式教育，袁永熙考入北平的清华大学。抗战爆发后，他南下昆明报考西南联大经济系，并加入中华民族解放先锋队，任云南地方总队部组织干事。不久，他被吸收参加了共产党。1939 年 6 月，他出任中共西南联大支部第一任书记，联大秘密党员从 6 人发展到 83 人，占云南省 247 名党员的三分之一。陈琏考入西南联大时，就在袁永熙的领导下，并分管女生工作。陈琏为人真诚，乐于助人。袁永熙曾患过肺病，身体较弱。她得知后，多方面对他给予关心和照顾。患难见真情，在白色恐怖中，俩人的感情不断升华。1940 年

9月,联大党支部升为党总支,袁永熙任总支书记,陈琏任宣传委员,成为西南学运中比翼齐飞的"双杰"。

1941年1月,"皖南事变"发生后,西南联大的三青团趁势反击进步学生运动。2月下旬,三青团头子康泽带着黑名单赶赴昆明,准备逮捕进步学运领袖。为防不测,中共云南省工委决定将已暴露的党员与骨干撤离联大。袁永熙与陈琏等人隐蔽到了滇南的个旧,袁以《曙光日报》记者作掩护,陈以石屏师范教师为职业。行前,陈琏踌躇良久,提笔给细姐写了她的"最后一封信"。而陈琏的去向,除了她的一位挚友外,其他人都不知晓。

结果,一场"皖南事变",蒋介石屠杀了9000名新四军,陈布雷把女儿"弄没了"。陈布雷有苦说不出,全然没有其他反共分子在"皖南事变"后弹冠相庆的神色。

四、为庆祝郭沫若 50 岁诞辰做了发起人

1941年11月16日,是郭沫若50岁诞辰,又是他创作生活25周年纪念,重庆文化界准备发起一次大规模庆祝活动。

一天晚上,周恩来和邓颖超夫妇来到了天官府的郭家。

周恩来说:"庆祝郭老50诞辰和25周年创作生活,声势一定要大,这样才能鼓舞进步文化人士向郭老学习,更好地为革命作出贡献。为了搞好这项工作,我们要邀请邵力子、陈布雷、张治中等做发起人。"

接着,周恩来对翁泽永说:"小翁,请你传话给你的舅舅布雷先生,对他的道德文章,我们共产党人是钦佩的,但希望他的笔不要为一个人服务,要为全中国四万万人民服务。"

郭沫若也说:"唉,为老蒋拿笔杆子,这可不是件好差事啊!"

第二天,翁泽永把周恩来和郭沫若的话传给陈布雷听了。陈布雷听了后,沉思良久,避开正面回答,说:"恩来先生我也衷心敬佩,可惜共产党里像他这样的人太少了。"

在他的眼中,共产党个个都是土匪强盗式的人物,而像周恩来这样有水平有智能的人完全是例外。他这样的认识自然是出于对共产党的不了解,其实,他的女儿不也是知识分子吗?!沉吟良久后,他接着又感叹说:

"唉！知我者沫若先生也！"

"舅舅，"翁泽永说，"他们还想请你当郭沫若先生50诞辰和创作生活25周年纪念的发起人。"

"好，好，"陈布雷欣然允诺，一破常例，在"缘起"的横轴上签了名，并挥笔写了封给郭沫若的贺信：

沫若先生大鉴：

　　《三叶集》出版时之先生，创造社时代之先生，在弟之心中永远活泼而新鲜。至今先生在学术文化上已卓尔有成，政治生活实渺乎不足道，先生之高洁，先生之热烈与精诚，弟时时赞叹仰佩。弟虽一事无成，然自信文士生涯，书生心境，无不息息相通。国家日趋光明，学人必然长寿。此非寻常祝颂之词也。

　　唯鉴不尽。

弟　陈布雷谨上

陈布雷当上蒋介石的侍从室主任后，很少参加社会活动，对国民党大员中盛行的祝寿之类活动，更是不去附和。这次庆祝郭沫若的生日，他表现出十分的热情，因为几年前轰动一时的"三联璧"佳话还在流传呢，除了他们在抗战中多次并肩战斗过外，陈布雷对郭沫若的政治眼光也是很敬佩的，其中1939年2月的事给他印象最深刻。

当时日军已在海南岛登陆。蒋介石在陈布雷的出谋下，邀请了新闻宣传方面的著名人士七八人在官邸吃饭。除了郭沫若外，还有王芄生、张季鸾、陈立夫等。陈布雷实际上是负责接待，他把郭沫若安排在蒋介石座位的旁边，蒋介石侧着身子问郭沫若：

"日本人在海南岛登陆，你们怎么看法？"

郭沫若很干脆地回答："这可能是日本向英法的一次试探性的行动。如果英法无反应，日寇就会在华南发动战争。"

"你分析得很对。"蒋介石称赞道。

郭沫若接着说："日本的陆军和海军在侵略的矛头上是有分歧的。陆军主张北上，把矛头对准苏联，但试了一下，失败了；海军的矛头对准南方，对

准英法。"

"英法会怎样？"蒋介石又问。

"英法不会有什么动作，"郭沫若分析道，"因为他们采取的是绥靖政策，他们在远东，军事准备工作也不够，他们就是作壁上观，隔岸观火……"

"日本人第二步会怎样？"蒋介石又着急问。

"日本人么，攻弱不攻坚。英法不动，日本人就会大动。"郭沫若说。

"那我们该怎么宣传呢？"蒋介石急不可耐。

"用实力回答。"郭沫若回答。

"我问的是怎样去宣传？"蒋介石又问。可没有人回答。蒋介石又着急地说："这个，这个是太平洋上的'九一八事件'，很严重的事件。我们一定要把英法鼓动起来，要他们出面干涉。他们要不动作，他们的利益会受损害，英国在香港、南洋，法国在安南、广州湾的利益要受到损害。太平洋上的'九一八'，我们应该这样宣传。"

这时候，张季鸾说话了："委座讲得很透彻，英国注重实利，自己利益受威胁，就决不会坐视。如果由英、美、法三国出面干涉，像以前三国出面干涉让日本退出辽东半岛那样，日本的大东亚侵略战争就会适可而止。"

"好，好！强调太平洋上的'九一八'，布雷，你整理出一个声明来，明天见报。"

说罢，就是吃饭，长条桌上，四菜一汤，中餐西吃。陈布雷向郭沫若道别后，赶着去写声明了。他在这次谈话中对郭沫若独到的政治眼光也很佩服。

陈布雷清高自傲，他只和与自己志同道合的人交往，在自己敬佩的人前才露出惺惺相惜的热情。在翁泽永走后，他觉得似乎还不足以表达自己和郭沫若的友情，擅长写政论文、已作诗极少的他为庆祝郭沫若的生日，竟然又作了一首贺诗，而且字斟句酌，注入了感情：

> 郭沫若君五十初度，朋辈为举行二十五周年创作纪念，诗以贺之。
> 滟灏奔流一派开，
> 少年挥笔动风雷；
> 低徊海溢高吟日，
> 犹似秋潮万马来。

（先生以文艺创作公于世,以民国十年前后最多,时余同客海上。）

搜奇甲骨着高文,

籀史重征张一军;

伤别伤春成绝业,

论才已过杜司勋。

（君客居东邦,以甲骨金文理董古史,成绩蜚然。）

刻骨辛酸藕断丝,

国门归棹恰当时;

九州无限抛雏恨,

唱彻千秋堕泪词。

（七七事变起,君自东瀛别妻孥,当时有"别妇抛雏断藕丝""归舟三宿见旌旗"句,为时传诵。）

长空雁阵振秋风,

文士心情金石通;

巫岫云开新国运,

祝君采笔老犹龙。

陈布雷写罢诗,还不尽意,对陈方说:

"芷町兄,弟不善书法,请兄代书在立轴上如何?"

"一定效劳。"陈方看了陈布雷的诗后,说:"先生大作感情真挚,可谓力作,但是'文士心情金石通'是否改成'文士心情脉脉通'?"

"芷町兄一改,在立意上更为好了,可是否有点不够自谦?我与郭君是不能相比的啊!"

"你们俩人都有如椽大笔,且你的贺信中,不也包含这个意思吗?"

最后,陈布雷同意了陈方的建议。工于书法的陈方在立轴上洋洋洒洒一挥而就。

贺诗随后又由翁泽永送去。这时四面八方汇送给郭沫若的贺联、诗词、文章,不计其数,可是郭沫若对陈布雷的贺诗特别注意,他问翁泽永说:"这是布雷先生手笔?"

"诗是他自己写的,写在贺幛上的是陈芷町代笔。"

郭沫若也马上挥笔写了一首答诗,并附一谢信,如下:

畏垒先生赐鉴:

　　五十之年,毫无建树,猥蒙发起纪念,并迭赐手书勖勉,寿以瑶章,感激之情,铭刻肝肺。敬用原韵,勉成俚句以见志。良知邯郸学步,徒贻笑于大方,特亦不能自已耳。尚乞教正,为幸。

　　专复。敬颂

　　时祉

弟郭沫若顿首十一、廿三

　　茅塞深深未易开,何从渊默听惊雷;
　　知非知命浑天似,幸有春风天际来。

　　欲求无愧怕临文,学卫难能过右军;
　　樗栎散材绳墨外,只堪酒战策功勋。

　　自幸黔头尚未丝,期能寡过趁良时;
　　饭蔬饮水遗规在,三绝苇编爻象词。

　　高山长水仰清风,翊赞精诚天地通;
　　湖海当年豪气在,如椽大笔走蛇龙。

敬步原韵呈

畏垒先生教

沫若初稿

　　陈布雷看了郭沫若的谢信和诗,不禁连连叹息:"知我者郭先生也!他才是如椽大笔走蛇龙呀。唉!相惜文心脉脉通,如椽大笔走蛇龙!好好!"

　　郭沫若生日后不久,一天翁泽永又来了陈家,与舅舅商量:"怜儿这么久不见了,是不是登个寻人广告试一试?"

227

快一年了,陈布雷还在为女儿失踪愁眉不展,心情忧郁呢,说:"这有用吗?不太好吧!"

发广告,他担心因为自己的身份影响不好。翁泽永似乎明白他的心思,说:"那些党国大员的子女哪个不出事?不是今天这个贪污见报,就是明天那个奸污民女成了新闻,再不,就是那个开车撞人还打了警察引起警察罢工。怜儿在战乱期间失踪了,发个广告,这也很正常呀!"

于是,陈布雷同意了。但广告上没有写出刊登广告人的名字"陈布雷",即为:"怜儿,见字盼即返家。父示。"

谁知广告一出,几天后陈布雷竟意外地收到了怜儿的回信,并且表示马上就回家。顿时,举家为之欢庆起来。

陈琏在锦屏怎么就这么巧看到了这则广告,当初决绝离家的她为什么又决定回家了呢?其实这是周恩来夫妇帮的忙。

不久前,袁永熙到重庆中共南方局汇报工作,由沈钧儒先生的侄女引进曾家岩的周公馆。两年前,红岩村八路军办事处曾举办过一期西南八院校党支部书记训练班,袁永熙由此结识了邓颖超。这次袁永熙一进周公馆,邓颖超就急切地问:

"小袁,你们隐蔽在哪里呀?我们正找你们哩!"

袁永熙随即向邓颖超及西南工委书记钱瑛详细汇报了自己的工作,谈到陈琏时,他说:"她转移到宜良的狗子街农村去了,还没有找到职业。陈布雷正在寻找她。"

钱瑛立即说:"知识分子在农村,如果没有职业掩护,反而很容易暴露。"

邓颖超也说:"还是把她找回来,留在她父亲身边可靠。"

袁永熙回去后,当即安排陈琏秘密返回重庆。为避免特务注意,陈琏启程前,红岩村派人与翁泽永商定,由陈家在重庆、昆明两地的报上各登了一则小广告,这样陈琏回家才显得合情合理。广告一注销,于是就有了陈布雷接到女儿即将返家的信函。

陈琏到达重庆后,先找到红岩村,可是发现自己不少同学、好友都已奔赴陕北,她也要求转往延安去。周恩来劝导她说:"你的情况和别人不同。现在国民党虽然反共,但毕竟还说是国共合作抗战。你如果去了延安,布雷先生向我们要人,你说我们是给好,还是不给好?"

邓颖超也说："你留在重庆求学,同时从事革命工作。这也是党的工作的需要嘛!"

陈琏听从了周恩来夫妇的话,返家与父亲、母亲等家人团聚。全家还都以为是小广告生了奇效呢。

随后,陈琏转入重庆中央大学历史系学习,星期六则回到美专街家里。陈琏见着父亲,就向他讲述一些社会新闻。一次,陈琏告诉父亲说:"前方士兵们因痛恨孔宋官僚集团,将孔氏劳军时发给的香烟、毛巾丢进厕所里,把厕所都塞满了。"

陈布雷深知,当局的腐败是不言而喻的,也担心如此下去,国民党岂能不败?但这个话他又怎能在怜儿面前讲呢!自从女儿回了重庆后,父女俩似乎就达成了一个默契,说的人姑妄言之,听的人姑妄听之。双方都没放弃影响对方的念头,但也知道对方不是那么轻易能影响的,也就多了份容忍,少有了过去那种唇枪舌剑的冲突。正面冲突减少了,但父女之间的政治隔膜并没消失。此刻,陈布雷能说什么?否认?是铁的事实;不否认?又等于是默认。结果,他左右为难,女儿见了,也不等他回答什么,只是自己说着,告诉他这屋外的愤怒。

陈琏显然是有意识地引导父亲。在老谋深算的父亲面前,陈琏毕竟才22岁,一次周末返校,她故意将一本毛泽东的《新民主主义论》"遗忘"在父亲的桌子上。第二个周末,她回到美专街。饭后,父亲若无其事地拿出那本《新民主主义论》,递给了陈琏,说:

"怜儿,你前次忘了一本书。"

沉默了一会儿,陈布雷还是忍不住说:"怜儿,我多次说过,希望你体会父亲的苦心,不要去从事政治活动,静心读书,'积学以储宝,酌理以富才'。"

陈琏边观察父亲的面色,边激动地说:"爸,我不是不懂得体谅你的苦心,但是作为子女,我们青年人有青年人的气节,我们有我们的原则,我们不能不顾百姓的苦难,不能不顾民族的危亡……"

陈布雷知道再说下去,少不了又是一场政治冲突,于是打断女儿的话头,说:

"好了,不要说了,家里面不谈政治!"

229

蒋介石的秘书 陈布雷

jiangjieshidemishuchenbulei

陈布雷对蒋介石忠心耿耿,死心塌地,却没有想到就在他自己的家里,他的亲生女儿,就是一位铁杆"反蒋分子",这是对他莫大的嘲讽,还是对整个蒋家王朝的铁杆信徒们一种莫大的嘲讽?抑或本来就是这个腐败王朝已经完全丧失了人心民意呢?!陈布雷陷入了一场莫大的困惑之中。

困惑的他忽然想起了两个人,那就是郭沫若或翁泽永,如果去向他们请教,可能会有一些答案。但是,他没有去。

五、为蒋介石揽人才

陈布雷跟着蒋介石当侍从室二处主任,掌握机要文字。家事、国事都让他身心疲惫,由于严重失眠,做什么事都力不从心,于是他决定再找一个帮手。想来想去,他想到了沙文若。

沙文若,与陈布雷同乡,又同门,并且被外界称为"书法圣手"。

俗话说文人相轻。陈布雷却没有这个恶习,他很重视搜罗人才,只是有时重才轻德,失之偏颇,常常弄得自己一身"屎臭"。譬如一度失足事敌的陶希圣到重庆后处境不好,陈布雷看重他的文才,把他搜罗到侍从室来,给了他一个饭碗,结果引得许多人非议。

当然,对这个沙文若,陈布雷要招罗他,也不能完全摆脱非议。

因为,一是他有个弟弟曾经是共产党,下落不明。二来他是陈布雷的小同乡,和陈家也有瓜葛,有任人唯亲之嫌。上次陈布雷把四弟陈训慈调入侍从室,就引起许多人瞪大眼睛,说了不少的闲话,陈布雷仗着主子的信任和宠爱,才不怕这些闲话。这次他依然要我行我素。

不过,沙文若本人倒是不问政治,秉性善良端正。

沙文若出生在浙江鄞县一个小山村——沙村,他的家倒不像陈家是个望族,沙父不过是一个乡村中医,爱好书法,收藏了一些字帖,平时有空就挥笔习字。沙文若耳濡目染,也爱上了书法,自幼上自秦汉碑刻、钟繇二王,下至明清近人墨迹,潜心揣摩,日复一日,大有长进。1914 年,父亲去世,沙文若正在宁波四师读书,小小年纪挑起生活重担,以字易粟,养活母亲和弟弟。这引起了四师教师、陈布雷的姐夫冯君木的赏识。他邀请沙文若和自己的侄子冯稚望一起读古文,攻读史书。因此沙文若与陈布雷同属冯君木的

弟子。后来冯君木介绍沙文若到宁波富豪屠康侯家做家庭教师,他随屠家迁到上海后,又拜吴昌硕为师,结果一手好书法扬名上海滩,富商巨贾登门求书,门庭若市。1926年,沙文若又由冯君木介绍,进了商务印书馆编译所当文牍,他又在上海最大的图书馆——东方图书馆埋头苦读,自学成才;后来被朱家骅看中请去中山大学当教授,以后他又跟朱家骅做过教育部的秘书。抗战开始,沙文若退到重庆后,一直跟着朱家骅在中英庚款董事会工作。

现在陈布雷要从朱家骅那儿把沙文若"挖"过来。他估计凭自己和朱家骅的交情,他不会不给面子。恰好过了几天,日军出动几十架飞机对重庆狂轰滥炸,陈布雷匆匆钻进防空洞,正好与朱家骅撞了个正着。陈布雷立即说:

"骝先兄,我想向你要一个人,你是否能割爱?"

"布雷兄客气了,请说吧。"

"我想请沙文若到侍从室里来帮忙。"

"呀!"朱家骅呆住了,"这可……"

"沙文若是我同学,又是同乡,委员长也很重视他这个人才。"陈布雷搬出了老蒋,接着又觉得不妥,打着哈哈说:"你老兄从草野中挖出沙君,可谓是识才之伯乐。我想,你老兄定会以党国为重,先服从领袖的需要吧!"

"布雷兄,沙秘书不愿从政,只愿写点文章,他本人的意愿呢?"

"这点无妨。像他那样才气横溢的人,总是很清高的。侍从室也不过是想请他搞些文字。请你回去告诉他,要他先到我家来一趟,我们同学面谈叙旧。"

朱家骅知道陈布雷开口要人,没有要不走的,还不如干脆就做个人情,否则到时老蒋一出面,人走了还没个人情,于是他回去就通知沙文若,说:

"布雷先生要你到他家去一趟,说有事要找你商量。"

"呀,陈布雷!"沙文若吃了一惊,"我们多年没见面了!"

"你们不是君木先生同门弟子吗?老同学见见面也是人之常情嘛!"朱家骅并不说起要沙文若到侍从室去工作的事。

"虽然是同门,不过……"

提起陈布雷,沙文若就想起了十年前自己在中央大学任教时发生的

事。当时他的四弟沙文威在奉化农村养病代课，被一和尚供认出是宁波大名鼎鼎的"赤党"，结果被捕。沙文若得讯后立即回去捞人，他先找时任中央大学校长的朱家骅向浙江省政府说情，可浙省当局就是不买他的账。无奈，他只得去找老同学陈布雷。这时陈布雷正忙得焦头烂额，他在中央大学历史系任教的胞弟陈训慈说："救人如救火，我们以老兄名义发电到浙江省，事后我再给他打声招呼。"结果，沙文威是捞出来了，陈训慈却遭到陈布雷一顿臭骂。对此，沙文若耿耿于怀，虽是同门，以后一直与他没什么交往，疏远得很。这时沙文若淡淡地笑了一声，说：

"布雷先生是委员长手下红人，我无才无识，去他那儿干吗？"

听了沙文若的话，朱家骅心中暗暗高兴，但嘴上还是说："你还是去一趟吧！布雷找你确实有事，他要亲自和你说。"

沙文若犹豫了一会儿，只好来到陈布雷家。他一来，陈布雷倒是很客气，说："孟海兄，布雷几次请你，你都借故推辞，我们相距只不过百十步路，可你呀，怎么从来不来看看我这个老同学？你我之间还有什么疙瘩解不开呢！"

"哪能呢，孟海整天忙碌，没空外出访友，再说布雷兄日理机要，我怎么好随便惊扰呢？"沙文若还是一副怪怪的口气。

"你见外啦，你见外啦！"陈布雷连连摆手，"孟海兄，其实我深居简出，日夜疲于奔命，也有难言之苦衷啊。"说到这儿，他诚挚地说，"孟海啊孟海，你我同饮甬江之水，又同受君木先生教诲，同窗手足，就能一时忘怀？"

沙文若也是个书生，听了这番真挚的话，也不禁动了感情。陈布雷看了他一眼，继续说道："民国二十二年，委员长建立侍从室后，本想搞成一个精干班子，但现在不少人碌碌平庸。太平洋战争以后，国事繁杂，侍从室急需真才实学的人，为此我是焦虑万分呀。请你前来，就是想仰仗你的大力，在侍从室为我分担一些公务。"

"叫我从政？"沙文若一听如坐针毡，急忙说，"我对政治一窍不通，我只会教教书，这恐怕不行。"

"孟海不必多虑，"陈布雷淡淡一笑，"你的想法，骝先兄也和我说过，我请你来，并不是让你插足政治，只希望你替我搞些文字工作。怎么样？老同学就不肯屈就帮忙？"

"我跟董事长工作多年,这事恐怕还要得到他的同意。"

朱家骅这时兼任中英庚子赔款董事会董事长。

"这你放心,我跟他已讲过了,他也同意了。"

"这,布雷兄,你这里是机要重地,我恐怕不行!"沙文若知道伴君如伴虎的道理,还是推辞。

陈布雷似乎知道他的心思,转移了话题,笑着说:"十年前为令弟的事,我说了训慈几句,训慈这个人啦,就是喜欢自作主张。对老兄你,我深信不疑,书生意气,不问政事。怎么样? 这事就这么定了吧!"

"布雷兄,这一阵子我身体不适,前几天已跟董事长告过假,准备去乡下静养。"

沙文若还是推托,陈布雷却说,"不妨,不妨,你尽管去休养,要什么药物,也尽可请人来告诉我。"

说罢,他拿起一张请柬递给他:"星期天晚上,委员长请文职人员吃便饭,这张请柬是给你的,到时,我派汽车来接你。"

陈布雷又打委员长牌了,这下沙文若没办法,只好接了请柬。

就是这个星期日,重庆黄山蒋介石的官邸灯火辉煌,蒋介石手下的那些文士都已整整齐齐坐在客厅中央菜桌两边的靠椅上,准备中餐西吃。前方吃紧,老头子带头在后方"紧吃"了。

陈布雷请沙文若坐在一起。这时,穿着长袍的蒋介石从室内走了出来。他脸色红润,扫视了一眼起立的文士们,摆一下手说:

"都请坐下,坐下。"

他的目光突然停在沙文若的脸上问:"这位是……"

"委座,他就是我跟你提起过的沙文若先生。"

"哦,哦,"蒋介石明白了他就是沙文若,"我早就听说宁波出了一位书法高手。"

"委座,我与沙文若君一同受业于冯君木先生,"陈布雷又特为介绍,"沙文若君不但书法好,而且精通文史,在中山大学、中央大学当过教授。"

"教授,好啊! 布雷,上次跟你提过的事,跟沙先生说过没有?"蒋介石又问。

"还没有,这个,"陈布雷转头对沙文若说,"孟海,委员长准备在重庆办

一个中央干部学校,想请你去当国文教授。"

"对,这个学校是为政府培养文职人才的。"蒋介石补充了一句,陈布雷也跟着说:"孟海,如果宁波还有文墨好的人,你再推荐几个,一起来当教师。"

沙文若不置可否。

但是,这次委员长的出面,终于使得他不得不答应了陈布雷的"帮忙"要求,到侍从室顶班,可是,他提出只写一些应酬文章,绝不涉足政治和机密。陈布雷也只好答应。于是,沙文若一直属侍从室"借用",半天到侍从室上班,工资还是在庚款会里领。他本想在这里顶班顶一阵再开溜,谁知后来蒋介石看中了他的文采,加上陈布雷的推荐,他竟然被派去专门为蒋介石干私活去了,拿着庚子赔款的退款做工资,为蒋介石修起了家谱《武岭蒋氏宗谱》。这是后话。

由于沙文若的顶班,那些杂事和应酬之作,陈布雷全交给他去代笔了,自己终于轻松了不少。

六、第一次偷懒,没给蒋介石写书

尽管陈布雷找了不少的人顶班代劳,甚至还推掉了蒋介石交付的不少工作,1942 年夏秋时,他还是累出了病,身体越来越不好,夜里失眠、白天烦躁,他自己都不得不开玩笑说:"我就好像芭蕉的心已经枯萎,说春蚕的腹已经空了也行!"

即使这样,他还是拼命地工作,可还是积压了不少处理不完的事务。

1942 年 11 月,驻苏大使邵力子从莫斯科回国述职,一时找不到住处,陈布雷就把他请到与自家毗连的美专校街 2 号暂住。这时邵力子已倾向苏联了。二人虽政见不同,但旧谊仍在。虽然时令已是初冬,两家人常常坐在一起品尝邵力子路过新疆时带回来的大哈密瓜。

陈布雷的弟弟陈训慈也住在附近,常常过来与邵力子闲聊。邵力子谈起了对陈布雷近来捉刀的印象,说:"夫子写的篇幅是越来越长,调子是愈来愈旧了。"

陈训慈也不禁向他说起了兄长的难处与苦处,说:"每逢元旦、七七,必

发文告,哪来这么多的新话?明明是按委座意见起草的文稿,他却要用红蓝铅笔勾画、增删,弄得字句不通、面目全非。"

邵力子说:"这只得怪令兄太听话了!"

陈训慈接着说:"兄长每到元旦、七七前,就要发愁,然后又是艰难地'挤牙膏',直到文章发表才松一口气。他对我发牢骚:为一个不懂文字的主子写文章,真是莫大的痛苦!有什么办法?"

邵力子想起十几年前力主陈布雷就任教育部次长,自责地说:"也怪我,不该推他下水。"停了一会儿,又说:"今后,令兄一定要少写。"

作为好友,他也替陈布雷犯愁、为难,但也别无良策。大概是陈训慈把邵力子的这番话告诉了陈布雷,没几天,蒋介石又来了个新任务:要他代他本人写本与毛泽东发表的《新民主主义论》相对抗的书。陈布雷终于第一次推托起来。

毛泽东的那本书,陈布雷在女儿偷偷地放在桌子上时就已悄悄地翻阅了,虽然不赞同其中的"共产"和"社会均等"等主义和思想,但他也不得不从内心里佩服毛泽东的旷世智能,并对其中许多观点和思想如打倒腐败等等是赞同的。此刻老蒋要自己写本书去"相对抗",他知道自己如果不强词夺理,是不可能驳倒毛泽东的,并且就是胡说八道,也不一定能驳倒毛泽东。因此,他委婉地说:"用委座名字出书要慎重。"借故拖延着。

但是,国共这场关于中国命运的争论由来已久。早在 1939 年、1940 年之交,毛泽东接连发表了《〈共产党人〉发刊词》、《中国革命和中国共产党》、《新民主主义论》等文章,在全国人面前第一次旗帜鲜明地提出了新民主主义的完整理论,并对它作了系统的说明。它不仅回答了当前时局中提出的种种问题,而且回答了中国现阶段民主革命和未来建设新中国的一系列根本问题。

毛泽东写出这些文章,不是偶然的。抗战爆发后,共产党从原来狭小的天地走出来,变成全国性的大党,公开走上全国政治生活大舞台,越来越受到人们的密切关注,他们渴望了解共产党对时局和中国前途的看法。共产党要在抗日民族统一战线中坚持独立自主,也必须在全国人民面前旗帜鲜明地亮出自己区别于其他政党的政治主张来,把人们吸引到自己的大旗下。而这时蒋介石却大肆鼓吹"一个主义"、"一个政党"和"一个领袖"。1938

年 12 月,国家社会党的张君劢发表《致毛泽东先生一封公开信》,公开主张取消边区、取消八路军和新四军,并且宣布他还要同毛泽东讨论"共产党之理论",咄咄逼人地说:"窃以为目前阶段中,先生等既努力于对外民族战争,不如将马克思主义暂搁一边,使国人思想走上彼此是非黑白分明一途,而不必出以灰色与掩饰之辞。诚能如此,国中各派思想,同以救民族救国家为出发点,而其接近也自易矣。"共产党的叛徒、号称国民党"理论家"的叶青(任卓宣)更公开呼应:"三民主义可以满足中国现在和将来的一切要求。它的实现,中国便不需要社会主义了,从而组织一个党来为社会主义而奋斗的事也就不必要了。"蒋介石也请人捉刀发表了一篇《三民主义之体系及其实行程序》的长文,鼓吹"以党治国"、"以党建国"、"要使抗战胜利之日,即为建国完成之时"。这就把"中国向何处去"的问题,十分尖锐地提到每一个关心国家命运的人面前,要求毛泽东和共产党系统地表明自己的立场和观点。因此,在陕北艰苦的环境中,毛泽东一面紧张地处理着战事,一面坚持进行理论研究。1940 年 1 月,他在延安召开的陕甘宁边区文化协会第一次代表大会上作了长篇演讲,题目是《新民主主义的政治与新民主主义的文化》。这个讲话,他从下午一直讲到入夜点起煤气灯的时分。拥挤在会场里的五六百听众,被他的精辟见解和生动话语所鼓舞、吸引,礼堂里不时响起一阵阵的掌声。一个月后,这篇演讲词首先在《中国文化》创刊号发表,稍后几天在《解放》登载时,题目改为《新民主主义论》。毛泽东这篇讲话的"目的主要为驳顽固派",但它的意义远远超出这个范围,开宗明义地提出了"中国向何处去"的问题,毛泽东十分明确地回答:"我们要建立一个新中国。"他说:"我们共产党人,多年以来,不但为中国的政治革命和经济革命而奋斗,而且为中国的文化革命而奋斗;一切这些的目的,在于建设一个中华民族的新社会和新国家。"后来,《新民主主义论》还出了单行本,不仅解放区有,就是国统区也到处流行,毛泽东的观点和思想引起了巨大的反响。

这就引起了蒋介石的担心。他的长期对手毛泽东文武双全,作诗写词出书打仗样样行,而他却是"独臂将军",只会打蹩脚的仗,写文章完全不会,但他心里一直想写本与毛泽东的《新民主主义论》"相对抗的书",可本人又没这个能力,只能请人捉刀。他曾多次同陈布雷说明此意,陈布雷一直借故拖着。11 月,宋美龄秘密赴美去展开夫人外交。蒋介石在重庆成了"单

身贵族"，心一闲下来，就再也按捺不住了，又和陈布雷谈起了写书的事。虽然陈布雷借故拖着，蒋介石却觉得这场论战非搞不可了。第二天，他又把陈布雷、陶希圣喊来，说了几句，就要口授全书纲要，力促他们把"论战的书"早日完成。

陈布雷对蒋写书的目的、立意十分清楚，无非是要反对共产党、反对共产主义。眼看借故拖延不是办法，于是说："早几天医生检查身体，吩咐需要休养两个月，并须补牙，打算去成都治病。能不能将执笔任务交给陶先生？"

这陶希圣是个笔杆子，早年在大学任教就曾经参加过社会史论战并出名，但他跟随周佛海搞低调俱乐部，散布失败主义论调不说，还反对抗日，特别恶劣的是，1938 年 12 月 29 日汪精卫在河内发表臭名昭著的艳电时，他附和从逆，结果名声一下子就臭了，遭到国人谩骂。幸亏他在谩骂声中醒悟过来，秘密逃到香港，然后发电向蒋介石请罪，并自请效命，蒋介石乘机对他加以利用，给他一个在香港进行"特殊调查宣传"的任务，归侍从室的陈布雷指挥。于是他从香港九龙搜集各种报刊、资料寄到二处第五组，生活费和活动费全由蒋特批，陈布雷秘密转交。香港沦陷后，他从香港返回重庆，与陈布雷吃住在一起，过了个把月，蒋介石指定他就在侍从室工作，担任第五组组长。但他已是臭名烘烘了，陈布雷的四弟陈训慈也在第五组，当场就嚷起来，不愿在这样一个汉奸组长手下干事。陈布雷劝四弟说："陶先生有学识，在香港也做了些对抗战有益的事。"并着重说："这是委座的决定。"这样，陶希圣来五组办公才平安无事。但一个汉奸跑到二处当官，不仅国内民主人士很反感，就是国民党高层也不少人有意见，甚至说陈布雷用人是"失眼了"、"只重才不重德"。陶希圣知道自己名声臭了，频频在《中央日报》写社论，大喊抗日，表白自己。并且他为人城府很深，貌似恭顺，能投上所好，一个劲地拍陈布雷，乐得陈布雷也常把主子交付的一些重要活儿交给他，让他去赎罪，结果弄得蒋介石也高兴，对他颇为重视。

此刻，陈布雷不愿意为主子提刀去说假话骂人，一推荐陶希圣，他就像正在仰头等着喂食的狗，张口就接住这一块"肥差"，赶紧回答说："陈先生既然身体不好，希圣就先动手吧。布雷先生日夜操劳，身体已经累垮了，不去医院也是万万不可啦。"

蒋介石就怕陈布雷身体出事，自己那一大堆笔墨文告没人写，只好关

蒋介石的秘书 陈布雷

jiangjieshidemishuchenbulei

切地说:"布雷先生,你还是身体要紧,先让陶希圣写着草稿吧,你再去修改。"

就这样,陈布雷请准长假去成都治牙和疗养了。

这是陈布雷第一次偷懒。12月,他带着狡黠的微笑前往成都治牙、养病。陶希圣开始执笔,天天跑去主子那里面聆指示,然后根据主子的意思,逐章写作。但这编造工程得有极强的攻击性、杀伤力,纵使陶大笔杆子才高八斗,也被欺世编造的活儿累得几乎要吐血。

这时陈布雷在成都乐得逍遥,他又是访问华西大学文科研究所所长、著名学者钱穆,又是应四川省主席张群之邀,到处游山玩水,饱览大西南的恢宏气象,一派怡然自得。

待到第二年2月,陈布雷才回到重庆。这时,陶希圣经一个冬天的闭门造车,几易其稿,洋洋十万言的《中国之命运》样本已出来。于是,蒋介石叫陈布雷再看一下。陈布雷一看,觉得语气太犀利,不像是说理,简直是与人骂仗,于是在前两章字句语气上作了一些修改。谁知交给蒋介石一看,他却不接受,说:"还是那火辣辣点好,照陶组长原样印就是了。"

1943年3月,臭名昭著的《中国之命运》出版了,问世后,被国内外舆论称为"第三次反共高潮的宣言书"。陈布雷、陶希圣俩人都为《中国之命运》一书的写作与出版暗自高兴,陶希圣窃喜自己过了汉奸难关,日后定当飞黄腾达,陈布雷则庆幸自己总算躲过了这编造工程的苦役。

蒋介石这一请人捉刀的小册子一出笼,中共中央就召开专门会议,对《中国之命运》进行了研究分析,指出了它的反动本质,决定组织力量批判它。于是,在延安的中共笔杆子陈伯达、艾思奇、范文澜、吕振羽、王学文、何思敬、齐燕铭、陈唯实等政治、哲学、历史等方面的理论家全部参加,一场"笔战"开始了。七八月间,《解放日报》接连发表一批评论和批判文章,一颗颗批判蒋介石封建法西斯主义的重型炮弹,射向反动的《中国之命运》。

蒋介石始料未及的是,他这请人捉刀的大作,很快就被骂为"希特勒《我的奋斗》在中国的翻版",并且立即遭到进步人士的唾弃,就连国民党内部也有人骂起来了。据说《中国之命运》还没公开发行时,《大公报》总编辑王芸生看到样本,就大为震骇,认为这个时候出版该书对国内政局不利,当即去找陈布雷,请他出面阻止该书出版,说:"此书露了'谋人之口',中共看

了,必将准备反击。"

陈布雷说:"我也认为此书不好,但不能挽救了。"

尽管如此,《中国之命运》正式出版后,国民党开动宣传机器,上下为之鼓噪,引发国共之间又一次大规模的宣传战。"枪手"陶希圣的名声一下子响了起来,他得到老蒋的青睐,尝到甜头后,一发不可收,准备再写一部《中国之命运》的姊妹篇《中国之开发》。结果,这陶希圣眼角一高,对陈布雷交待的那些日常事务就不屑一顾了。这让陈布雷大感不快。5月13日,陈布雷跑到侍从室的唐纵面前,对陶大发了一通牢骚,大讲对陶希圣的失望。据唐纵在这一天的日记中记载:陈主任"对宣传问题,对于希圣颇为失望。当初希望希圣来做点宣传工作,焉知彼之兴趣已转入哲学方面,加以外间对他过去一段经过不加谅解,希圣亦趋冷淡,未能使其愿望实现!至为憾事"!

失望归失望,陈布雷的这次躲懒,却侥幸地躲过了世人唾骂的尴尬,其实也不失为一件好事。

七、整顿《中央日报》

当然,陈布雷就是陈布雷,他是为主子服务的。

由于陶希圣捉刀的这篇大作引发国共两党大笔战,为配合这一场反共宣传战,陈布雷也立即投入改组党国舆论喉舌《中央日报》的工作。

《中央日报》作为国民党中央党部机关报,地位在一般报刊之上。但是,这几年却屡屡遭到蒋介石的痛斥。它西迁重庆七年,报社经历五次改组,社长、总编辑、总主笔、总经理等,先后更换四任,就是立志要为党国服务的党国御用文人也视《中央日报》为畏途,无人敢去主持。

陈布雷亲身经历或参与了《中央日报》的几次换人风波。

抗战期间,第一个被解职的《中央日报》社长是程沧波。程沧波在南京时就是《中央日报》社长,因擅长文笔,与陈布雷关系密切,有时陈太忙,还请他客串一下,帮着起草一两篇文稿。《中央日报》西迁重庆后,由于国共合作,共产党在重庆创办了《新华日报》,《中央日报》在舆论宣传中的垄断地位被打破,过去唱"独角戏",现在变成了与《新华日报》唱"对台戏"。可是两相比较,被称为"假话大王"的《中央日报》显然不敌《新华日报》的气势与水

准。加之程沧波好色，在私生活上不检点，常常被女人把状告到老蒋那里。蒋介石天天忙着国家大事，哪有心思摆平这些男女私事？大为光火。一次，他在出席中央党部总理纪念周讲话中，突然大发雷霆，斥责程沧波不该给重庆《大公报》写星期论文赚外快，并责骂说："你是国民党党员，为什么不给党报写文章？这哪里像一个国民党员？"其实，《中央日报》的重要社论和评论，多是出自程沧波之手，他只不过是因为女人太多手头太紧在工余赚外快而已。并且，党国大员不少人慕这高稿费"应约撰稿"，也不只是他一个人。蒋介石斥责他，完全是借题发挥，逼他自动走人。会后，程沧波自知《中央日报》社长这高位不可久留了，当即留下一纸辞呈，然后靠着于右任的老关系，出任监察院秘书长去了。程一走，总编辑张客年、总主笔周邦式、总经理贺壮予等一套班子集体"让贤"。

程沧波走后，何浩若的班子接位。何浩若原是三青团宣传处长。他深知《中央日报》这碗饭不好吃。在走马上任之前，就先请出与中央宣传部关系很铁的刘光炎任总编辑，代他把新闻关；再请中央政治学校教授兼外交系主任陈石孚任总主笔，代他把言论关，他以为这样就万无一失了。谁知入主《中央日报》后，他才知道问题并不像他想的这么简单。《中央日报》名义上属国民党中央宣传部，实际上婆婆很多，其他的不说，第一个大婆婆就是以陈布雷为首的二处。偏偏从陈布雷到二处这班人，最是胆小怕事，诸事不肯负责，《中央日报》发表新闻和言论，动辄出错。加上何浩若与陈布雷等人没有深交，事先难沟通，出事后又难疏通，除了挨骂外，经费也受到了限制，三个月后，何浩若谋了一个行政院物资局长之职，就走人了。

何浩若之后，第三个接班的是陈博生。这陈博生是北平《晨报》老记者，先后任过中央通讯社东京分社社长、《中央日报》及中央通讯社总编辑等职。其他官位人人争去走后门、跑门子，何浩若挂冠后，偏偏这《中央日报》社长位置却久久无人揭榜。不得已，蒋介石只得亲自点将，从中央通讯社把陈博生"借"来，整顿《中央日报》。陈带了《晨报》一班大将赴任。虽然他带着一批办报老手上阵，然而，《中央日报》沉疴太重，他也无力回天，不但报纸越办越没起色，各方面婆婆的责难却是纷至沓来，而且财务上也被前几任几乎耗光，捉襟见肘，常常是版子已上机，纸张却还没买到。这陈博生一时病急乱投医，只好到《新华日报》社借。《新华日报》也不含糊，以后也向《中

央日报》借铜模浇铸铅字。正所谓拿了人家的手软,《中央日报》不便拒绝,只好与《新华日报》搞起了"双向交流"。由于敌机轰炸,造成重庆市区常常停电,中央日报社自己没发电机,有时到了夜里,当天的报纸还没印刷出来,蒋介石吃了晚饭,却还没看到当天报纸,多次打电话找陈布雷查问原因,得知实情后,又怪陈博生无能。不久,《中央日报》与《新华日报》"互通有无"的问题又被人捅了出来,蒋介石大为震怒。1942年12月,陈博生被迫辞了职。

陈博生之后,第三任陶百川走马上任。这陶百川当年是美国哈佛大学的高材生,又和陈布雷等人是浙江老乡,先后当过上海《民国日报》编辑及《晨报》总主笔,还做过上海市党部执行委员、国民参政会参政员、三青团常务干事等职,应该是"业务水平"和"政治水平"都一流的人才。《中央日报》社长再次找不到人选时,陈布雷说:"非要陶百川这样的干才来不可了!"陶百川上任之后,果然气象不凡,他先请出自己的后台老板潘公展兼任总主笔,把言论关,防止政治上"出问题";接着,大刀阔斧地抓新闻和版面改革,希望搞出"本报特讯"来压倒《新华日报》和《大公报》。为此,他一反过去《中央日报》四平八稳的传统做法,主张和中央通讯社抢新闻,以显示《中央日报》的杀伤力。他本来有部专用轿车,为了抢新闻,把它早上交给发行组去抢运报纸,白天交给采访组记者去抢新闻,而自己则去挤公共汽车或搭马车上班。陶哈佛的作为,确实令人耳目一新。可是他这样做,还是娄子一个接着一个被捅。1942年12月27日,为了抢新闻,《中央日报》赶在美、英前面刊出独家新闻:"中美、中英新约明年元旦正式公布。"消息一出,这下把外交部长宋子文给"抢"火了,拍着桌子说:"这是泄露党国的外交机密!"

报告上去,蒋介石也大为光火,一怒之下,亲自写手令命令将《中央日报》总编辑袁业裕交付军法审判、采访主任罚薪三个月。陶百川慌了,请出好友陈布雷、叶楚伧、潘公展等人转圜,袁大总编总算被交钱保释放出来了,袁大采访的军法审判也逃过了,可是陶大社长却少了总编辑,只好另请高明,把中央通讯社编辑主任钱沧硕请来了。

钱沧硕是个谨慎人,吸取前任教训,上班第一件事,就是严格审稿,把好新闻关。这把关把得他到了晚上还坐在总编室里,一丝不苟地字斟句酌。他的思想也简单:不求有功,但求无过。谁知越是怕鬼,越是闹鬼。一次,陈

布雷派人送来一份《中央日报》，上面有老蒋用红铅笔加注的记号。老蒋的习惯是，红圈表示满意，黑叉表示不满，问号表示有问题。但这些记号往往是他在随手为之，事过境迁，他的真实意图不要说一般人很难琢磨出，就是他本人有时也是一笔糊涂账。这次加注的红色记号，非圈非叉，也不是问号，更让人不知所云了。陈布雷见是个闷葫芦，干脆派人一送了之。但陶百川接到这玩意儿就紧张了，百思不解，只好发动大家"猜谜"，可是久猜不中。于是，哈佛出身的陶大才子快刀斩乱麻，提笔就批下几个字："标题不当"。标题不当？这下又把钱大总编给惹怒了，认为这是社长对他的人格侮辱，当即留条走人。事情闹僵了，一时转圜都难以转过来，陶大社长没办法，只好搬出自己的老师陈德征来报社帮助看稿，对外名义是顾问，因为干的就是总编辑的事儿，坐的也是总编辑办公室，因此报社众人也就称他为"陈总编辑"。老先生这下关把得可紧了，别说有关国家大事和某某贪污腐败的新闻拦住不发，就是某某地方一年前出现过敌军、几天前重庆街头两个商贩吵架的新闻都删除。这下平安无事了。

结果，蒋介石感到《中央日报》近来颇有些太平气象，偶然一问陈布雷："现在《中央日报》的总编辑是谁？"

陈布雷答道："是陈德征。"

不想蒋介石突然大吼一声："把这个家伙抓起来！"

他这一吼竟把陈布雷和左右的人都搞糊涂了。

原来这是十多年前的一桩公案。1930年，陈德征担任上海市教育局长时，曾在中小学学生中举行民意测验，选举"中国的伟人"。他本意是想借这些无知的学生吹捧一下蒋总司令，谁知投票的结果却是：第一孙中山，第二陈德征，第三才是蒋中正。他手下的这些校长们为了拍他这个教育局长的马屁，把他列为了"伟人老二"。这消息泄露出去，蒋介石大发雷霆，当即下令撤销陈德征的一切职务，还把他扣留了十几天。蒋介石没想到这陈德征居然又在鼻子底下钻出来，还当上了《中央日报》总编辑，当然大光其火了。

事后，在陈布雷的劝说下，蒋介石虽没抓这陈老头子，但却补了一个手令："永不录用"。

陶百川的第三个总编辑又走了。但他的运气似乎还没有背透。

242

1943 年 3 月,三青团召开第一次全国代表大会。《中央日报》发表社论,题目是《这一代要比上一代更好》,社论的大意是说清末八旗贵族子弟骄奢浅薄,不能成器,所以政治腐败,江山不保。然后,文章绕山绕水地大谈人伦、血缘和制度之间的关系,最后笔锋一转,写道:"如果今日的成年老年,对于后一代的青年,爱之不以其道,言论思想处处暗示他们不劳而获,引进他们到特殊与例外的地位,处处无形中培养成一批亲贵子弟,那是前一代人对不起后一代人的地方。"

这其实是对党国腐败、大官大僚们对自己的子女宠爱有加的好心劝诫。谁知参加三青团第一次全国代表大会的"青年代表"个个都是党国亲贵子弟! 看到这样的影射和讽刺,顿时群情激愤,剑拔弩张,代表们立即要求陶大社长亲自出席大会的升旗典礼予以解释。陶大社长好心办坏事,又一次惹火烧身,一方面致书解释,一方面托请陈布雷代为疏通,可是受了侮辱的"青年代表们"就是不松口。到了这一步,陶大才子也是感到山穷水尽,别无良策,只有辞职了事。

《中央日报》第四位社长也被赶走了,这一来问题大了,以陶大才子的长袖善舞,尚且不能在《中央日报》立足,比他等而下之的,也就更不敢问津。一时间,炙手可热的社长宝座,竟成了无人敢啃的冷猪头,陈布雷也是为之头痛。这时由陶大笔杆子引发的国共笔战正炽,眼看自己最大的宣传机器停转了,蒋介石何尝不急? 立即命令陈布雷前去整顿《中央日报》。

可是,陈布雷一来中央日报社,它连个社长都没有,整顿又从何抓起?!正在陈布雷犯愁时,天无绝人之路,国民党东南日报社社长胡健中正好赴重庆出席国民参政会。

这胡健中也是个奇才,不仅能写文章,还能作诗填词,还擅长口才,另外还懂英语。他在《东南日报》担任总编辑、社长,前后长达十五年,与陈布雷认识蒋介石的时间一样长,更为难得的是,这胡健中经验老到,在政界和报界都名气很大。陈布雷得知胡健中来了重庆,心头一亮,立即去找胡健中的后台老板陈果夫、陈立夫商量。陈氏兄弟也希望自己控制《中央日报》这一党国宣传发动机。然后,三人联合向主子保荐胡健中出任《中央日报》社长。

《中央日报》社长固然显赫,这胡健中却不傻,这些年在报界混,他何尝

蒋介石的秘书 陈布雷
jiangjieshidemishuchenbulei

不知伴君如伴虎,当了这社长就是自己给自己添难呢?这哪比得上他在《东南日报》天高皇帝远,独步东南呢!他说:"《东南日报》因为战乱正流徙在福建南平,立足未稳,少不了我呀!"坚辞《中央日报》社长的高职。

胡健中不肯"高就",《中央日报》社没社长,陈布雷的整顿任务就不可能完成。他急了,只好决定迫胡就范,于是约胡谈话。

陈布雷约请,这胡健中不敢不来。一见面,陈布雷一反过去和气的神情,一脸严肃地说:"事情很严重!总裁骂你了!"

"总裁骂我什么啦?"胡健中也不慌,反问道。

"总裁说:'胡健中虽佼佼自负,实是自私自利的人!'"

胡健中听了也不怕,反问他:"我怎么自私自利啦?"

"我也是这么问的。可是总裁说:'他只晓得办自己的报纸,党里面的事一点也不做!'"

胡健中据理力争说:"我能丢下那些要饭吃的员工,一走了之吗!总裁批评我自私自利,《东南日报》员工也可以说我自私自利,我到底该怎么做才算不自私自利呢?"

这下把陈布雷问住了。但他也管不了那么多,马上郑重宣布:"现在中央已经决定,由你担任《中央日报》社长。"

"布雷先生,你不觉得这样做,无异于逼良为娼,非君子之道吗?"

胡健中用"君子之道"一下子砸中了陈布雷的软肋,他脸涨得通红,隔了好长时间,才镇静下来,以一种歉意的口吻说:"我也是没办法呀!可惜我不能陪你下海,那就叫我的兄弟陈训悆、陶希圣做你的搭档吧。"

陈布雷的意思是你怕,我搭上自己的兄弟来陪你,这下你应该不怕了吧。尽管陈布雷不惜牺牲自己的兄弟,胡健中还是不答应。这年代哪个官僚或有钱人活得好好的,会自己把自己往死路、背时路上送呢?他胡健中也不傻!

陈布雷没办法,只好再去陈果夫、陈立夫兄弟那里求援。陈氏兄弟次第出马,半劝半吓。接着,蒋介石也亲自召见胡健中,对他进行说服。胡健中见最高当局如此厚爱,这才诚惶诚恐地表示接受,但条件是:继续兼任《东南日报》社社长,请陈训悆任总编辑,陶希圣任总主笔,陈宝骅任总经理。陈训悆是陈布雷的老弟,陶希圣是老蒋的红"枪手",陈宝骅是陈果夫的堂弟。蒋

介石一一照准。

　　这下胡健中满意了，一是《东南日报》还在自己手中，万一没干好，自己预留好了下一步的退路；二是陈训悆、陶希圣、陈宝骅都是通天人物，他们一来就可以"有福同享，有祸同当"，大家成了一根绳子上的蚂蚱，出了问题，谁也逃不脱。还未上任，胡健中就已将退路前路布置得滴水不漏，这显露出了他真正的硬功夫。至此，1943 年 11 月 15 日，胡健中到任视事。

　　陈布雷的整顿也终于宣告大功告成了。

　　可是，胡健中一袭秋衣，从福建南平赴重庆开会，接任《中央日报》社长后，就直接留在重庆，一件冬衣也没有。大凡办报的人都是夜猫子，他也不能例外，每当夜色降临之后，他冒着浓雾，从市区乘车到郊区化龙桥《中央日报》社总部。陈布雷也是报人出身，深知办报之苦，一天遇到胡健中，开玩笑说："我要把《聊斋志异·连锁》上的两句诗送给你：'幽情苦绪何人见，翠袖单寒月上时。'"

　　"此话怎讲？"胡大社长虽然官场经验丰富，也会作词写诗，要说真正的知识水平却并不高。

　　陈布雷解释说："'幽情苦绪何人见'，不必多说，你们办报的苦处，只有我一个人真正知道，别人很少晓得。'翠袖单寒月上时'么，一来你的衣裳单薄，二来你衬衫袖口上都染有蓝墨水，所以叫做'翠袖'，三来晚上八九点钟、月亮初上时，你们就愁眉苦脸了。"

　　陈布雷的一番肺腑之言，顿让胡健中感动不已。

　　这胡健中办报还真是个奇才，他把陈训悆、陶希圣与陈宝骅拉到自己的班子里，终于保证《中央日报》风平浪静了。其一，因为陈训悆与陶希圣就住在侍从室二处，与陈布雷朝夕相见。陈布雷从老蒋那里回来，一有什么重要新闻和言论要发表，就事先告诉老弟和陶希圣。如此一来，《中央日报》巧得近水楼台先得月的妙处，抢了新闻，又巧妙地规避了风险。其二，《中央日报》出了问题，胡健中虽要第一个负责，但陈训悆、陶希圣也脱不了干系；这样，蒋介石即便追查责任，陈布雷也是尽力转圜，大事化小，小事化了。其三，陈宝骅担任《中央日报》的总经理，《中央日报》不但政治上买了保险，曾经困扰的经费问题也得到改观；因为陈宝骅身为总经理，一旦经费发生困难，就直接去找堂兄陈果夫、陈立夫，一切问题均迎刃而解。胡健中入主《中

央日报》社，上靠陈布雷、陈果夫、陈立夫撑腰，下靠陈训悆、陈宝骅掌印，五陈助一胡，昔日多事的《中央日报》社一时之间竟成了"太平天国"，胡健中这个"太平官"一直做到胜利还都以后，创造了蒋家王朝一大奇迹。

　　《中央日报》虽然是由胡健中办，但事实上是由陈布雷遥控着。陈布雷整顿《中央日报》，把中央喉舌掌握在自己手里不说，他还为自己的老弟又找了个挣双薪的门路，并且和党国重臣陈果夫兄弟结成了战略联盟。

第七章
对蒋氏忠心耿耿

一、不加入什么派别，一心为忠蒋

陈果夫兄弟一直把握着国民党党权，有"蒋家天下陈家党"之说，在他们周围形成了一个强大政治派系——CC派，CC就是双陈拼音的头一个字母。在国民党众多派别中，CC派不仅势力强大，而且人数众多，并且还是蒋介石的亲信嫡系。

尽管陈布雷与二陈是同乡，又同属老蒋的嫡系阵营，但他却对派系并不感兴趣，只对主子忠心。

一次，重庆《新民报》采访主任蒲熙修访问陈布雷，冒失地问道：

"布雷先生属国民党中何种派系？"

陈布雷一听就心里不高兴，黑着脸想回答"无可奉告"，但当过报人的他又生体谅之心，怕对方下不了台，转而答曰：

"这个问题，好比待在闺中的少女，有人问她：'你的爱人是谁？'她势必难以答复。我告诉你，国民党中我的好朋友很多，如张群先生，吴铁城先生，陈果夫、陈立夫先生，陈诚先生，朱家骅先生等都是。"

他这样回答，没有否定国民党中有派系，因为这是铁的事实；但他巧妙地说明了自己是超脱于派系斗争之外的，并且他从来就反对"互哄"。但是，他这"待在闺中的少女"很快就有人来"拉郎配"了。

陈果夫与陈立夫的CC派，是国民党中三大派系之一。在一次选举中，陈果夫被手下的党徒选举的票数竟然高过了蒋介石，尽管唱票时他机敏地用手一抹，把高票给抹掉了，但事后还是被戴笠告发，结果受了蒋介石的冷落，被蒋介石在侍从室增设了个第三处，把他调到了身边当主任，加以管

教。陈立夫原来就是蒋介石的秘书,陈布雷先与陈立夫关系密切。陈果夫到了侍从室后,与他接触也多起来了,因为陈果夫一直是管党的,陈布雷对他很尊重,但力避与他过于亲近。这次他整顿《中央日报》没办法,为了完成任务不得不走陈果夫的门子把胡健中逼出来,并且三陈联手各自把自己的一个亲属弄进了《中央日报》社的实权位置。此事一完成,陈氏兄弟就以为陈布雷和他们走近了。

一天,陈立夫开着自己的小汽车来接陈布雷,说:"一起去近郊游游吧。"

陈布雷这天正在捉刀写文稿写得头昏脑涨,书生本性的他以为陈立夫也是像张治中那样,关心他的健康,带他出去"调整",于是高兴地上车,跟着他去郊游了。

谁知汽车开出山城后,越开越远,没去山上,也没去水边,却拐到了一条僻巷的一所楼房前停下,陈布雷正要发问,陈立夫说:

"这是一个要好朋友的家。"

一上楼,他们走进一间较暗的中厅,里面供设着香烛,陈布雷有点奇怪,陈立夫说:

"布雷兄,请你来,不是为别的什么事,请你加入我们的团体。"

陈布雷吃了一惊,因为自从他在南昌加入国民党,特别是到了侍从室后,就抱定了一个思想:不加入任何小团体,国民党内什么政学系、黄埔系、军统、CC,他一概都不介入,以求不偏不倚。当即,他就摇头推辞。

可这陈立夫却不是好惹的,软硬兼施地说:"今天无论如何要请你入盟!"

然后,他拿出一张 CC 小誓言书,这时孤楼中四周无声,在许多人强制下,陈布雷不知所措,只得勉强服从,签上名就走。

一回到美专街家中,他就立即打电话给陈立夫,说:"立夫,这样做不行,我马上报告委员长,全不算数。"

当天,他就把经过详情报告蒋介石,说:"我在你左右担任这样的职责,必须不偏不倚,才可以做事。立夫这样逼我的做法,我不承认。"

事后,蒋介石也批评了陈果夫和陈立夫。这"待在闺中的少女"陈布雷差点就被"抢婚"了。事后他对四弟陈训慈说:"想不到陈立夫来这样一手,这事在一些要人中肯定要传开了,说我是 CC,真是讨厌!"自此之后,他对二陈戒心大增。

二陈拉陈布雷没拉成，国舅孔祥熙却又来拉他。

11月底，蒋介石要去开罗参加中、美、英三国首脑会议。

中、英、美三国在开罗开会之前，蒋介石由重庆九龙坡乘专机向西南飞行。这一消息本来是保密的，可是，一次陈布雷在外间突然听到有人说："委员长到非洲去了。"

陈布雷一听，大吃一惊问："你怎么知道？"

这个人说："我家隔壁邻居就是委员长的随员，他的副官对我说，他收拾了一箱子衣服，其中有几套白色夏衣。现在是冬天，为什么带夏衣？再者，在九龙坡的路上，有宪兵布岗，飞机升空之后，向西直飞，不是去非洲又是去哪里？"

陈布雷惊得两手都发抖了，赶紧跑去报告孔祥熙。

他为什么去向孔祥熙报告呢？原来老蒋还兼着行政院长，出国期间，行政院由副院长孔祥熙主持，因此陈布雷有关要事就要与孔国舅联系。陈布雷报告完这泄密的事，正要告别，孔祥熙突然塞给他一个信封，说："布雷先生，你身体不好，子女多，负担重，战时物价高涨，我这一点区区意思，聊表微意。"

陈布雷虽然不知里面装的是什么，但听他的话便明白了几分，当即不假思索，将信封掷还给他。

事后，孔国舅对人说："一百万元的银行本票，陈布雷都不要，真是傻得出奇。"

其实，陈布雷并不是傻，也不是不爱钱，而是在对爱钱和忠蒋的选择时，他只选择后者，因此他拒绝任何人的收买和拉拢。他自称无派无系，政治上光棍一条，但是，也有人说，以二处为核心的一批官邸人员，其实在国民党政坛上，早就形成了一个新派系，这就是"官邸派"，他们就知道对主子蒋介石和蒋家王朝忠心效力，没有二心，也几乎没有自己的私利，为了主子，可以舍弃一切。而陈布雷就是这个派别的核心与灵魂。

陈布雷就是这样地忠于主子，尽管非常小心谨慎，还是常常免不了好心办坏事，惹得自己一身腥。

一次，国民党中央机关公布各位要人的汽车用油结果，陈公馆名列第一。陈布雷大发脾气，责问手下人："何至于此？"

殊不知这就是他搞节约惹的祸。

这时尽管党国已到快要灭亡的边缘了,党国要员却全换上崭新的进口新轿车,而陈布雷却还坐着几年前的老爷车,为党国勤俭办事,大搞节约。可他没想到这老爷车却是个油耗子,跑路不多,耗油却并不比新车少,相反还多得多,结果就让一心节俭的他背上了中央机关轿车耗油最多的黑榜。当手下把这个原委告诉他时,陈布雷气歪了脸,立即不搞什么节约了,马上把耗油多的旧老爷车换成了耗油少的福特新轿车。

二、舍己为"公",死了兄长儿子当兵

陈布雷一心为蒋家王朝效忠效劳,可以牺牲自己的友情,也可以牺牲自己的身体,甚至还不惜牺牲自己钟爱的家人。

抗战进入 1944 年后,日军已显示出强弩之末的迹象,为了挽救覆灭的命运,打通平汉、粤汉铁路,发动了豫湘桂战役,企图直逼陪都重庆。但就是这强弩之末,腐败的国民党军也抵挡不住,战役一开始,就出现千里大溃败的"壮观景象",日军直下广西,迫近贵州独山,抗战局势陡然严峻,重庆震动。为了应付危局,9 月,蒋介石决定号召知识青年从军,组织青年军,并且还喊出了"一寸山河一寸血,十万青年十万军"的口号。可是,这些年在前方抗战的,全是抓来的老百姓壮丁,不见党国大员们子弟的身影,眼见"十万青年十万军"又成为骗人的一句空话,蒋介石急了,忙"带头"让自己的两个儿子蒋经国、蒋纬国应征从军,以鼓动青年学生入伍。

蒋经国、蒋纬国入伍后,虽然当的是不可能上战场的后方军官,但还是一时骗住了不少热血青年,一些大中学校的学生纷纷报名参军。陈布雷的侄儿陈迨也积极响应,报名参军了。

陈布雷得悉这个消息后,十分高兴,给侄儿亲笔题字,进行勉励:

你是我家第一个请缨入伍的志愿兵,门楣有光,我祖我父亦将含笑。长风万里,壮哉此行!练得好身手,学得好技术,报效国家,复仇雪耻。我以满腔热烈的情绪,期待尔奏凯归来。

接着,陈布雷自己的儿子陈迈和陈适也报名参军。

陈适是杨宏农所生第三子,已在同济大学毕业,他学的是测量专业,报名参加炮兵。因为怕父亲不允许,报名前没向家中透露。陈迈是第四子,王允默所生,还在交通大学读书,学的是土木工程专业,在报名参加工兵时,他征求父亲的意见,陈布雷大加赞许,还写了一首《送儿迈从军至璧山》的五言诗以示鼓励。陈布雷从政以后,很少写诗词,送儿参军,诗情豪兴勃发,这首五言诗很长,足见他的热心:

名儿曰阿迈,字儿曰季前。
儿今从军去,能为弟兄先。
当时命名意,相合何适然。

儿性纯驯鸷,赋禀得之天。
一旦奋壮志,猛着祖生鞭。
问儿何所愿?破虏靖烽烟。
问儿何所忆?乡土陷腥膻。
问儿何所乐?驱敌东海边。
国家有急难,吾宁计安便?
貔貅十万众,联臂自翩翩。
誓为先驱卒,不愧先泽贤。
再拜别父母,会看儿凯旋。
汝父嘉儿志,汝母有欢颜。
人生大幸事,忠孝得两全。
贻儿以短襦,戎装裹鲜妍。

愿儿身壮健,祝儿金石坚。
勉儿无他语,报国及盛年。
我心殊欢悦,我有笔如椽。
盾鼻染余墨,为写送行篇。

几天后,陈布雷得知陈适也参军了,责备他说:"你怎么不早说? 爸爸虽然屡告诫你们不要卷入政治,要学技术,但是爱国是大事,匹夫有责,你们青年投笔从戎,理所当然啊!"

尽管这时那些高干子弟仍然是一派"好铁不打钉,好男不当兵",稍有地位的人就生怕自己的子女去当炮灰,而陈布雷却大胆地鼓励子侄投笔从戎,虽然有些书生气,但他报效国家的拳拳之心也由此可见。父亲的言行又影响到他的小儿子陈远。这时陈远还在读中学,没到入伍的年龄,也兴高采烈地去报名参军。他终究还太小,体检时担心体重不够,偷偷拾了好几块石头塞在口袋里,但最终还是没通过。

陈布雷的这次全家参军热,完全是受主子蒋介石的蛊惑和影响,他共赴国难,也是跟着主子而行动的,这不能不又令人遗憾。但他作为知识分子固有的爱国之心,又是值得赞赏的。

陈布雷为侄儿陈迨从军题词的手迹(1944)

谁知就在陈布雷为家人参军又是写信又是写诗的时候,突然噩耗传来:10 月 19 日,长兄陈屺怀在浙江云和病逝。

陈屺怀对陈布雷爱如亲弟,陈布雷对他也是敬爱有加。俩人虽非同胞,但情同手足。陈屺怀是辛亥革命的元老,一生方正清廉,威望很高,且从不徇私。陈布雷记得一件这样的事情:1927 年夏的一天,浙江省政府委员开会,民政厅长马叙伦提议派陈孟扶为某县县长,省主席看了省府委员一眼,说:"大家没意见,就算通过了。"

可陈屺怀忽然站了起来,大声说:"刚才没注意,坐在我旁边的某委员向我道贺，我才知道马厅长提案发表了一位新任的县长，而这位新任县长陈孟扶就是我的儿子。知子莫若父，小儿孟扶绝对不适合担任县长，还请主席与各委员，撤销刚刚通过的任用案，收回成命。"

他不仅对儿子是这样，对自己也要求很严格。1930年，他出任国民政府参事，但不久就辞职回了杭州，说老了就不能占着茅坑不拉屎，不能贪图权位。可是抗战爆发后，国难当头时他又站出来为国效力，1943年春他被推为浙江省参议会议长，他不顾年老体弱，离家住在云和县黄水碓主持议会。结果没到一年就在云和任上病逝。

浙省临时议会致电陈布雷报丧。陈布雷得讯后失声痛哭，悲痛万分。但是，他没空前去悼念，只能在重庆设奠遥祭。在遥祭兄长时，他循循教导自己的儿孙："要学习大伯的为人，为国为民，不要只想着自己，要保持陈家的清白家风。"

带着他的嘱托，陈家子侄奔赴了抗战疆场。

在家事和国事前，陈布雷的做法，相对那些为抗战倾家荡产的普通民众来说，不能说是做得如何完美，但比起那些党国要员来，他却又远远地超乎他们之上了。但这社会终究已经烂透了，腐败到顶了，陈布雷因为忠君而产生的爱国之举，在党国要员中并没博得太多的赞扬声，相反，却得了一大堆"书生"、"傻子"、"写文章写昏了头"的讥讽。

陈布雷始料不及，满怀的报国和报主之心像被突然泼了好几盆冷水，弄得他昏头转向，久久没缓过神来。

三、为孔祥熙做说客

陈布雷等人忠心耿耿地为党国拼死效力，但那些真正应关心党国前途命运的党国大员却并不关心党国，而是拼命地发国难财，不择手段地为自己捞钱捞财，别说老百姓的死活早在他们心中没任何位置，他们甚至贪婪到了不顾党国存亡的地步。这终于爆发了以蒋介石的连襟孔祥熙为首的金融案。

七年抗战，原在山西太谷县只有几十亩荒山的孔家一下子暴富起来了，孔祥熙通过巧取豪夺，大发国难财，一下成为了全中国的大富豪，权势

253

和金钱都发展到顶峰。但1945年7月,爆出的鲸吞美金公债事件却成为了孔氏家庭衰落的开始。

这件鲸吞案在孔祥熙巧取豪夺的诸事中其实根本算不上什么大事,其被揭露也是纯属偶然。

这事起源于好几年前。1941年12月,美国的太平洋舰队在珍珠港被日军炸毁后,蒋介石借口要与日抗战,通过宋子文向美国借到一笔5亿美元的巨款,然后,他安排连襟、财政部长孔祥熙去计划如何使用这笔巨款。孔祥熙找到财政部、中央银行和四联总处的几个亲信,一起拟订了一个支配方案,决定用3亿元向美国购买黄金并存在美国银行"增值",1亿元作为发行美金储蓄券的准备金,1亿元作为发行"同盟胜利美金公债"的准备金,即以美元作诱饵,吸引国民"买债券"而进行敛财。这5亿元以国家名义借来的美金哪里用来抗日? 全变成了权贵们敛财的工具。

1942年,抗战进入关键的一年,国民政府的军政开支十分紧张,蒋介石发起全国节约建国储蓄运动,自任劝储委员会主席,并开始向西南的四川、西康、云南、贵州和西北的陕西、甘肃、宁夏、青海、新疆等省,推销"同盟胜利美金公债"1亿元,许诺到了抗战胜利时再向储户兑付美金。政府开动机器,大肆进行宣传,说:"公债以美元为基金,本固息厚,稳如泰山。"为了使发行债券敛来的钱全落在自己手中,不被其他同样张着血盆大口的"大鱼"吃掉,孔祥熙周密地做了布置,只由财政部交中央银行国库局转业务局组织各地银行推销,但卖债券获得的资金要全部返回财政部,即回到他孔祥熙的手中。

谁知这些年,国家银行和财政部由蒋介石的大舅子宋子文和连襟孔祥熙轮流当家,自己富了,政府多年陷入经济危机,通货膨胀,加上鬼子入侵,被搜刮殆尽的老百姓饥寒交迫,哪里还有能力来购买什么胜利公债? 那些豪绅富贾虽然手中有钱,大多去抢购物资,囤积居奇,并且怕上了政府圈钱的套,以为又是政府玩弄的一次花招,更是不去购买。结果,这推销债券运动,虽然搞得大张旗鼓,热浪炙天,就是没人去买,推销不出去。

蒋介石得知后大怒,亲自打电话给各省主席,令他们想办法完成任务。在蒋介石、孔祥熙的压力下,各省只好拿出公款来购买公债,再强行分给个人抵工资,这才使得债券买卖有了缓慢的进展。但是"卖"了一年,美金公债

蒋介石的秘书 陈布雷

才卖出五分之一,即 2000 万美金。个别"买"了公债的人是迫于压力才"响应"的,并不相信到时真能兑现到美金;即使到时能兑现美金,这"美元"也无处可用,没地方去花。因此,很多人在"分"了公债后立即又把公债抛出。结果,公债一发行,在黑市上大大低于面值,最低时 20 元的公债卖不到 10 元法币。

时隔不久,公债市场又出现了戏剧性的变化。由于孔祥熙滥发纸币,大后方通货膨胀呈直线上升,结果,法币在人们心目中越来越不值钱,于是有人又想起了美元公债,因为"美元"这玩意儿比法币"硬"多了,不易暴跌。结果,美元公债在一些人的操纵下价格又开始攀升,由十几元上涨到三十几元,而且仍在看涨。孔祥熙原为这公债发行一事愁得上火,这下看这公债价格上扬,心里暗自欢喜,叫人雇了一大批记者把风"透"了出去,说美元公债是以美元为基础的,是以美国贷款为担保的,购买公债绝对有利可图。这么一吹风,美金公债开始受到青睐,并逐渐成为抢手货,面值迅速上升到法币100 元,比发行时高出五倍。

孔夫人宋霭龄得知这一情况后,敏锐地发觉:大捞一把的好机会又来了! 她找到老公问:"现在还有多少公债没卖出去?"

孔祥熙这几天被公债突然火爆弄得晕头转向,一时没有反应过来,就说:"还剩了大约一半吧。"

宋霭龄说:"剩下的别卖了,我全包了。"

"这样一来是要惹麻烦的。这笔贷款的底细你妹夫是知道的,发行债券还登报宣传了,要是突然停止销售,一旦内幕披露出去,上上下下,我都没法交待呀。"

但宋霭龄鬼点子多,说:"你这呆子,就不会想点办法?"

"想什么办法呀?"

"你看你傻的。你就不能把剩余的公债扣下,就说分给政府的官员和前线打仗的将军们,他们日夜为国为民操心受累,没时间到市面上买公债,我们派人送去,这样他们怕谢还来不及呢!"

"送给他们? 我才没这个闲心!"

"谁叫你全送呢? 你送几个人,意思一下,其余的自己留着。"

孔祥熙想不到夫人如此精明,立即答应照办。

第二天,孔祥熙把中央银行业务局长郭景琨找去,对他说:"从明天起,美金公债停止出售,并通知各地中央银行照办。"

郭景琨问道:"如果有人询问,怎么办?"

孔祥熙说:"就说已经售完了。"

郭景琨当然遵照办理,立即下令各地停止出售美金公债。这时,财政部次长俞鸿钧、顾翊群及国库局长吕咸等事前都毫无所知,纷纷向郭景琨质问,当他们得知是孔部长的面谕后,也就立即闭嘴了。第二天,重庆各大报在头版显要位置刊出一则消息,称:由于民众抗战热情高涨,购买爱国公债空前踊跃,全部美金公债可望周内告罄。又过了一天,刚好是星期五,由于报纸发布消息,黑市公债价格翻番,各代销点更是人山人海,有的人半夜便起来排队。结果人越挤,卖得越慢。到下午5时各代销点同时挂出牌子:公债全部售完。

其实这时,孔祥熙手里还留有整整一半——5000万美元的公债。

10月15日,孔祥熙指令财政部正式下文,通知国库局:"将美券停售,所有尚未出售的5000万美元,悉数由中央银行业务局购进。"国库局长吕咸在孔祥熙、宋霭龄授意下,下令各省把剩余的美金公债迅速押解到中央银行,并转存国库局。然后,他还冠冕堂皇地写了一个报告,说由于战争对经济的破坏,老百姓都很穷,美元债券发行卖不动了,为了保证任务的完成,决定将剩余公债全部按官价购进。报告送到孔祥熙办公室后,心中有鬼的他没签自己的名字,只批了一个"可"字,并叫手下在"可"字下盖上了"中央银行总裁"的章。

吕咸拿着孔总裁的批示,就等于有了尚方宝剑,立刻明目张胆地干起了贪赃枉法的勾当。他把购进的第一批美元公债350万美元,照最初的官价20元折合成7000万法币,全部送给了孔祥熙。

几天后,孔祥熙、宋霭龄又伙同吕咸购进了第二批800万美元的公债,又按最初的官价折合法币1.6亿元。就这样,5000万美元的公债,在几个月里,被孔祥熙等人分批按官价吃进。然后,吕咸、郭景琨按孔祥熙旨意,把侵吞公债的一小部分按身份等级分送了一些党国要员,其余的则全部打入了宋霭龄所办公司的账户。这么悄悄地一弄,孔祥熙夫妇至少赚了30个亿。

谁知纸没包住火。吕咸、郭景琨把侵吞的公债按身份等级分送党国要员，结果捞了的嫌少，没捞的眼红。某人因为分得的债券比部下少了100元，气不过这"欺负人的事"，悄悄地把孔祥熙私分美元公债的丑闻捅给了报界。消息一出，立即引起舆论一片哗然。

这时，正好碰上重庆国民参政会开会，参政员黄炎培、傅斯年、陈赓雅等人联名提出质问案，要求政府严办贪污犯。而这时孔祥熙本人正代表中国政府到美国布雷顿森林参加国际货币金融会议，人不在重庆。这正好给了反孔派一个空当。结果，参政会的质问反映到蒋介石那里。并不知情的蒋介石马上找傅斯年等前去谈话，并且表示要究查此事。

傅斯年等人受到鼓舞，联合其他义愤的人，将材料全部搜集起来，提供给国民参政员，制成提案，准备请大会讨论通过，送请政府严办。国民参政会主席团王世杰也是分赃人之一，担心众人撸了孔财长，自己也毁了，于是不避嫌疑地站了出来，劝说参政员："此案提出恐被人借为口实，攻击政府，影响抗战前途呀！如果政府调查的事实和你们举报的事实有出入，对你们这些搞提案的人也会不好。请你们自动撤销。"

他半劝半吓，可是参政员们却说"证据确凿"，坚持要在参政会上提出。王世杰慌了，急忙向侍从室报告，因为他知道只有老蒋亲自为打着骨头连着肉的连襟说话，这场风波才能平息下去。陈布雷接到王世杰的报告，记起女儿陈琏说过前线士兵把孔家捐献到前线的卫生纸都扔进厕所的事，也知道孔、吕贪污肯定是事实，参政员绝不会无事生非，于是也向老蒋报告：

"蒋先生，参政员提案，说庸之先生鲸吞美金公债。这事言之确凿，恐怕对庸之先生大大不利。"

"你的意见呢？"

"布雷认为，在现在这样的国难时期，庸之先生趁火打劫，置国计民生于不顾，实在太失公职人员的体统了。"

蒋介石本想为连襟捂住，见连陈布雷都这样说话，也觉得事情重大，要捂也难捂住，于是抱着几分侥幸，说："那就派人去调查。"随即，他密令财政部代理部长俞鸿钧密查此案内情。

俞鸿钧奉命后找到公债司司长陈炳章研究，派出了一得力可靠的稽核员前往中央银行查账。

　　稽核员回来后向陈炳章汇报检查结果：发现美金公债自停止出售以后，所剩约5000万左右美金金额也几乎售完；买主用的都是一些堂名、别名，地址含糊不清，有的甚至是南京、上海等沦陷区的地址；孔祥熙老家的山西铭贤中学也是一个买主，但为数不多，只有二三万美金；所传中央银行职员瓜分一点，确有其事，但到手的都是副局长、副处长级以上的人员；另有专分给国库局职员一笔，是为了犒赏行里推销有功人员。据业务局长郭景琨和国库局长吕咸说，这些停售、瓜分、犒赏等都是孔祥熙的面谕。陈炳章把这些情况一一报告给俞鸿钧。

　　就在俞鸿钧向蒋介石复命的同时，监察院院长于右任根据参政会的质问案，派人到中央银行检查，而且监察院冠冕堂皇地对郭景琨提出弹劾，并将郭景琨移送法院扣押法办。虽然他们对于孔祥熙利用堂名、别名套购巨额美金的问题没去触及，但对孔大部长也提出了弹劾案。

　　蒋介石虽护着连襟，本来还存着几分侥幸叫俞鸿钧去调查，一查查出个天文数字：30个亿！连襟终究贪得太多，民愤太大，又不像其他人那样隐瞒得好，心想护了他，自己这国家领袖就没法当了，就是中国人答应，借款人美国友邦也难答应，于是他不得不有所表示了，于是又找来陈布雷，叹了一口气说："这事很糟糕呀！庸之不是个庸人啊！这次只有辞职了，所吞美券叫他分期吐出。但是，这事还是不宜在参政会公开提出，一旦列入提案，就会造成极坏的影响，美国友邦对我们抗战就一定不会继续支持。布雷先生，我看你是不是以新闻界前辈的身份给参政员说一说这种利害关系，请他们将提案改为书面检举，送给我办好了。"

　　这批款子就是友邦美国给的，现在却变成了腐败者的捞财工具，这事不可谓不大！陈布雷原想公开触动一下孔祥熙，现在主子这么一说，他才知道后果是如此的严重！

　　他先去访问参政员陈赓雅。

　　陈布雷说："我知道你们是出于公心，这提案资料的搜集，可谓煞费苦心，准备在大会提出讨论，当然也有价值，不过，这里有个投鼠忌器的问题。"

　　"敢问布雷先生，何以见得会投鼠忌器？"陈赓雅问，"难道最高层也参与了？"

"不是不是。"陈布雷说,"你想想,这30个亿,是多大的数字!就怕这事一经大会讨论,公之于社会,美、英、苏等友邦更会认为我们是一个贪污舞弊的国家,对抗战不继续予以支持,那么,后果之大,将不堪设想啊。"

陈赓雅似乎有点不相信。陈布雷继续说:

"前不久,政府决定黄金加价,被财政部的高秉坊泄露出去,掀起轩然大波,友邦人士就啧有烦言。现在不幸又爆发另一起空前的大舞弊案,必然会引起友邦更大的失望与不满,使得我们的抗战失道寡助啊!"

顿了顿,陈布雷说:"为抗战招致'失道寡助'的后果,这想来也不是大家所希望的吧。"

陈赓雅对陈布雷的为人是尊敬的,想想也是这么一回事,并且他知道这也决不是陈布雷个人的意见,但心有不甘地问道:"布雷先生,那么你认为如何办呢?难道我们就眼看着这些人大发国难财,就不管不问?"

"我想可以将议案改为书面检举,由主席团负责人亲自交给蒋主席查办。蒋主席是会严办的,这样既惩治腐败,也可以照顾国际影响。"

可是陈赓雅把陈布雷的意见一说,有的参政员还是不肯罢休,说:"不列议案也好,找另一个方式,戳他一下。"于是又联合提出个"质询案",行政院长张群在参政会上作工作报告时当众提出质询,这轰动了大会。陈布雷听到这个消息,马上派人把质询案取走,说:"蒋主席要看。"结果,因为他这么一个"釜底抽薪",大会秘书处没原稿就没法印文件了,加上所有报纸上的新闻被管制、封锁,案情就公开不了,社会上也不能了解内幕。此事只好像党国所有的贪腐案一样虎头蛇尾了。

这时,孔祥熙本人大摇大摆地从美国回来了。国库局局长吕咸眼见郭景琨被捕,坐立不安。因为发给国库局职员的这笔美金公债,孔祥熙只是口头同意的,没有证据。等孔祥熙一回到重庆,他赶紧补了一个倒填年月的签呈,恳求孔祥熙补批,孔祥熙也居然补批了。随后,孔大部长又摆出爱护部下的姿态,用财政部的公款为被逮捕的郭景琨请了一位有名望的大律师端木恺,并与端木恺一起研究如何为郭景琨开脱。在孔祥熙这把大伞的庇护下,在押的郭景琨,经端木恺的奔走,没过几个月就被宣判无罪释放。郭景琨一被释放,孔祥熙在重庆官邸设宴,为郭景琨压惊。席间,他亲自把郭景琨拉坐在上席,并举着酒杯频频地说:"K.K.(郭景琨英文名字的缩写)辛苦了。"

这场轰动全国的风波就这样平息了，而贪污的主犯和爪牙都逍遥法外。堂堂国民政府只是在参政会闭幕后的一个月左右，在重庆的《中央日报》上刊登这样一则消息："中央银行总裁孔祥熙及国库局长吕咸，辞职获准。"

至于老蒋当初责令的"分期吐出"，到底"吐"了多少，只有鬼晓得了！

面对这样一个腐败的国家和腐败的官员们，良知尚存的陈布雷虽然遵从主子的旨意去为孔祥熙开脱，掩饰矛盾，其实，他的心中却感到十分矛盾和苦恼。因为，他也觉察到了，他为之效力的国家和主子已经烂到骨头里，完全没救了。

四、陈布雷越来越忧郁了

1945 年 8 月 6 日，美国在日本广岛投下第一颗原子弹。8 月 8 日，苏联对日宣战。第二日，美国在日本长崎投下第二颗原子弹。同一天，100 多万苏联红军在总长 4000 多公里的战线上同时发动进攻，给盘踞在中国东北的日本关东军以毁灭性的打击，日本的崩溃已成定局。

10 日下午 7 时 50 分，设在重庆的盟军总部的美国军人，收听日本东京的英语国际广播时，首先听到一则消息：日本天皇在御前会议上作出了接受波茨坦公告的决定，并以照会形式托瑞士政府转达美、苏、英、中四国请求投降。消息一出，驻渝美军纷纷拥到门前的马路上狂呼不止，重庆市民也跑上街头欢呼雀跃，载歌载舞。入夜，重庆的广播电台播出了响亮动听的音乐，街头灯火通明，鞭炮声相继而起。

但直到晚上 11 时，中国政府还没接到日本的正式通告。美专街陈公馆的孩子们也在窗外燃放爆竹欢呼。陈布雷见状，认为消息还没确实，不该有燃放爆竹之举。

8 月 15 日，日本天皇裕仁以广播"终战诏书"形式向公众宣布日本无条件投降。在日本天皇宣布投降前的一小时，国民党总裁、国民政府主席兼军事委员会委员长蒋介石亲自到重庆中央广播电台发表《抗战胜利对全国军民及世界人士广播演说》。蒋介石的文章、讲演稿平时都是由陈布雷捉刀的，这次他却是亲自执笔，只是由陈布雷作了些文字润色。在广播中，蒋介石说：

我们的抗战，在今天获得了胜利。正义战胜强权，在这里得到了最后的证明……我要告诉全世界的人们和我国的同胞，相信这个战争是世界上文明国家所参加的最后一次战争。我们所受到的凌辱和耻辱，非笔墨和语言所能罄述。但是，如果这个战争能够成为人类历史上的最后战争，那么对于凌辱和耻辱的代价的大小和收获的迟早，是无须加以比较的……我相信今后地无分东西，人不论肤色，所有的人们都一定像一家人一样亲密地携手合作。这个战争的结束，必然会使人类发扬互谅互敬的精神，树立相互信赖的关系……中国同胞们须知，'不念旧恶'和'与人为善'是我们民族传统至高至贵的德性。我们到今天一贯地只识黩武的日本军阀为敌，而不以日本的人民为敌……我们更不可以对敌国的无辜人民加以污辱，我们只有对他们的纳粹军阀所愚弄，所驱迫而表示怜悯，使他们能自拔于错误和罪恶。我们必须切记，如果以暴行答复敌人从前的暴行，以奴辱来答复他们从前错误的优越感，则将成为冤冤相报，永无终止，决不是我们仁义之师的目的……

人们终于听到了日本政府无条件投降的消息！当夜，重庆街头人如潮涌、锣鼓声、鞭炮声、口号声，此起彼伏，震耳欲聋。士农工商、男女老少都沉浸在胜利的喜悦中。中国人民历经千难万险，终于盼来了胜利的这一天。陈布雷也是很兴奋的，脸上现出了少有的笑容。然而，当侄女陈约文拿出爆竹，想让他亲手燃放时，他却沉郁地说：

"有什么可快乐的，艰苦的日子还在后头哩！"

陈约文握着那串爆竹，呆呆地站在原地不动。尽管刚出校门的她不可能充分理解二伯父那喜中之愁，但她仿佛也感染了二伯父的情绪，再也无心燃放满怀喜悦买来的花炮。

中日战争以中国人民的胜利和日本侵略者的失败而宣告结束。这是自鸦片战争以来一百多年的历史中，中华民族在反对帝国主义侵略的斗争中所取得的第一次完全的、伟大的胜利。在这胜利的时刻，陈布雷却感受到了更大的危机。

第二天晚上,陈布雷与四弟陈训慈在一起闲谈,陈训慈劝他:

"胜利了,你的性子也该改改了。"

陈布雷感激四弟的好意,但仍老实地说:

"难。"

"天塌不下来,即使塌下来,也不要你顶着,你又何必如此认真呢!"

"别人不知道,我是十分清楚:外战虽然结束了,内战即将打响。委座有句名言:日本人是癣疥之患,共产党是心腹之患。老百姓高兴,以为盼来了和平,我看到的却是战争,你叫我如何高兴!"

陈训慈知道二哥的话还没完,并不去打扰他。陈布雷稍停后接着说:

"我们这个党,也不让我乐观。六大上有人写诗:'蒋家天下陈家党',我不同意。但从我的位置上看,它确实病得不轻:明争暗斗、四分五裂、醉生梦死、贪赃枉法……提起来就让人生气。因此,委座才说:本党今后若不好好精诚团结,将来大家都要死无葬身之地。"

陈训慈忍不住插言:"有那么严重么?"

"没有这样严重,当然好。但愿我是杞人忧天。"

"二哥何必又如此忧国忧民呢?! 现在党国要员哪个像你这样郁郁寡欢呀! 哪个不是吃着玩着,见钱捞着啊? 古话说,忧伤身。你身体不好,一半就是源于忧郁啊。"

"人生之所以不能没有疾病,一是由于醉梦富贵心,二是由于怕老病死心,三是由于执着赏嗔心。前两点,我都没有,但只是太过于执着,要好之心太强,而力又不足,我应该警惕的是赏嗔心。大哥廉介恬淡、卓尔不群,我是心向往而力不到呀! 君木老师三十多年前就说我不是从政的材料,批评我太年轻气盛、锋芒外露。可惜,我从政以后才明白了它的分量,为时已晚,后悔也来不及了啊。现在唯一的愿望,是回到南京以后,请求退休,颐养天年,终老山林。"

"你要保重身体啊,尤其要注意眼睛,不然就是终老山林也不行呀!"

陈布雷感动地答应了。

八年艰苦抗战,一旦获得胜利,陈布雷却没有喜悦。抗战胜利了,就是蒋介石也以为自己从此登峰造极,江山稳固了。然而,身居中枢的陈布雷却看得很清楚,国民党已是危机四伏了,党内派系纷争,矛盾重重,不啻一盘

散沙。一个六全大会，使得党内矛盾彻底暴露，为争夺中央执委名额，各派系竟不择手段地相互攻讦、诋毁、咬斗、厮杀，简直使出了十八般武艺，陈布雷看不下去。在党外，共产党已日趋强大，远非抗战前可比。过去有外敌当前，两党尽管积怨甚深，但毕竟还能找到"共同抗战"的共同点，能所谓"兄弟阋于墙，外御其侮"。现在外敌既除，必将是国共分裂，烽烟再起啊！更让陈布雷不能放心的是，今日的国民党，恐怕已不是共产党的对手，一旦国共开战，后果何堪设想？正是在这种心境下，当日本投降的消息传来时，别人都是欣喜若狂，唯独陈布雷是"独上西楼"，愁绪满怀。

在国民党统治集团的高层，陈布雷因为看到了一个更为致命的政治危机，在举国欢庆胜利之时却忧愁满怀。他的忧郁之色，深深地印在家人的心中。

五、重庆谈判，看到了毛泽东的风采

正如陈布雷所想，抗战胜利后，蒋介石的既定方针就是发动内战，消灭共产党及其领导的人民武装，并吞解放区。但遭受八年战乱的全国人民、各民主党派，都要求民主、和平，呼声很高。为此，蒋介石想动手，又不敢先打第一枪。结果，他的手下为主子想出了一个高招：为免遭全国的反对和舆论的谴责，把发动内战的责任推到共产党身上，在加紧准备内战的同时，邀请毛泽东到重庆来"谈判"，以假谈搞真战。

这时蒋介石的军队还远在西南、西北后方，有的嫡系部队跑到缅甸、印度去了。要把全部军队运到打内战的前线，尚需要一段时间。于是，蒋介石马上接受了这个高见，8月14日，发了个"万急"电给延安的毛泽东：

毛泽东先生勋鉴：

　　倭寇投降，世界永久和平局面，可期实现，举凡国际国内各种重要问题，亟待解决，特请先生克日惠临陪都，共同商讨，事关国家大计，幸勿吝驾，临电不胜迫切悬盼之至。

蒋中正

8月14日

8月16日，毛泽东复电蒋介石："朱德总司令本日午有一电给你，陈述敝方意见，待表示意见后，我将考虑和你会见的问题。"随后，朱德在给蒋介石的电报中，批驳了他8月11日命令八路军"就原地驻防待命"，不许向未放下武器的日军进攻、受降的错误，同时提出了中共关于制止内战的六项主张。8月20日，蒋介石复电毛泽东，再次"深望足下体念国家之艰危，悯怀人民之疾苦"，前来重庆"共定大计"，"共同戮力，从事建设"。蒋介石这么"盛情"地邀请毛泽东赴重庆谈判，打了个天大的如意算盘：如果毛泽东不敢去，他就可借此宣传中共没有和平诚意，把发动内战的责任推卸到中共身上。可一天后，毛泽东复电蒋介石："先派周恩来同志进谒"，尽管没说自己来，已经又进一步了。蒋介石继续死逼毛泽东，第二天又复电延安："仍盼先生能与恩来先生惠然偕临，则重要问题，方得迅速解决"，并且告诉毛泽东他连飞机都"已准备"好了。意思是只等毛泽东启程。与此同时，他把发给毛泽东的电报每次都在报刊、广播中宣传，以告诉全国人他蒋介石是要和平的，就是要毛泽东来谈判。8月24日，毛泽东复电给他："鄙人极愿与先生会见，共商和平建国之大计"，等飞机到了，"恩来同志立即赴渝进谒，弟亦准备随即赴渝"。

毛泽东表态去重庆，这让很多人非常担心。因为蒋介石囚禁对手是出了名的，当初张学良到南京遭软禁，李济深、胡汉民被他扣押于汤山，这次他主动邀请毛泽东去"和谈"明摆着是场"鸿门宴"。也正因为如此，他才料定毛泽东不敢去，并且如此盛情地连番发电邀请，并把这公之于众。但是，毛泽东却洞穿了他的心思，并且分析国际、国内形势后认为蒋介石这次不敢"诱捕"他，目的是想利用和谈，争取备战时间，推卸内战责任。因此，他毅然决定：前去"虎穴"重庆。8月26日，中共中央发出通知，告知全党，毛泽东将赴重庆谈判；同时给中国战区盟军参谋长魏德迈发去一封电报，要求美军派出专机，并请驻华大使赫尔利乘专机同往延安迎接毛泽东赴重庆。

毛泽东大智大勇地要亲临重庆和谈，大大出乎蒋介石的意料，也出乎陈布雷的意料。当陈布雷得知毛泽东要来重庆时，他又不安起来。因为他是向往国内和平统一的，认为民心所向，不能违抗；但又知道主子心中是另有盘算的，毛泽东一来，毫无准备的主子马上就由原来的主动变为被动，以后的局势难以预料。除此之外，陈布雷还怀有一种如同书生般的好奇心，想看

一看这位共产党的领袖毛泽东究竟是个什么样的人物。周恩来他是钦佩的，但他总感到共产党里像周恩来那样的人太少，在陕北的风沙里，共产党肯定都是些土包子，毛泽东呢？他的文章写得倒是不错，但他本人会不会也是个土包子？就像特务们传说的那样满口污言俗语、丑陋不堪？

很快，他就见到了毛泽东。

8月28日下午3点37分，美国赫尔利大使的三引擎飞机在重庆九龙坡机场降落。陈布雷也随同部分党国要员前去迎接。第一个出现在机舱门口的就是毛泽东。在欢迎人群中的陈布雷一看，他头戴灰色通帽，身穿灰蓝色中山装，身材高大，衣服宽大。当他看到毛泽东走下舷梯时那种雍容尔雅、不疾不徐的风度，不禁为之一惊：这是一种君临天下的非凡气度啊！

当靠近毛泽东时，陈布雷发现他与自己见过的肖像很相似。

这时张澜、沈钧儒、黄炎培、郭沫若等人热烈欢迎毛泽东的到来，围着毛泽东发出问候。

"很感谢。"毛泽东说话带着浓重的湖南口音。然后，和记者很亲切地握手，接着在机场发表书面谈话。陈布雷是写文章的高手，听着毛泽东的湖南话，虽然对他的湖南口音有许多听不太懂，但他还是感觉到了毛泽东的这番讲话确实是文采飞扬，立即对他刮目相看；随即，他又想起自己当初"土包子"的猜测，竟然有点哑然失笑了：真是百闻不如一见啊！

周至柔是蒋介石派来的欢迎代表，他是航空委员会主任兼侍从室一处代主任。在毛泽东讲话结束后，他告诉毛泽东说："蒋主席已经预备好黄山及山洞两处住所招待毛先生，很凉快的。"

蒋介石虽然一再邀请毛泽东来渝，却是做戏的。这次毛泽东真的来了，他反倒被弄得手忙脚乱，仓促间来不及细想，就派了个不伦不类的航空委员会主任兼侍从室一处代主任之职的周至柔去机场迎接，对毛泽东的到来几乎没做一点儿接待准备，除派周至柔外，只匆促安排侍从室组长陈希曾负责警卫，并拨出一辆2823号篷车给毛泽东专用，这共产党显然是知道的。此刻周至柔话音一落，周恩来却客气地说：

"不用了，毛泽东同志暂住化龙桥八路军办事处，改日去黄山与山洞歇凉吧！"

说罢，毛泽东就与张治中、赫尔利大使乘了美国大使馆的汽车去了重

庆八路军办事处。

当天晚间,蒋介石在他的林园官邸设宴欢迎毛泽东。这是自1927年蒋介石叛变革命,时隔十八年后,俩人再次见面。第二日下午,蒋介石又亲到毛泽东住处进行拜会。会见大约20分钟,双方宣布了和谈代表团名单。蒋介石委派的代表为王世杰、张群、张治中、邵力子。毛泽东委派的代表为周恩来、王若飞。随后,双方准备会谈。

在蒋介石这场毫无准备的和谈中,陈布雷见到了毛泽东,但他很快就没心思去观看这场与自己似有关又似无关的和谈了。

因为涉及他最切身利益的事情马上来了。

8月30日,蒋介石发布手令,对侍从室再次进行改组:侍从室一、二、三处撤销,在国民政府文官处成立政务局,办理原先二处负责的党政事务及三处负责的人事事务;在国民政府参军处成立军务局,办理原先二组负责的军事业务及六组负责的情报业务;在国民政府参军处成立总务局,办理原先一组负责的总务。侍卫长及其警卫组织保留原状,并入国民政府,归蒋直辖。并且,蒋已考虑:政务局长由第四组组长陈方担任,军务局长由六组组长唐纵担任,总务局长由一组组长陈希曾担任。他的这一改革,主要是因为侍从室在抗战中收留过汉奸陶希圣,并且一些要员对它权力太大有意见而致。这一系列安排,对陈布雷却没做任何安排。

可是,人事预案一下来,唐纵却对这个军务局长没兴趣,于是对局长一职坚辞不就,设法外调。并且,他还建议将六组的情报业务一分为二,由政务局、军务局分别办理。为了高就成功,他请陈布雷及一处代主任周至柔向老蒋进行疏通。陈布雷连自己的去向都不明,也是内心惶惶的,但他还是答应了唐纵的要求。

就在他忙于侍从室内部人事时,国共谈判开始了。

蒋介石因没料到毛泽东真会来渝,对谈判毫无准备,结果临到谈判,几个代表竟然拿不出任何方案。幸亏邵力子口才好,辩解说:"我们没提出具体方案,是希望听取中共的意见,倘若政府先提具体方案,也许你们会认为政府已有一种定见,有碍于会谈的进行。"结果,9月3日下午,才由中共方面的代表对需要谈判的问题提出一个完整的方案,即《谈话要点》。同一天,蒋介石与毛泽东也单独进行了会谈,对军队、解放区、政治、国民大会等重

266

要问题交换了意见。第二日上午,张群、张治中、邵力子三人去见蒋介石,将中共所提的《谈话要点》文件交给他。蒋介石读到这个文件,想起昨天与毛泽东的会谈,忍不住对陈布雷说:

"真是头疼,脑筋深受刺激。"

陈布雷知道老蒋的谈判只不过是与中共虚与委蛇,正一心忙于"内部改革",乍听这话心中一惊,脱口而出:"怎么啦?"

原来,毛泽东来渝后,蒋介石就不得不假戏真做了。进入谈判中,双方谈判越来越认真,共产党提出《谈话要点》后,将军队、解放区、政治、国民大会等重要问题提到了桌面上。至于政治、国民大会的问题,蒋介石素以玩手段擅长,他倒不怕,因此争论的焦点就集中在共产党领导的解放区政权和军队问题上。蒋介石企图以"统一军令、政令"为借口取消人民军队和解放区,但中共则坚持必须承认人民军队和解放区的合法地位,这必须在谈判中达成明确的协议。因此,毛泽东和中共代表的《谈话要点》让他头疼不已。

蒋介石都头疼,陈布雷更没办法,只好默不做声了。

当天,蒋介石将他亲自拟定的《对中共谈判要点》交给他的四位代表。在他所拟的谈判要点中,他把中共的《谈话要点》说成"实无一驳之价值",但关于全国军队缩编,只允许中共整编为 12 个师,而他的军队则整编为 114 个师;对于中共方面所提出的解放区问题,他的回答是:"为事实所绝对行不通者。"

尽管后来蒋介石几次约请毛泽东会谈,但熟知主子和谈只是个幌子内情的陈布雷全然没什么兴趣,只是低头忙于内部改革的人事问题。9 月 24 日,他找唐纵谈话,转述了老蒋的意见:不赞同第六组的业务分开,将情报业务集中于军务局内,由唐以军务局副局长的名义主管。唐纵笑了一笑,对陈布雷说:"我希望有一个调和的方案解决。第六组的业务不分散,但是第六组的秘书名义放在文官处调在军务局服务,我个人不负名义上的责任,只以参军在军务局工作一段时间。如果不行,那我就只有请假了。"

这唐纵拿出了湖南人的牛脾气。

两日后,陈布雷答复他:他的请求已得到了老蒋的许可,对他将来的安排也会考虑,只是目前还不能出去。军务局局长改由侍卫长俞济时担任。这样,唐纵也只好作罢。

蒋介石的秘书 陈布雷

jiangjieshidemishuchenbulei

9 月 30 日,侍从室正式宣布撤销,国民政府文官处政务局、参军处军务局、总务局等机构正式开张运作。抗战胜利后仅半个月,蒋介石就迅速撤销了侍从室。陈布雷从服务了 10 年之久的二处主任一职上退下来后,在人们忙于国共谈判的时候却失业了,一时怅然若失,百感交集。

毛泽东在重庆计划只待 10 天时间,后来却住了 44 天。蒋介石与他先后会谈十次。一天,蒋介石从毛泽东住处回来后,对赋闲的陈布雷说:"毛泽东此人不可轻视呀!"

陈布雷问道:"如何见得呢?"

"他抽烟很厉害,据说每天要抽一听(50 支装)。但他知道我不吸烟后,在同我谈话期间,竟绝不抽一支烟。他的决心和精神不可小觑啊!"

陈布雷想,自己嗜烟如命,可就是戒不掉,毛泽东能忍住不吸烟,可真有毅力啊!他相信蒋介石对毛泽东的这句评价。可他转而一想,政治谈判某种程度上也就是一种政治毅力的较量。面对毛泽东这样有毅力的对手,蒋介石前景恐怕不容乐观了。他对这次谈判的输赢隐隐有了一种预感,觉得像毛泽东这样的对手强大得简直要人仰视。

不久,蒋介石招待苏联大使罗申,同时招待毛泽东,在中央干校大礼堂观剧。陈布雷也应邀参加,又一次见到了毛泽东。

当蒋介石陪同罗申和毛泽东进场时,全场响起一阵热烈的掌声。随后,蒋介石坐在罗申和毛泽东的中间,冯玉祥、宋子文、孔祥熙、何应钦、张群、陈立夫、朱家骅、王世杰、张治中、翁文灏、吴国桢等在左右前后陪同。这次看的是著名的厉家班演出的京戏《穆桂英挂帅》。

上演前,蒋介石上台致欢迎词,毛泽东致谢词。陈布雷对毛泽东的讲话,因为口音关系,还是不能全听懂,但是一句"和为贵"的话,他却听得很清楚。"八年抗战,人民需要休养生息,国家需要统一。"陈布雷想,人心所向啊!

10 月 10 日,国共双方达成了《双十协定》。陈布雷翻看那用馆阁体书法缮写的协定文本,看到其中"双方又同认蒋主席所倡导之政治民主化、军队国家化及党派平等合法,为达到和平建国必由之途径"文句时,心中不知怎么涌起了一种异样的感觉。他深知抗战的胜利来得太突然,这《双十协定》的签订也是很突然的,完全是在蒋介石准备不足的情况下签订的,这样的

协定能否保持不破裂？他感到有些茫然。

事实上，陈布雷对待国共和谈，始终是一个悲观论者。对于中共要求国民党彻底实行宪政的问题，他在与亲信谈论时，直言不讳地评论说："现在要实施宪政，未免过早。委座性格，负责太过，只看事实，不问形式。宪法颁布以后，人家就会以法令条文来拘束委座，委座受不了。不但委座如此，其他老先生也哪会受这文字的羁縻？将来发生问题，肯定是不可避免的。"对于国共协定的前景，他也不客气地警告："最终必会破裂。"

尽管陈布雷这个话不是随便说说的，这是他出于对蒋的政治性格及心理个性的了解。并且，他还认为，国民党就像发了灾似的，什么事情都做不好；而老蒋又习惯用处理家事的办法来处理国家大事，不能广开言路不说，满脑子的裙带故旧观念，把国家变成了他蒋家的国家，这样就是实行宪政，制订了宪法草案，但到真正实行时，还是要产生许多问题，甚至完全行不通。

陈布雷的冷调太多，大概是因为失业的缘故吧。

11月22日，蒋介石主持官邸会议，宣布决定设立一个宣传联络机构，对外称之为"特种宣传小组"，内战爆发后，改称为"戡乱宣传小组"，作为联系和指导国民党舆论宣传的中心，由陈布雷负责。负责党的组织和宣传的干部如组织部长陈立夫、行政院新闻局长董显光、国防部政工局长邓文仪、中宣部长李惟果、中央文化运动委员会主任委员张道藩，还有蒋介石的英文秘书沈昌焕都参加。

就这样，陈布雷当了个没有任何名称的官，也不知是何级别。他的心情是可想而知了。但他也没亏待自己，挑选徐佛观担任自己的主任秘书，谢然之和蒋君章任秘书，把自己的级别架子还是搭起来了。

六、救了汉奸周佛海一命

陈布雷一下子跳出政治中心的里层，成了一个无足轻重、无所事事的局外人，不免有一种失重感。虽说他过去权倾天下、朝野瞩目，非自己内心所愿，但毕竟他在权力的角逐场上历练十年之久，权力与名位一旦被剥夺，当然在心理上是极不舒服的。失去了侍从室主任的权势和名位，他或许还

能放得下,但因此与蒋介石的疏远而带来的寂寞和失落,却使他难以忍受。

祸不单行。这时党国开始准备还都南京,陈布雷更是犯难了,党国大员在南京大置豪宅,掀起南京房价飙升狂潮,而他陈布雷却又面临一个上无片瓦、下无寸土的窘境。回南京去,他和家人就要流落街头。这种状况虽然以往蒋介石也不会去管,但陈布雷还可打着主子的大牌子去强要,现在再也没什么侍从室了,他就是去强要,也没人买账了,因此,失势后强烈的寂寞与失落感,终日盘踞在他的心头。

1946年1月,陶希圣先回上海,并为女儿主持婚礼。为此,陈布雷托他在途经南京时转托南京市长马星樵将他战前住过的颐和路4号的老房子租下来。他的意思是:战前住久了,还都以后,仍想住那里。陶希圣去见马市长,转达了陈布雷的意思。马星樵一听,当即说:"很遗憾,颐和路4号已被人拿去了,房子倒不怎样好,主要是环境安静,我一定另找一处适当的房子,租给布雷先生住。"

随后,马大市长话锋一转,又说道:"布雷先生的事不好办呐!最好是由政府补贴一笔钱,押租一所房子。现在南京租房子不容易啊,押租钱很高,布雷先生恐怕一时筹不出这些钱啊。"

乍听之下,马市长似乎是在恭维陈布雷,而实际上却是揶揄,那意思就是:你既要清高,宁静淡泊,又要住好房子,享受生活,世界上哪有这么好的事情。其实,在马大市长眼中,"布雷先生的事"所以"不好办",并不在于他"恐怕一时筹不出这些钱",而在于他不再是二处主任了!抗战时移都重庆,那时为了逃命,重庆的房子紧张得比金窝还稀缺,房租贵得比买还贵,多少达官贵人到了重庆后,惶惶然如丧家之犬,找不到立足之地。可是,他陈布雷不是照样能在北碚找到房子,安下一家老小!

陶希圣赶回重庆后,陈布雷听了马星樵的答复后,当然听出了他的潜台词,当即发起牢骚:"抗战八年,现在胜利还都,我倒成了流浪汉,还不知将来住在哪里。南京和上海我都没有房子。"

"马市长说您可以出笔钱押租。"陶希圣小声地说。

陈布雷气愤地回答说:"我如果今天不上班了,身边的钱,只够维持三个月的生活。"

陈布雷没钱没房子住,国府却不管这些,喊走人就走人。3月24日,陈

布雷带着家眷乘飞机东归,南京、上海两个地方都还没找到房子,只好四处打游击。直到第六天,他才好不容易在上海停信路 147 号暂住下来。在上海住了三个月后,6 月底前往南京时,房子仍没找到,他暂时住宿的房子太小,没有家具,也没有办公的地方,结果,像只丧家犬四处乱窜。面对这一窘境,他只好把王允默安置在上海,自己每隔两三个月去上海一次,一般是周六午后带上副官搭车去上海,周一返回南京,两个人的车费都得由陈布雷自掏腰包。后来,通货不断膨胀,钞票不断贬值,车费狂涨,陈布雷囊中羞涩,只好排场不摆了,丢下副官,自己一个人独来独往了。这一番世态炎凉,陈布雷总算真正体会到了无权无势的滋味。

这时侍从室三个处的主任,原第一处主任商震出任国民政府参军长了;第三处主任陈果夫也不担心,老蒋早就为他预留了中国农民银行董事长的肥职;只剩下他陈布雷了。而他陈布雷一直标榜自己不愿做官,这时哪好去伸手要官?因此整日魂不守舍似的。蒋介石似乎看出了他的彷徨和苦闷,一天召见了他,先是嘉勉赞许他一番,接着便说:"布雷先生,二处没了,你专任国防最高委员会副秘书长吧,一起和我赞襄国策。"

结果,陈布雷一上任,这"赞襄国策"主要还是指导国民党的舆论宣传,即出出主意,写写文章,兼顾一下舆论指导,也就是说,事实上还是负责"特种宣传小组",但他终于有了个名正言顺的官衔了。做了这么多年的侍从室主任,居中枢之重,当政治之冲,身心都不堪负荷。现在,一副重担卸下,官衔也有了,陈布雷似乎又回到了当初那种"半是清客半权臣"的境遇。但经历这次还都后的世态炎凉,他终于意识到这个社会没有权力的难处了,也开始捞权了。

3 月,陈布雷着手对国民党新闻机构重新进行布局,这是还都后特别宣传小组进行的第一件大事。首先大力裁减中央级新闻机构,只保留上海《申报》与《新闻报》。在此基础上,他对两报进行增资,壮大它们的实力。然后,任命潘公展为《申报》社社长,自己的六弟陈训悆为总经理兼总编辑;任命程沧波为《新闻报》社社长。经过陈布雷这一改组,国民党中央新闻机构形成了南京《中央日报》和上海的《申报》、《新闻报》三足鼎立之势,三家同为宣传国民党官方政策的喉舌。接着,他又会同中宣部对各省省会及各大城市的国民党党报,一家一家地进行调整,先后改组了 19 家省级报纸。

这样,陈布雷真正形成了一个以他本人为核心的舆论宣传班底。

除此之外,他开始积极主动地介入了此时的重大政治事件。

5月5日,国民政府宣布正式还都南京。还都之后,全国上下一派严惩汉奸的呼声。汪精卫的汉奸团伙全完蛋了,他本人病死在日本;陈公博逃到日本后又被遣送回国,他与蒋介石一直不和,这次难逃一死;当初做过蒋介石侍从室副主任的周佛海也因跟着汪精卫当汉奸被抓了起来,迫于国内外舆论压力,被蒋介石命军统用专机押回南京,关入老虎桥监狱。

9月21日起,首都高等法院检察处连续四天对周佛海进行了侦讯。周佛海对自己策划投敌的阴谋矢口不谈,对日本人称为"周佛海路线"的伪政府拒不交待,对自己卖国求荣的罪行轻描淡写。但对自己如何自首的经过叙述得十分详尽,并且,他还表功,"主要大功"有:

一是设立电台,供给军统特务军事情报。

二是布置配合国军军事反攻。

三是掩护及营救重庆地下工作人员。

四是诛锄奸伪李士群。

五是协助重庆发展沦陷区党务、文化及秘密军事行动。

六是保卫上海,负责维护上海及沪杭沿线的治安。

他罗列这么多的功劳,目的就是一个:达到轻判不死。

高等检察院检察官陈绳祖听了周佛海以上的申辩,冷笑了一声,马上把军统局移交给法院关于周案的公文扔给他。周佛海一看,顿时傻眼了:其中有这样一段话:"至于周佛海和我局的关系,以及胜利时给予上海市行动总队名义一节,纯属一时利用,判刑时毋庸考虑。"这个证明也是实情。周佛海无话可说了。

不久,检察处履行完了侦查手续,正式向法院起诉。除了与其他汉奸一样"通谋敌国,图谋反抗本国"的罪行外,还着重强调了周佛海在汪伪政府破坏国家财政与金融的责任。这下大汉奸周佛海难逃一死了。

可是,这时蹦出了一个人,她就是周佛海的老婆杨淑慧。周佛海解往南京后,她拿出周佛海这几年"管财政"捞来的金银,拼了老命,准备大打官司,保全老公的性命。她请来了三位大律师,一是著名大律师章士钊,一是立法委员段远凯的亲信王善祥,一是大律师杨家麟。她又尽力收集了许多

证明老公"立功"的证据，全是党国要员亲笔开具的，有顾祝同、陈果夫、陈立夫、蒋伯诚、杜月笙、吴绍澍、吴开先、马元放以及军统的证明材料。其中，陈果夫、陈立夫为周佛海的证明是这样写的：

> ……周胜利前一年所表演者，全能按照第三战区之预定计划，在京沪一带暗中布置军事颇周密……国府得以顺利还都，运兵至华北各地，不无微功。如蒙钧座开恩免其死，拟请予日内饬司法行政部长准予缓刑或减刑等处罪。

尽管党国要员纷纷写了周佛海"清白"的证明，但律师们认为救周最有力的证据应是以"曲线救国"为名投敌的六位将领：庞炳勋、孙殿英、孙良诚、张岚峰、吴文化和郝鹏举的证明。因为党国要员的名声早就臭了，他们的"人情证明"摆上法庭公布后，又会受到全国人的声讨。结果，杨淑慧花了两根大金条，托军统特务周皋去找六个人联合签名。这六人也是死里逃生，同病相怜，收下金条后，在签名的证明上详细地叙述了周佛海在抗战期间在军饷、军械、驻防、情报、交通联系和与日军办理交涉等方面给予过他们的种种帮助，并希望对周量刑时考虑以上事实。黑帮头目杜月笙也写了大致相同的证明。

一切似乎做得差不多了，于是周佛海上诉，请求复判。三位大律师随之出庭为之辩护。周还着重提出他与重庆的几次往来，摆出几封戴笠给他的亲笔信。高等检察院检察官陈绳祖依据事实，在法庭上一一反驳。结果高等法院驳回上诉，维持原判死刑。

这时只有家属才可向司法行政部提出抗告。杨淑慧于是写了抗告书，送到司法行政部。

不料，1946年除夕下午，抗告被驳回。按国民政府的法律，抗告驳回24小时后，随时可以拖出枪毙。杨淑慧吓得毛骨悚然，无比恐慌。这时她突然明白过来，在蒋家王朝一味依靠法律，走"正当途径"去救老公，无异是刻舟求剑，竹篮打水一场空；只有去跑门子，拉关系，才能救丈夫。但是，这周佛海生前除了几个做了汉奸或死或关的好友外，唯一能说得上话的好友就是当年侍从室的同事陈布雷。杨淑慧一切营救的方法都用尽了，最后只好去

273

找陈布雷,向他哀求说:"陈主任,你过去和佛海是同事,也知道他的为人,佛海在南京,表面事敌,实际上为委员长干了不少事啊!"说罢,她拿出了陈立夫的证明。

陈布雷一生谨慎,只知如何效忠蒋氏,很少应朋友的请托而向当局进言。看到陈立夫写的证明,联想到当年周佛海为他在重庆找房子的大恩,经杨氏一纠缠,心一软,他竟破例地答应了她的请求。

陈布雷一出面,蒋介石终于同意给杨淑慧以谒见的机会。

这一天,杨淑慧由保密局局长毛人凤领着进了蒋介石的官邸。进入内室,蒋介石已经坐在那里。杨淑慧一见这党国领袖,知道老公的生死就全操在他的手上,立刻跪倒在地上,眼泪止不住地簌簌往下流,什么话也不讲,只是一味地抽咽悲泣。其实,还要讲什么话呢?周佛海为什么要参加汪政权,与蒋氏的关系如何,在这事敌六年中他到底干了些什么,蒋介石是最清楚的。而杨淑慧所祈求的,不是什么功罪是非,只要留下老公一条命就可以了。她又需要说些什么呢?又能说什么呢?这杨淑慧也真是个厉害的女人,她这一跪就是不说话,弄得蒋介石直皱眉头,面色十分郑重矜持。终于,他金口一开,说话了:

"这几年,对东南的沦陷地带,还亏了佛海,我是明白的。起来,安心回去吧,让他再在里面休息一两年,我一定会让他再回去的。"

蒋介石的寥寥数语,把一只脚已踏进了阴曹地府的周佛海拉回来了。得了赦免令,杨淑慧长长松了口气,趴在地上再给蒋介石磕了三个响头,然后含着一泡眼泪,随着毛人凤退出了蒋官邸。

可是,让杨淑慧没想到的是,老公暂时没枪毙,但随后法庭仍判处他死刑。因为陈立夫等人的秘密证明是不能公开示以国人的,否则又会引起"要员腐败"的骂声,由于没有向民众可交代的"依法"轻判的证据,只能按律判决。于是,周佛海的双脚又要踏进地府阴曹的门槛了。这次就要真处决。杨淑慧又赶到陈布雷那里,怒气冲冲地说:

"委员长说话不算数,骗我这个妇道人家!如果佛海真有什么三长两短,我杨淑慧也不是没有办法应付的。"

陈布雷一惊,问道:"你有什么办法?"

杨淑慧说:"蒋先生曾经有一封亲笔信写给佛海……"

"写些什么？"

"'顷闻君有意回头,不胜欣慰,望君暂留敌营,戴罪立功。至于君今后政治前途,余绝对予以保证,望勿过虑为要。'"

杨淑慧一字不漏地背了出来。

"这信呢？"

"我送到香港,存在银行保险柜里,如果佛海真的要被枪毙,我只好撕破脸皮,把这封信影印公诸报端。"杨淑慧也撒起泼来了,"蒋先生说了这么多好话,最后还是要把佛海枪毙。作为一个领袖人物,太不讲政治信用了!"

"领袖"二字立即提醒了陈布雷,是啊,一个领袖怎么能不讲信用呢！继而又想,狗急了还要跳墙,这杨淑慧急了,什么事都会干,对领袖影响不好。但是,要免周佛海一死,也不是他说了算的,只好说:"我已不在其位,你可以去找陈芷町先生,他现在是政务局长,可以直达总统。依我看,只要有人提醒蒋先生这件事,他一定会从宽发落佛海的。"

在陈布雷的指点下,杨淑慧立即和时间赛跑去找陈方,陈方又紧急面见蒋介石,周佛海的死刑立即被停止。后来,蒋介石果然以国府主席名义,下令把周佛海的死刑减为无期徒刑,履行了领袖的"信用"。这是后话。

大汉奸周佛海死里逃生,后来知情人说,是陈布雷救了周佛海一命。

蒋介石是离不开陈布雷这个笔杆子的。不久,陈布雷的侍从室主任的身份又恢复了,不过换了个名字:蒋介石官邸联络秘书室主任。不久,陈布雷又在南京湖南路 508 号找到了一处房子,把家安顿下来。

陈布雷又回到权力的中枢了。

第八章
彻底对蒋家王朝失去信心

一、高兴之余，为老蒋修起了家谱

1947年春节后，陈布雷带着家眷离开南京，乘轮船回了浙江慈溪官桥老家，与家人亲友欢聚十天，身心俱佳。

早在上一年还都南京后，才过一个月，陈布雷当初对国共谈判"深以终必破裂为虑"的话变成了现实。6月26日，蒋介石悍然撕毁停战协定，大举围攻中原解放区，挑起了中国历史上空前规模的全面大内战。到10月，蒋军占据张家口，对解放区进犯达到了顶点，共占据解放区城市153座。这时，参谋总长陈诚大吹特吹，说"三个月至五个月便能解决"同共军作战，说国内交通线"任何一线均可于二周内打通"。蒋介石被表面的胜利冲昏头脑，不顾共产党和各民主党派的反对，于11月15日至12月25日，悍然在南京召开了由他一手包办的国民大会，假借民意，通过"宪法"，使其独裁统治和他所挑起的内战"合法"化。内战爆发后，美国总统特使马歇尔几上庐山，进行所谓调停。1947年1月8日，马歇尔扔一句貌似公允的话"和平障碍国共两党均有责任"之后，他就回美国就任国务卿去了。

陈布雷看到这一切，以为国民党的形势一片大好，不是小好，也是得意扬扬，甚至有点忘乎所以了。为了表达自己的乐观情绪，1月27日，他将自己的亲信干部杨玉清找来，围绕形势进行了一次长谈，说："委座对军事方面极有把握，必须使共产党的武力不致阻挠国家的建设，为国家根本需要，这点必须坚持。"

随即，他感叹地说："马歇尔先对委座不太谅解，到最近国大闭幕，制宪成功，他转而敬佩不已，说委座够坚强，也够伟大。"

在这次谈话中，陈布雷逐个地分析了宋子文、孙科、张群等人的政治性格，均表示肯定和钦佩，只在谈到政治协商会议秘书长雷震时，才以声色俱厉的口吻说："这是个极不可靠的人，甚至为了自身的利益，可以背叛委座。"

陈布雷正是带着这样的好心情回老家的。当他十天后回到南京时，又有好消息传来：2月27日、28日，国民党政府先后通知中共驻南京、上海、重庆等地担任谈判联络工作的代表于3月5日前全部撤回延安，宣布国共谈判完全破裂。这完全是胜利者的逐客令。这一举动又被陈布雷盛赞为英明。

3月13日，蒋介石派飞机轰炸延安。14日，由胡宗南亲自指挥七个师15万兵力，向陕北解放区大举进犯。15日，蒋介石在国民党三中全会上狂妄地说："要作战到底！"3月19日晨，捷报传来：胡部进占延安城。当天，蒋介石接到胡宗南的正式报捷电报：

"我军经七昼夜的激战，第一旅终于19日晨占领延安，是役俘虏敌五万余，缴获武器弹药无数，正在清查中。"

随即，南京与西安等地的商店和居民接到命令：3月19日的当天晚上一律要悬挂国旗，燃放鞭炮，庆祝"陕北大捷"。3月20日晨，蒋介石回电嘉奖：

宗南老弟：

　　将士用命，一举而攻克延安，功在党国，雪我十余年来积愤，殊堪嘉尚，希即传谕嘉奖，并将此役出力官兵报核，以凭奖叙。戡乱救国大业仍极艰巨，望弟勉旃。

中正

陈布雷看到捷报频传，立即催动所有的宣传机器进行宣传。由于报刊、电台大肆宣传鼓噪，弄得中外记者个个心跳，纷纷要求进行战地采访。谁知这可急坏了前方的胡宗南。因为延安是毛泽东主动撤出的，所谓"经七昼夜激战"之说，纯属"天方夜谭"。胡大军攻占的延安只是一座空城，哪里去找"五万共军的俘虏"和缴获的"无数"武器弹药给记者们参观？幸好，手下参

谋急中生智,在延安周围设战俘营 10 座,抓来 500 名村民,再从国军中挑选出 1500"伶俐"士兵,一起加以排练,10 座战俘营全由这 2000 名"战俘"轮番来唱戏。当陈布雷组织的记者团千里迢迢赶到延安后,这些"战俘"刚在第一个战俘营给记者参观完,又马上被汽车赶运到下一个战俘营去,玩得记者们团团转。"缴获"的"无数"武器又是怎么解决的呢?胡宗南亲自下令尽量搜集三八式和汉阳造的步枪送到"战绩陈列室",但数量太少,只好把警备延安的地方部队的武器也送进陈列室,白天送去,晚上还要取回来,因为要防备"八路"夜袭。但弄虚作假之事,总不免露出马脚。当记者提问:"这些新式轻重机枪、中正式步枪共军由哪里得来的?""咦?在昨天那个战俘营我不是见过你吗?"排练时没设计回答这样问题的台词,但对扮演战俘和充当解说参谋的人,都事先规定了应急措施:"当你无法回答时,要挺起胸脯,规规矩矩地立正,一言不发。"这样记者们也对他们无法可治。

这样,陈布雷派出的记者团还是满载而归,到了南京后,他们拿出看家本事,半夸大半胡编,写出一篇篇战地通讯,全是"战争史上的奇迹"、"指挥若定"和"大血战、大胜利"的字眼,只恨那铁定的"五万共军的俘虏"不能修改!

这样的"巨大胜利"更是把陈布雷一直以来忧党忧国的阴霾情绪一扫而光,他就像换了个人,整日乐呵呵的。这时国民党六届三中全会已于 3 月 15 日在南京开幕,整个会议也是充满胜利气氛。24 日,六届三中全会闭幕,大会发布宣言,宣告同中共彻底决裂。

殊不知蒋介石"光复中国赤都"延安之后,毛泽东与周恩来并没离开陕北,正指挥解放军以"蘑菇战术",在陕北一个旅一个旅地消灭着国民党军队的精锐。

4 月 2 日,陈布雷跟随蒋介石、宋美龄回奉化溪口,祭祖扫墓。

他们是由南京飞上海,飞机加了油又转宁波的。降落在栎社机场时,蒋经国,还有浙省主席沈鸿烈带着几千名宁波学生、群众,列队欢迎,鼓乐齐鸣。他们没有久留,就上了小汽车。小汽车沿着鄞奉公路到了溪口,到达武岭门时,突然大门上一幅金字红绸标语掉了下去,吓了陈布雷一跳,他抬头一看,上面写着"欢迎蒋主席锦旋乡里!"武岭学校学生已列队一旁欢迎,女学生献花,鼓乐、爆竹齐鸣。这欢乐的氛围简直只是天上才有。

溪口,陈布雷跟着蒋介石来过不少次,可在抗战胜利后到溪口,他还是第一次。这次他仍住在临溪的小洋房里,这里环境幽静,他很喜欢,也乐在其中。

第二天,4月3日,恰好是宋美龄49岁生日。宋美龄以前是不来溪口的,因为老公的结发妻毛氏已被炸死了,所以这次她才随老公到了溪口,并在这里过生日。这日,武岭学校学生演出古装歌剧《群仙上寿》;蒋氏老家丰镐房设了寿坛,陈列寿糕。宋美龄很开心,陈布雷也向她敬了礼,说:"夫人华诞,布雷有礼。"

"陈主任,别客气。你身体怎样?我叫人给你送的牛奶,你仍旧在吃吗?"

"谢谢夫人。"陈布雷对这位第一夫人也确实是衷心感激的。曾经好几次,蒋介石要委派陈布雷做官,他坚辞不受,宋美龄还亲自出马做过他的工作呢。

蒋介石在老家住了九天,祭扫祖墓,遍访亲朋。陈布雷一般不随侍在旁,这次他没什么起草文告的任务,但却担任了溪口蒋氏家族修谱的副总裁,替蒋介石树碑立传、光宗耀祖。

抗战胜利后,蒋介石就开始了为溪口蒋氏家族修谱,具体由陈布雷负责。

陈布雷对蒋氏家世很了解,早在1945年夏,他就向蒋介石介绍过蒋氏祖先。那时蒋介石住在重庆郊外老鹰岩别邸,陈布雷随侍在侧。虽是夏夜,明月照人,凉风习习。蒋介石问:"布雷先生,你看到过全祖望写的《蒋金紫园庙碑》吗?这是蒋氏家族的掌故啊!"

陈布雷读过这位清初宁波才子全祖望写的文章,回答说:"蒋先生,布雷明日把这份庙碑检点出来。"

结果,蒋介石看了全祖望写的《蒋金紫园庙碑》后很高兴,说:"布雷先生,这份庙碑,我留下,我拟请吴稚老书写一写,刻成石碑。"

陈布雷说:"从全祖望碑文看来,蒋先生祖先源远流长,盖自天台来居奉化,已而迁居宁波。北宋时,蒋浚明曾做过金紫光禄大夫,住宁波金紫巷。据布雷考证,此金紫巷即宁波城南白水巷。"

陈布雷望了望蒋介石欣喜的脸容说:"看来,蒋氏祖先来自宜兴一带,这一说法恐不确。"

蒋介石点点头,他为找到这样一位做大官的祖先而很高兴,说:"布雷先生,修谱之事,就托你了,请你费心。譬如先母王太夫人事略,最好在家谱内也要着重提及。"

旧时修谱,女子名字在谱内都是不提的。陈布雷也知道蒋介石说这话的意思,因为抗战期间在重庆发生过郑绍发冒认宗亲的事,这人到处说蒋母王氏是河南人,蒋介石是跟着母亲改嫁到奉化的,当时对此事很感为难,既不便采取断然手段对付郑绍发,又不能大事辟谣,最后只好叫戴笠把郑绍发软禁起来。蒋介石修家谱,提到其母亲的事,陈布雷当然心领神会。他说道:"蒋先生,布雷近日心力交瘁,我提议沙秘书可以做我的助手,具体主持修谱事务。"

沙秘书即沙文若。

"好,好,"蒋介石对沙文若的书法是很欣赏的:"他也比你年轻,四十来岁,可以到各处去跑跑,查查家谱,访访来历。"

"沙秘书在宁波还认识许多学者,"陈布雷又说,"可以请那几位宁波文人帮忙找一找地方志家谱。"

"好,好。"蒋介石很满意。

陈布雷立即找来沙文若,把为蒋介石修宗谱的事说了。这沙文若被陈布雷"借"到侍从室里当秘书,主要是做些打杂的笔活,早就想离开侍从室,因此也就答应下来。不久抗战胜利,侍从室解散,沙文若就干脆专职干起了修谱的事。于是,天天泡到各图书馆翻检资料,找线索。

一天,陈布雷告诉沙文若,说:"孟海,蒋先生修谱之事,我可以提供一条重要线索,这就是全祖望曾经写过一篇《蒋金紫园庙碑》,其中提到溪口蒋氏唐时由天台来居奉化。宁波冯孟颛先生藏书丰富,朱赞卿先生、杨菊庭先生对地方志都有研究,你也认识,是不是可以找一找他们,请他们帮忙?修谱乃百年大计,有劳孟海兄了。"

陈布雷说罢,把全祖望的原文找了出来。沙文若一看,是木刻线装本《清乾隆三年戊午全祖望撰蒋金紫园庙碑》。原文是:

……城南竞渡湖之支流为小湖,其西为竹湖,有庙焉。盖宋金紫光禄大夫蒋公浚明之园……故其巷曰蒋金紫巷,其水曰蒋家带,其桥

280

日蒋家桥。其东有坊,曰莲桂,亦蒋氏物也……蒋氏自唐时实由天台来居奉化,已而迁居湖上。蒋氏先籍奉化……

接着,陈布雷又告诉他说:"文中所提到的金紫园、蒋家桥及莲桂坊等都在宁波市南,可是又有一说,蒋氏祖先原籍宜兴。你年富力强,还请多奔走一下,多方考证,务求确凿。"

这时陈布雷正为失业有点闹情绪,又对沙文若说:"我力不胜任。孟海,这家谱全靠你了!"

陈布雷撂了担子,沙文若开始了漫长的"历史考证"。据《左传》:蒋氏是周公之后。接着,又根据借集的各地蒋氏家谱,并参证地方志,逐步追查,最后由宁海龙山一支找到线索,认为溪口蒋氏出自于这一支。至于宜兴、天台及其他的说法,他都没采用。蒋介石看了后很高兴,陈布雷也连连说:"孟海,你这先系考查考得有根有据,比我强多了。"

沙文若修谱修了三年多,到最后即将付印之时,蒋介石指示,请吴稚晖做修谱总裁,请陈布雷当副总裁。怪人吴稚晖只是挂个名,实际上是陈布雷负责,而具体工作全是由沙文若完成。

这次陈布雷随蒋介石回溪口,主要是对沙文若修好的宗谱进行审读。

陈布雷天生是好静的。这次蒋氏夫妇衣锦还乡,加上前方"捷报"频传,宋美龄又过生日,偌大的溪口镇简直被闹翻了天。陈布雷乐得在临溪楼房中,手捧书法圣手沙文若的大作细细欣赏,看累了,就遥望对岸青山,听溪水潺潺,好不逍遥。

在溪口,陈布雷只有两次出现在公众场合。一次是武岭学校学生去蒋母墓扫墓,陈布雷也随之去蒋母墓前行礼。蒋介石和宋美龄笑容可掬地坐在墓旁,在陈布雷行礼时,蒋介石夫妇都站了起来说:"谢谢。"等到学生按次序列队行三鞠躬礼时,蒋氏夫妇坐着说:"好,好。"点头示意。事后,丰镐房的账房分给每个学生一双宁波定做的"赵大有"油包。

还有一次是蒋介石到武岭学校去向学生训话,陈布雷也随同前往,因为他也是该校的校董之一,这是蒋介石延揽学者名流之举。在训话中,蒋介石讲了为什么要办这个学校的宗旨:"入则孝,出则悌","立志做大事,不要做大官"。侍从秘书曹圣芬做记录,曹记下后,送给陈布雷看,这时他虽已不

在总统府了,但曹圣芬还是把他当做师长一样来请教。陈布雷看了一遍说:"撰成文言,可以印发给学生,由教师讲解,当国文读。"

剩余的时间里,陈布雷就全泡在临溪楼房里阅读蒋氏宗谱,一字一句地推敲,生怕把老蒋的祖宗哪个地方弄错、说错,或者歌颂不到位。

看完后,他看没什么问题,就把自己在南京时写好的《先系考序》取了出来,放在总谱的前面。这样宗谱就可以付印了。随后,他提笔又加拟了一个编纂协纂名单,沙文若只列四个编纂之一。但是见着沙文若时,他还是有点不好意思,说:"孟海,修谱之事,其实是你一个人奔走,我是总编纂,你应该是副总编纂。"

沙文若说:"哪里话,蒋族在没与我联系之前,就邀请了溪口邻村畸山夏老修谱,他虽然还没动笔,但他是乡党,又是前辈,如果列我为副总编纂,便难以安放夏老等人啊。"

沙文若如此通情达理,陈布雷还能说什么?!

名单报上去后,蒋介石别无意见,只是在陈布雷亲笔写成的《先系考序》一文内写明:"今岁戊子吾族重修宗谱,特聘武进吴先生为总裁,主其事,慈溪陈君布雷、鄞县沙君文若发编纂,襄其成。"

历时三年,编纂《溪口武岭蒋氏家谱》就由吴敬恒挂头牌,陈布雷、沙文若为主,而实际上则是沙文若一手编纂而成的。陈布雷这次是"光说不干、马到成功",自然心情仍然是欢快的。他在溪口完成修谱大事后,也随着蒋氏夫妇一干人回了南京。开春以来,前方国事有捷报,后方为主子办私事也很顺利,陈布雷由衷地感慨:"真是盛世雅事多啊!"

二、陶醉在自己想象的胜利之中

4月12日,蒋介石回到南京后,立即开始"民主建国",组建"首届多党政府",为此而"改组"现政府。经过短短的五天时间,他就神速地把政府"改组"完成了。4月18日,举行中外记者招待会,他亲自就"改组"政府发表谈话,宣布改组后"首届多党政府"胜利、成功地组建起来了。其实,所谓"多党"只有三党,即国民党和民社党、青年党两个"小尾巴小党",共产党没有在内。"首届多党政府"委员名额全部按照党派和老蒋本人的需要分配,其

中，国民党 12 席，两个"小尾巴小党"各 4 席，社会贤达 4 席，五院院长 5 席（均为国民党党员）。蒋介石此举只是借以点缀自己"改革"的"民主"与"宪政"气氛，陈布雷有幸在这次"政府改组"中被指定为国民党方面的"12 席"政府委员之一。

党国如此多的大员，偏偏陈布雷就成为了政府的 12 名委员之一，一下子引起多少人的羡慕！就是在前方"流血打仗"的胡宗南也没他这么荣耀啊！当然，陈布雷很感激主子对自己的厚爱，同时他也由衷地知道这是"民主建国"的结果，因为只有他陈布雷一直身居幕后，党派身份不明显，又是老蒋的亲信，这样他才在如此多的党国要员中脱颖而出。否则，就是轮也轮不上侍从室解散一直失业的他呀！

陈布雷由衷地感激这次机遇，立即指令各新闻报刊，将这次改组后的国民党政府，冠以多党制的"民主政府"，大肆进行宣传。一时之间，盛赞"首届多党政府"的声音充斥中央和地方报刊各个版面，各地的广播电台也一天 24 小时不停地播放文章，乃至赞诗和赞歌。

看到"举国民主建国"的新气象，陈布雷的心境更好了。4 月 25 日，他与手下杨玉清漫谈，忍不住讲了很长的一席话。他说："自从政府改组以后，国家前途极有希望。关于训政结束以后，是否还有各党各派的问题，在十六年（1927 年）以后不久，我就问过胡汉民先生。胡答：'依总理遗教所言，不应有各党各派。'问吴稚晖先生，则答：'此问题甚重要，但尚未深思，暂不能作答。'问蒋先生，则答：'此问题提得极好。只是在你提出中国问题前，我还确实没想过。不过，以我的想法，中国国情不同，不应取人家一党专政的办法，最好将来要各党各派共同负起建国的责任。'我觉得蒋先生的看法，想得极高极远，对国家有利，因此从那时起，我就死心塌地地为他服务。过去对这个问题不敢谈，现在竟然已成事实，而再也没什么怀疑的！这是国家一大进步啊。"

陈布雷一时说得兴起，不仅把老蒋吹得天花乱坠，而且一反常态，情不自禁地自吹自擂起来："像我这样的人，也不能推卸责任啊！我敢说，本党如果再有两打陈布雷，中国就更有办法了！"

陈布雷简直就是失态了。

但是，对于"民主"，他并没有掉以轻心。因为"民主"了，反对的声音就

可能出现,为此,他反复叮嘱杨说:"对那些破坏性的批评文字,还是要慎重刊登好。"

既然实行言论封锁和管制,又谈得上什么"民主"呢?陈布雷已经完全发昏了,哪里还会去细想这个矛盾?他为这来之不易的"民主"长叹一声,说:"唉!能使中国走向民主、宪政、建设这条大道,总是不错的。"

谁知陈布雷说的"总是不错的"的大话,没过几天就爆了。

5月13日,蒋介石的嫡系王牌军整编74师在山东蒙阴、临沂之间的孟良崮狭小山地,被解放军包围,结果,这支蒋系五大主力之一的美械装备的精锐,三天之内就被歼灭,74师及83师一个团共3.2万余人全部完蛋,中将师长张灵甫被击毙。16日下午5时,当消息传到南京时,这一败仗简直把还沉浸在"收复延安"的喜悦之中的陈布雷惊呆了。

但是,他还是坚信胜败是兵家常事,这只是胜利路上的小挫折,于是又指令各报刊电台大肆宣传张灵甫杀身成仁的忠勇事迹,其中不乏对国泰民安的歌颂。然而,祸不单行,前方失利,后方也起火。5月20日,国民参政会一开幕,宁、沪、苏、杭数万学生借国民参政会开幕之际举行"挽救教育危机"联合大游行,开展"反饥饿、反内战、反迫害"运动。各个学校阻止不住,游行汹涌起来。蒋介石见势不妙,急得只有出动军警进行弹压,结果打伤学生100余人,逮捕20余人,造成重大血案。陈布雷教育次长早就不当了,本来学生的事,他也不会去越权插手,偏偏《新民报》南京版为此大肆宣传,长篇累牍地发表学生受迫害的报道,并且还刊出学生被冲击被抓捕的现场图片,明里暗里支持学生的民主爱国运动。

偏偏这《新民报》,是在陈布雷这里挂了号的,刚刚还满口盛赞"民主不错"的他立即暴跳如雷起来了。

内战爆发后,上海《新民报》曾以客观态度,对国共政治进行了一些实事求是的报道。作为主抓宣传战线的陈布雷就大为光火,认为《新民报》如此宣传,不啻是共产党的"尾巴"。每当看到《新民报》有"诋毁"政府的言论时,他都要用方块白纸,详细摘录,送有关方面参考;而且天天如此,从不间断。可就在他瞪大眼睛盯着它的时候,《新民报》上海版偏偏撞在他的枪口上。

这是2月20日的事情。《新民报》上海版刊登了一首《冥国国歌》。这

《冥国国歌》刊登在副刊"夜光杯"上,作者署名"愚者",它胆大妄为地采用国民党党歌暨国歌的词调。《冥国国歌》的歌词原文是:"战神土地,污党所宗,以建冥国,以建'打'同。兹尔多事,唯民前锋,昔也非观,主义是崇。世人似蛹,毕罄毕终,异心亿得,动辄死终。"而国民党党歌暨国歌为:"三民主义,吾党所宗,以建民国,以进大同。资尔多士,为民先锋,夙夜匪懈,主义是从。矢勤矢勇,必信必忠,一心一德,贯彻始终。"一比较,就它讽刺国民党的战争政策和打杀政策不说,《冥国国歌》单名字就可见其是何其"反动"和恶毒。可陈布雷天天盯着《新民报》却没看到这《冥国国歌》。几位赋闲的国民党老先生没事天天拿着报纸从头一字看到末尾一个字,打发时光,却看到了这《冥国国歌》,立即暴跳如雷,联名上告。不好娱乐的陈布雷开始并没有注意到这"夜光杯"上的"歌曲",元老们一闹,他才发现自己的疏忽,立即由宣传小组指令国民党上海市党部:穷究《新民报》污辱国歌、诋毁党国的政治责任。

陈布雷自己也亲自出马,对《新民报》施加威胁,要求他们自动停刊,交出《冥国国歌》作者,并接受处分。但是,党国政府的事情无论多大,只要一活动关系,说情者就多如牛毛,这《新民报》报纸卖得好,有的是钱,多方奔走,党国要员们的求情电话和信笺如雪片飞来,不少要员还不惜屈躯登门拜访,陈布雷哪里受得了这大海般的人情!只好表示:不愿看到一家声誉颇佳的报纸就此消失,上海版自动停刊一天,登报道歉。这样,这《冥国国歌》一事就算是了结了。

岂知《新民报》的上海版《冥国国歌》事件刚刚平静,重庆版又出事了。3月16日,重庆版刊登一篇署名"子于"的杂文,题为《无题》,其实"有题",说的一个国民党军人买了一大篮青菜,不但不照市价给钱,反而肆意辱骂毒打菜贩。文章在结论中说:"枪就是强权,也就是公理,就能够一意孤行。——有枪阶级是何等令人羡慕呀!我要大声疾呼:枪是伟大的!武力至上!强权至上!"结果,文章刊登当晚,一幕"枪是伟大的,武力至上,强权至上"的活剧,便开始演出,几卡车全副武装的"士兵代表"开到报社,割断电话线,包围编辑部,冲入印刷厂,强迫要求报社登出道歉启事,停止刊登广告三个月,交出作者"子于"等。后经重庆版负责人多方奔走求情,"枪"总算同意《新民报》在重庆《中央日报》、《大公报》、《和平日报》上刊登道歉启事后

才继续出版。

　　谁知这《新民报》在上海、重庆两版接连闯下大祸后,不仅没有吸取"教训",各版又继续发出反对内战的呼声,这又使得党国高端大为恼火,陈布雷也为此不得不召集宣传小组会议,最后议定以中宣部长彭学沛、中央党部秘书长吴铁城、中央通讯社社长萧同兹的名义,向《新民报》发出最后通牒:准备查封《新民报》;否则,须由曾任过中央党部新闻事业处处长、时任重庆川康兴业公司总稽核彭革陈出任《新民报》总编辑,负责指导该报五社八版的言论编辑工作。《新民报》在权衡利弊后,只好接受这一形同"卖报"的屈辱条件,可是在事后又设计架空彭革陈,使得陈布雷派去的彭大总编完全失去"把关"作用,于是又有了宣传"五二〇血案"的事件。

　　这一下,陈布雷对《新民报》的新仇旧恨都被引发了,马上召集宣传小组开会。经研究决定,由国民党上海"党政军会报"先拿《新民报》上海版开刀,以"破坏社会秩序,意图颠覆政府"的罪名,派出军警勒令它停刊,还以颜色。行动一开始,《新民报》就不服,一行负责人先后向行政院长张群、国民党中央组织部长陈立夫进行申诉,并跑遍了国民党上海市党部、市政府、市参议会、警备司令部以至工会等单位,但均没效果,因为在"研究"这一决议时陈立夫等本人也在场。但既已宣布"民主建国"了,把这样一家影响深远的大报停封了,就是陈布雷本人也觉得有损党国"民主"形象,最后,经他幕后授意,由上海市参议会议长和中宣部联合向《新民报》提出复刊的条件:

　　一、由中央宣传部"介绍"上海版总编辑。

　　二、由上海市参议会及国民党上海市党部各"介绍"记者一至二名,到报社工作。

　　与此同时,陈布雷还亲自找《新民报》总编辑彭革陈谈话,要求《新民报》社辞去上海社的赵超构、南京社的浦熙修等名笔,进行釜底抽薪。陈布雷的这一条件被《新民报》总管理处断然拒绝,但最终被迫接受前两个条件做交换,于同年7月30日复刊。

　　陈布雷主持宣传小组实行新闻专制,终于取得了"宣传作战"的节节胜利,他对党国也充满了希望,完全沉醉在自己从上一年年底就开始的想象的"胜利"中。

蒋介石的秘书 陈布雷
jiangjieshidemishuchenbulei

6月,他在南京召见《文汇报》总编辑徐铸成,在谈话间,他又吹嘘"国运长久",并且狂妄地断言说:"我们国民党的举措的确是不尽如人意的,但是,再腐败,我看至少二十年天下总可以维持的。"

陈布雷这段时间心境很好,这显然与他心中想象的国内形势密切相关。其实,这时很多人都看出了国民党节节败退的局面,只是陈布雷还傻瓜似的沉迷在自己的梦幻之中而已。为了维持好"二十年天下",他拼命抓舆论,为党国要人的贪污腐败"盖盖子",为前方"剿共"摇旗呐喊。可是,他那虚弱的身体哪里经得起这么长时间"胜利"和如同孟良崮这样"大败"的折腾以及"盖盖子"时的种种刺激?很快,不争气的身体又出现精神不佳的状况,接着,胃口也不行了,说话办事才一开始,人就现出委顿的样子。更为严重的是,他本来非常温和的性情也变得急躁起来,本来他有时还喜欢讲一些笑话或逸闻趣事,这下则沉默寡言了。可就在这精力不济、身体变坏之际,为主子捉刀、编造谎言的事情又接踵而来了。

这时在毛泽东的决策下,刘伯承指挥中原野战军突破黄河天险,挺进大别山,12万余人的大军与国民党首都南京已隔江相望了。陈布雷虽然认为刘伯承的战略进攻是向大别山区"流窜",但还是指令报刊电台大肆诋毁、谩骂。但蒋介石却意识到了问题的严重性,立即叫陈布雷捉刀起草所谓《厉行全国总动员,以戡平共匪叛乱案》的文稿,并且要得很紧。陈布雷不分日夜加班加点,熬得眼睛通红通红,才"抢"出草稿,随后,他又召集中央宣传小组会议,讨论修改《全国总动员案》,经过好几次的修改才定稿。7月4日,蒋介石亲自主持国民政府委员会第六次国务会议,讨论通过该动员案。这时陈布雷已经累得快要虚脱了。

可是,又有紧急任务来了。蒋介石命他代撰"七七事变"10周年广播词。陈布雷又连夜提笔,几经"挤牙膏",才勉强完成。7月7日,蒋向全国发表广播讲话,其中"今日剿匪工作,就是继续对日抗战未完的任务"等语,就是陈布雷的"创造"。

这一折腾,陈布雷的身体终于垮了。他一直拖着病体为主人卖命,虽然感到不舒服了,但还不肯休息,直到不能再拖的时候,才短期请假。交完"七七事变"10周年广播稿,他就向主子请假,得到蒋介石的准许,于是陈布雷带了夫人上庐山休养。

蒋介石的秘书 陈布雷

jiangjieshidemishuchenbulei

一天，王允默陪丈夫一起散步，陈布雷突然说：

"我一生淡泊，与世无争，只是想着报答领袖的知遇之恩。"

王允默默默地听着，接着，陈布雷又说："我生性不喜欢从政，总想到山林庙宇去隐逸，恐怕这一生都难有机会了呀！"

他说完这话后似乎想起了什么，神情不胜凄然地说："我娘谢世时，39岁；我父亲去世时，49岁。我今年59岁，比他们的寿年长多了呀！"

王允默听得心中咯噔了一下，他的话有点唐突。这使她想起了1940年在重庆寓所姐夫何吟莒服安眠药自杀时，陈布雷茫然若失地说过一句话："吟兄，吟兄，你去了，我也终结我的生命吧！"她心里嘀咕："9"这个数字对陈家不吉利，难道丈夫也过不去这个坎？！她突然大惊失色，而又无可奈何。

休养了七天，陈布雷从庐山返回南京，正值物价上涨，人心动摇，前线不好的消息也越来越多。一天，他的亲信杨玉清问他：

"布雷先生，时局严重，如何是好？"

"已经死了的细胞，只有让它去死，活着的细胞，要永远地保存下去。只要活的细胞永远存在，中国总是有办法的。"

虽然前方败仗的消息一个接一个地传来，后方物价飞涨，几乎谁都意识到了国民党的极大危机，但陈布雷不知犯了哪根神经，就是视而不见、听而不闻，仍然对南京政府的前途充满信心，并且还相当的乐观。

三、新婚的女儿和女婿全被抓起来了

在陈布雷对党国充满信心、看好内战的时候，老天爷似乎并不愿意这样虚幻地折磨他，特地给他泼了盆冷水。

9月24日夜里，陈布雷最放心不下的女儿陈琏和丈夫袁永熙在他们北平住处被军统逮捕。他俩新婚才一个多月。

"失踪"归来后，陈琏先在重庆中央大学历史系读书，研究生毕业后留校工作。这一期间，陈布雷感觉怜儿安分、听话了。但1945年冬，重庆发生要民主、反内战的大游行，陈琏明知父亲不会同意，但仍执意参与了大游行。陈布雷知道后虽然心中不快，但并没把它看得过分严重，因为这在他心中于激进的女儿来说远不是"过分的事"。去年秋天，女儿提出要去北平教

书,他在犹豫、沉思了一下后,仍然同意了。

陈琏是与恋人袁永熙一起去北平的。陈琏在贝满女中当历史老师,袁永熙在青年会工作。贝满女中教员中有两个地下党员,一个是陈琏,一个是刘俊英。俩人没有组织上的联系,但由于目标一致,工作上配合得很好。不久,陈琏就出任了中共北平职业青年支部委员。一年后,1947 年 8 月,陈琏和袁永熙决定结婚。

在此之前,陈琏给父亲写了封信,信中夹着未婚夫袁永熙的照片。陈布雷从没见过这个准女婿,很怀疑他是共产党,于是写信给相熟的北平市副市长张伯瑾,要他查一查袁永熙的个人情况。这张伯瑾也不负重托,先后询问了清华大学的吴晗、叶公超、朱自清等名教授。吴晗和袁永熙是西南联大民主运动中的战友,叶公超是袁永熙的亲姐夫,朱自清和袁的另一姐夫孙国华教授也相熟;在他们眼中,袁永熙确实是个不错的小伙子,因此都说小袁正派,有才学。除此以外,张伯瑾还得知袁永熙有点"左倾"。然后,他把自己了解到的情况向陈布雷做了回复。

袁永熙有点"左倾",是陈布雷意料之中的事。接到张伯瑾回信后,他想:"有点左倾也就算了,与怜儿交往的人都有点左的。左的青年一般比较正派,只要不是共产党就好。"于是同意了这桩婚事。不久,陈琏和袁永熙在北平举行婚礼。陈布雷委托六弟陈训悫代表他前去参加婚礼。陈训悫包下六国饭店豪华大厅,印发了一大批精美请柬,邀请了一大批北平各界要人。对此,陈琏很恼火,向六叔发脾气。可这位时任《中央日报》总编辑的六叔说:"请帖都以你父亲署名,发少了不好,会得罪人。你不要老说你是普通教员,你姐姐也是中学教员,今年上半年她在上海结婚,孔祥熙还亲临呢!你是陈布雷的女儿哩!"

就这样,陈琏夫妇在六国饭店举行了一场豪华婚礼。

谁知他们新婚才过一个月,一天夜里,保密局北方区特务突然冲进他们的住处,一阵搜索后逮捕了陈琏夫妇。

原来问题就出在这盛大的婚礼上。当时陈琏的一个朋友田仲严来贺喜,袁永熙和他交换了名片。没几天,田仲严就因地下党电台的一个报务员李政宣叛变被供出而遭逮捕。特务从他的身上搜到袁永熙的一张名片,立即去陈琏家检查,结果在衣柜上面搜出几份民主青年同盟章程,于是把陈

珏夫妇也一起逮捕。袁永熙被关在北平炮局监狱,陈珏则被关在女子监狱。

新婚的女儿和女婿双双被捕,陈布雷是从南京《中央日报》披露的一则简讯中得知的。表面上,他装出一副若无其事的模样,但内心里却如翻江倒海一般,怨女儿不听话,怪自己做父亲不称职,还生那个从未见过面的女婿的气!

好在陈珏夫妇尽管多次受刑,都没承认是共产党。保密局定不了他们的罪,但也不释放他们,而是把他们解去南京,解送时批了两条意见:一、送青年集中营;二、送军法处审处。原来陈布雷常在会议桌上攻击保密局,特务们就这样"复仇"了。11月29日下午,陈珏、袁永熙等23人被押送到达南京,一下飞机,就被大卡车送到宁海路19号保密局的看守所。

12月1日,陈布雷得知女儿和女婿被解送到南京的消息,但他只轻轻说了句:"即使你不欢迎,该来的仍将如期而至。"就不管不问了。

其实,他早就预料到会有这一天。

早在1946年秋陈珏北上后,11月间,从不与共产党人打交道的陈布雷曾破例到南京梅园新村中共联络处作过一次夜访。陈布雷的这次夜访,行动十分神秘,很有点"地下"的味道。

那是一个月色朦胧的傍晚,副官居亦侨走进陈布雷的屋里,陈布雷正在伏案批阅公文,见他进来就搁下毛笔,问:"居副官,今晚你要当班吗?"

"我不当班,布雷先生。"居亦侨回答。

"同我一起出去可以吗?"陈布雷是商量的口气。

"有什么事?我可以去。"居亦侨爽快地说。

"不要对别人讲,有人问,你就说到津浦铁路局局长孙鹤皋家。"陈布雷特别关照他,而神情却是从没有过的诡秘。

"好,我知道了。"居亦侨答应了。

于是,他们一起上了小汽车。在陈布雷的支使下,小汽车先在紫金山下绕了一大圈,再在附近兜了好几个弯,才拐到梅园新村17号中共代表团办事处。然后,陈布雷径直上楼去,居副官则被他安置在楼下会客室等候。将近半夜时,陈布雷与中共代表周恩来一起下楼,二人走到楼前花园左角时,又窃窃私语起来。见到这一情景,居副官心里充满诧异和不安。又过了半个小时,陈布雷才向周恩来告辞,周送陈上车,临别时俩人紧紧握手,陈的脸

上露出十分尴尬的神情,周则用坚定温和的语调说:"你的事我去办,你放心。"

到了车上,居副官疑惑地看了陈布雷一眼,他连忙说:"此行我完全为私事,不是因公。"

居副官更是糊涂了:这位从不与共产党打交道的老夫子有什么私事要找共产党去办?!数年后,当他得知陈琏夫妇被逮捕后,才明白陈布雷此行大概是为女儿的事而请周恩来有所关照吧。

陈布雷对女儿的行为是预料之中,而他的主子蒋介石却完全没有预料到。当他听到陈布雷的女儿和女婿被捕时,大吃一惊,立即派手下去查问此事,结果回报说:未查出陈布雷有什么机密泄露给女儿,陈琏和袁永熙的被捕仅是一张名片引起的,只在宿舍中抄获了一些宣传品,没有确凿证据说明他们是共产党。蒋介石这才放心了。这些年党国要人的子女出事不少,贪污腐化的,强奸民女的,还有"投匪"的,经常报告到他的桌上。他知道陈布雷忠实可靠,而又无证据证明他女儿们有罪。他于是认为,几张宣传品,只是青年激进,他们受了点赤化影响而已。于是,他找陈布雷谈谈管束女儿之事。

陈布雷内心为女儿担忧,表面上不闻不问,但一听蒋介石要找他谈女儿的事,紧张得脸都变了色。他知道女儿、女婿是不会干出不法的事,但政治上倾向共产党是无疑的,而这一点却是要命的事。因此,他一见到蒋介石,就用殉道者的悲怆语调向主子表示:"女儿是我亲生,而党国是我终身服膺的,陈琏夫妇该如何处置就如何处置,全然不用考虑我。"

谁知蒋介石却笑笑,说:"布雷先生,你对党国是忠心的,我知道。这样吧,你可以把女儿领出来,严加管束,严加管束。"

陈布雷听了蒋介石的暗示,立即松了口气,在感激主子的同时立即开始活动。他的老下属李惟果现任行政院秘书长,他受陈布雷之托,立即出面去打通关节。而那些党国大员,就是保密局的官员谁不知道老蒋之于陈布雷的厚爱!于是陈琏马上就出了狱,并且回到了家里。

父女见面,陈布雷责怪道:"怜儿,我多次告诉你,不要卷入政治,只要安心教书,你为何不听父亲的忠告?"

"爸,在这个社会里,你不问政治,政治也要来问你的呀!永熙一张名片

就引出这么大的事,能怪我们吗?难道我们在婚礼上发张名片也有错么?"

"那么在你们房间里抄获的那些违禁宣传品呢?这不是共产党的吗?你太不体谅父亲了,我身居机要,为了你们的事,也受到保密局这些人的怀疑。"

"什么共产党的宣传品?你住在南京可能没有看到,现在北平、上海大城市里,大专院校里到处都有这种小册子。老百姓对那些贪官污吏恨之入骨!"

"好了,好了,贪官污吏我也反对,但你们不要被人利用。"

"我已快30岁了,又不是小孩子,谁能利用我?靠你一个人清白廉洁,对整个大局无济于事,不是用治本的办法,这种恶疾是无法根治的。党国会烂掉的!"

"蒋先生对贪官污吏也是深恶痛绝的,他还是得民心的,他还是想根治这种腐败的恶疾的。"

"唉!民心到底如何,恐怕你没有听到、见到吧!"

面对如此倔强的女儿,陈布雷也没办法,他知道女儿惦念新婚丈夫,只好转移话题说:"怜儿,你不要再去惹是非了。我还要去托付外交部次长叶公超,把永熙也保释出来。唉,年轻人,一时热情,把做长辈的搞得多麻烦!"

袁永熙在看守所关了四五天后,一天一个特务拿着一叠纸进来了,每人发一张,说:"要签字,等一会儿交给看守。"袁永熙一看,是悔过书,上面写的是:"我误入歧途,参加共产党,为共产党做情报工作。今后愿意悔过自新,跟从三民主义……"叛徒李政宣一看完,便着急地说:"快签,快签,这没什么。签了名就去青训队受训。"带头签了名,然后他又督促袁永熙说:"不签不行,不签要受大罪。"

"不签,我又没有犯罪,我悔什么过?"

看守瞪了袁永熙一眼,说:"好,你等着瞧吧!"

另一个叫梁蔼然的难友,很老练成熟,这时站出来对袁永熙说:"来,你们看我怎么写。"于是他提笔在前三句上每句加了"并未"两字,即变成了:"我并未误入歧途,并未参加共产党,并未为共产党做情报工作。"然后签上名。

袁永熙一想这个办法不错,也照样加上三个"并未",签了名,交出

蒋介石的秘书 陈布雷 jiangjieshidemishuchenbulei

292

去了。

　　1948 年 4 月底,由于外交部次长叶公超作保,袁永熙也得以释放了。

　　随后,翁婿第一次会面了。

　　结婚前,陈布雷收到怜儿的信,见过他的照片。此刻女婿一来,陈布雷同照片一比较,眼前的女婿略显瘦弱与疲惫,但两只眼睛炯炯有神,不像是刚从大牢里出来的。但袁永熙来见岳父老子还是有些紧张,陈布雷看出了这一点,递过去一支香烟,细声慢语地对他说:

　　"怜儿已经回慈溪了,你休息一下后,也到那边乡下去。我已是风烛残年,自顾不暇,怜儿就托付给你。国家多难,好自为之。"

　　半年后,陈琏夫妇重新回到南京。陈琏分娩时,孩子被不负责的护士用产钳夹死,这给小两口留下了可怕的记忆。待陈琏身体恢复后,夫妇便结束了寂寞的乡居生活,由陈布雷托人介绍,陈琏被安排到国立编译馆西洋史组工作,袁永熙在中央信托局南京分局当上了科长。他们就在陈布雷身边工作了。

　　这是后话。

四、开年就不顺,竟然回光返照

　　进入 1948 年,陈布雷上一年对党国和对蒋介石所有的幻想都全部破灭了。

　　一开年,陈布雷就不顺心。

　　事情缘始于毛泽东的一篇书面讲话稿——《目前形势和我们的任务》。

　　这是毛泽东 1947 年年底在中共中央扩大会议上的一次书面讲演,文中,毛泽东就中共的政治、军事、经济形势及政策策略分别作了重要阐述,并提出了著名的十大军事原则和三大经济纲领。1948 年初,蒋介石就弄到了这个报告。他对毛泽东的书总是出奇地重视。毛泽东写了一本《新民主主义论》,他就让人帮他弄本《中国之命运》,最后除了抬高了枪手陶希圣的身价外,没一点效果,还被一些人说成"无非是一个非驴非马罢了"的小本子。这次,他看了毛泽东的《目前形势和我们的任务》,深感毛泽东所提出的各项政策与策略无不击中了国民党的要害,又开始眼红,要与毛"论战"了。可

陈布雷(摄于 1948 年)

是，国民党的人才一大堆，就是没人能写出击中共产党要害的文章。就以陈布雷来说，号称党国的"文胆"，又是总揽宣传作战的重臣，这样一个要人，居然连自己的子女都不能感化，反而让他们一个个接受"赤化宣传"，他开始对这位盛名之下的"文胆"渐生失望，失望既生又渐生不满。正因为有了这个情绪垫底，结果蒋陈有了"话不投机半句多"的第一次冲突。

蒋看完了毛泽东的文章，想想自己不能亲自写，总不能就此罢休，总得"有所作为"吧。于是，一个电话把陈布雷召到了官邸，然后，随手将毛的那篇文章掷到他面前，面带愠色地说：

"布雷先生，你看看人家的文章。"

这在蒋来说，也并不单是斥责陈布雷一个人，其实是对整个手下无能人的窝火话。但陈布雷总揽党国宣传工作，又是党国的"文章机器"，还素有"第一高手"之称，因此，他的这个牢骚，不对陈发，还能对谁去发？并且，在他的初衷恐怕还有"请将不如激将"的成分在内，意在激激陈布雷，使他也"发奋图强"弄出一篇他老蒋的"目前形势和我们的任务"。

岂知陈布雷也是刚刚拜读过毛泽东的这篇大作，而且也是蓄了一肚皮的不痛快。他想人家毛泽东也是个领袖，也是指挥千军万马，而且还是蹲在陕北的山沟沟里，居然能写出《目前形势和我们的任务》这样的雄文。可见，涉及大政方针问题，共产党的领袖都是亲自动手研究，自己解决，并不单纯靠着手下一批秘书和秀才。而老蒋你呢？全靠别人捉刀。可领袖毕竟是领袖，再有水平的幕僚终归是幕僚，哪能达到领袖的水平？！而毛泽东的这篇

294

文章,针对中共目前的形势和任务,从政治、军事、经济等各方面,提出了一系列重大的政策策略。一望便知,这样的大手笔,不是哪个手下"秀才"能够拿得出来的。可在你蒋介石这里,把几个"秀才"看成有三头六臂一样的神通,大到政党、政府宣言,小到座谈会、学习班训词,无不要我们捉刀。而我们作为幕僚对全局情况总是若明若暗,而且对最高当局的意图不能完全洞察,结果弄出来的东西,让人常常觉得是隔靴搔痒,不能一语中的,切中要害。结果辛苦累得要死不说,还要挨骂受批评。也是凑巧,陈布雷就是带了这样一种情绪到蒋官邸的,刚听到一句"你看看人家的文章"时,胸中的怨气就上涌,心想你自己从来不写文章,还责怪我们没把文章写好。他本来只在心里这样想,不防情绪一激动,竟脱口而出,说出一句石破天惊之语:"人家的文章是自己写的。"

话已出口,陈布雷这才知道闯了大祸,失言犯上了,一时之间惶恐无状,手足无措,接下去竟无语以对了。蒋介石更是没料到历来驯顺的陈布雷竟来了个反唇相讥,弄得他也无话可说,半晌作不得声。双方尴尬半晌,最后蒋介石只好一言不发,拂袖而去。

陈布雷灰头土脸地呆在那里,半晌也没缓过神来。

陈布雷的这一次直言顶撞,虽是一次小小的反抗,但他的忠蒋信念并没动摇,也不是俩人的关系发生变化。可是在一贯忠驯的陈布雷身上出现这样的事情,多少表明蒋陈之间过去那种心心相印、水乳交融的亲密关系不复再现,一块"铁板"开始出现裂痕。

陈布雷为什么突然会有这样的情绪呢?

关键是上一年年底家事国事都不顺。

去年 5 月,王牌军整编 74 师在孟良崮地区被歼灭后,蒋介石发动的对解放区的重点进攻基本上宣告失败。两个月后,在东北战场上,由于解放军反攻,蒋军被迫收缩在中长路和北宁路的狭长走廊地带,处于"全面防御"。蒋介石在军事上由主动渐变为被动。这时,由于四大家族巧取豪夺,党国腐败,国统区的经济危机走到了总崩溃的边缘。在城市,抗战胜利时能买两头牛的钱,只能买三分之一盒火柴,物价上涨了 6 万倍;在农村,农民无粮,只好吃草根,啃树皮,到处是饥民遍野,饿殍载道。整个国统区简直就成了人间地狱。开始时,陈布雷被前方的"捷报"和自己开动的宣传机器弄昏了头,

一直哈哈地谈论领袖如何高明,对党国未来充满一派美好想象。他没想到党国强大的宣传攻势没把别人骗住,却只骗倒了他陈布雷一人!到年底,他才惊讶地发现党国的局势并不是他所想象的那样美好,而是简直完全就要崩溃了。春节时,他一回乡,发现情况更糟糕,到处饿死人,国民小学教师平均每小时授课费4000元,只能喝半碗茶水(一碗茶水8000元)。他惊讶了,巨大的希望变成巨大失望,陈布雷几乎精神也垮掉了,当他再冷静地巡视现实时,看到国统区严重的经济危机已把各阶层人民推上了饥饿和死亡的绝路。因此,他忧党忧国,渐渐对一直在自己心中有着崇高威望的主子,也产生了怀疑。

而陈布雷只是个写文章的书生,他不能像政客那样去掩饰自己这样的心情,也少一份党国要员的圆滑,他的这番变化自然逃不过老奸巨猾的蒋介石的眼睛。前方战败,后方起火,蒋介石自然也是烦心,可平时对自己忠心不二的陈布雷都对自己失去敬仰,他如何接受得了?于是两人的心开始走远了。

这次蒋陈话不投机后,蒋介石的行动不仅没使陈布雷对他的失望减少,接着又发生了哄传一时的中训团党政班9周年纪念会"风波",使得陈布雷对主子的失望更大了。

3月1日,为纪念中央训练团党政班创立9周年,南京的党政班各期同学均被邀参加,中央党政军各部门负责人也应邀出席,中训团团长蒋介石亲临大会训话。面对日益不堪的大局,他也忍不住讲了几句大实话,恨恨地说:

"我们党政班办了九年了,无论在党务上、政治上,腐败的还是一样的腐败,贪污的还是一样的贪污,足见我们所训练的全是官僚。共产党也在办训练,他们所训练出来的是革命党。我们如果再不觉悟,再不发奋努力,再醉生梦死,我们就会生无立足之地,死无葬身之所。明年这个时候,再要在这里开会,恐怕也不允许了。"

蒋讲完话,就退到休息室去了。但他的这番极带"危机感"的话,却激发起了党政班同学的愤怒。

因为党内普遍存在的严重贪污腐败现象,有同学当即发言:"现在党政军各部门的贪污腐败应该由那些高级人员负责,我们不能负责。打倒宋子

文、孔祥熙！打倒陈果夫、陈立夫！打倒张群、陈诚、朱家骅！"他这一举拳高呼,与会的七八百人热烈鼓掌声援,并且无不情绪激昂。中训团教育长黄杰见状不妙,当即起来维持秩序,叫大家安静。一班同学鼓噪说:"你不要讲话,你还没有被打倒的资格。"

黄杰受此一击,也就识相地坐下,不敢再吭声了。这时蒋介石正在后面的休息室里,前面的口号声及鼓噪声彼起此伏,他自然也听到了。有意思的是,他不但没上前去弹压,也不对"反腐败"表任何态,反而一句话不讲,起座就走了。应邀与会的张群、陈果夫、陈立夫、朱家骅等一批具有被打倒资格的高干,也都不等会餐完毕,拔脚开溜了。

参加会议的陈布雷目睹耳闻这些党国要人的丑态,深受刺激,党国被闹成这个局面,这是他无论如何没有想到的;而刚才还骂腐败大谈危机的领袖和主子的表现,更是让他觉得党国没救了。

尽管国势日下,一天不如一天,但蒋介石却偏还要进行前所未有的大业——召开行宪国民大会。所谓行宪,就是实行宪政。陈布雷是赞成"民主建国"的,因此对制宪、行宪不仅举双手赞同,而且对靠它来挽救党国充满了希冀。这次行宪国民大会也确实让他和老蒋的关系有了改善。

蒋介石实行的宪政,并非什么真民主或真宪政,他的宪政就是要实行总统制,选举自己为大总统。1948年3月29日,国民党在南京召开第二届国民代表大会,"行宪国大"。

会议的主要议程就是选举总统。除了陈布雷这个书生外,谁都清楚,这个总统就是蒋介石,选举只是走走过场。但是,蒋介石偏偏要搞"民主选举"。

首先,蒋介石极力营造"民主选举"的气氛。他对手下提名他为总统候选人"坚决辞让"。结果,传出北京大学校长胡适博士当总统的呼声。原来这是美国的意思。这是从美驻华大使司徒雷登处传出来的信息。美国人如此安排的目的,就是蒋家王朝已太腐败,为的是止沸民怨,挽救蒋介石垂危的政局,由"文人学者"当傀儡总统,以显示国民党"致力于民主改革"了。蒋介石对美国的建议表面上口头答应,并在4月4日讨论总统候选人的会议上提出总统候选人的四个必备条件:一、文人;二、学者专家;三、国际知名人士;四、不一定是国民党员。四个条件中,除第三条外,蒋介石一条都不符

蒋介石的秘书 陈布雷

jiangjieshidemishuchenbulei

合。这下不少人有了如同陈布雷一样的思想，这一次蒋的确是不愿做总统，要实行宪政搞民主了。

谁知蒋介石这是敷衍美国人的。他老蒋从来是既要权力又要名誉，中华民国总统的头衔岂肯让给他人？结果，有人当真提名胡适时，他布置好的一班中常委们立即开始大吵大闹起来，提出非由党的领袖任总统不可。可蒋介石又"坚辞"不出。于是，关于总统候选人问题闹了好几天都没有结果。

其实，行宪国大已经开幕了，可是总统候选人还没定下来。

原来，蒋介石提出不当总统既是做戏给美国人看，还有一个目的，就是现在这部宪法中还缺少一条"总统在特定时得为紧急处置权"，这样总统权力就要受到宪法的限制。

过了几天，蒋介石亲自到总统候选人讨论会上讲话，一开口，就破口大骂："我是国民党党员，以身许国，不计生死。我要完成总理遗志，对国民革命负责到底。我不做总统，谁做总统?!"蒋这一骂，许多国大代表瞠目结舌，也有一些"有识之士"轧出了苗头，知道蒋介石以前是演假戏。随后，蒋介石的亲信提出了在宪法中增加"总统在特定时得为紧急处置权"一条。一时间，围绕着要不要对宪法原案进行修改的问题，国大代表争论得十分激烈。

这时蒋介石却带着陈布雷等人，迭次约见方方面面的代表，信誓旦旦地表示要维持宪法原案，不许进行修改。但他又说，在宪法中增加一条"总统在特定时得为紧急处置权"并不是修改宪法。从法理上来说，这是属于增加条款的问题，不属于修改条款的问题。这就好比在大房子旁边临时搭建了一所小房子，而不是对大房子本身进行翻修。其实，在大房子旁临时搭建一所小房子，同样是一个违章建筑。他以为这样一来，避开了对宪法原案进行修改这个敏感的话题，也就不算违宪了。但蒋介石的动机这样的诡秘复杂，弄得几千名"国大"代表一头雾水，一个个呆头呆脑的，一时哪里明白得过来？会议期间，各派政治势力都被蒋的出尔反尔弄得大伤脑筋，无所适从。这时候，陈布雷出马了，在暗中积极推动莫德惠、胡适、谷正纲等人联名提出《动员戡乱时期临时条款》案，慷慨大方地赋予蒋以"总统在特定时得为紧急处置权"。这样，终于实现了老蒋"在大房子旁搭建了一所小房子"的意愿。"临时条款"于4月18日通过，蒋介石"欣然接受"总统候选人提名，

298

于 19 日"当选"为中华民国总统。

如果说总统候选人"提名风波",只是国大会议上的一次插科打诨,陈布雷没发觉什么,但接下来竞选副总统的闹剧,却让他又大失所望了。

总统毫无疑义地花落老蒋后,副总统竞选简直就是一场打拼!李宗仁、孙科、程潜、于右任、莫德惠、徐傅霖六虎相争,最终形成李宗仁和孙科两强火并。陈布雷受蒋介石耳提面命,是孙科派的一员大将,他一为指导竞选副总统的舆论宣传方针,二为掌握浙江代表团的选举活动。

开始,蒋介石为了不让李宗仁参加竞选,曾命陈布雷及于右任、居正、吴稚晖、张群、陈果夫、孙科等人出面,向李宗仁及桂系人物施加压力,"劝说"李宗仁退出竞选,但遭到李的拒绝。于是蒋介石亲自出马,找李宗仁谈话,结果两人发生争吵。

蒋介石:"你还是自动放弃的好,你必须放弃。"

李宗仁:"委员长,这事很难办呀。"

蒋介石:"我是不支持你的。我不支持你,你还选得到?"

李宗仁恼火地回答:"这倒很难说!"

蒋介石也动气了:"你一定选不到!"

李宗仁又不客气地反驳:"你看吧!我可能选得到!"

蒋介石满脸怒容,猛从沙发上站起,连声地说:"你一定选不到,一定选不到!"

李宗仁也从沙发上站起来:"委员长,我一定选得到!"

蒋介石气得来回走个不停,嘴里直吐气:"哼……"

争论的结果是无果而终。

李宗仁早就说过"蒋先生是有名的大独裁者,一般部下和他说话,为其气势所慑,真可说是不敢仰视,哪里还敢和他吵嘴",这次他不但敢和大独裁者蒋介石吵嘴,并一口咬定副总统他"一定能选得到"!原因何在?原来他有美国人在暗中支持。当蒋介石的腐败统治行将崩溃前夕,美国眼看扶胡适不成,又选中了在长江以南仍有较强实力的桂系,于是转而支持李竞选副总统,以便必要时作为蒋介石的继承人。

蒋、李在高层斗法,两派势力更是在各个层面上展开攻讦诋毁,相互大泼污水,先是桂系的《救国日报》大揭粤系孙科的丑闻;接着是广东代表在

粤系将领薛岳的率领下,冲进《救国日报》社打砸抢,几乎把报馆踏平;继而是李宗仁为了抗议不能公平竞选,公开宣布罢选。蒋介石眼看自己支持的孙科"竞选"没对手,竞选就要泡汤,只好又去找李宗仁,同意他参选,这样最后经四轮竞选,李宗仁终以微弱多数当选。

但是,这番竞选最让陈布雷尴尬的是:浙江省国大代表团包括蒋介石、陈布雷在内,计有77人。他原以为,以浙江人的"皇家"身份和地域观念,再不争气,总不至于去捧李宗仁的臭脚吧!岂知他一念疏忽,却让桂系钻了空子。因为桂系智囊黄绍竑曾两任浙江省主席,与浙江代表大都熟悉,结果,陈布雷竟然被他挖了墙脚,在投票时竟有三分之二的浙江代表投了李宗仁的票。事后,陈布雷大为光火,当即把浙江代表召集起来,把这些同邑骂了个狗血喷头。

行宪国大后,就是政府组阁。陈布雷转而支持宁波同乡翁文灏角逐行政院长。

行政院长就相当于总理,各方对行宪后的第一任行政院长角逐十分激烈,但以行宪前的原任院长张群呼声最高。可在组阁时,国民党内一批不满意政学系的人喊出了"让没有派系倾向的专家担任院长"的呼声。因此,技术官僚翁文灏脱颖而出,成为各方注目的对象。

张、翁都是蒋介石的宠臣,谁任行政院长,他都赞成,一时难以决断。5月23日,他召陈布雷到中山陵官邸密谈。这次密谈,陈布雷很晚才从老蒋的中山陵官邸回来。他在家还没坐定,翁文灏便接踵而至,陈布雷不及吃饭,便又与翁一起上楼密谈。

陈与张的关系固然不错,但他与翁的关系更好。经这次密谈后陈布雷的一番进言,"总统蒋"的天平很快倾斜。于是,行政院长的宝座,就此从张公馆搬出,送进翁公馆了。第二日,蒋介石就发表翁文灏为行政院长的消息,圈内人都知道,翁上台,陈布雷建功颇伟。

翁文灏上台,接受陈布雷的建议,采取萧规曹随的手法,尽量保持内阁人事的稳定。5月31日,蒋介石正式公布翁内阁名单,人事并无多大变化。对此,陈布雷大为欣赏,感慨不已地对人说:"天下大定,人事可以大变;天下混乱时,则人事绝不宜变。这次行政院没有大变,是明智之举呀!"

6月初,陈立夫请辞中央政治委员会秘书长一职,蒋介石命陈布雷暂

代。随后,他又发布任命委托陈布雷为总统国策顾问。

行宪国大后陈布雷的政治行情再一次看涨,其实,这只是他的一次回光返照。

当行宪国大结束后,他一冷静下来,回想起竞选期间,从最高当局、总统候选人蒋介石开始,到"次高当局"、副总统候选人李宗仁等等,一个个争着出场献丑,先是总统候选人的"提名风波",接着发生竞选副总统的"全武行",随后又同邑反水,最后张、翁争抢行政院长,真是"好戏"连台,闹剧不断。他想起这些目睹耳闻的丑态,又一次大受刺激,夜间失眠又愈发严重了,过去每晚服用两片安眠药,可睡足三四个小时以上,现在必须服用五六片安眠药,才能入睡。

眼看陈布雷身体如此恶化,贴身副官陶永标每晚总要等他熄灯后,才肯回到丁家桥家里休息。一天深夜,他看到主子两眼熬得通红,神志疲倦,就缠着他说:"非得上床躺下不可。"

"我上床了也睡不着。"

"睡不着也闭目养神,不能再用眼力。"陶副官强硬地说。

陈布雷一笑,只好向他要了几粒安眠药一口吞下,然后朝床架上一靠,谁知他望着陶手中的药瓶,又叹道:"这瓶药给我一下子报销掉就好了,省得你再操心了。"

陈布雷没有要结束自己生命的意思,这一无意识的话语,却是泄露天机。但是,此时谁也没有意识到这竟然是老天爷的一个谶语。

五、"爱党"、"爱国"与失望、痛心

这行宪国大并没有挽救蒋家王朝的灭亡命运。

进入夏天,国民党统治的形势变得愈发严峻。1948 年 7 月 6 日,豫东战役结束,国民党 9 万大军被歼,中将兵团司令区寿年被俘;7 月 13 日,兖州战役结束,国民党军 6 万余精锐丧失殆尽;兖州战役的硝烟尚未散尽,7 月 16 日,襄樊战役结束,国民党军 2 万余人被歼,第 15 绥靖区司令、特务头子康泽成为解放军的阶下囚;7 月 21 日,晋中战役结束,国民党军 10 万大军被歼,中将总司令赵承绶以下 16 名将军被俘,晋中地区连失 13 城。

陈布雷看到这些战报,简直有点不寒而栗了。自张灵甫在孟良崮阵亡后,一年多来,多少将军阵亡抑或被俘,陈布雷已记不清了。总之,从3月间兵团司令刘戡战死沙场,到这次野战军总司令赵承绶在晋中被俘,国军被捉或被打死的高级将领,已升格到中将与兵团司令以上。再打下去,会出现什么情况,陈布雷不敢想象了。

大局不堪故人稀。让陈布雷还感到痛心的是,入夏以来,经济领域也进入急速崩溃期,各地物价飞涨,就像脱缰的野马不可阻止。人心浮动,社会不安。7月12日,陈布雷从报纸上看到邮资涨价的消息,就是寄封平信,都要付邮资1.5万元。物价飞涨,钞票不敷使用,政府发行25万元面值的新大钞黄金券。结果,弄得人们出门买斤米,都做的是"亿万富翁"行当。因为大米都卖到1亿元一斤了。

财政金融危机,将法币制度的改革提上了议事日程。

7月26日,陈布雷怀着希冀与焦虑,随蒋介石登上浙西莫干山,出席国民党财政金融特别会议。会议由老蒋亲自主持,行政院长翁文灏、财政部长王云五、中央银行总裁俞鸿钧等行政、财政、金融界首脑全部与会。会议形成了一个所谓的《财政经济紧急处分令》,明令宣布发行金圆券,限期收兑民间所有黄金、白银、银币及外汇,限期登记国人存放在国外的外汇资产,违者予以制裁。蒋介石的目的是以非常手段来整理财政,加强经济管理,稳定物价,平衡国家预算及国际收支。但是,他这个政策的核心,就是要通过发行金圆券这样一个破纸片,将民间所存资财一网打尽,借以支撑庞大的内战军需。

陈布雷虽以中央政治委员会代秘书长及总统国策顾问的双重身份与会,但不懂什么财政经济,几乎一言未发。其实,财政经济的严峻形势,陈心里面清清楚楚。上山之前,他得到的数字是:政府的财政收入只及支出的5%,法币发行已达666万亿,等于抗战前夕发行额的47万倍,而物价上涨了3492万倍。他号称"文胆",却不是"财胆",对于莫干山会议拿出的这一套办法究竟有多大作用,不能说得很清楚,但有一点他是知道的,即如果没有外援,又不能落下一场金雨,只靠搜刮民间有限的金银外币,以支撑内战军需这样一个无底黑洞,简直就是杀鸡取卵,无济于事。

悲观归悲观,陈布雷也没其他高招,只得跟着主子把这一举措视为挽

救党国危机的背水一战。莫干山会议结束，《财政经济紧急处分令》还没有正式公布，陈布雷途经上海，一回到家里，他就带头不折不扣地贯彻莫干山会议精神，并"从我做起"，对夫人王允默交代说："把我家的金器、银元整理出来，准备兑换金圆券。"

"纸币还不如手纸，换了金圆券我们吃什么？"王允默有些不愿意。

他对夫人解释说："这是挽救经济危机的措施，马上就要颁布，我们要遵纪守法。"

其实，陈布雷也知道自己不贪污不受贿，全靠工资积聚起来的这点金银，对于巨大的经济危机只是杯水车薪，完全于事无补，但是他相信一石投水，死水尚有微澜，因此自己带头响应政府法令，涓滴为公，心想这或许总能感动一下那些醉生梦死的党国要人和贪官污吏吧！

陈布雷不仅自家带头，而且在他主管的单位也带头。他回到南京不久，《财政经济紧急处分令》就正式颁布了，他马上指示将当初蒋介石拨给特别宣传小组的特别经费兑换成金圆券。本来那笔经费为 100 亿法币，在最初物价飞涨时，手下曾要求将这笔巨款换成黄金，被陈布雷骂了一顿。结果，这次换成金圆券，只值 3300 多元了。而此时上海每石大米价格已狂涨到了 1800 元，结果，当初的巨财 100 亿法币兑换成金圆券后，已买不到两石大米。陈布雷这一折腾不仅害了自己还害了手下人。没过几天，宣传小组人员的伙食费都发不出了。陈布雷没办法，不得不自己拿钱垫支，至月终结算时，名曰归还，实际上再移做下月的垫支。

随着物价飞涨，伙食费支出天天爬高，陈布雷垫支的数目也日益增大，就是他也支撑不了了。他的秘书蒋君章等人瞒着他，走了老同僚、总统府政务局长陈方的路子，总算解决了吃饭的难题。

陈布雷不但自己带头兑换金圆券，而且还积极做亲朋好友的工作。中央党政军联席会议秘书处副秘书长徐复观办了一个叫做《学原》的学术刊物，宗旨是借助倡导学术，达到批评时政、清除腐败、刷新吏治的目的，以巩固国民党的统治基础。发行金圆券时，陈布雷动员他将办刊物的经费全部换成金圆券。徐复观不干，陈布雷沉痛地说："连复观兄都不拥护国策，谁还拥护国策？金圆券完了，我们也完了，还办什么刊物？"

徐复观被陈布雷的一片"谋党"之心所感动，只好同意了。

金圆券崩溃后,徐复观的经费全部化为乌有,《学原》杂志也被迫停刊。陈布雷真是把人害惨了!事后,他痛心地说:"我们为了守法,牺牲了国家利益,牺牲了个人利益,却便宜了金融家!"

所谓的"金融家"就是孔、宋两大家族,蒋家王朝搜刮起来的财产不是填了战争机器这个大口,就是进了蒋介石的这些亲戚们的腰包。

8月初,蒋介石在南京亲自主持召开高级军事会议。陈布雷因为失望而心情不好,没有与会。但这并不是说他不关心国家大事。在会后,他却听到了不少的传闻。据说,老蒋在开幕时发言,不但把两年来军事上的惨败,完全归咎于战场指挥官的贪污腐化、贪生怕死和指挥无能,而且语气中充满了悲观沮丧的情绪,就是他也对前途完全丧失了信心。他说:"我们在军事力量上本来大过中共数十倍,制空权、制海权完全掌握在政府手中,论形势较过去在江西'围剿'时还要有利。但由于在接收时许多高级军官大发接收财,奢侈荒淫,沉溺于酒色之中,弄得将骄兵逸,纪律败坏,军无斗志。可以说:我们的失败,就是失败于接收。"接着,他再次发出警告:"现在共军势力日益强大,而且日益猖獗,大家如果再不觉悟,再不努力,到明年这个时候能不能再在这里开会都成问题。万一共产党控制了中国,则吾辈将死无葬身之地。"

这个话,陈布雷在3月间的中训团党政班成立9周年纪念会上就听过,这次老蒋再次重复,陈布雷更是心情为之一沉。他想起当初群情激昂纷纷要求"打倒腐败"时,老蒋拂袖而走的情景时,后悔万分:当初老蒋要是斩断私情,拿出些惩腐措施来,也不至于落到今天这样的局面啊!

陈布雷还得知,军政部长何应钦在会上给大家算了一笔账:两年来,国民党军计损失兵员300万人;损失步枪100万支,轻重机枪约7万挺,山炮野炮重炮共1000余门,迫击炮小炮共1.5万余门;损失的装甲车、汽车以及通讯器材等也是一个庞大的数字,至于各种弹药损失更是没数了。何应钦报完了这笔流水账,与会的高级将领无不面面相觑,相顾失色,认为"共产党在江西时,只有那样一点力量,打了十年都解决不了他,现在共产党已发展成这么大的力量,这个仗怎样打下去?"陈布雷认为军队丧失斗志,是失在政治,失在经济。然而,要命的是,蒋介石却并不这样看。他找原因后认为,前方打败仗,主要是将士们怕共、怕死。这些都是失在宣传作战不能配

304

合军事作战。这在陈布雷听来,似乎他这个宣传小组的召集人对整个军队的失败负有重大责任。为了扭转这个局面,蒋在这次高级军事会议上,叫人散发了一本《为什么要剿共》的宣传印刷品,要大家带回去对官兵讲解,内容仍然是些"共产党是不要国家民族的","共产党是苏俄的第五纵队","共产党人不要历史、不要文化,不孝父母、共产共妻"等口号,为的是打破将士们害怕共军的"普遍心理",除去"心中之贼"。

陈布雷看了这个小册子,心中更是感到无限的悲哀、无限的苍凉,长叹一声:"牺牲了国家利益,牺牲了个人利益,把好处全让金融家们得了,谁会为这样的国家卖命啊!宣传没配合,我们现在还能骗得了谁啊!"

陈布雷赤心为党为国,他将私人金器及银元兑换成的一点金圆券,很快也成了一堆废纸,一文不值了。可就是他这样一位蒋家王朝的忠臣,也被"防共""防"起来了。早在5月份,陈公馆的两名多年老侍卫突然被调离,另从蒋的侍卫队里调来了两名"生面孔",负责陈公馆的警卫工作。表面上看,这是对公馆警卫的一种例行调动,实际上,是对陈公馆采取的一种非常措施。这就是因为陈琏和女婿袁永熙两人经常出入公馆的缘故。

换就换吧,陈布雷心中无鬼,半夜不怕鬼敲门。

陈布雷对自己的状况不担忧,党国的危局却让他不能不陷入极大的忧郁之中。就在8月间,国民党军节节败退、江河日下的形势更是一发不可收拾,蒋介石的《为什么要剿共》小册子,全然不起任何的用处。陈布雷想起去年夏天对《文汇报》总编辑徐铸成所说的一段话:"我们国民党的举措的确是不能尽如人意的,但是,再腐败,我看至少二十年天下总可以维持的。"哪知仅过一年时间,国民党的天下竟糟糕成这样,真是一年等于二十年啊。陈布雷终于意识到了自己当初的盲目乐观是多么的可笑!自此以后,他对党国失去信心,也开始对自己丧失信心,终日自哀自叹,愁眉紧锁,心中抑郁,不能自解。

他的这种心情使得他常常情不自禁地说出一些凶险莫测的话来。一次,他无限哀伤而又满怀深情地对妻子王允默说:"我的病体拖得太久了,这辈子欠你的太多了,而给予你的却太少,无法偿还了。"

王允默还以为这是老头子的情绪不好,还惦记那些变成废纸的金银损失呢,也没多想,劝他说:"我跟着你,也不是图你什么。这些金银,虽是你这

305

些年的血汗钱,也没什么了不起的。"

谁知陈布雷却打断她的话,说:

"母亲谢世时,39 岁;父亲去世时,才 49 岁。我今年 59,比先人的寿年长多了啊!"

王允默一听这话,如同五雷轰顶,勃然色变。因为这是她第二次听到老头子说这样的话了!

事实上,陈布雷此语一出,已有了为党国一死了之的念头,他准备"殉党国、殉主子"了。

六、奇怪的举动,又预示着什么

进入 9 月后,已临近农历中秋节。陈布雷的情绪突然变得活跃起来,一贯以工作为重的他竟然提议要带王允默去海宁观潮。9 月中旬,他们先赴钱塘观潮。观完钱江巨潮后,返回上海时又顺道到杭州一游。

但是,当陈布雷 9 月下旬返回上海时,党国形势已越加险恶,大局更加不堪。在军事方面:华东方面,山东省会济南失守,守将王耀武所部 11 万余人被一网打尽,如果解放军再拿下徐州城,前锋就直抵南京了;东北方面,锦州守将范汉杰所部 10 万余人被林彪大军所困,形势万分危急;中原、西北、华北的战场形势,都也到了危如累卵的境地。财政经济方面的消息更糟,本来政府颁发《财政经济紧急处分令》时已将物价冻结在 8 月 19 日的水准,严令不得加价,号称"八一九防线"。可陈布雷出去半个月,返回上海时发现一个多月的实施结果,全国各地的物价远远冲过了"八一九防线"。即以经济中心上海来说,虽有蒋公子"经国兄"亲自坐镇,甚至不惜以铁血手腕进行弹压,但打来打去,打到的只是几只"苍蝇","老虎"一只没打到。表面上,上海的物价涨幅不大,可是市面上货架空空如也,有价无市,形同无价。而奸商囤积,黑市交易等,比"八一九"前有过之而无不及。陈布雷清楚:财政经济的崩溃局面,只在早晚之间罢了!

因此,这次外出旅游一趟,陈布雷回来后忧闷之心并没有减少。

一天,陈布雷在杭州的浙高同学兼好友张任天忽然接到陈布雷从上海打来的长途电话,请他去上海,有事面谈。接到电话后,张任天心中顿起疑

云:这种事过去从未有过,陈布雷究竟有什么要紧事呢?他当即乘夜车赶去上海,赶到陈的寓所。他只见好友原本消瘦的面容,如今更加憔悴,手中夹着一支香烟,坐在沙发上良久一言不发。张任天见状,心中的疑云更重:急吼吼地打长途电话,要人家连夜赶来,却又不说话,只是一个劲地吞云吐雾,岂不怪哉? 他到底忍不住了,不禁问道:

"叫我来有何事?"

陈布雷听了,却答非所问地冒出一句:"任天兄,你年过花甲了,我要为你做寿啦!"

张任天比陈布雷大两岁,这一年陈59岁,他61岁。听到好友这样说,张任天不免感到好笑,心想:习俗都是做九不做十,你真要替我做寿,就该提前两年。他这个话言不由衷,肯定另有它意。想到这儿,他似乎猜到了陈布雷的本意,当即说:

"你今年59,做九不做十,你可以做寿,我为你写篇寿序。"

陈布雷听到这个话,脸上现出喜色,可因为自己的心事被人窥破又有些腼腆。他换了一支烟,突然站了起来,在屋内踱了几步,像是自言自语,又像是询问老友的意见:"我还能负荷得了吗?"

以陈布雷的习惯,过去在老同学面前常常是沉默寡言,小心谨慎,可今天他却一反常态,接着与张任天大谈时局,并且直言不讳地说:"当今的戡乱,与从前的北伐,已不可同日而语。国共较量,论'力',国民党陆、海、空军优于共产党,问题在于'势'。民国三十四年抗战胜利,三十六年制宪,三十七年行宪,从训政时期过渡到宪政时期,这中间脱了节。贪赃枉法,兵骄将逸,自己不争气。与其说败于别人,不如说是败给了自己啊。"

张任天也把自己的所见所闻坦诚相告。临别时,他还为陈背诵了一段《诗经》:

> 民亦劳止,讫可小休;
> 民亦劳止,讫可小息。

他的意思是劝老友早日摆脱国民党集团。陈布雷摇了摇头,表示自己不可能做到了,同时从兜里摸出万金油,用力向额角及太阳穴抹去。随后,

蒋介石的秘书 陈布雷

jiangjieshidemishuchenbulei

他弯着腰,把老友送出门口,紧紧握手告别。

返回旅馆的路上,张任天仍没解开这个闷葫芦:他为什么要把自己从杭州叫到上海?为什么心血来潮地要为我做寿?我说为他写寿序,为什么他表现得若有喜色,而又若无其事?"我还能负荷得了吗?"这话究竟是什么意思?张想来想去,终究没有答案。只是觉得:陈布雷的举动很有些异样。直到两个月后,从南京传来陈布雷自杀的消息,张任天在震惊之余,才恍然大悟!

张任天一走,陈布雷也从上海乘车返回南京。在火车上,陈布雷精神萎靡,在卧铺车厢里缩成一团。车中,恰好遇上青年党党魁左舜生,他客气询问:"布雷先生,近来贵体如何?"

陈布雷直言相告:"我这个身体,好比一部机器,已用到不能再用了。以前偶尔修理修理,还可以开动,现在是到了修理也无法修的时候了。"

他说完,神情不胜凄然。陈布雷所说的这部机器,是指他自己的身体,又何尝不是指国民党政权这架机器呢!

返回南京以后,陈布雷这部破机器又吱呀吱呀地开动起来了,他抓紧校录、整理蒋总统大事年表。

作为蒋介石的私人秘书,陈布雷先后为蒋整理、校阅了《自反录》、《日记》及其他蒋氏自撰的文章篇目。这项工作从7月份就开始了,陈布雷虽然身体不佳,但似乎冥冥中觉到自己的时间已经有限,仍抱病工作,连日不辍,勉力支撑,经三个月努力,终在10月中旬将这件事做完,了却了一大心愿。

陈布雷的状况,让王允默和其他家人都很是担心,王允默和亲属两次代他到济祖培院及观音阁求签,预测凶吉,两次都是上上签。众人都感到欣慰,陈布雷得知后也面有喜色。但是,他转念一想,觉得自己现在这个倒霉的状况,哪里看得出有什么改善的前景?于是两支上上签都把未来说得如此美妙,却引起了他的疑心:两个签都是夫人代自己求的,是不是她们刻意安排的呢?这样一想,他打定主意,自己亲自去求一次。

结果,他只让副官陶永标一人陪同,悄悄地来到了观音阁。在观音像前,他诚心祈祷,请求神示,抽得一签,打开一看,不觉惊惄。此为"观音灵签"的第三签,签语为:

冲风冒雨去还归，

役役劳心似燕儿；

衔得泥来成垒后，

到头垒坏复成泥。

这自然是个下签。

陈布雷一看，立即一惊：这真是冥冥之中的一个定数，一切都是那么的巧合！二十多年前自己"冲风冒雨"投身蒋幕，日日像"燕儿"一样劳心劳神，没一日不是"役役劳心"，恰似"燕儿"的呕心沥血，日复一日地衔泥垒窝。可是"成垒"之后，又如何呢？还是"垒坏复成泥"，自己今日的处境，抑或国民党今天的情势，不就是这样的吗？一切都成空，要垮掉了啊！

陈布雷拿着这签，拖着软软的步子，缓缓地离开了大殿。

陈布雷真是到了油干灯枯的时候了。

一天夜晚，陈公馆的警卫胡宏猷和勤工徐近良一起在秘书蒋君章的房间里闲聊，蒋君章说起形势，忍不住说："济南失守，山东省主席王耀武被俘，兵团司令黄百韬战死，形势十分险恶，看来国军难于取胜，我们总是要落在共产党手中。目前吃的政治饭，以后是要去踏三轮车的。"

就连小小的秘书蒋君章都有了"踏三轮车"的打算，而忧党忧国的陈布雷本来就多愁善感，这时的心境之恶劣，精神之痛苦，情绪之糟糕，更是可以想象了。

七、蒋介石骂陈布雷："书生误国，看错了人"

陈布雷的忧愁主要来自对党国的忧心，并且他的这种忧心并不是空穴来风，蒋介石在大陆的统治已成就要消融的冰山，军事和经济乃至人心，都到了岌岌可危的崩溃境地。

10月份，每天各大报刊的重要版面上都登满了令陈布雷心凉肉跳、饱受刺激的事件。2日，上海发生抢购风潮；山西路一带发生抢米风波，陈布雷办公室就距山西路不远，呐喊声和嘈杂声时时传入他的耳朵里，他多次站

在后窗遥望,表情凝重,最后无语而退。5日,风潮波及南京、杭州、无锡;半个月后,蔓延全国。国民政府只得宣布取消限价政策,所谓"八一九防线"又成为破灭的梦幻,这标志着国民党的财政和经济已彻底完蛋。与此同时,全国在军事上也出现了雪崩一样的局面,党国已经难成一体了。

可是,各方面的问题越来越多,向上呈报的也就越多,一时之间,如何扭转军事上的劣势,如何拯救经济上的崩溃,各种庞杂的意见纷然而起,可是党国要员见总掌舵人蒋介石却是难上加难,于是都想经由"布雷先生"上达蒋介石总裁兼总统,纷纷走陈布雷的门子,有的打报告向他书面陈述意见,有的要求当面会见"布雷先生",有的还直接打电话来要求来与"布雷先生"面谈。可是,陈布雷早被党国的不堪局面弄得身体及精神状况差得难以自理了,秘书蒋君章眼见这种状况,不得不对外部形势加以封锁,什么书面报告、见面会谈、电话交谈,对不起,统统由蒋君章代为接见或处理;然后,他把"各方意见"或"各方建议"统统来一个"留中不发",让主子来个眼不见心不烦,以免刺激已经"不行了"的主子。

但蒋君章的"封杀策略",也只是封杀了"各方意见"和"各方建议",有些还是封杀不了的。首先是每日的报纸杂志。陈布雷每天通过读报,对大局照样也了如指掌。其次,就是陈布雷那些好友,他们往往是一来就径直到陈布雷办公的小楼上,从不需要报告的。因此,陈布雷并没完全被"蒙"住,相反由于"封杀",他受到的影响只局限于几位密友,解决问题的思维范围也渐渐与他们趋同。

他们就是陈布雷的挚友邵力子、张治中等人。

随着党国政治、军事、经济的日益崩溃,国民党内以邵力子、张治中等人为代表的主和派势力抬头,他们强烈主张国共和谈,停止内战。可是,党内好战势力依然十分强大,邵、张等人的主张一时难以直达老蒋,只好转而寄希望于平时的挚友兼总统国策顾问陈布雷,企图将他搬出来,到老蒋面前去"攻关",说服老蒋接受停战言和的主张。因此,在一段时间里,他们频繁出入陈公馆,一谈就是大半天。

这样,蒋君章的封杀并不能隔断陈布雷对整个局势的把握,相反,眼看党国就要灭亡,他对邵、张等人的停战言和的主张有了"感觉",并且记得毛泽东曾经说过的"和为贵"的话,认为南北议和是走出目前困境的唯一途

径。他接受了邵力子、张治中等人的请求，一逢机会就与蒋介石旁敲侧击和谈之事，

10 月 10 日，蒋介石发表题为《政府能战能和》的讲话，文章就是陈布雷熬了几个晚上写出来的。文章表面上是说"能战能和"，其实就是一个"战"字，因为蒋介石在心里并不肯言和，他不甘心就此失败，对自己的实力和未来心存幻想，即使冰山就要消融，在一派言和的呼声中，他还是把"战"放在"和"前。陈布雷倾向言和，却不得不遵从主子的旨意去写好战雄文，而他又认为"战"并不能解决目前中国的问题，这样强拂心愿的写作，不能不说是一种折磨，加上他又不同于一般党国要员，那颗忧党忧国之心比任何人都强烈，可以说他边挥笔，边是对自己的身心自残。写完这一讲话稿子，陈布雷唉声叹气，忍不住对秘书蒋君章说了句："抗战八年，用尽了精力，终于取胜了，今天的'戡乱'，难以成功啊！"

他的情绪越来越坏，香烟也越抽越多。但邵力子、张治中求和心切，每天都来到陈公馆，陈显得进退两难。战又战不了，和又和不成，只能眼睁睁地看着为之效尽犬马之劳的国民党政权彻底覆灭。

这就是陈布雷最大的痛苦。

可是，战事完全不像蒋介石所希望的，而是如陈布雷所料想的那样，完全不可控制了。10 月 15 日，东北重镇锦州失陷，国民党军 10 万精锐被歼，东北"剿总"副总司令兼锦州指挥所主任范汉杰被俘。19 日，东北"剿总"副总司令兼第一兵团司令郑洞国在长春率部投降。至此，东北仅剩下沈阳一城，孤悬关外，辽阔无垠的东三省实际上已成中共的囊中之物。美联社则从南京发出电讯："（国民党）在满洲的严重败北，已使南京突呈紧张，人们已公开谈论着政府迁移的可能性。"22 日，杜聿明到沈阳代替蒋介石向廖耀湘兵团下达了西逃的命令。但不到一个星期，美机械化的廖兵团 10 万余众在辽河以西地区又被全歼了，兵团司令廖耀湘被俘。10 月 30 日，蒋介石由北平飞回南京。因为东北大势已去了，他再没军队可以指挥了。11 月 2 日沈阳解放。

这一日夜里，正是蒋介石回南京的第三天，陈布雷到黄埔路官邸探望委座，蒋介石因操劳过度，吐血不止，见着陈布雷都没起身，但他的态度还是谦恭如常。

蒋介石的秘书 陈布雷

jiangjieshidemishuchenbulei

"布雷先生,何劳你来啊。"老蒋一派怨天尤人的口气。

"与我不同,蒋公是从来不生病的。"

"你不要忘记,我也是六十开外的人了。"

"蒋公的健康,就是党国的幸福。"

陈布雷此行,虽然是因主子身体不适前来看望,可早在心里憋了不少的话,不宜在会上说出。对此蒋介石似乎若有所知,开口问道:

"布雷先生,对当前时局有何高见?"

"这个仗不能再打下去了。"心里憋了不少话的陈布雷看见主子成了这副病样,并且情绪糟糕得很,心里更是难过,终于把自己心里的想法直言说了出来。

蒋介石一惊,仿佛是后院发生了地震,盯着坐在面前慢声细语说话的瘦弱的书生,他感到陌生、震怒,但还是按捺性子,厉声地说:

"依你之见,不就是要与共党握手言和么。"

陈布雷躲开蒋介石咄咄逼人的目光,也避开正面回答:"目前形势不同于北伐,将骄兵逸,人人厌战;物价飞涨,民不聊生。如果保得半壁江山,将来还可重振旗鼓,统一全国。"

"自古以来,没有平分天下而能持久的。非和即战,你死我活。我就是瞧不起一打就倒、不打自垮的软骨头。先生什么时候同那些失败主义者走到一起去了?"

陈布雷许身老蒋麾下二十年来,还从来没受过这样的轻慢与侮辱,气得话都说不出来。宋美龄见此情形,忙过来圆场:

"他近来身心欠佳,多有得罪,还望布雷先生宽宥、谅解。"

蒋介石也察觉自己有些言重了,说:"布雷先生,我知道你是一片好意。但你太悲观了。战局虽然不利,我们可能被打败,但是决不会被消灭。和谈也保不住半壁江山。如今,只有背水一战,成败在天。"

宋美龄也连忙转移话题,和蔼而体贴地问:

"布雷先生身体如何,失眠症见轻了么?"

陈布雷据实答道:"不见轻,每况愈下。"

蒋介石接着说:"你该休息了。"

陈布雷起身告辞,蒋介石竟然送他到门口,但又叮嘱了他一句:"你该

休息了！"

陈布雷又不蠢,立即听出了主子的弦外之音。回到寓所时,王允默发现他脸色十分难看,口中念念有词:"成败在天,我该休息。""我该休息,成败在天。"问他是什么意思,他却仿佛根本没听见。王允默心里明白,这决不是好兆头,不免悲不自禁。

谁知毛泽东解决了东北后,又"得寸进尺"在华东和中原做起了文章,并且这个文章做得并不比东北小,解放军随即在以徐州为中心,东起海州、西到商丘、北抵临城、南达淮河的广大地区,对国民党军发动了更加巨大的战役,史称"淮海战役"或"徐蚌会战"。在这个地区,蒋介石集结了80万兵力,毛泽东集结了60万兵力,双方都拿出了决战的架势。

兵书说:一鼓作气。可是布兵之后,蒋介石突然又不愿在徐州地区与毛泽东决战了,一再强调徐州易攻难守,后方过长,兵员粮弹难补充。其实,他的顾忌却并不是这些。当年楚霸王被围垓下四面楚歌,就在徐州附近的灵璧县以南的沱河北岸! 他顾忌的是害怕做楚霸王,因此决定不守徐州,退守淮河来确保南京外围。但琢磨几天后,他又改变主意了。原来蒋军刚在东北失败,如今又放弃徐州,他怕影响军心,这时国防部又得到"共军南下较缓"的情报,于是他"果断"地抛掉顾忌,决定守徐州。临战改变作战计划,贻误了战机。接着,他又在派谁去指挥决战上玩花招,惹得将帅不和。本来徐州的蒋军应由白崇禧的华中"剿总"统一指挥,但他对白崇禧不放心,另设徐州"剿总",任命刘峙为总司令,以分白崇禧的兵权。也就是说,他要依靠刘峙了。可大决战,他又感到兵力不足,需要调白崇禧的兵力。这白崇禧号称"小诸葛",可是好欺负的? 于是存心拆老蒋的台,准备会战"战"败,逼蒋下野,由桂系取而代之。这样面对将士用命、战斗意志旺盛、战术机动灵活的解放军,蒋介石失败的命运就难逃了。果不其然,一开战,他的黄百韬兵团就在徐州以东的新安镇、碾庄地区被包围,几番激战,最后兵团司令黄百韬负伤后自戕,兵力损失18万。

在黄百韬兵团苦苦死战,希图冲出重围时,举国上下都关注这一国共大战。这段时间,陈布雷是在郁闷、羞愧、痛苦的心情中度过的,但他的思绪并没放在眼前的国共大决战上,第一次做起了自己的"私事"。他的"私事"并不是忙于转移财产,或者也从中发国难财什么的,而是像一位严肃的判

官,正在审视、回顾自己五十九年走过的人生之路。他一个人躲在小楼上,思前想后,缄默不语。妻子王允默非常担心,叫来四弟陈训慈宽慰老哥。

陈布雷却告诉他:"委座决心实行总体战,要我起草一份方案,几次以电话催促,就像索命似的,我在电话中高声答道:'我不会办。'他自己讲不清楚,我当然更写不出来。"

陈训慈觉得二哥态度反常,他对老蒋一贯是唯唯诺诺,从不违抗,这次却犯牛劲了,心里也是担心不已。可是左劝右劝,老哥似乎还是没有什么缓解。

送走四弟,陈布雷又设法支开王允默。这时恰好妹妹陈瞻华的独生女在上海结婚,他委托妻子去参加婚礼,自己却没去,依然一个人在小楼上,没有人知道他干着什么。

10日晚,陈布雷把副官陶永标叫来一起吃饭,并且问他经济上有什么困难,然后亲切地说:"你忠心耿耿跟着我十多年,任劳任怨,却从来没沾到我什么光,我总过意不去。近来我身体越来越差,难以支撑,若有个三长两短,你要自己保重,并去看看我的太太啊。"

这话从悲观成性的陈布雷口里说出来,是很平常的事,没有引起陶永标的注意。

第二日上午,中央政治委员会举行临时会议,电话通知陈布雷参加。陈布雷不想去,借故推托,但对方回话说:"这是总裁的意思。"陈布雷虽不情愿,还是只得去赴会。

就是这场他并不愿意去的会议,把陈布雷送上了黄泉路。

会议内容是讨论军事问题,话题围绕刚刚打响的"徐蚌会战",整个会场笼罩着辽沈大战失败的阴影。战争开局不利,徐州以东地区传来的尽是些令人丧气的消息,参加会议的人仿佛是打摆子,一会儿噤不作声,一会儿七嘴八舌;有时死一般沉静,有时歇斯底里大发作。陈布雷一直没有发言,也不想发言,他蜷缩在会场一角,紧锁双眉,低头沉思,吞云吐雾。这并不是他不关心前线战况,而是他熟悉蒋介石的秉性:越俎代庖,独断专行;说了等于白说,最后还是他一个人说了算。但会场上的高谈阔论,与战场上的接连失败,这种强烈的反差使他改变了初衷,突然冷丁地冒出一句:"纸上谈兵。"

这句话是对这次会议的全盘否定,会场上出现了死一样的寂静。接着,他又放了一枪:"将在外君令有所不受。"

陈布雷自己也不知怎么会扔出这样两句话来,但它引起的事态发展却是他意想不到的。经过一阵短暂可怕的沉默,突然一声厉喝:

"陈布雷!"

听到叫自己的名字,陈布雷仿佛才清醒过来,同时,他分明意识到:自己的末日到了。这是自他认识蒋介石以后,二十年来主子第一次也是最后一次直呼他的姓名。

"你是怎么搞的?"一时情急,蒋介石似乎还没想好该怎么措辞,"跟随我二十年,是不是腻了,想改换门庭,换个新主子,一个比我更像样的主子?!"

与会者面面相觑,蒋介石善怒,常常随意侮辱部下的人格,但他对陈布雷一向是优礼有加的。虽然他们也不满意陈布雷泼冷水,但他的原意无非是说:清谈无用,现场指挥者应有相机行事、灵活处置的权力。因此,众人心里都以为委座太过分,但个个却噤若寒蝉。蒋介石余怒未息,继续把陈布雷往死路上逼:

"要你交一份'战时体制纲领',口称不会写,原来是躲避'纸上谈兵'。"

他停了片刻,声音略低,但并没减少力度:

"指责别人纸上谈兵的人,自己负责的工作是不是就令人满意呢!也是一团糟、一团糟。"

听话的人,包括陈布雷,知道这是指陈布雷负责的戡乱宣传小组的工作。因为前一段时间老蒋还亲自发出《为什么要剿共》的小册子,说是为陈布雷的工作"补火"。此刻蒋介石也似乎想起了这事,心中火气更大了:

"听说,你早就想告老还乡,去管领一个寺庙,大家说,要不要满足他这点心愿?"

"大家"都不做声。

窝在心中的火得到部分释放,蒋介石似乎比刚才轻松了一些,本来要骂"娘希匹"的,最后说出口来,变成了:"书生误国,看错了人!"

蒋介石的决绝态度与尖刻言辞深深地伤害了陈布雷的自尊,他的面色红一阵、白一阵,最后又红得发白。这次会议拖得很长,陈布雷回到公馆时

已是午后3点钟,几位秘书都在等他回来吃饭呢。可是,大家发现他的脸色雪白,像患了大病一样。蒋君章呆呆地看了他一会儿,问:"陈先生,会怎么开得这么晚才结束?"

陈布雷答非所问:"我的脸色如何?"

"陈先生是否身体不适?"

他点点头,坐下吃饭,这顿饭吃了一个多钟头。他却一反过去谨慎小心的样子,郑重其事地谈了以下一段话:

"任何一个政治家和军事家,首要是审时度势。北伐时期,国民革命军数量上并不占优势,可是胜券却操在北伐军手里,得能底定天下,势也。抗战胜利以来,将骄兵逸,8月军事会议之后,蒋公对宋希濂、杜聿明、黄维等高级将领都有安排,可他们还是偕妻携子到杭州旅行,流连忘返。蒋公发火,把他们赶上前线。你们想,这个仗怎么打得下去?"

"我们的存亡和美国利益息息相关,他们总不会坐视不救吧?"蒋君章问。

"唉!"陈布雷叹了一口气道,"君章兄,你总记得去年8月24日魏德迈在黄埔路官邸的访华声明吧!魏德迈指责我政府'麻木不仁'、'贪污无能',还说'中国的复兴有待于富于感召力的领袖',而9月8日司徒雷登大使的话更是露骨:'一切迹象表明,象征国民党统治的蒋介石,其资望已日趋式微,甚至被目为过去的人物……李宗仁的资望日高。'"

蒋君章放下饭碗,点头称是。陈布雷早已放下饭碗,依旧滔滔不绝地说下去:"11月初,蒋公派立夫到美国,以参加世界道德重整运动会为名去进行外交求援活动,立夫曾来一电说:'杜威之当选为美国总统,几乎系一定不移者。如果杜威当选,对于以军事援助中国,将采取一种非常的办法。'"

"那不是还有希望吗?"蒋君章又问。

"唉!"陈布雷连连摇头说,"事出意料之外,天不佑人呀!杜鲁门连任总统。蒋公叫我起草一信致杜鲁门总统,提出'支持我国民政府作战目标的美国政策如能见诸一篇坚决的宣言,将可维持军队的士气与人民的信心,因而加强中国政府的地位,以从事于正在北方与华中展开的大战。'"

"杜鲁门怎么样?"

"立夫来电,杜老头拒绝了,说再援助也无补于事……"说到这里,陈布雷已是气喘吁吁,然后他告诉秘书们说:"我需要休息两天,不要让客人见我。"

说罢,他就径自上楼。

结果,当天晚上,他就写下了一篇 1500 字的《杂记》,全文如下:

人生总有一死,死有重于泰山,有轻于鸿毛。

倘使我是在抗战中因工作关系(如某年之七月六日以及在长江舟中)被敌机扫射轰炸而遭难,虽不能是重于泰山,也还有些价值。

倘使我是因工作实在紧张,积劳成疾而死,也还值得人一些些可惜。

而今我是为了脑力实在使用得太疲劳了,思虑一些些也不能用。考虑一个问题时,终觉得头绪纷繁,无从入手,而且拖延疲怠,日复一日,把急要的问题,应该早些提出方案之文件(如战时体制)一天天拖延下去,着急尽管着急,而一些不能主动,不但怕见统帅,甚且怕开会,自己拿不出一些些主意,可以说我的脑筋已油尽灯枯了。为了这一些苦恼,又想到国家已进入非常时期,像我这样,虎生人间何用,由此一念而萌自弃之。心,虽曰不谓为临难苟免,何可得平。

所以我的死,在我自身是不肚痛苦焦忧(所忧者是自身委实已不能工作,而他人或尚以我有一些用处,这将要误事的。我之所忧,并不在大局,中华民族有正义的力量,只须大家团结,大局不足忧也)而死,但在一般的意义上,是一种极不可恕之罪恶。

天下最大之罪恶,孰有过于"自暴自弃而自了"者,"对国家对家庭都是不负责任的行为",我此举万万不可为训,我觉得任何人都可以鄙视我,责备我。

但我这一个念头萌动了不知多少次了,每逢心里痛苦时,常常有"终结我的生命吧"的念头来袭余之心,此在三十一年、三十二年、三十四年之春之夏,均有类似的情形,并已作了种种准备,终因健康状况好转而免。

人生到了不能工作,不能用思虑,则生命便失去其意义,没有意义

317

的生命,留之何用。

现在我真是衰老疲惫,思虑枯涩钝滞到了极点了,就是一部机器,用了二十年以上,也要归于废旧的,何况有形的身体。

最近常想国家是进入非常时期了,我辈应该拿出抗战的精神来挽回困难,但是我自问身心较十一年以前大不相同,即是共事的同事们,其分心经济,精神颓散,不免影响工作,要像当年的振奋耐劳,亦不可得,而客观形势的要求,十倍艰难,也十倍复杂于当时,然则如我者,将何以自处。

某日曾与立夫(又常为芷町或惟果)言,要使我能定心工作,必须(一)使我有好身体。(二)领袖对我只有几多分量能挑起来有大体的认识,而勿高估我精力,和抗战时候一样。(三)如何作最大之努力,有一个准备,然后我这一颗心,才定得下来。

但是看样子我的身体是无法好起来的, 我此心永远在痛苦忧念之中。

四弟告我,百事要看得"浑"些,我知其意而做不到。

八弟告我:"一切一切自有主管,又不是你一个人着急所能济事的。"又说:"你何必把你责任范围以外的事,也要去分心思虑着急。"这话有至理,然我不能控制我的脑筋。

家人尝劝我:"你这样的衰弱情形,应该让领袖知道你已不堪再供驱策了。"

这也是不错,但我何能在这个时候,琐琐地去絮烦领袖呢?

想来想去,毫无出路,觉得自身的处境与能力太不相应了,自身的个性缺点,与自己之所以许身自处者。

六十老人得此极不荣誉之下场,只有罪愆,别无可说。

我只有一句话奉劝各好友与同志,乘少壮时精力旺盛时,速为国家为人民加紧作最大的奋斗,莫待"老大徒伤悲"。

这就是陈布雷决意自杀的告白书。他已经决定以死殉国殉主了。但是,除了他本人之外,没有任何人意识到这一点,包括他还在上海的妻子和身边的秘书们。

因此,他的死亡不可避免了。

八、绝望中结束了自己的生命

11 月 12 日,是陈布雷 59 年生命历程中的最后一天。这一天又是孙中山先生诞辰 84 周年。陈布雷选择先总理的诞辰日,来实施自己的“自杀计划”。这是他一种精心的安排,意在“唤醒”主子和党国要员们。

这一天,国民政府照例要在南京举行隆重的纪念活动,陈布雷按例是要参加的。但是,他称身体不适,吩咐秘书代为请假。

然后,他打电话到中央信托局,要在那里工作的女婿袁永熙即刻来湖南路寓所与他见面。当袁永熙匆匆赶来时,陈布雷坐在沙发里,神情木然,花白的须发又长又乱,整个人好像完全虚脱了。

“爸,你头发胡须都很长了,要理发了。”袁永熙坐下后,关切地说。

陈布雷苦笑一下,答道:“好吧,你就关照他们叫个理发师来。”

理完发,陈布雷对袁永熙又长叹一声,说:“唉,气数已尽。我一生最大的错误是从政,现在悔之晚矣!”接着他又咳嗽起来了,喘息了一会儿,他告诫女婿说:“政治这个东西不好弄啊!你们千万不要卷到这里面去。”

这就是陈布雷打电话把袁永熙叫来要交代的最重要的事情。这是他临终前唯一放心不下的事情。对于袁永熙夫妇的政治身份,他心中其实早就有数了。当初在“北平共谍案”中,他们之所以被捕而又被释放,究其原因,一是查无实据,二是有自己罩着。几个月来,袁永熙夫妇表面上安然无恙,从公馆更换警卫来看,他知道他们实际上处境仍很危险,只是因为自己还活着,当局投鼠忌器,暂时不便下手罢了。问题是,自己一旦离开人世,当局再无顾忌之处,他们夫妇俩恐怕就凶多吉少了。因此,他临死之前唯一不能放心的,就是他们。这也可以说是他的一块心病。而且,这种敏感的政治问题,遗书里是写不得的。想来想去,只能把袁永熙找来,当面作出一番交代。

交代了这件事以后,陈布雷关切地问道:

“怜儿近日如何?”

“还好,她仍旧在休养,有时搞点翻译。”袁永熙回答。

"怜儿体弱,叫她好好保养身体。"

陈布雷苍白的脸微微颤抖着。

随后,袁永熙也就告辞走了。这是陈布雷临终前见的唯一一个亲人。

之后,他洗了个澡,换了一身干净整洁的衣服,还穿上了一双新布鞋。他正按照自己的计划有条不紊地作着"远行"前的准备。午餐之后,他照例睡了一个多小时的午觉。

醒来后,正值总统府第二局局长陈方来访。陈方与陈布雷的性情有许多相通之处,昨天上午发生在中政会临时会议上的风波,陈方不但亲眼目睹,而且也认为老蒋说的那些话对于忠心耿耿的陈布雷来说是太过分了。陈方是了解陈的个性的,深知以他的拘谨、朴质、清纯的性情,对这样的凌辱,恐怕不易放得下,所以特地赶来宽慰,力劝他"想开一些"。两人在陈公馆楼上倾心相谈近两小时。辞别时,陈布雷一反常例,将陈方送出大门之外,并再三表示感激。

陈方离去后,陈布雷又叫来副官陶永标,要其驾车送他去郊外散心。汽车掠过交通混乱的闹市区,出中央门,绕玄武湖一圈,继而在玄武湖南端调头,折东向钟山方向驶去。陶副官按照陈布雷的示意,在距中山陵不远处将车停下。他就此下车,吃力地攀上附近一处丘顶,极目远眺,不说什么话,只是默默地遥望中山陵,久久地不肯离去。直至夜幕开始垂下,他才带着恋恋不舍的心情离去。临上车时,他问陶:"你还记得我以前讲过的一则笑话吗?"

陶答:"主任莫非是指有朝一日辞官隐居,到灵谷寺或鸡鸣寺做和尚一事?"

陈布雷点点头,有意无意地说:"和尚做不成,死在这里也好。"

但是,陶副官仍然没有意识到他的言外之意。

回到公馆,陈布雷没吃晚饭,就忙着一边上楼,一边关照陶副官说:"我今晚要赶写一些重要材料,任何客人不见,电话不接,你也不必上来催我睡觉,我写完自己会服药睡的。"上了一半楼梯,他不放心,又转过身来重复了一遍:"一定不要让人来打扰我,让我安静些!"然后登楼而去,此后再无动静。

这一晚,在楼下陪侍的只有陶永标一人,秘书蒋君章、金省吾等人都因

有事外出，公馆里显得很安静。大约在晚上9时半左右，蒋官邸秘书来电话，通知陈布雷于第二天上午8时半参加中央党部会议。陶副官遵照陈布雷"电话不接"的关照，只将电话记录在册，并没报告陈布雷。

此后，一夜无事。

其实，所谓无事，只是指楼下。而在楼上，陈布雷在那间卧室兼办公室的写字台前，正抓住生命历程中最后的分分秒秒，挥笔疾书，他分别起草致领袖、致同僚、致部下、致友好、致夫人、致子女、致兄弟等一封封遗书，什么《上总裁书》、《再上总裁书》，什么《致张道藩》、《致洪兰友》、《致潘公展、程沧波》、《致陈方、李惟果、陶希圣》，什么《留交蒋君章、金省吾两秘书》、《遗副官陶永标书》，什么《遗夫人书》、《遗训慈、训念、叔同诸弟书》、《遗诸儿书》，共达11封之多。

把一切的遗书写作都完成后，他服安眠药自杀。

第二日上午9点钟光景，陈布雷寓所的电话铃响了起来，已经回来上班的秘书蒋君章拿起听筒一听，是中央党部催陈布雷去开会，蒋君章问了陶副官一声："布雷先生起床了没有？"

"蒋秘书，陈先生还没起床，昨夜似乎睡得很迟呢。"陶副官回答。

蒋君章得知昨晚陈布雷曾关照不要让客人进来，甚至当天的总理诞辰纪念会也没去参加，以为他很需要休息，便说：

"先生身体不适，需要休息，请一次假吧！"

时钟敲了10点钟，楼上还没有动静，房门也关着，蒋君章感到有点奇怪了。他想：陈布雷平时8时左右必定起床，常常起床以后再休息，但不会关门。就是平常熬夜，也不是常常关门的，为什么现在还关门不起？他立刻上楼，可是门已经上了扃封，他轻轻叩了一下门，不见响动，便重重地敲起门来，还听不见一丝动静。这下他着急了，便大喊起来：

"陶副官，你快来，从气窗上看一看里面。"

陶副官马上搬来了茶几，爬上茶几站了起来，推开气窗说："陈先生床上的帐子放下……"蒋君章迫不及待地跳上茶几向房里望去，一片寂静！立即喊道："陶副官，把弹簧门锁弄开，快！"

陶副官伸进身子弄开了弹簧锁，蒋君章夺门而入，只见陈布雷一支常用的狼毫毛笔没有插入铜笔套，搁在墨盒上。他急忙把帐子撩起，天哪！蜡

321

黄的脸,睁开了的眼,张大了的嘴,而枕旁却是一封给蒋君章的信和两只100粒装的"巴比妥"空瓶,一只瓶中剩下的安眠药只有几粒了,枕旁还有几粒;一支钢笔没有加套,还在枕边……蒋君章立刻拉开被窝,抚摸陈布雷的手,已经冰凉,又摸脚,已经僵硬了,最后抚摸胸口,还有一点点温暖,于是立刻想起"送医院",但转念一想又觉不妥,一送医院,消息会马上传出去,关系太大。那么还是快请医生吧!

"陶副官,你马上驾车去找医生来,要快,越快越好!"

陶副官一听,马上下楼去了。这时,蒋君章才把信封打开,一看第一句"我今将不起,与兄等长别矣",便泪如泉涌,怎么也看不下去了。蒋君章含着眼泪,又去打电话,先告诉蒋介石总统官邸周宏涛秘书,接着又打电话给总统府第二局局长陈方,还有中宣部副部长陶希圣、行政院秘书长李惟果。他给这些大员打罢电话,才想起要给夫人王允默打电话。可是夫人在上海,电话一时难接通。他一个人楼上奔到楼下,楼下跑到楼上。上海长途电话接通了,对面是王允默的宁波话:"蒋秘书,有什么急事?"

"陈师母,请你快来,布雷先生完了!"

"啊!"虽然远在上海,这声"啊"字还是很凄苦的。

这时候,陶副官陪着医生和陈布雷的两个弟弟到了。蒋君章已经昏昏然,只会说一声"布雷先生完了",就再也讲不出话来。他陪了陈氏兄弟上楼,抽出信来看一两句,又查一查遗书、文件箱子和存款箱子。一会儿,陈方来了,周宏涛秘书和熊医官来了,李惟果带着一个医生来了,陶希圣来了,行政院院长翁文灏也来了。大家见了面,谁也说不出什么话,只是眼眶含着泪光。三个医生商量了一阵,打了几针强心针,都摇摇头说:"服药过量,已无法挽救,料理后事吧!"

"那么怎样发布消息呢? 陈先生遗书里面指示不如直说旧病复发,服安眠药过量而不治……"

"这不能直说。"

"还是含混一些好。"

"不如说心脏病突发。"

"那么陈先生给总统的书信如何办?"蒋君章问。

"那就由我们呈送总统吧!"周宏涛和陈方不约而同地说。陈方还说:"11

点钟,总统恰好要召见我,我就把布雷先生逝世的消息和遗书报告上去。"

除了陈氏兄弟和蒋君章等外,众人陆续散去。12点钟敲过不久,只听门外有汽车喇叭声,陶副官匆匆上来说:"总统来了。"

蒋君章连忙迎出去。蒋介石穿着长衫马褂,沉着脸,面显悲戚地过来了,蒋君章连忙陪着他先上楼。蒋介石看了看这个静静地躺在床上的尸体,默默无言,临走吩咐:

"好好地料理后事,我派俞局长和陈局长来帮助你们。"

不一会儿,俞济时和陈方都来了,商量待家属回到南京后,移灵中国殡仪馆。

王允默和女儿陈琏奔丧来到湖南路寓所时,恰好那疯疯癫癫的戴季陶也在陈布雷床前大嚎:"啊!布雷,布雷,我跟你去,我跟你去,人生总有一死,我的心已死了……"他扑到陈布雷的遗体上,就是不起来,全然是一副要同去的样子,几个侍从费了好大劲才把他扶起来。

接着,宋美龄在陶希圣的陪同下也上楼来了,她走到陈布雷遗体旁,看见陈布雷那蜡黄干枯的脸,不由得闭上了眼睛,两只手合了起来,摆到了自己胸前,使劲地画着十字,眼角里滴出几滴晶莹的泪珠。她对站在床旁的王允默和陈琏说:"陈先生不幸逝世,我代表总统向你们表示慰问。"

王允默轻声凄然道:"谢谢夫人,谢谢总统。"

陶希圣说:"夫人,总统的意思,对陈故中委拟举行国葬……"

王允默已经看了陈布雷的遗书,缓缓地说:

"先生一生尽瘁国事,衷心只以国家人民为念,而立身处世,崇尚俭朴澹泊,丧葬诸事,还是希望能遵从他的遗愿,力求节约吧。"

"有什么困难,你尽管来找我,我们会帮助解决。"宋美龄嘱咐说,"这也是总统的意思。"

"谢谢夫人和总统的好意,"王允默接着说,"先生喜欢杭州山水,曾在范庄附近买了块地,说老了就到那住。我看就葬在那吧。丧事一切从简。"

宋美龄回去给蒋介石讲了王允默的态度,蒋介石在房内踱了几圈,边踱步,边思潮翻滚。这时他的另一亲信戴笠在抗战后坐飞机失事摔死了,现在这个追随他二十多年,日日夜夜为他起草文稿,忠心耿耿,又是一尘不染的人又死去了,他感觉如失了左右两手。蒋介石在悲痛之中,走到桌边,不

禁提笔，战战兢兢地写了一幅横匾："当代完人"，着人送去陈布雷灵堂。

陈布雷已经走了。但是，他却给党国留下了一个难题：蒋总统最看重的人自杀了。死讯不可能不公布，而又如何公布呢？说他自杀了，不仅对正在与中共进行的事关党国生死存亡的大决战影响不好，而且对领袖声誉更是不好，怎么办呢？要员们经过一番绞尽脑汁，第二日《中央日报》发表消息：

位于杭州九溪十八洞的陈布雷墓

陈布雷氏于昨(13)日上午 8 时，以心脏病突发逝世。陈氏前晚与友人谈话后，仍处理文稿，一切如恒，就寝为时甚晚。昨晨，随从因陈氏起床较晚，入室省视，见面色有异，急延医诊治，发现其脉搏已停，施以强心针无效。陈氏现年 59 岁，体力素弱，心脏病及失眠症由来已久，非服药不能安睡。最近数日，略感疲惫，仍照常从公，不以为意。不料竟因心脏衰弱，突告不起。噩耗传来，各方人士对陈氏学问事功之成就，公忠体国之精神，无不同深景仰，当兹国步艰难之时，失此硕彦，尤可惋惜。

可是，这个弥天大谎的报道立即遭到许多人的反对，不少人认为抹杀了布雷先生为领袖为党国以身相殉"惊醒众人"的苦心。在国民党临时中常会上，邵力子等人提出不能照陈布雷生前说是心脏病突发的遗愿发布新闻，应该把全部事实向社会公布，用"布公之轻生""警醒党人"、"警醒社会"，把坏事变成好事。他们的提议得到了国民党中常会的同意。

11 月 18 日上午，国民政府在南京为陈布雷举行盛大的公祭活动。同一

324

日,《中央日报》转弯子就陈布雷的死因,重新发布消息:

> 陈布雷先生逝世经过,17日下午8时临时中常会举行会议时,陈委员治丧委员会提出报告。布雷先生素患神经衰弱,以致常苦于失眠,每夜必服安眠药3片,始能入睡,有时于夜半醒来,再服数片,始能略睡,晨起总在上午7时左右。本月13日至上午10时尚未见起床,秘书蒋君章推门入卧室,见布雷先生面色有异,急请总统府医官陈广煜、熊丸救治,两医官判断布雷先生系服安眠药过量,其心脏已于两小时前停止跳动。

> 其时,蒋秘书于布雷先生卧榻枕旁,发现遗书一封,嘱不必召医救治;并嘱其慎重发表消息,不可因此举而使反动派捏造谣言。蒋秘书即遵守遗言,发表布雷先生因失眠症及心脏衰弱逝世。陈氏家属及秘书随从检点遗物,又于公文箧中,发现上总裁书二纸,及分致张道藩、洪兰友、潘公展、程沧波、陈方、李惟果、陶希圣诸友人及留交陈夫人及公子之书信,均先后分别呈送,并由诸人陆续送陈委员治丧委员会。复于15日发现陈氏11日手书杂记,亦呈总裁阅览。总裁对于布雷先生廿年来鞠躬尽瘁,而最后乃感激轻生以死报国,异常震悼,即将其遗书发交治丧委员会照相制版发表,并命将原件缴还亲存。陈委员治丧委员会汇集各项文件交本社发表并提出中常会报告。

> 中常会于听取报告时,对于布雷先生《杂记》中"油尽灯枯"等语,成不胜其哀悼,而布雷先生期望本党同志团结一致加紧奋斗之遗言,更使一般同志为之感奋。其对总裁之爱戴,对友朋之诚挚,对夫人体念之深,对弟兄友爱之笃,对公子教诲之切,以及其对身后公私事务处理之周密,皆可于各项书信中见之。布雷先生之死,为陈天华先烈蹈海以后革命史上非常之事件,对于促成本党同志之团结与国民革命之复兴,意义至为重大。总裁及中常会认为陈氏遗书为革命史上宝贵之文献,决定送交党史史料编纂委员会编存,与《天华集》后先辉映,永垂不朽!

12月10日,陈布雷灵柩在杭州安葬入穴,从此长埋湖山。

陈琏参加完父亲葬礼后不久,与这个腐败的社会完全决裂,渡过长江,

到达了解放区。而腐败的蒋家王朝并没有因为陈布雷的死而"警醒",甚至比以前更烂、更腐败了。三个月后,1949 年 2 月 11 日,党国要员、陈布雷生前挚友戴季陶也因为对党国的万分失望在广州以陈布雷的自杀方式结束了自己的生命。再过两个月,4 月 23 日,人民解放军百万雄师横渡长江,解放了南京,蒋家王朝彻底垮台了。

　　1949 年 10 月 1 日,一个崭新的中国喷薄而出。